见识城邦

更 新 知 识 地 图　　拓 展 认 知 边 界

心智社会

Minds Make Societies

我们的认识决定了

我们的世界

How Cognition
Explains the
World Humans
Create

［法］Pascal Boyer 帕斯卡尔·博耶 著

殷融 译

中信出版集团｜北京

图书在版编目（CIP）数据

心智社会：我们的认识决定了我们的世界 /（法）
帕斯卡尔·博耶著；殷融译 . -- 北京：中信出版社，
2023.3（2023.7重印）
　　书名原文：Minds Make Societies: How Cognition
Explains the World Humans Create
　　ISBN 978-7-5217-5232-8

　　I . ①心⋯ II . ①帕⋯ ②殷⋯ III . ①社会人类学－
研究 IV . ① C912.4

　　中国国家版本馆 CIP 数据核字（2023）第 032302 号

心智社会：我们的认识决定了我们的世界
著者：　　　[法]帕斯卡尔·博耶
译者：　　　殷融
出版发行：中信出版集团股份有限公司
　　　　　（北京市朝阳区东三环北路 27 号嘉铭中心　邮编　100020）
承印者：　　北京诚信伟业印刷有限公司

开本：787mm×1092mm　1/16　　　印张：23.75　　　字数：274 千字
版次：2023 年 3 月第 1 版　　　　印次：2023 年 7 月第 2 次印刷
京权图字：01-2020-1075　　　　　书号：ISBN 978-7-5217-5232-8
　　　　　　　　　　　　　　　　　定价：78.00 元

版权所有·侵权必究
如有印刷、装订问题，本公司负责调换。
服务热线：400-600-8099
投稿邮箱：author@citicpub.com

目 录

导 读

学生的话

《心智社会：我们的认识决定了我们的世界》（后文简称《心智社会》）中译本即将面世，这是我期盼多年的好消息！这本被耶鲁大学出版社誉为"分水岭"般的名家新著会挑战我们视为理所当然的常识，改变读者的认知框架，激发我们用探索自然的方式重新审视人类心智并认识社会。在人工智能技术日新月异、全球社会问题又层出不穷的今天，心智与社会的关系成为人类理解当下生活并面对未来挑战最重要的视角。《心智社会》整合了进化生物学、神经科学、心理学、人类学、政治学、经济学等多个学科的知识积累，带来一种及时的新思想。

本书兼具科普作品的风趣晓畅和学术专著的扎实严谨，是当前学术出版物中的一股清流。更难得的是，本书博采众长，贯通文理，令人耳目一新。文如其人，本书作者帕斯卡尔·博耶（Pascal Boyer）教授是一位极其独特的学者，值得中国读者认识。博耶教授是我的博士生导师，我 2008 年赴美留学，在他的悉心指导下得以进入"认知与文化"（"心智与社会"）这个充满奥妙的研究领域。2014 年博士毕业以后，我与老师一直保持联系，至今仍时常向他请教问题。能从学生的视角把老师的睿智思想和学术成果推荐给中国读者是我莫大的荣幸。

帕斯卡尔·博耶教授是欧美认知人类学、进化心理学和日益活跃的"文化演化"等多个领域的重要思想家。2011年，他获得古根海姆奖；2021年，他当选为美国艺术与科学院（American Academy of Arts and Sciences）院士。他曾在巴黎大学和剑桥大学研习哲学与人类学，师从杰克·古迪。攻读博士学位期间，他完成了传统人类学家的工作，在西非喀麦隆做田野调查，研究方族（部落社会）的口述传统/口传史诗（oral literature），毕业以后在此研究基础之上发表了专著《作为真相与交流的传统》（*Tradition as Truth and Communication*，1990，剑桥大学出版社）。正是这个研究让他对文化传统（例如仪式、宗教等）背后的认知机制（例如记忆、语言交流等）产生了浓厚的兴趣，也因此转向了认知科学。在英国剑桥大学和法国国家科学研究中心工作期间，他把人类学广博的民族志知识与心理学和神经科学理论方法相结合，用生物进化与认知的新视角研究宗教现象，成为"宗教认知科学"（CSR, Cognitive Science of Religion）的开创者之一。2001年出版的《解释宗教：宗教思想的进化起源》（*Religion Explained: The Evolutionary Origins of Religious Thoughts*）令他蜚声国际，这本畅销书被评论家誉为"继威廉·詹姆斯之后对宗教信仰心理基础的最重要分析"和"21世纪人类学的第一本经典"。同年他成为美国圣路易斯华盛顿大学人类学系和心理学系的亨利·卢斯讲席教授（Henry Luce Professor）。在华盛顿大学任教期间，博耶教授发表论文不计其数，主编或参与编辑多部文集。他除了继续拓展宗教认知科学，还对其他社会文化现象的研究做出了重要贡献，包括仪式、道德、群体关系等等。例如《心智社会》一书，虽然他强调他只是综合论述他人的学术成果，实际上他除了旁征博引，自己对于书中各章涉及的主题都有撰述。他的众多著作被广泛引用，影响了人类学、心理学和宗教研究领域的新一代学者。

在我眼中，博耶教授是真正纯粹的学者。他虽然著作等身，为人却谦和低调，毫无架子。躁动的社交媒体时代，他却无心经营人设，从不宣传自己的成就和荣誉。相比名声地位，他更看重科学探索，尊重求知本身。他特立独行的治学态度也令人钦佩。记得读博士的时候，我因为看不懂英文人类学论文而焦虑，老师理解我的焦虑，并表示他看现在的学术写作也是不知所云。他还曾专门撰文剖析：放眼自然科学和人文学科，两种健康的知识生产方式交错贯穿，分别是"假设检验"的演绎方法和"博学（erudite）归纳"的方法，而当下文化人类学流行的却是另一种自以为是的奇怪方式，他称之为"标新立异连连看（概念连概念）"（making salient connections），建造概念的迷宫。这也是为什么秉持实证精神的认知人类学被主流人类学边缘化。我坚信，浮华概念终究会逝去，而像《心智社会》这样结合了博学归纳和假设检验、探索"人之为人"根本问题的著作，才更有长远价值。

《心智社会》反映出博耶教授所持定的治学态度：社会科学要关注现实、探索与社会生活切实相关的真问题，而不是自说自话、折腾一些与学界之外的真实社会毫无关联的理论概念；写作也要清晰明白，而不是故弄玄虚。此书英文版于 2018 年 5 月问世，记得当年 6 月初我带着这本新书，从西雅图飞往圣路易斯去看望师友，在飞机上展开阅读。这本书行文如流水，更闪现着幽默的光芒，让我一路捧腹不止。

书中谈论何谓具体物种的"特定环境信息"："屎壳郎依然满腔热情地继续咀嚼和消化粪便，它们不会察觉到白昼长度对于画眉鸟来说具有怎样的特殊意义"；谈论幼儿对于生物世界"本质主义"的认知倾向：幼儿会认为"决定一只动物'是什么'以及'会怎样'的，是它的内在而不是表面，所以哪怕一只猫被打扮得像一只狗，但它仍然是猫"；谈论看似激情行为底下人类大脑无意识的复杂计算过程："无论是街头帮派成员还是族群冲突中的暴徒，都不需要学习社会科学就能了解对无辜平民实施极端暴力所带来的利益。"风趣诙谐中吊足读者胃口：人类心智与生物进化的自然历史有什么关系？用生物进化视角分析人类心智对于解释社会运行有什么意义？

这就是《心智社会》的主题，"透过自然之镜看人类社会"，一种新的社会科学、新的思考方式。如同许多社会理论一样，作者也试图解答"人"的谜题：人何以结成复杂社会？非同寻常的是，作者一反社会科学的风格，并未以抽象社会理论为起点，而是呼吁我们跳出自身视角，在更广阔的生物进化图景下反观人类。不同于某些流行话语，这本书提倡的新科学并不是宣扬将自然选择生搬硬套、类比强加于当代社会的粗暴伦理，而是弥合所谓"自然"与"社会"的分歧，重新认识人类的整体性：我们既然相信进化过程对人类生理现象有影响，为什么不能研究人类心智如何受到进化的形塑呢？请注意，进化并不意味着所谓的"生物"与所谓的"文化"彼此孤立，进化本身就是生命有机体与环境不断交互信息的动态开放系统。以别具一格的开篇为例：画眉鸟按照季节求偶繁殖，鲑鱼感知水流中的盐溶解量，婴儿追随他人注视方向并由此探测对方心理意向……作者从这一切看似简单、不证自明的例子出发，追问为什么，细究现象背后复杂的进化历史和信息计算机制。

这种新思考方式得益于作者独特的跨学科视野：社会科学面对社会现象，认知科学聚焦心智大脑，能够精通这两大领域并在二者之间建立桥梁的学者实属罕见。更何况社会科学往往谈"心理"色变，认为社会现象与人的心智运行机制毫无关联；尤其是在人类学内部，一些并不了解生物学的文化人类学者更是谈"进化"色变。这本书呼吁社会科学研究者抛开惯习成见，打破"自然／养育""先天／后天"这些割裂开来的二元对立（去除这个障碍很难，作者认为这些二元论正是我们进化而来的心智特征）。全书从社会生活的各种现象出发，直到结论一章才水到渠成地描绘理论蓝图：作者认为我们应该消解"文化"这个包罗万象却又缺乏解释力的概念，转而聚焦"领域特定的"（domain-specific）心智运行机制；也应该超越一种简单机械的"模因"（meme）——"模仿复制"理论，而是结合复杂系统动态规律来阐释从个体心理表征到稳定集体表征的分布、交流和传播过程（"认知空间中的吸引子"）。

《心智社会》所代表的新科学不单是与社会科学、人类学对话，更是启发大众、颠覆我们的常识，举个最简单的例子：喜欢吃糖是因为糖好吃／甜吗？从进化的视角看，这个解释颠倒了因果：糖是我们祖先生存环境中主要的热量来源，对糖的偏好是自然选择的结果；人类被"设计"成喜欢糖，所以才觉其美味。作者进而引导我们反思关于社会的常识，譬如：歧视是由"刻板印象"所导致吗？还是相反，"刻板印象"是因为我们感知到群体竞争关系才被触发，我们对群体竞争关系的认知则涉及"联盟心理"、人类进化出来的一套直觉推理系统？再想象一下，复杂市场贸易很多时候是互利共赢，但为什么我们却固执地将福利分配看作"零和博弈"竞赛，这是受到什么样的直觉推理系统影响，又是源于什么样的进化逻辑？本书用这种新科学串联起社会生活的重要问题：人类就是无可救药的"部落主义"者、天生就带有攻击其他群体的本能吗？所谓"自然家庭"存在吗？如何理解性别角色？人类生来就容易受骗吗，否则为什么会相信和传播荒谬谣言、虚假信息？人类的道德感来自哪里？"宗教"究竟是什么？如果你对其中任何一个问题感兴趣，请不要错过这本精彩著作。

许晶

人类学者，《培养好孩子》作者

前　言

　　在进化史的塑造下，人类成为在许多方面都非常独特的物种。而在人类的独有特征中，有一个特征格外抢眼：我们构建了一个个复杂而又迥然不同的社会。最近几十年，众多科学研究领域都在致力于为人类社会形态的方方面面做出解释，例如等级制度、家庭、性别角色、经济结构、群体冲突、道德规范等。这一研究趋势虽然振奋人心，但其实至今仍处于起步阶段，我在本书中正准备就此展开论述。

　　这种看待人类社会的新视角并不是源自突然迸发的灵感，也不是源自某种揭示了真相的新理论，科学进展不是通过这种途径实现的。相反，我在本书中展示的是经年累积的具体科学研究成果，它们来自不同领域，比如进化生物学、认知心理学、考古学、人类学、经济学等。这些研究并不会为我们提供一个关于社会的"总体理论"，它们是对具体问题的具体解答。例如：为什么人们渴求一个公正的社会？家庭有所谓的"自然"形式吗？是什么导致男性与女性具有不同的行为特征？为什么会有宗教？为什么人们会参与群体冲突？类似的问题还有许多。

这就是本书章节如此编排的原因。在每一章中，我都会介绍一个关键问题，之后阐述该问题如何在新视角下以一种令人感到惊奇的方式得以解答。当然，这不代表每一章标题中的问题一定有确定性答案，也不代表每一章的具体内容囊括了对这一关键问题的所有解答——一本书的篇幅远远无法承载那么多信息。

本书所介绍的观点与进展，尤其是最重要的那些进展，全部来自他人的研究。我在文后附上了大量参考文献，这不仅是出于对研究者的尊重，也是为了引导对这些研究感兴趣的读者去了解当代学术领域最杰出的成果。尾注内容只包括文献来源，没有其他论述和说明，以免分散读者的注意力。

透过自然之镜看人类社会

　　为什么我们要认为人类社会就该是神秘难解的？就像自然界的其他部分一样，人类社会也应该可以被清晰准确地描述与解释，我们没有理由将其区别对待。考虑到它与我们日常生活的关系是如此之密切，我们有充分理由期待自己能够理解社会化进程。既然科学是认知世界的最佳途径，那么我们理所当然渴望有一门专门探讨社会现象的学科。

　　但直到不久前，这样的学科依然没有出现，原因并不是研究者们不够努力或缺乏尝试。几个世纪以来，许多社会学研究者搜集了大量社会资料，他们比较了不同时代、不同地域的社会特征差异，以设法弄清楚这些社会特征产生的缘由。研究者们还经常以清晰明了的自然规律为效仿标准，试图摸索出社会或历史发展规律。这类尝试在许多情况下提供了深刻且富有启发性的见解，例如伊本·赫勒敦、孟德斯鸠、托克维尔、亚当·斯密、马克斯·韦伯等人发展出的理论。但是，这类研究却一直没有产生累积性的知识进步。

　　如今一切正在改变，这主要是因为进化生物学、遗传学、心理学、经济学和其他领域的研究汇聚在一起，为理解人类行为提供了统一认识。过去几十年里，一些科学领域在解释人类独特性，尤其是人类如何构建和组织社会这一方面取得了重大进步，而进步主要得益于对传统的叛离。社会科学在其历史的某个阶段犯了一个灾难性错误——认为人类的心理和进化对于社会结构来说毫不重要。当时最主流的想法是，探讨历史和社会的发展规律并不需要依赖关于人类进化以及他们生理功能的知识。根据这种观点，自然科学可以解答许多有关人体的有趣问题，例如我们有肺和心脏的原因，我们消化和繁殖的方式，但它们永远无法解释为什么人们会冲进冬宫，或把一箱箱的茶叶扔进波士顿港 *。

事实并非如此，如今我们能够看到，在解释这些事件以及其他社会现象时，来自进化生物学、心理学以及其他实证科学的研究成果可以发挥至关重要的作用。过去半个世纪，人类科学事业取得了重大进步。大脑如何工作？进化如何塑造有机体？心理机制具有何种功能？面对此类问题，我们已经积累了大量知识，同时我们也建立了有效的预测模型，可以描述人类如何产生社会互动以及局部互动如何影响到全球动态。

在涉及对人类社会的研究时，我们会继续沿着新视角的道路前进，这种统一的视角正是我们长久以来所期待的。[1]但直到最近，针对人类群体特征的研究——如人们如何组成和管理群体——才变成一个真正的科学研究领域，虽然我们如今仍面临许多难题和令人沮丧的不确定性，但也取得了许多令人惊喜的成果。

---

* 分别指"十月革命"和"波士顿倾茶事件"。——译者注

　　　　　　　　心智社会：我们的认识决定了我们的世界

我们想要解释哪类现象

我相信，在讲述一个学科或研究领域的研究进展时，以理论作为起点是一个非常糟糕的选择。因此，我不准备先介绍新视角的基本原理或观点，而是代之以呈现一幅"拼贴画"，上面描绘的是社会科学中那些需要解释的各种杂乱、零碎、无序的现象。

为什么人类会相信很多与事实相违背的事情？

在世界各地，有很多人似乎会相信在他人看来极端荒谬的事情。某个地区的"言之有理"，放到其他地方则成为"一派胡言"，这类现象比比皆是。有些人担心触碰他人会让自己的阴茎消失，还有些人希望通过诵读魔法咒语让陌生人爱上自己。人们会互相散播各种谣言和传说，有人说艾滋病病毒其实出自政府特勤机关之手，有人说许多疾病和不幸的祸根在于女巫的诅咒。人类的头脑在"劣质信息"前好像极为脆弱，科学或技术进步似乎对此毫无影响。

政治统治为什么存在？

人们常说人生来是自由的，但现实中枷锁却无处不在。为什么人类能容忍他人对自己的统治？社会学家应该向我们解释，政治统治是如何在人类群体中出现并维持下去的。他们应该解释：为什么中国历史上大部分时间里百姓可以对皇帝专制表示顺从？为什么在 20 世纪欧洲人们会受民粹主义煽动而成为民族主义的狂热支持者？为什么在当代非洲许多地方人们依然可以接受腐败独裁者的存在？如果迄今为止，大多数社会的政治权力史都是由国王、军阀或少数上层精英构成的统治史，那么到底是什么导致这种剥削可以长久存续？

为什么人们会热衷于族群认同？

世界各地的人们都会自认为是某个群体的成员，最常见的是族群，也就是说，他们有共同血统。而且人们很容易将世界理解为本族群和其他族群之间的零和博弈，这为族群间的排斥、歧视和隔离提供了借口，而且很可能导致族群冲突，甚至战争。为什么人们会有强烈的族群观，会热衷于族群认同，并且似乎愿意为了族群间的竞争而付出巨大的个人牺牲？

是什么让男性与女性如此不同？

所有人类社会中都有明显的性别角色，即人们会对女性和男性的典型行为形成不同的期待。这些都是从哪里来的？它们与人体结构及生理机能的性别差异有什么关系？此外，如果存在不同的性别角色，为什么它们又与影响力和权力差异紧密联系在一起？

有不同的家庭结构模式吗？

现代社会中人们对家庭结构模式的看法存在相当多的争议，而该问题同样与性别角色有关。是否真的存在所谓的合理家庭模式或自然家庭模式？毫无疑问，孩子需要家长的养育，但到底需要几个家长？双亲是否都是必需的？父母又分别有什么责任？人们在讨论这些问题时，往往基于意识形态展开争辩，而不是聚焦于科学真相。但是，关于人类家庭模式多样性的科学真相是什么？关于家庭模式共同特征的科学真相是什么？这些科学真相是否能告诉我们什么样的家庭模式更可行，或者不同的家庭模式会产生哪些困扰？

为什么人类之间这么容易产生冲突？

无论是在个体之间还是群体之间，冲突都常常发生，它耗费了人类的巨大精力。在不同背景下，冲突的频率、性质以及冲突引发暴力行为的可能性存在很大差异。如何解释这些差异？此外，冲突是否源于人类天性，是否不可避免？例如，人们曾认为人类需要释放自己的攻击性冲动，就像锅炉的气压升高到一定程度后蒸汽要通过安全阀排出。这种对人类冲突内在驱力的描述合理吗？如果不合理，到底如何解释暴力与攻击性的产生？

为什么人类这么善于合作？

合作是冲突的对立面，比起冲突，合作很少引人关注，这大概是因为合作已经渗透到了我们生活的方方面面，它无处不在，所以反而会为人所忽视。人类极具合作精神，我们能够非常自然地参与集体协作，在集体协作中调整自己的行为并通过协作获得比自己单独行动更好的结果。小规模史前社会的部落成员会一起打猎或采集食物，这些集体活动的大部分收益都由社群成员所共享。而在现代社会中，人们则会为了实现特定目标而加入协会、政党或其他合作性组织。人类具有合作本能吗？如果有，哪些因素有利于合作本能的展露？哪些因素又会对它产生阻碍？

社会有可能是公正的吗？

大多数人类社会中都存在阶级或等级之别，这导致了收入和财富分配的不平等现象。在某些情况下，这只是源于简单的政治权力支配。例如军阀、贵族、独裁者或集权政府的权贵们侵占了最佳资源。但在大多数现代民主国家，是经济运行机制而不是这类"窃国"行为引发了财富不平等。解决这一顽疾是现代政治面临的重要挑战，我们可以做些什么来改变现状？而这一问题本身又引出了许多应该由社会科学家回答的问题，例如，当人们说他们渴望一个公正的社会时，他们到底是什么意思？为什么这个目标会促使不同的人去倡导截然相反的政策？人类对何谓公正是否存在共识？还是说，关于公正的观念会因时因地而变？人类真的能理解导致不公正或不平等结果的复杂过程吗？

如何解释道德？

为什么我们对违反道德规范的行为会产生强烈的道德感受和情绪反应？世界各地的人都有道德规范，都会做道德判断，但他们这样做是基于相同的价值观吗？儿童又是如何产生道德感的？许多伦理学家认为人生来是"道德空白"的，暗示是社会在我们头脑中植入了伦理情感和道德动机。但这是怎么发生的呢？

为什么有宗教？

世界上许多地方都存在宗教组织。在一些小规模社会中，虽然没有严格的教义宗教，但人们会谈论神灵和祖先，因此，人类似乎普遍容易受到宗教概念的感染。是否我们心灵的特定部分存在一种宗教本能，基于这种本能我们创造出了上帝、天堂、来世以及其他种种关于超自然力量的想法？或者恰恰相反，宗教思想是我们头脑中潜在思维障碍的表现？无论是哪种情况，我们该如何解释包括集体仪式在内的宗教活动？该如何解释不同宗教体系下人类千差万别的宗教观念？

为什么人们喜欢监督并干涉他人的行为？

世界各地的人似乎都极其热衷于对他人行为进行干涉、监督和道德说教。在一个鸡犬相闻、人人彼此熟知且亲密互动的小规模社会中，这种做法当然有一定道理。但在现代大型社会，我们也能看到人们对他人的行为习惯、性偏好、婚姻观以及药物滥用情况非常感兴趣。无疑，这与个人利益没有直接关系，因此也就引出了一个问题：干涉他人是人类天性使然吗？

以上这些问题没有什么特定的优先次序，相互间也不存在逻辑连贯性，其中有一些是非常宽泛的问题，而另一些则具体得多。有些问题是过去几个世纪以来许多哲学家和思想家致力于回答的问题，而有些问题只有在我们了解了人类史前生活面貌后才会提出来——来自另一个时代或者地区的人可能会问出不同的问题，或者具体提问方式会非常不一样。而我们的要点是通过这些例子来说明我们希望社会科学家到底解决哪类问题。

这些问题有许多涉及当今世界的核心争论议题，例如，族群认同在构建国家中的作用，经济制度对社会公正的影响，家庭结构的多样性模式，极端宗教带来的危险，信息革命带来的后果，等等。由于这些议题都是重要且亟待解决的难题，理所当然，我们迫切想要找到简单明确的答案——既告诉我们社会是如何运作的，同时也告诉我们如何让社会变得更好。许多政治意识形态正是建立在对这种灵丹妙药的许诺之上，它们宣称能回答大多数问题，并提供行动指南。如 H. L. 门肯（H. L. Mencken）*所指出的，它们的解决方案很简洁，也有道理，但很遗憾是错的。

但我们可以做得更好。特别是我们可以先退一步，问问对于这些社会现象所涉及的人类性格、能力和偏好，我们实际了解多少。答案或许会让你感到惊讶，我们知道的其实已经很多了，例如，人类获得并评判信念的方式，人类如何对他们的群体或部族产生依恋以及如何看待其他群体，人类组建和维持家庭的动机，导致两性行为倾向差异的原因，等等。[2]

规则一：看到熟悉事物的奇异之处

跳羚经常会在察觉到附近有狮子时腾空跃起，这种行为显然会弄巧成拙，因为它会使跳羚更容易成为捕食者注意的目标。公孔雀会经常炫耀自己漂亮、华丽但貌似没什么用的尾羽，这也是一种足以让人感到惊奇和疑惑的行为。在我们看来，跳羚应该明白不引起捕食者的注意比较好，而公孔雀带着这么沉重的装饰只是白白浪费精力。

假如一位外星人类学家来到地球，他在面对人类的许多行为和习惯时也会感受到同样的疑惑，社会科学家也是如此。为什么人类会形成稳定的群体，然后再与其他群体产生竞争与冲突？为什么他们会如此依附群体，有时甚至以牺牲自己的利益为代价？为什么他们要幻想

---

* 门肯是美国 20 世纪上半叶最具影响力的公共知识分子之一，以辛辣、幽默、充满嘲讽感的文风见长。——译者注

出神灵并参加宗教仪式？为什么男人和女人会组成牢固同盟来合作抚养他们的孩子？为什么人类会特别关注公正和不平等现象？

文化人类学家过去常常鼓励他们的学生去遥远的陌生地区调查当地人的规范与习俗，他们认为要理解某种社会现象，熟悉和习惯是最大的障碍。对许多东非牧民来说，要安抚死去的先人，献祭一头牛是最合情合理的做法。对许多基督徒或穆斯林来说，由拥有专业神职人员和宗教场所的宗教组织来负责处理同神灵的关系是同样合理的。只有不熟悉的现象才会促使我们去探求解释。论述早期美国民主制度的最佳作品出自一位法国贵族之手，托克维尔对欧洲的绝对主义和革命后的高压早已见怪不怪，因此他目睹美式民主后反而将其视为异类，于是着手进行研究。

要理解人类文化中那些最普遍的特征，比如婚姻、宗教信仰和道德情感的存在，需要同样的陌生感。只是我们得站得更远一些，我们要做的不是同一些区域性的习俗保持距离，而是要同人性本身保持距离。这要如何实现呢？经济学家保罗·西布赖特（Paul Seabright）建议，我们应该从其他动物的视角出发来考虑人类行为。例如，如果倭黑猩猩研究人类，它们会惊讶于人类为何花费如此大量的时间与精力去思考性、追求性、想象性、谈论性，以及通过歌谣、绘画和文学去描绘性，但与此同时却很少真的做出性行为——确实，人类性行为的频率比倭黑猩猩要低得多；大猩猩可能会诧异地发现，人类群体中的领袖并不总是最强壮的那一个，一些柔弱的人竟然能对大块头施以号令；黑猩猩人类学家会好奇，为什么一大群人天天凑在一起却很少打架，为什么他们多年来都各自和同一个性伴侣紧紧绑定在一起，为什么父亲要养育照顾自己的后代。[3]

幸运的是，我们并不真的需要采取倭黑猩猩、大猩猩或者黑猩猩的视角，我们可以跳脱出来站在更高层面审视人类行为，因为进化赋予了我们这项能力。而进化生物学与其他学科的结合则为我们提供了必要的分析工具，按照进化论的解释，之所以人类会遗传不同于其他生物的能力和特征，是因为这些能力和特征有益于我们祖先的适应性及繁殖潜力。当我们选择了进化的视角后就会发现，所有人类文化都是奇异的，所有的习俗规则都应加以解释，人类所做的大多数事情——比如组成群体、结婚、关注后代、想象超自然存在——都显得不可思议。我们并不是必须以这样的方式生存，其他动物就没有这些特征。正如人类学家罗伯·福利（Rob Foley）所说，只有进化才能解释为什么我们在很多方面都是独一无二的物种。[4]

　　当我们对人类行为进行自我反思时，会经常想当然地得出一些简单答案。例如，人们为什么想要做爱？因为它让人愉悦。为什么人类如此渴望糖和脂肪？因为它们很好吃。为什么我们讨厌呕吐物？因为它闻起来很糟糕。为什么大多数人都愿意和有趣的人相伴？因为笑是快乐的。为什么人们经常讨厌外国人？因为他们更偏爱自己的生活方式和习俗。

　　从进化的角度来看，这些解释其实完全因果颠倒了。我们不是因为糖好吃才喜欢糖，也不是因为呕吐物难闻才讨厌呕吐物。相反，是因为我们被"设计成"要寻求前者，我们才会觉得糖很美味；我们被设计成要回避后者，我们才会觉得呕吐物让人厌恶。在我们祖先的生存环境中，糖是重要的热量来源，而且非常稀有，而呕吐物则充满了毒素和病原体，所以尽可能摄取糖以及远离呕吐物都是很有用的生存策略。表现出这些偏好的个体会比其他个体从环境中获得更多热量，

　　　　　　　　　　心智社会：我们的认识决定了我们的世界

同时接触更少的危险物质，所以平均而言他们在繁衍后代方面也会比其他个体有更高的概率成功。准确地说，假设存在两种基因，一种基因会让生物对成熟水果产生中等强度的兴趣，而另一种基因则会让生物对成熟水果产生强烈兴趣，并且在吃水果时体验到更愉悦的满足感。后一种基因会在人类种群中逐渐扩散，最终人类进化出了对糖的强烈渴望，而避免呕吐物也可以用同样的进化逻辑来解释，这很好理解。因此，进化视角是我们理解人类行为，尤其是社会性行为的关键途径，它可以让我们超越那些简单的回答。

好吧，有人可能会想，我们的进化天性可以解释我们的一些共同特征，但它能解释我们在不同社会有不同生活方式及不同规范这件事吗？毕竟，我在前文中所列出的很多问题都会有地域区别。冰岛、日本和刚果的家庭关系是不一样的。在现代社会、传统农业帝国与原始狩猎采集部落中，人们构建社会公正法则的方式肯定有所区别。教义宗教和鬼神信仰在许多地方也有很大不同。那么，针对人类进化天性的研究似乎强调的是人类的共同特征，它解释社会行为的差异性吗？

要回答这个问题将会需要一整本书的内容。但基本答案是：是的，我们进化出来的能力和性情确实可以解释在不同时间与空间人类社会行为的许多重要差异。但是我们不能也不应该试图用空洞的理论来证明这一点。相反，我们可以探讨一些核心领域，比如人类家庭模式和政治统治形态，看看我们对人类进化天性有了更多了解后，是否能对这些社会机制以及社会机制的时空差异提出更合理的解释。

从环境中获取信息

让我们先暂停一下。为了理解进化解释的逻辑，包括对复杂社会行为解释的逻辑，我们必须先阐述一下有机体从环境中获取信息的一般方式。与其堆砌枯燥的理论术语，我们不如从一个例子开始。

许多鸟类的繁殖活动具有季节规律。在春天时雄性和雌性会互相评估，它们选择出有吸引力的伴侣，之后筑巢，交配，孵化出后代。父母对后代的养育会持续数周，之后它们就分开了。此时进入秋天，按理说新一轮的生殖循环可以开启了，但现在鸟类似乎已经对性和繁殖不再充满渴望。这是有道理的，因为如果在春天交配，后代会在夏季出生，这正是食物最丰富的季节，但如果在秋季交配，后代会在冬季出生，那时候不具备喂养条件。而且对于具有迁徙特征的鸟类来说，夏末秋初时它们要长出新羽毛，强健肌肉，为漫长的迁徙旅途做好准备。因此它们的优先选择是自己多摄取食物，而不是把虫子让给嗷嗷待哺的雏鸟。许多鸟类的性器官会在夏末收缩，性欲得到抑制。[5]

这种繁殖计划表正是对亚欧大陆和美洲大陆中高纬度地区生态环境长期适应的结果。在这些地区，一年内环境中的资源只能支持一轮生殖循环，因此每年只繁殖一次是最优选择。而在一个繁殖周期中，求偶、筑巢、交配和喂养后代等各个环节对资源的需求都是不同的，将早春作为繁殖周期的起点是最合理的安排。这是有机体的进化特性，是它们进化遗传的一部分。

这在基因层面是如何表现的呢？据动物学家所知，这些鸟类的基因组中没有任何一类基因迫使它们每年只繁殖一次，没有任何一种机制要求它们成功抚养雏鸟后不再开启新的繁殖活动，那么繁殖周期是如何被操控的呢？实际上，只要在遗传中携带一种简单的信息触发系统就可以实现这一切，该系统根据昼夜时长来调节激素水平，春季白昼时间变长，达到特定阈值后，信息触发系统会打开性激素开关，于是生物开始产生性欲望，开启繁殖周期。

因此在这里，一种进化特性（鸟类在中高纬度地区每年只有一个繁殖周期）有赖于两条彼此独立无关的信息。一条信息是，在生物体内部有一个由基因控制的计时器，它在满足条件时会触发激素开关（日照指数 d 超过一定值就引导繁殖行为）。而在生物体之外的另一条信息是，由于太阳在黄道面上的运动，一年中满足 d 值条件的日期会出现两次。这两条信息结合在一起，再加上一些其他的现实约束条件，就能使得生物表现出特定行为规律。例如，假设繁殖活动从开始到结束需要 x 天，而 x 大于两次 d 期间的时间间隔，这样在第二次出现 d 时生物体还处于前一个繁殖周期内，无法开启新一轮繁殖活动。总而言之，你会发现，要生成一种进化特性或进化行为，并不一定依赖直接指定这种特性或行为的基因。在一定程度上稳定的环境特性提供了所需的其他信息，自然选择在"设计"基因时就没必要将相同的信息嵌入其中。

看起来，画眉鸟对繁殖时机的探测与复杂人类行为——例如建立政治体系和学习技术——之间有巨大差距。的确，差距是巨大的，因为人类从环境中获得的信息要比其他生物多得多，种类也更多样，而且大多数信息都是从他人那里获得的。但是，信息应用于复杂情况时的逻辑与应用于简单情况时的逻辑是一致的：源于外部世界的可探测信息降低了有机体内部的不确定性。有机体内部存在许多工作机制，这些机制会根据接收到外界信息的不同而触发不同的运行模式。[6] 基因以及由基因参与掌控的复杂结构在与环境的互动中遵循的就是相同的原理。

规则二：进化形成的信息探测系统

到目前为止，好像还没什么问题。但是仔细想想，基因与环境的相互作用模式导向了一些反直觉的结论。其中之一是，其实没有所谓的环境，或者说没有一个普遍、客观、真实的环境，只有基于生物体立场的特定环境。在春季某个时刻白昼长度会超过特定阈值，这一事实可能会对一些鸟类的大脑产生重要影响，但其他动物对此环境信息完全无动于衷。屎壳郎依然满腔热情地继续咀嚼和消化粪便，它们不会察觉到白昼长度对于画眉鸟来说具有怎样的特殊意义。这并不是因为甲虫比鸟类更简单，通常，表面看起来更简单的动物会发现那些为复杂动物所忽略的信息。例如，鲑鱼和鳗鱼可以探测到周围水体中盐溶解量的细微变化——这些变化是鱼类生存环境的一部分，也是在淡水和盐水间迁徙生活的生物要获取的关键信息；但复杂生物如鸭子、水獭或人类则无法直接察觉到这种变化。[7]同样，我们都知道狗的嗅觉很灵敏，各种各样的气味组合构成了狗的生存环境，而更复杂的人类大脑却无法察觉到微妙的气味变化。探测到盐度并从中推断水流方向是鲑鱼和鳗鱼的进化特性；对日光持续时间及地球磁场敏感则是鸟类的进化特性，通过基因选择，一些鸟类具备了特定基因，因此它们可以察觉到被大多数哺乳动物所忽略的光偏振。同样，来自环境的信息只会影响某些生物——它们的基因使生物体装载了合适的设备来探测这种信息变化。

但是，我们把这个简单原理应用于人类时会遇到很大考验。我们可以非常自然地接受"人类会从环境中提取各式信息"这一结论，但却很难注意到人类之所以能做到这一点，其实有赖于自身携带的专业信息检测"设备"。让我再举一个例子，他人眼神的注视方向是我们环境中的一类重要信息。用偏生理学的术语来描述，当一个人睁眼视物时，他眼睛中虹膜和巩膜的位置关系是可以被其他人看到的，他们能利用这一信息来推断他的注视方向，而注视方向又指示了他当下关注的对象。即使是婴儿也能清楚地意识到眼神是一条重要线索，它揭示了一个人正在注意什么。换言之，我们无法看到一个人的心理状态，但可以根据注视方向推断他的心理状态。[8] 从环境中获取信息还有赖于知识基础，严格来说，在上述例子中，原始线索只有注视者虹膜与巩膜的位置关系，但观察者可以利用这一线索触发一系列推理过程：通过精妙的三角学（比如夹角）计算出凝视方向，进而推测出注视者的关注点，比如"他在看猫"——请注意，将注视方向等同于关注点，这本身也是一种必备的基础知识。在以上例子中，复杂的运算过程不仅涉及几何学能力，还包括大量具体的"期望"。如果没有这些"期望"，你无法推算出一个人到底在看什么。你必须先假定目光是一条直线，眼睛和注视对象之间就像有一条连续的直线，这条线无法穿过固体；你还要假定，目光触及的第一个物体应该就是被关注的物体，而且人们通常关注的是整个物体，而不是局部。[9] 这些都是非常微妙和复杂的假设，但它们组合在一起只是完成了一件貌似很简单的事情——察觉某人在看什么。

精妙之处还远不止于此，知道别人在看哪里往往意味着我们能"读"出这个人的心理状态。例如，假设桌子上有四种不同的饼干，一个男孩专注地盯着其中一块，你认为他想要的是哪一块？他会拿哪一块？这种猜谜游戏对我们大多数人来说都很简单，但有些孤独症儿童却很难回答出正确答案。他们可以指出孩子在注视哪块饼干——这没有问题，他们也知道对方可能想得到什么东西。但在他们那里，"注视饼干"与"想要饼干"之间的联系被切断了。[10] 这种特殊的病理学现象提醒我们：凝视方向与意图之间的联系也是一条信息，我们必须将这条信息添加到对场景的理解中，才能顺利完成推测。你只有具备了完善而正常的探测系统，才能根据孩子的目光回答出孩子更想要哪块饼干。

生物所拥有的探测系统当然是进化塑造的结果。人类经常通过视觉注视来推断彼此的心理状态，这是一种非常有用的技能，因为人类的生存有赖于与他人的持续互动。当你需要与他人协调行为时，能够推断别人在看什么会产生很大优势。因此，如果从进化视角看待注视探测，我们还可以预想到，一些与人类互动达到一定密切程度的驯化动物也能识别人类目光。狗确实可以做到这一点，它们与人类产生的互动包括守护和捕猎这两种典型的复杂活动，因此，对它们来说，即便只是对人类意图具备最低限度的理解也是一种巨大的进化优势。相比之下，黑猩猩虽然更聪明，但它们只有在经过极其漫长的训练后才能察觉到人类的目光注视，而且它们训练后的表现也并不太好，主要原因在于黑猩猩与人类祖先缺乏共同的协调互动经验。基于同样的原因，我们也可以解释为什么家猫对人类注视的理解力很差，作为一种驯化动物，虽然猫与人类共同生活，但二者之间其实没有产生什么合作行为。[11]

重申一次，只有当你具备合适的探测系统时，特定信息才会存在——之所以你会具备这个探测系统，是因为它在漫长的进化时间尺度里一直对你祖先的生存有利。但这里容易产生一种认知上的陷阱，正是因为我们早就拥有了这些探测系统，而且它们总是运行顺畅，所

　　　　　　　　　　　　心智社会：我们的认识决定了我们的世界

以我们恰恰意识不到它们的存在，我们对它们视而不见。在我们看来，当我们思考自身理解周围世界的方式时，仿佛信息真的就在那里，等着被我们发现和获取。

这种思考方式——明白信息是需要被获取的，但没有意识到信息探测装备的存在——被称为朴素实在论（naive realism）。朴素实在论是一种自然感受的体现，因为当我们获取信息时，就好像信息已经存在了，[12]我们不会察觉到自身探测设备的工作过程。在涉及诸如声望、美貌或权力等复杂的社会现象时，我们很难跳脱朴素实在论，因为对这些信息的探测似乎不依赖特定感觉器官。但实际上，即便是权力也是一种脱离了合适的认知装备就无法感知的抽象特性。表面上，要理解一个群体中谁掌权好像不是很困难。当有人能对其他人颐指气使、发号施令时，人们怎么会看不出来呢？但这样想就陷入了朴素实在论的陷阱。什么样的行为是"发号施令"？什么样的行为是"服从命令"？只有满足了一系列要求的探测系统才能识别出这两类行为。这需要关注到个体的表达偏好，把特定行为偏好附着到不同个体身上，还要能把关于过去行为的回忆与当下情境相结合，除此之外，这还预设了更多前提，比如等级具有传递性，如果 a 在 b 之上，b 在 c 之上，那么 a 也在 c 之上。早在全面了解人类社会生活之前，幼儿就已经对权力和支配性有了一些直觉感受。[13]所以我们要不断强调，如果没有合适的探测设备就无法从环境中获取信息。幸运的是，对于那些帮助人类从社会环境中获取信息（如权力、声望或美貌）的探测系统，我们现在已经积累了相当丰富的知识。

咿呀学语、做好孩子和性成熟

信息探测的另一个规律是，生物体从环境中获取的信息越多，它们的探测系统就越复杂。如果我们将物种按"复杂性"排序，从最简单的原生动物到蟑螂、老鼠再到人类，就会发现随着复杂性的提高，物种从环境中获取的信息也越来越多，而其能力也越来越复杂。从环境中获取更多的信息需要探测系统本身就包含更多信息。事实上，这是认知进化的一个经验法则：那些能够学习更多知识与经验的生物，在最初掌握的知识也往往更多。（对于有一定年龄的计算机用户来说，这应该很好理解。他们可以将他们现在所使用的计算机系统与 20 年前的系统进行比较。与现在的计算机相比，过去的计算机从数字环境中能"学到"的东西要少得多，也就是说，它们可以接收和处理的信息无论数量还是种类都比较少。这是因为旧式计算机所拥有的"先验信息"更少，或者说，操作系统不够复杂。）

总之，复杂生物体比简单生物体能完成更多的学习行为。"学习"是一个笼统模糊的概念，具体描述是这样的：生物体从环境中获取一些外部信息，外部信息改变了它的内部状态，而内部状态反过来又影响到生物体对环境信息的探测。人类大部分行为都涉及大量学习，下面我们用几个例子来说明学习如何塑造了人类幼儿的心灵。

咿呀学语

比起其他声音，婴儿从出生起（事实上在此之前一段时间就开始了）就会自发性地对人声产生特别关注，而且他们能够识别出妈妈说话声的韵律和节奏，这一过程始于妊娠期最后几个月。在生命最初的一段时间，他们更注意语言环境中那些重复出现的声音，而将其他声音当作噪声予以忽略。这种选择性注意会反映在咿呀学语中——咿呀学语指的是幼儿最开始尝试动用声带、嘴巴和舌头发出各种可能的声音组合，之后他们逐渐将发声限定在与母语相符的声音范围内。[14] 对特定声音的关注可以让婴儿识别出单词之间的界限，其实这本身是一件很困难的事情，因为语言通常是连续的。[15] 总之，语言学习需要按步骤循序渐进实现——先将人声从声音环境中区分出来，再将重要人物的声音从所有人声中区分出来，之后将母语从各种"噪声"中区分出来，之后再将不同单词相互区分。很明显，每一步的达成都必须依赖一些既有预期，例如幼儿要预期有一种声音是人声，这种声音比其他声音都更重要；他们还要预期人声中包含着语言和其他声音，而语言中包含着主要信息。[16] 在每个阶段，既有预期都帮助生物体适应声音环境的某个特殊方面，而预期又会被获取的信息所重塑。既有预期会使幼儿留心声音中的某些特性差异，因为这些差异是有意义的，同时也会使他们无视某些无意义的特性差异——例如，他们会期待"ship"和"sheep"或"chip"和"cheap"在发音上的微弱区别代表着含义区别，而男性和女性在说"ship"这个词时的发音区别则会被他们忽略。正是由于具备了关注某些声音特性的心理系统，幼儿才可以从对话互动中逐渐习得母语。

做好孩子

孩子们也会学习某些"看不见"的东西——道德就是一个很好的例子。道德行为和不道德行为的差异不在于行为本身有任何特性差异。在特殊情况下，把钱给出去可能是犯罪行为，而打人则可能值得称道。

由于行为的道德价值是无法被直接观察到的，人类不得不将道德特性"附着"在行为上，那么，发展中的心智如何才能学会以适当的方式做到这一点呢？

一种很有吸引力的解释是，孩子们可以观察并体验到那些不被认可行为的负面结果，例如惩罚，之后将这种负面特性推广到许多其他行为中。但这并不像看起来那么简单，首先，即使是婴儿也对反社会行为很敏感，在实验中他们不喜欢那些会妨碍或伤害其他角色的木偶——这远远早于他们体验到社会性惩罚的时间。[17] 如果孩子是通过教导才得知何种行为为错，之后再将是非观泛化到各种行为，他们怎么会在很小时就表现出这种偏好？孩子们还会留意周围人尤其是成年人的哪些行为会招致谴责，但是如果他们只观察行为反应而不理解其中的潜在逻辑，这对于道德观的塑造可能并不会起到什么作用。人们告诉你，在黑暗小巷里袭击一位老太太并拿走她的钱包是不对的。好吧，但你怎么能断定欺骗盲人也是错误的呢？有人可能会认为这并不难——你只需要注意到，在这两种情况下，人们都是利用了力量的不平等来剥削弱者。但要提炼出这种一般道德规律，儿童必须调用思维中一些既存的抽象概念，比如自由与强迫、交换与剥削。在一定程度上，儿童们其实正是这么做的——他们与生俱来的合作与公平意识帮助他们理解了抽象、无形的道德判断原则。

我们的头脑中具备道德学习系统，也就是从环境中获取道德信息的探测器。这是显而易见的，因为一些人已经被证明缺乏该系统。如果一个人符合"常识"理论所描述的发展路径——通过泛化惩罚经验来学习道德，也就是说，理解道德价值时只注重"后果"——他很可能会成为心理变态者。这类人能够意识到何种行为会导致惩罚，但是

　　　　　　　心智社会：我们的认识决定了我们的世界

他们会做的不是避免不道德行为，而是在让自己获利的同时尽量躲避惩罚。[18] 他们的谋生之道就是利用他人，同时努力确保自己可以逃脱制裁。当然，这种特殊的综合征目前已经引起广泛关注，许多实证研究已发现了与之相关的特定大脑结构、激素水平或思维模式。[19]

因此，常识理论认为儿童仅仅通过在文化环境中观察和概括就能逐渐实现道德理解，这一想法非常具有误导性。只要我们稍微去考虑一些细节问题，包括儿童在环境中获取了什么信息，如何获取的，通过什么系统获取的，就会发现该想法有太多漏洞需要去填补。

性成熟

年轻女孩如何"学会"性成熟？这看起来是个奇怪的问题，但生殖在某些方面确实涉及某种形式的学习。考虑一下这个事实：美国一些地区普遍存在青少年怀孕的情况，这与社会经济地位和受教育程度密切相关。较贫穷的年轻女性（收入在全美排后 25%）相比富裕的年轻女性更有可能在 20 岁前怀孕。许多社会研究项目试图解决这种被视为病态的现象，但实际上没有效果。它们的前提假设可能有问题：与其设想的相反，青少年怀孕并不是因为无知，在现代城市环境中，年轻女性知道性与怀孕的关系。

那么，如果青少年怀孕并不是一种反常现象，它到底为什么会发生呢？大规模研究表明，许多环境因素导致了这种现象。其中一个令人惊讶的因素是，那些生父在童年期缺位的年轻女性（无论出于何种原因）更有可能过早发生性行为，也更有可能在很年轻时就怀孕。[20] 父母离异以及离异时间对初潮（第一次来月经）过早、性活动开始过早和青少年怀孕等现象有很强预测作用。[21] 而且在控制了社会经济地位、种族或其他社会因素的影响后，这种预测效应依然存在。但是，童年期父亲缺位，与很久之后的青春期性早熟之间到底有什么联系呢？没有证据表明这与缺乏权威管教（父亲作为家庭秩序主导者）、经济地位或地方规范（女孩模仿周围的人）有关，这些因素都不能解释为什么父亲缺位会对女孩性早熟产生影响。

目前来说，诉诸学习机制的解释相对更可信（尽管在一定程度上仍然是推测）：成长期时父亲缺位的经历可能会给女孩造成一种暗示，即在她的生存环境中父亲通常不会对他们的后代进行投资。对于她们来说，如果不太可能获得高价值男性的持续投资，而自己的生活前景也不太可能改善，那么最有效的生殖策略就是将未来贴现，增加后代数量，尽可能早生育。[22] 年轻女孩实施该策略的障碍也更少，因为在男性眼中她们正处于魅力的巅峰期，这些因素汇聚在一起，促成了早早生育策略。结合这一解释后许多现象都能说得通了，例如研究发现父亲缺位的年轻女性会对婴儿表现出更大兴趣，即使是与其完全无关的婴儿。当然，该解释并非板上钉钉的结论，其逻辑因果链中还有许多空白需要填补。此外，这类行为差异可能部分上源于基因差异，由于携带了相同基因，女儿才会有复制母亲生殖策略的倾向（成为年轻的单身妈妈）。[23]

在这一过程中，个体不需要有意识地做出任何决策，年轻女孩不会用进化逻辑来思考问题，不会根据潜在的成本和收益之比来对当地婚配市场上的男性进行评估。主导她们行为的是内在动机和偏好，其中包括自身性吸引力、浪漫爱情、对孩子的渴望、拥有孩子的满足感等。她们头脑中的一些无意识加工机制会"捕捉"到环境中与生殖相关的重要信息，之后帮助她们在几种可用的生殖策略中选出最优策略。[24]

直觉推理系统

　　组织人类行为的心理系统会从环境中获取大量信息，其中也包括从与他人互动中及通过他人言行获得信息，上述几个学习的例子就是为了说明这种心理系统的特性。我将承载此类学习功能的一系列心理机制称为直觉推理系统［intuitive inference systems, 其他常见的术语是模块（modules）和领域特定系统（domain-specific systems）］。[25]需要强调，这里所谓的"推理"仅仅意味着它们会根据规则来处理信息和生成信息。例如，要将声音转化为意义，我们首先要依赖一个"语音分析系统"，这个系统可以接收连续的"声音流"并将其转化为由一个个词语（注意，词语的发声其实是由人类所建构出来的）构成的"语音流"；之后还要再依赖一个"意义分析系统"，这个系统可以识别出词语的意义以及语言中包含的词序、时态与介词等抽象属性，并利用这些信息来解析语义，形成意义表征，也就是"到底说了什么"。

　　人类大脑中包含了大量这样的系统，它们进行着各种各样的运算，例如探测他人的注视方向，评估他人的吸引力，解析句子，区分朋友和敌人，规避危险的病原体，按照物种和族群将动物分类，产生三维视觉感受，参与合作行动，预测物体运动轨迹，觉察大群体中的小群体，与后代建立情感纽带，理解故事情节，猜测他人性格，评估使用暴力手段的成本收益比，了解哪些食物是安全的，通过社会互动推测权力支配关系，以及无数其他活动。各种各样的推理系统组成了一个五彩斑斓、花样繁多的神奇脑内世界，但它们也有一些重要的共同点。

　　首先，这些系统的运转大多数情况下都处于意识范围之外。在听到一句话时，我们会在不到 0.1 秒的时间内从一个包含几万词语的数据库中检索到每个单词的含义，我们根本不可能察觉到自己到底是如何识别出话语中每个单词的。同样，当我们认定一个人富有魅力或者招人反感时，我们也不知道自己头脑中究竟发生了怎样的精确评估计算。我们不需要进行深思熟虑的推理，就会对严重违反我们道德规范感的行为感到厌恶，例如攻击弱者和背叛朋友。这就是为什么我们称这些系统为"直觉"推理系统，似乎它们会直接将"恶心的食物"或"好朋友"这样的结论打包抛出，但我们不会意识到得出这一结论的运算过程。我们向自己汇报的只是结论本身，当然，我们也可以对结论进行推测与解释，表明自己为什么会得出这些结论，但直觉不需要这么做。

其次，每个直觉推理系统都是功能特定的。[26] 如上文所述，童年期父亲缺位与否会影响年轻女孩性成熟以及怀孕时间的早晚。这一过程涉及的心理系统对识别出语音中单词的含义毫无帮助，而处理语义和时态变化的系统对道德发展大概也没什么影响。不同系统是相对独立的，这正对应了我们刚刚提到的另一个结论：没有探测器就没有信息，一个系统要将特定信息从环境中抽取出来，意味着它要放弃环境中的其他信息，或者说，只有忽略噪声才能捕捉到目标信号。当然，被某个系统排斥的噪声可能正是其他系统要探测的信号，例如，你的穿着不会影响我对你语言词汇的理解，但会影响我对你社会身份和阶层背景的评判。所以每个系统都必须聚焦于特定类型的信息。[27]

我们对操作计算机程序很熟悉，计算机程序在很多方面完全不同于人类心智系统，但它们有一个共同特性，即由具有专用功能的不同子程序组成。例如在一个文字处理程序中，计数系统会告诉你文档中包含多少个字符，拼写检查系统会告诉你文本中出现的词语是否符合

　　　　　　　　　　心智社会：我们的认识决定了我们的世界

词汇库中的标准拼法。但计数系统不会注意拼写错误，拼写检查系统也不会统计文本长度。而这两个系统都不能告诉你当下你使用的词语是常用词还是生僻词。这些都属于我们所说的领域特定计算，因为每个系统只具有有限功能，只处理特定类型的信息。

最后，一旦我们把这些系统视为人类的进化特征，或者说把它们看作可以提高个体适应性的信息获取工具，我们就可以更好地理解它们的运作模式、它们的关注对象以及它们会激发什么行为。这表明，要探索心智的认知结构、心智的不同部件以及各个部件间的关系，最佳途径就是看看这些部件会与我们人类在进化过程中遇到的哪些问题相匹配。这种将进化和心理系统联系在一起的方式，正是进化心理学这一现代心理学研究领域的起点。[28]用更精确的术语来表述：作为心理系统的主导者，那些能带来更多收益或更少代价的基因变异更有可能通过生殖被复制。如果要了解心理功能的秘密以及它们对我们社会生活的影响，我们可以问问对于基因的遗传复制来说这些心理功能可以做出什么贡献，在接下来的章节中我们会逐渐阐明这一问题。

将心理推理系统视为一种适应机制只是起点。当我们能够通过进化假说来预测直觉推理系统某些此前不为人知的特性，并且根据观察或实验证据来验证这些预测时，进化假说才更为可信。推理系统种类繁多，相关研究项目也纷然杂陈，且常常看起来互不相干，这就是为什么我们不应该期望本书描述的新视角会产生一个关于人类社会的一般理论。但对于构建人类社会所涉及的人类心智，它确实可以带来一系列更有效、合理、清晰的解释。

规则三：不要将人类人格化！

诗人兼业余博物学家莫里斯·梅特林克（Maurice Maeterlinck）曾经描述过，当一只蚂蚁把食物吐出来喂给蚁群的幼虫时，他能从它的脸上看到一种温柔的情感，它的眼睛里充满了无私的母爱。[29] 好吧，梅特林克将写诗和剧作当作主要职业是明智的选择，没有一个研究蚂蚁的人会把这种描述当真，即使他们可能非常欣赏蚂蚁的某些品质。但这种想法确实反映了一种在过去极为常见的看待自然的方式。我们在了解雷电和地震的原理之前，似乎理所当然地认为这些壮观现象一定是由某种意志所主宰的。不过现在我们已经不接受这种解释了，世界是由物理法则而不是更高等的神秘力量支配的。树木生长，河流流动，但这是自然规律，而不是因为它们想这么做。随着科学知识不断积累，我们对世界运作方式的理解不断加深，拟人论（anthropomorphism）和泛灵论（animism）不断从科学研究的阵营中撤出。

然而，拟人论和泛灵论从一个研究领域中撤退时遇到了很大阻力，那就是对人类行为的研究。当我们试图解释人们为什么做某些事时，我们理所当然地会把他们看作人，我们会假定他们的行为是由其意图驱动的，人们了解自己的意图，并可以表达出来。我们还假定人是一个整体，例如每个人都有自己的偏好，就像喜欢咖啡或者茶，如果你问他们到底是他们的哪一部分具有这种偏好，或者他们身体的哪个部分喜欢咖啡，就会很奇怪。我们把人看作完全、完整的人。换句话说，我们把他们人格化了。

在对人的科学研究中，这种倾向是错误的，就像在对河流和树木的科学研究中我们也不应该将研究对象人格化一样。事实上，几个世纪以来，将人过度人格化一直是研究人类行为的主要障碍。人类有明确的行为动机，他们知道自己的行为动机，在人类大脑中有一个负责评估动机与组织行为的控制单元——这些假设都是严重误导，它们阻碍了正确的研究方向，应该被抛弃。

当然，我们与人产生互动时把他们当作"人"来对待并没有什么错，将一个人视为具有偏好、目标、思想和欲望的独特个体是所有道德哲学的基础。人是一个具有评判中枢的整体，凭借中枢评判机制，人们在不同的目标和动机间做出选择——正是基于这样的认识，我们才能将行为责任归于个体，让每个人对自己的言行负责。这是一种自动出现的思维方式，是维持正常社会互动所不可或缺的。

在科学研究领域则不然，我们对人类心理过程及其神经机制的认知其实已清晰表明，我们应该在探索人类行为的驱动因素时放弃中枢评判的概念。一个人更喜欢喝咖啡而不是茶，这种偏好可能涉及几十个自主系统的参与和协作。简而言之，我们必须像对待汽车一样对待人的心智，打开引擎盖看看，弄清楚不同部分是如何产生总体效应的。其实这一点很容易理解，我们都知道复杂系统其实就是这样运作的，比如免疫系统或消化系统。可一旦研究对象变成人的思维，就容易犯糊涂。

主要问题是，我们人类自认为我们已经知道思维是如何运作的了。例如，我们假定（不一定明确这么表达）思维发生在大脑的"中央处理器"中，"中央处理器"会评估所有的想法与信息，之后将评估结果与适当的情绪结合，从而产生意图或行动计划。所有人类都具有心理学家所谓的自发"心智理论"或直觉心理机制，这是一套让个体可以根据其他个体的意图和信念来理解其行为的心理系统。[30] 当我们思考他人的行为时，直觉心理机制会自动激活。例如，我们看到一个人走着走着突然停下来，顿了一下后转身朝相反的方向走去——我们通常会推断他突然想起了之前忘记的事情，他现在要回去完成那件事情。这些心理状态其实都是不可见的，是我们在思考他的行为时自发想象的内容。我们会为属于其他物种的生物的行为赋予信念和意图，并在此基础上预测其后续行为，有时候这种方法很有效，有时候则不然。

问题在于，我们的直觉心理并不是对思维过程的精密而准确的描述，也许举个熟悉的例子能让你更好地明白这到底是什么意思。我们经常将计算机拟人化，例如我们会说，计算机正在向打印机发送材料，但计算机其实并不是真的做出了"发送"的动作，计算机甚至不"知道"发生了什么，它也意识不到打印机的状态。然而，这句话在日常生活语境中是（大致）说得通的，因为它描述了计算机此刻的工作模式。但是，如果我们想要理解计算机内部具体的运行过程，我们就必须使用完全不同的概念了，例如物理端口、逻辑端口、串行协议和网络地址等。哲学家丹尼尔·丹尼特（Daniel Dennett）将这种解释模式的转变称为从意图立场（我们用信念和意图来描述行为）到设计立场（我们讨论主导行为的各种成分以及它们之间的关系）的转变。[31]

要理解思维是如何运作的，也需要从意图立场到设计立场的转换，这种做法有时是相当反直觉的。例如，信念是一个最简单、最常见的概念，有些人相信鬼魂存在，有些人相信他们把车钥匙放在了口袋里，有些人相信吉他有六根弦，等等。但在某些情况下，这种对信念的讨论方式可能会把我们引入歧途。

举个例子，考虑一下人们是如何基于他们实际上并不相信的"虚幻信念"而做出行为选择的。许多实验——如保罗·罗津（Paul

Rozin）和同事们进行的研究——已经证明，人们很容易受到虚幻信念的影响。[32] 例如，如果让他们在杯子上标有"水"和"氰化物"的两杯水中做出选择，即使他们看到两杯水是实验者从同一个水罐中倒出来的，他们也更愿意选择标着"水"的那一杯。在很多类似的实验条件下，人们都会产生同样性质的虚幻信念，例如，他们可能会拒绝穿一件据说曾在希特勒衣橱里放过的毛衣，虽然研究的参与者非常确定他们自己并不相信"邪恶传染"之类的想法，但他们的行为却往往与自己的说辞相矛盾。这是否意味着他们在不相信自己相信虚幻信念的情况下，相信了虚幻信念？

一个人不相信自己所相信的，这种说法听起来太扭曲了。如果我们坚持那种以意图立场来描述心智的常见方式，我们就只能接受这种扭曲的说法。根据意图立场的论调，我们大脑中有一个中央处理器，它负责所有信念的储存、加工和提取。假设事实真的如此，那我们只能得出结论：在前述情况下，尽管人们不承认，但他们实际上相信虚幻信念——比如玻璃杯上的标签会让里面的东西变得有毒，邪恶独裁者的衣橱会让放置在其中的毛衣也变得邪恶。

但从设计立场出发，我们还有另外一种看待这一切的方式。如前文所述，人的心智由许多直觉推理系统构成，每一个系统都是功能特定的，都只负责获取环境中的特定信息。当人们看到标着"毒药"的水杯时，处理威胁探测的系统会被激活，因为这个标签与该系统的启动条件——关于摄入某物质具有危险性的线索——相匹配。而其他概念性信息——如"这个标签在误导人"或"这只是实验者设定的游戏"——并不会进入危险探测系统，因为它们与该系统的启动条件不匹配，所以它们也不会改变这个系统已做出的推测，即环境中存在威胁。考虑到大脑中有一个系统在大喊"危险！"，而大多数其他认知系统也无法判断出哪杯水更好（因为没有其他信息可以表明哪杯水更好），最终导致的结果就是人们会对没标"氰化物"的那杯水有更轻微的偏好。

言之有理吗？……请注意，在这种解释中，无论是个人还是个人的任何部分都没有相信"标着'氰化物'水杯中的水确实有毒"，甚至威胁探测模块也同样如此，它的唯一功能是察觉环境中的某些信息并激活恐惧或防御反应，而不是去描述导致这些反应的原因。因此，对于人们为什么更喜欢一杯水而不是另一杯水，我们有了一个（多少）令人满意的解释。但与此同时，我们已经悄然放弃了日常心理学的一个核心观念，即行为是由一个人储存在"中央处理器"中的某种信念来驱动的。

将人类心智人格化常常会导致一种我称之为认知盲症（cognition blindness）的智力隐疾，这种"疾病"使我们难以意识到，最微不足道的行为也需要复杂的潜在运算。无论是过去还是现在，认知盲症在社会科学领域一直是一种普遍存在的现象。想想女性怀孕的例子，我们能否说成长于贫困条件下的年轻女性"意识到"她们的社会环境使她们不太可能遇到甘愿为其长期投资的丈夫？我们能说她们"决定"让初潮提前以早早开始性活动吗？这当然会很奇怪。更合理的说法似乎是，她们心智中的某些直觉推理系统会获取并处理特定社会环境信息，比如父亲是否缺位，某些系统会获取并处理其他特定的社会环境信息，比如关于友谊、种族或食物资源的信息，它们的互动可以预测个体偏好与行为。

规则四：抛弃陈旧理论的幽灵

不要让过时理论的幽灵妨碍对人类行为的研究，当然，要消灭那些像僵尸一样纠缠不休的"讨厌鬼"是极其困难的。例如，解释人类行为似乎需要我们谈论"天性"和"文化"或"本能"和"教养"对我们行为的各种影响，仿佛我们能够且必须区分出哪些能力与偏好是先天的，哪些是后天的。或者想想更具体的问题：参与战争的倾向是"文化主导的"还是"天性主导的"？男性和女性行为模式上的显著区别来自先天差异还是后天差异？道德感是我们"生物学"的自然产物还是社会压力和文化规范的产物？

这些结论或问题涉及的对立立场蕴含了一种陈旧的遗传学观点，即在基因与环境的互动中，前者稳定且缺乏弹性，后者灵活多变且不可预测。但这是双重误导，环境其实包含许多不变的特性，这正是自然选择可以起作用的原因。比如，当我在前文描述鸟类的习性时，我就提到了一个高度稳定的环境因素——地球规律的公转运动使得四季轮流交替，这使得某些适应这一环境特征的基因被选择出来，促成了鸟类的繁殖周期。而某些基因的激活开关是由另一组基因以及基因化学环境中的其他非遗传物质来控制的。事实上，分子遗传学的一项伟大成就，就是揭示了简单的遗传物质如何通过多重互动构建出了高度复杂的特征和行为。[33]

这就是为什么我们可以说一种行为是生物进化的特征或自然选择的结果，但这句话并不意味着基因编码了这种特征或行为本身，就像鸟类繁殖的例子所清晰呈现的。它也不意味着，不管外部环境如何，这种特征或行为总是一成不变地发生，或者行为缺乏弹性，无法改变，又或者行为倾向在生物诞生时就以某种方式存在。它只表明，对于大多数正常发育的生物体来说，一旦它们遇到合适的条件——用更准确的术语来描述，它们的生存环境与某种基因被"选出"时的环境相似，环境信息就会激活这种基因的开关，使生物表现出与该基因相关的行为。因此，不同环境会引发不同行为，假定一只候鸟在宇宙飞船里被养大，它的繁殖周期就可能与地球上的候鸟有很大差异。我们通过很多真实的悲剧性案例也了解到，在完全隔绝于人类社会的环境中长大的幼儿无法习得人类语言。[34] 而只要环境符合使某种基因得以进化的稳定特征，我们就可以预测生物体在成长发育过程中会表现出哪些(与该基因相关的)典型能力与偏好。

现在我们可以把那些陈旧的幽灵扔到阁楼上了，因为我们已经对心智如何从环境中学习有了更好的理解。此处我描述了一些典型的人类行为，比如学习母语，使性偏好符合社会环境，通过注视推断他人心理状态，以及适应社会规则，等等，它们都是人类进化塑造的结果。随着我们继续探讨更多的典型人类行为，尤其是那些有助于构建人类社会的行为，我们将看到，在任何一个领域试图提及先天因素和后天因素的区别都是没有意义的，因为根本不存在孤立、不变、不与其他因素发生交互影响的"先天"与"后天"。[35] 而把人类"文化"视作世界上真实存在的东西就更没有意义了。

实证研究

一门真正的社会科学应该解决或至少触及我在本章开始时列出的紧迫问题：为什么人类会做出那些社会行为，比如组建家庭、建立部

心智社会：我们的认识决定了我们的世界

落和国家、创造性别角色？回答这类问题的最好途径是求助于科学，因为科学正是我们理解世界的最佳手段。人类从来没有发明过任何可以比肩科学研究的工具，能够让我们探索世界的更多真相，或积累更多的正确知识。只有借助科学研究，我们对世界的运行机制才会有越来越深刻的认识，才会越来越了解世界为什么是这个样子。然而，科学研究也会遭遇困境，也会让人沮丧，同时它在许多方面会违背我们"自然的"思维方式。[36]

当然，许多怀疑论者认为不能用科学方法来研究人类社会和文化。一些人指出人类社会比大自然更复杂，无法用一些简单、普遍的原理加以解释。另一些人则更激进地宣称，人类的意义或信仰属于社会特殊领域，这个领域永远不会对科学解释敞开大门。我不打算过多地讨论这些争论，因为反驳这些观点的最好方法就是证明科学可以解释社会现象。

以下章节论述了一部分对人类社会现象进行自然科学化解释的重要研究，从我们组成群体的方式到我们的家庭互动模式，从宗教观念对人类的吸引力，再到种族认同和族群竞争的动机，从朴素的经济学直觉到合作与交友倾向，凡此种种。需要声明的是，这并不意味着我们现在已经知道了关于这些话题的所有知识——事实上，还差得远。但我们已经可以看出，以上问题放在人类进化的背景中时更能解释得通。在解释人类行为与自然过程的关系方面，我们目前已取得重大进展，而这一研究方向仍很有前途。

寻求新科学的六个问题

第一章

群体冲突的根源是什么？

为什么"部落主义"不是冲动而是精密计算的结果

如果我们跳出人类的立场来观察自身，就会发现人类这一物种在群体性方面有两个显著特征：他们非常擅长组团，也非常擅长与其他群体对抗。没有哪种生物可以通过集体行动做出那么多事情，没有哪种生物会参与那么多旨在攻击其他群体同时保护本群体免受攻击的集体行动。任何人都无法完全摆脱族群对抗的影响，而族群间的对抗冲突很容易升级为全面战争和种族灭绝。只要想想美国的种族对立、欧洲的大屠杀历史、南斯拉夫解体后的血腥冲突，以及非洲无数的族群战争，尤其是卢旺达大屠杀，我们就能明白族群冲突波及的范围和强度。

我们给这些现象冠以的名称，如民族主义（nationalism）或部落主义（tribalism），暗示出人类有一种强烈的冲动，他们会支持自己的家乡、族群和国家，反对外国人或外族人。但仅仅认为人类具有先天的"部族性"并不能解释任何事情。这就是为什么我们从其他物种的立场或者从进化的立场来看待人类行为会大有裨益的原因，因为一旦转换角度，我们就会意识到"为什么"这类问题。比如，为什么每个人都忠诚于自己所在的群体？为什么有时明明背叛群体对自己更有利，但他们依然坚守承诺？当每个个体都有自己的利益立场时，群体如何保持凝聚力？为什么许多冲突的参与方都已经意识到自己无法从较量中获得任何好处，却依然长期深陷于棘手的冲突？为什么群体冲突尤其是族群冲突经常引发异乎寻常的暴力？这种惨剧为什么竟可能发生在已经和平共处了几十年甚至数百年的族群之间？从进化角度来看，强烈的群体认同及群际冲突的根源其实就是我们的心理器官，其在本质上与其他生物的利爪或头上的角是一样的，要想解释它们存在的原因，我们必须先想清楚在进化过程中它们对生物到底能起到什么作用。

发明民族国家？

民族国家的概念意味着每个国家都对应一个人们基于共同传统、价值、语言和历史而构建的社群。从进化尺度来看，民族国家显然是一个非常新的概念。现代人类已经存在10万年以上了，但国家是最近才被"创造"出来的，最多也就几千年的历史。但如果我们试图理解群体和群体冲突，从国家开始是个明智的选择，因为它集中体现了人们如何意识到某些种类的群体认同既不言自明，又富有吸引力。

19世纪的欧洲地图上出现了许多新兴民族国家：有的是许多政治体间完成了政体统一，如德国和意大利；有的是从古老的大帝国中分裂出来的独立国家，如匈牙利和塞尔维亚；还有新形成的民族，如爱沙尼亚。那个时代，浪漫主义的民族国家理念占主导地位，根据该理念，国家是建立在共同文化和语言基础上的政治体，而共同的文化和语言又源于共同血脉。当时盛行的理念是，国家应该与那些"自然的"和"祖先传下的"共同体相对应——现代民族国家不像传统帝国一样通过征服将土地归并到一起，而是建基于国民间的自然亲近感与凝聚力，而后者又源于国民拥有共同祖先和传统。精英浪漫主义运动强调了族群文化特征，并将现代民族国家看作共有文化特征在政治领域的延展。从这个视角（有时被称为"原生论"）看，塞尔维亚、立陶宛和意大利可以说早就是"潜在国家"了，它们只是在很长一段时间内缺乏组建自己国家的政治时机。[1]

与此相反，一些主张"现代论"的历史学家和人类学家相信，在许多情况下民族是由国家建构出来的。也就是说一旦你建立了一个国家，你就会开始注意或强调国民的某些共同特征，甚至在某些情况下会有意创造出一些共同特征。例如，人类学家欧内斯特·盖尔纳（Ernest Gellner）曾指出，民族主义的出现在很大程度上是工业社会的结果，他认为，分工明确的工业社会对现代国家提出了一系列新要求，官僚国家需要行政管理通用语、一定的合法性，还需要具备行政能力的中下层政务工作者。在盖尔纳看来，民族国家满足了所有这些需求。国家资助的学校培养了官僚阶层，从不同方言中提炼整合出的语言构成了通用的官方语言（就像在德国和意大利发生的情况）。如果一个国家看上去建基于国民的共同文化价值观和共同血脉，那么这个国家就更具合法性。[2] 关于起源的神话增强了国民命运共同体的感受，同时也提供了一种幻想的承诺：一旦建立主权国家，民族就可以回归到所谓的黄金时代。[3]

根据这种功能性的解释，大多数浪漫主义者声称的民族国家概念其实源自实用功能，而且许多关于民族的事实其实是被编造出来的。也就是说，如果政治目标是统一某个地区并把它变成一个有效政治体，人们总是可以通过寻找一些可利用的起源神话以及挖掘方言间的相似性，将该地区所有人转变成具有共同文化、语言和血脉的民族，进而创造出建立民族国家的情感诉求。例如，一些历史学家认为，在精英们发明挪威语之前，其实没有统一的挪威语；在精英们努力建成爱沙尼亚这一国家之前，很少有人会认为自己是爱沙尼亚人。同样，历史学家经常饶有兴致地戳穿一些欧洲国家"被发明的传统"，例如，苏格兰裙和英国王室礼仪通常被描述为古老而真实的传统，但它们实际出现于 19 世纪，当时一些英国上层精英认为得体的国家应该保留过去习俗的遗迹，因此才将它们"发明"了出来。[4]

然而，这种对"建构"民族的描述过于夸张了，主要是因为其仅仅关注一时一地，也就是 19 世纪的欧洲帝国。但在其他地方，早在现代官僚政治国家出现前，人们就已经看到了语言、族群和政治体之间的直观联系。例如，虽然数千年来中国不同地区间的冲突错综复杂，但中国人都认定他们国家必须包含汉文化（不管统治者是汉人还是胡人、蒙古人或女真人），甚至连朝鲜人和日本人也是这么认为的。在许多完全不同的地区，如希腊城邦和约鲁巴王国，人们都会产生基于共同传统和语言的民族认同，它们的时代要远远早于现代意义上民族主义出现的时间。[5]

这就提出了一个问题，为什么这些共性如此重要？为什么人们会如此在意这一点？事实上，即使"现代论"的描绘是正确的，即使国家实际上是由来自不同群体的精英建立起来的，我们也应该追问：为什么人们会觉得共同身份很有吸引力？为什么他们会捍卫（可能是虚

心智社会：我们的认识决定了我们的世界

构的）民族遗产？为什么精英们会编织出关于民族的谎言来说服大众？实际上，关于族群的理论论述回答不了这些问题，答案在于一种更普遍的现象，与集体行动和稳定群体的构建有关。

起动员作用的族群形成

民族国家通常是建立在族群基础上的，但族群本身就令人费解，而且理应令人费解。"族群"的意思是这一群体中的人拥有共同利益，应当为共同目标而联合起来，因为他们有共同的传统，往往说共同的语言，多数情况下有共同血统。我们不应该把族群看作政治不成熟的标志，不应该将其视为大型民族国家、民主制度和现代通信技术出现前的原始政治秩序现象。在许多原本统一的共和政治体中，族群冲突也可能再度出现；民粹主义政客经常通过最符合民主标准的渠道粉墨登场，而大众传播也会加快仇外情绪扩散的速度。族群冲突并非人类历史上某个短暂阶段的产物，它似乎是社会群体时常回归的基线。[6]令人费解之处正在于此，世界上竟然有那么多人认为群体划分是一种最自然、最合理的现象。

举例来说，当我们考虑从前发生在南斯拉夫或者卢旺达的暴行时，我们倾向于将它们视为群体间长期存在的猜疑和不满与特定历史导火索结合后的产物。在许多情况下，所谓历史导火索其实都是国家合法性的消失或国家控制力的削弱。[7]例如20世纪80年代的中非地区、90年代的南斯拉夫以及如今的索马里都是这种情况。在卢旺达和巴尔干半岛，几个世代以来，邻近群体间的不满一直在滋长，积怨从未消退，但只有当国家对人民的约束力有所松懈时，敌对情绪才爆发升级为武力冲突。就巴尔干半岛而言，似乎是威权政体（奥斯曼帝国和奥匈帝国）之后的高压统治暂时阻碍了族群对抗的滚木从斜坡滑落。

这种论述具有启发性，但也具有误导性，因为对族群冲突的描绘往往将一些本该被解释的内容直接当作前提假设，即人们已经把自己视为群体成员，他们和其他成员具有共同目标和利益，他们有足够动机支持本群体去对抗竞争对手。所以看起来族群冲突只会发生在这样的群体之间：群体成员有共同利益和目标，他们对此完全了解并准备为了实现这些目标而采取集体行动。但正如欧洲群体间冲突的历史所表明的那样，社会进程并没有这么简单。

例如，在巴尔干半岛，人们长期以来一直明确地将自己划分为克罗地亚人、塞尔维亚人或罗马尼亚人等，但这并不意味着这些身份在任何时间任何地点都等于群体划分。[8] 像罗杰斯·布鲁贝克（Rogers Brubaker）这样研究族群冲突的专家曾专门强调过族裔类别（ethnic categories）和族群（ethnic groups）之间的区别。世界各地的人经常使用族裔类别作为区分的方式——你是塞尔维亚人，我是克罗地亚人，他是伦敦人或格拉斯哥人，等等。可族裔类别的存在并不意味着属于某个族裔类别的人一定会形成群体，也就是形成为了共同目标而行动一致的一群人。在大多数情况下，人们可以在很长一段时间内在没有族群的情况下保有族裔类别。[9]

在某些特定历史背景下，人们会凝聚成为群体，例如，当塞尔维亚人认为克罗地亚人具有威胁性因此必须加以遏制时（反之亦然）。有时会发生的情况是，那些属于不同族裔类别的人长期在一起和谐共存，相互间日复一日地友好往来，可他们忽然就成为死敌并对彼此做出极端暴力举动。正如许多局外观察者在对族群冲突的评论中所指出的，这种变化之迅速让人惊愕，甚至许多冲突参与者也持同样看法，他们原本认为自己会一直是布鲁贝克所谓的"无群体的族裔"。[10] 对这种变化的常规解释方式是，族群间的敌意长期处于冬眠状态，人们向来对其他族群私下怀有怨愤，直到某个人或某件事引发了争端，这种说法忽视了集体行动的动员机制，而我们正要重点解释该机制。

正如布鲁贝克所指出的，族群并不是一个事实，而是一个"过程"，是将社会类别瞬间转变为具有强大凝聚力的群体的过程，同时也是一个认知转变过程——人们开始以族群化视角对大量外部信息进行重新诠释，另外还调整了参与族群冲突的得失损益标准，而这一切从他们之前的态度中看不出端倪。[11] 这是如何发生的？为什么会发生？我们应该从认知能力和驱动力的角度来理解这些疑问，我认为眼下我们理当把族群这个比较窄的领域先放到一边，从进化视角来考虑更具一般性的话题——群体的形成过程。

内群体偏爱的原因

我们都知道，人类有强烈的动机去形成和加入社会群体，对此没有多少人会予以否认。对于某些物种来说，群体生活本身是有益的，这并不算什么进化之谜。但我们需要解释的是，为了使个体在群体中有效地行动，哪些技巧和动机在进化中被"选择"了出来。当我们想要了解构成马特·里德利（Matt Ridley）所谓"群体主义"（groupishness）的潜在心理是什么时，[12] 困难就出现了。过去 50 年里，大量社会心理学文献证明了"内群体偏见"在现代社会的普遍性，它的表现形式不仅仅限于个体会偏爱内群体成员，还遍及其他认知领域。例如，人们在回忆关于外群体和内群体的信息时，信息提取方式是有区别的；群体内意见分歧会比群体间意见分歧更让人感到苦恼；对于内群体成员，个体更容易形成情感共鸣，特别是在与外群体互动的背景下；[13] 人们不容易被带有外国口音的话语所说服——事实上，即使是婴儿似乎也不信任带有陌生口音的玩伴；[14] 另外，大量研究还证明了与外群体互动会对生理体征产生直接影响，包括血流量、血压和激素水平等。[15]

人类如此热衷于组成群体，以至于他们似乎能以最牵强的借口来强化群体凝聚力和制造群际冲突。有时群体成员之间的实际关联非常脆弱，但他们却有强烈的动力去捍卫群体并攻击对手，这种突出的对比反差是群体主义经常呈现的特征。历史上有很多著名例子，比如发生于公元532年的尼卡暴动，在这场骚乱中，两派赛车队的支持者——蓝党和绿党——互相殴斗，最终君士坦丁堡一半地区被摧毁，数万人被杀害。[16] 欧洲球迷和世界各地的体育狂热支持者为这种形式的部落主义提供了许多生动案例。[17]

社会心理学家由此推断，人类确实具有自发的群体性或部落性，他们会偏爱自己的群体，即使这个群体身份没有任何实际意义，甚至群体划分只是研究者在实验中随意创造出来的。亨利·泰弗尔（Henri Tajfel）发明的"最小群体"（minimal group）范式正是对该现象的鲜明展示，在这种研究范式中，参与者被分配到两个不同的群体，A组和B组，或者蓝队和红队，或任何其他无意义的人造组别。同一组中的被试没有任何特别共同点，而且实际上他们在实验过程中也没有互动，他们只是知道自己属于（比如）蓝队或红队。研究显示，当研究者要求被试将各种商品或代币发给其他被试时，他们总是更偏爱自

　　　　　　心智社会：我们的认识决定了我们的世界

己所在组的成员，总是将更多资源分配给内群体成员。而且无论商品价值、实验任务或者被试文化背景如何，偏爱效应始终都是一样的。这一心理过程甚至是一种无意识行为，因为被试根本没有察觉到自己在分配资源时竟然对内外群体成员有所区分。[18]

这些结果看起来证明了当面对内群体时，人类有一种强大、自发的利群冲动，无论群体划分本身是多么荒谬。对心理学家来说，最小群体范式的意义正在于此。这些群体的成员除了刚刚被贴上的标签外没有任何其他共同之处。研究者甚至可以在参与者面前将他们随机分组，但实验结果仍可以体现相同效应。也就是说，一个人似乎可以在没有任何其他原因的情况下，仅仅因为他与某些人被划分到同一组别，就优待内群体成员，这看起来完全不合逻辑。[19]

但结果真的只体现出了无差别的群体主义吗？正如泰弗尔之后很多社会心理学家指出的那样，所谓的最小群体实际上并没有"那么小"。在实验中，参与者将商品或代币分配给其他人，并且（这是至关重要的）他们希望从其他人那里得到类似的商品或代币。因此，他们自己的幸福或自尊取决于他们会受到他人怎样的青睐、支持或恩惠。[20] 这给我们提供了一个不同的视角来看待参与者似乎缺乏理智的举动。重点不在于人们错误地将一个任意划分的群体视为一个真正的社会群体，而是如心理学家山岸俊男指出的，参与者的错误在于他们假定自己在进行一种社会交换互动，在这种互动中人们可以相互回报。参与者知道他们会把商品分配给其他人，同时也会收到那些人分配的商品，于是他们凭直觉断定（在这种情况下是错误的）他们给予的越多得到的就越多。由于这种互惠模式在真实内群体互动中不断重复，一旦体验到内群体情境，人们就会自发启动这一倾向。实验结果证实了这一猜想，当参与者得知只有他会将商品分配给其他人，但他不从其他人那里得到商品时，内群体偏好就消失了。[21]

因此可以说，群体主义并不是随波逐流的迟钝本能。人们的利群行为暗含了一种社会交换模式，而某些社会互动（如在不同参与者之中分配资源）则为互惠合作提供了触发条件。[22] 显然，他们不需要有意识地这样做。他们会评估其他个体能对他们产生的价值，但这些计算是在无意识的情况下进行的。因此，我们需要更详细地探索隐藏在群体主义背后的心理计算过程。

联盟心理

在理解社会群体之前，我们必须先理解人类如何形成联盟以及联盟如何招募成员。从朋友间的小团体到整个国家，从部落到工会，形形色色的群体之所以能存在，主要原因就在于个体有加入并维持群体身份的动力。作为人类，我们发现自己属于某些群体是很自然的事情，我们甚至可能会认为群体先于个体存在，也可以说，群体本身是一种独立存在。但如果我们退后一步，从进化视角来看，就会发现群体的构建过程完全不简单，因为它需要携带不同基因组的生物体克服利益冲突，建立互惠的社会互动模式。[23]

在联盟中，多个个体的行为方式可以增进彼此的福利，因此我们从联盟开始论述是合适的。许多群居动物中都存在联盟现象，尤其是类人猿。但它们形成的联盟往往规模很小、不稳定而且合作范围有限。相比之下，人类联盟从数量上看可包括大批盟友，从时间上看可持续几代人，从合作范围看可延伸至人类所有行为领域，几乎无处不在。

在各种不同层次的社会组织中都能发现联盟现象，如政党、街头帮派、办公室小团体、科学家俱乐部、一群亲密朋友等等，甚至包括数千人或数百万人的群体之间也能结成联盟，如族群或民族国家联盟。而且，小群体联盟还存在于一些大型组织中，而理论上在此类大型组织中小群体应该完全不需要发挥什么作用。大型企业有正式的规章制度来协调各部门行为，所有部门以及部门内各个岗位都职责明确。但大多数公司里都有员工组成的小圈子，他们自愿为彼此提供信息，互相帮助。

联盟的影响作用在军队中也很突出。大多数军队都将 10 ~ 25 人的小分队作为基本作战单元，这样的小分队通常隶属于包含 200 ~ 500 人的编制组织。经验表明，当士兵们与一小群熟悉的人共同战斗时，他们的战斗效率是最高的，在小群体中士兵间的凝聚力与信任程度都能达到最高水平，而更大一些的战斗单元会对士兵的忠诚和认同感有所要求，但在实现特定目标方面，更大战斗单元的效率就会比较低。[24]

最后，政党当然是大规模联盟关系的典型例子。党员非常重视忠诚，在大多数立法机构中，以政党为基础的群体通常会按照党派路线进行投票。一个政治人物转变党派立场后，人们不仅会认为他改变了自己的想法或偏好，还会将他视为原来所属党派的叛徒，而他也不会得到新党派支持者的拥护。改变立场或效忠对象在道德上非常令人反感，这是一种直觉性的感受，以至于我们几乎没想过为什么会这样反应。

没有哪个人类社会的社会史或民族志不提到人们的联合行动，联合行动的原因不外乎实现共同目标、抗击敌对同盟或惩罚背叛者等。这在人类的社会互动中是如此普遍，以至于它看起来没有丝毫值得惊奇之处，但认知科学至关重要的地方正在于此。我们通过双眼实现三维视觉体验也很普遍，而且似乎很简单，但如果你试着描述其中具体的神经生物过程，就会发现它涉及的原理有多么复杂。同样，当我们通过认知科学来理解联盟现象时，就会发现要建立联盟有多困难以及需要多少复杂技巧。[25]

那么，联盟到底从何而来呢？自然，人类能够建立各式各样的联盟，但这种多样性正是由一组潜在心理能力和偏好促成的，它们似乎是我们进化形成的认知装备的一部分，也就是说，它们是功能特定的心理系统，进化心理学家莱达·科斯米德斯（Leda Cosmides）和约翰·图比（John Tooby）称之为"联盟心理"。[26]

为了生存和繁殖，人类一直需要来自亲属的广泛扶持，同时也需要来自非亲属的扶持，而后者在大多数社会互动领域都是必不可少的。在整个人类进化史中，我们这一物种的适应性取决于无血缘关系的个体之间彼此扶持的程度。社会支持是保障适应性的关键机制之一，因为许多人类活动都会涉及"高密度"的合作——想想狩猎、贸易、防御敌对群体、共同养育子女等。有证据表明，原始人类也会帮助群体中的不幸者，一些原始人在遭受疾病和肉体伤害后可以幸存下来，尽管他们已经无法为狩猎或部落战争做出贡献，但依然能得到同伴的照料。当然，现代社会提供了更多机遇，让人类可以充分发挥自己的禀赋，为彼此提供支持。

为了形成联盟，所有参与者必须具备特定的心理信念。第一，他们必须怀有某个明确目标，而且相比于个人努力，通过共同努力更容易实现该目标。第二，个体必须预期其他成员对目标有大致相似的看法，否则，联盟成员就不会期待他们可以与其他成员产生合作行为。第三，为了更好地协作，个体需要忽视某些自身损失。与所有集体行动一样，联合行动也要求个体做出利他行为，也就是说个体要牺牲自己的利益来使他人获得好处。但是这种成本会被集体投资的未来预期收益所抵消——当然，预期可能是合理的，也可能并不合理。第四，个体必须预料到，其他人可能会低估他的付出。第五，个体还要能预料到，其他人也会对他们自身产生类似想法。第六，一个人应该把敌对联盟的所有代价（或收益）视为自己的收益（或代价），这样他就可以对自身动机做出调整。[27]

这看起来有些工于心计了，但实验证据表明，人类大脑可以轻松且不自知地执行所有这些联盟计算。例如，人们可以轻而易举地将联盟收益视为自身收益。[28] 此外，记忆实验表明，当人们看到不熟悉的人进行三方对话时，他们会自动分辨谁和谁是同盟，即使没有人要求他们这么做，而且他们可能也没有意识到自己已经这么做了。比起互动中产生的其他信息，这类信息更容易从记忆库中被提取出来，[29] 也就是说，人们可能记不清其他人具体说了什么，但他们能非常清楚地记得谁反对谁或谁支持谁。因此，我们的联盟心理似乎包括一个联盟探测系统，这个系统会自发地关注社会中个体之间的团结一致性与相互支持水平。[30]

人们还会关注与忠诚和背叛相关的信息，因为如果有人搭上了集体成就的便车，或者他们在该付出时选择了背叛（例如，你的队友在战斗中一遇到困难就逃跑），那么对于其他人来说，将资源和努力投入联盟会损失惨重。这就解释了为什么我们如此热切地渴望从他人身上探测到承诺的信号，比如公开声明自己是团队的一员，或者为团队付出实际的时间、精力和资源。事实上，人们太过担忧遭遇背叛，以至于当其他人只是选择退出共同事业时，他们也会将其行为解读为背叛，认为他们应该受到道德谴责。[31]这也解释了为什么人们会关注联盟中老成员与新入伙者之间的地位差异。具体来说，"新人"这一身份本身就会触发一种直觉，让人感到他可能是搭便车者，因为他享受了联盟带来的好处，但还没有足够时间为共同事业做出贡献。例如，从你加入美国海军陆战队的第一天起，你就受益于军队的威望与荣誉，但你还没有表现出为了守卫集体而不惜置身危险之境的意愿。我们从实验研究中了解到，"获得收益"与"不付成本"的结合会自动触发"搭便车探测系统"。这也许能回答为什么在许多群体中，老资格成员会在新成员面前盛气凌人，或为他们入会设置层层严格障碍。[32]

主导这些计算的认知系统会传输出明确的直觉判断结果（例如，"这些人是一伙的"，"他们会和我们作对"）和行为驱动方向（例如，"我们应该迁就/攻击他们"，"我们需要结盟"），而潜在计算过程是无法为意识所觉察的，同样无法为意识所觉察的还有这些计算引发的驱动效应，事实上它们会通过触发激素释放开关或情绪系统来实现对行为选择的引导。

联盟总是会与其他联盟作对吗？人类联盟往往是竞争性的，它们会通过追求特定目标来对抗其他联盟，实际上联盟心理的很大一部分就在于动员成员对抗对手。为什么会这样呢？这并不一定是因为人类天性中就充满敌意。联盟总是具有竞争性，其本质在于它们试图争取社会支持，社会支持是一种经济学家眼中的"竞争性商品"，一个人得到的越多，别人能得到的就越少。只要一种社会互动形式为某些个体许诺了社会支持，它就会促使另外一些人形成自己的支持网络，由此形成了彼此对立的联盟。

联盟助长了刻板印象

我们不能认为人类具有野蛮不理智的群体主义本能。加入和捍卫群体的动机似乎源自一种更复杂的心理机制，在一定程度上，群体主义是一套帮助我们从不相关的人那里获得社会支持的系统。如果这种看法是正确的，我们可能不得不抛弃一些关于社会群体和群际冲突的根深蒂固的观点。特别是我们也许必须重新评估一个常见假设，即人们之所以会帮助自己所在群体并与对立群体对抗，是因为他们与该群体的其他成员共享一些价值观、想法和目标。

考虑一下族群及种族偏见、刻板印象和歧视问题。似乎一个人歧视另一个族群的人是因为他对他们怀有敌意。你的公司不招募爱尔兰人，原因是你不喜欢他们。而敌意似乎又是基于个体对某一社会类别的负面印象，比如你不喜欢爱尔兰人，是因为你认为他们粗鲁、暴力而且嗜酒。套用社会心理学的专业术语，我们可以说，刻板印象（认为某一群体的所有成员都具有一些共同特征）导致了负面态度（与这些人互动时自然生成的情绪反应），而负面态度又引发了歧视行为（减少这些人福祉的行为）。

这种描述足够简单易懂，以至于包括一些社会科学家在内的许多人都认为，如果有更多的人能够意识到他们对外群体的刻板印象毫无依据，他们对外群体的负面态度就会改变，如果负面态度改变，歧视就会减少。比如一旦你真正了解了爱尔兰人，你的经历就会消除你对他们的刻板印象。社会心理学家正是基于这一原理提出了"社会接触"的观点，例如，让更多的白人和黑人进行个人交往，可以改善美国种族关系。[33] 但事实果真如此吗？证据并不一致，事实上甚至是相互矛盾的。例如，美国军队是一个种族高度融合的组织，在各个编制层级中，不同种族的人都会发生频繁互动，而军队也正是全美种族关系最和谐、人们对种族关系满意度最高的地方。[34] 但这不可能仅仅是社会接触的结果，毕竟美国南北战争之前南方的白人奴隶主和黑人奴隶每天也都在上演频繁的社会接触，但前者一直把后者视为奴隶。在一些情况下，群际接触甚至会激化群际冲突，加剧人们对外群体的猜忌和仇恨。

因此，"刻板印象导致态度而态度引发行为"的假设可能并不正确。从进化或功能主义角度来看，这个假设似乎有一些难以理解的地方。首先，刻板印象的功能是什么？换句话说，认为其他群体的成员都懒惰、愚蠢或危险有什么好处？一种被称为社会认同理论的常见观点认为，人们需要认为自己及所属群体要优于其他人。可这种需求的概念本质上没有什么意义，因为虽然它可以解释族群中心主义，但族群中心主义也能反过来解释它。也就是说，因为人们具有族群中心主义，所以他们需要认为自己和他们所属的群体要优于其他人。[35]

为了了解刻板印象和行为之间的联系，我们来看看詹姆斯·西达尼斯（James Sidanius）关于种族歧视的研究。研究表明，人们对某些群体懒惰、无能或暴力的刻板印象会与恐惧和蔑视的情绪联系在一起，当然与之相关的还包括明显的歧视行为。真正的问题是这些现象中到底何为因、何为果。如上文所述，在许多社会心理学家那里，标准答案为"刻板印象是所有罪恶的根源"。而西达尼斯和他的同事们则认为，族群和"种族"从一开始被划分出来就是为了争夺资源。[36]

那么，到底歧视是由负面刻板印象造成的，还是说刻板印象本身就是一种为敌意（主要针对竞争群体）赋予正当理由的方式？例如，如果我们假设美国针对黑人的种族主义是由刻板印象和社会身份引发的，那么我们应该预期所有非洲裔都会一律遭受歧视。与之相比，根据西达尼斯提出的联盟模型，男性会成为偏见的主要目标，因为他们对另一个联盟的优势地位构成了更显著的威胁。而少数群体中的男性则最为"危险"，因为他们比女性更有可能发动暴力复仇。总的来说，来自被剥削阶层的男性会比女性更容易遭受歧视，西达尼斯称之为"下层男性目标假说"。[37]该假说得到了实证证据的支持。研究表明，男性黑人面孔比女性黑人面孔更容易激发刻板印象（无能、暴力）、负面态度（排斥）和负面情绪反应（恐惧），且这一过程会自动激活。例如，许多美国被试在实验中看到短暂闪过的黑人男性面孔后，他们判断之后呈现的目标物是否为枪（危险的事物）的速度要比判断目标物是否为工具的速度快得多，但看到女性黑人面孔则不会引发同样效应。另外在现实生活中，黑人男性也比女性更容易遭遇歧视性对待，例如会被要求支付更高的保险费和押金。[38]

这表明在美国，种族分类实际上会被大多数人理解为联盟竞争。罗伯·库尔茨班（Rob Kurzban）和他的同事们通过一系列令人瞩目的实验证明了这一点。这些实验基于社会心理学领域一个已被反复验证过的结论：被试会对目标人物的种族身份进行自动编码，无论研究者给出何种任务指示，无论种族身份在实验任务中多么无关紧要，无论关注种族信息会耗费多少额外的认知资源，美国被试总是能够回忆起他们在实验中看到的面孔属于哪一种族。为什么会这样呢？一种可能是我们的大脑会天生对种族线索产生特别关注。如本书引言中所论述的，从环境中提取特定信息需要特定探测系统，这是否意味着人类已经装载了一种专用于探测种族差异的系统？从进化的角度来看这非常奇怪。因为直到最近人类才开始与长相不同的人发生接触，在人类进化史的大部分时间里，个体只会遇到外貌特征与自己高度相似的人。因此与年龄和性别等特征相比，我们不太可能进化出一种专用于识别种族信息的系统。[39]

如此看来，我们过去所谓的"标准答案"在很多情况下都把事情搞反了。也就是说，其实是联盟情境引发了人们的敌对行为。原因是对于个体来说，让其他群体的成员处于较低地位似乎于己有利，这基于一种直觉——不同群体间的福利竞争是一场零和博弈，一个群体要想获益，就必须让其他群体承受损失。刻板印象引发冲突的观点则与此大相径庭，在那种观点看来，群体之间的敌对关系天经地义、理所当然，因此人们会对其他群体产生负面印象。而在新模型中，刻板印象并不是敌对行为的原因，而是为敌对行为提供了一种借口，那些做出歧视举动的人可以据此为自己的行为给出合理化解释。[40]

通过信号建立大型群体

在了解到联盟心理会帮助我们构建群体（有共同目标的个体的集合，可能与其他联盟发生竞争）之后，我们还需要继续探索另一个问题：它如何在大型群体中发挥作用？之所以要考虑这一点，是因为我描述的联盟机制似乎非常适用于那些成员间彼此相识、可以衡量个体贡献的小团体。但联盟机制远不止此，它还能拓展到包含数千个小组织的大群体。这是可能的，因为人们可以通过信号来确定联盟关系，特定的穿着、口音或手势都可以用来表明我们属于一个特定联盟。

生物学家和博弈论学家在 40 多年前发展出关于生物信号的理论，[41]基于这些理论和视角，我们可以更好地理解信号在群体中的作用。很多动物都会发出信号，它们向其他个体传递有关自身状态或倾向的信息。在这里，我们必须区分信号与标志：标志是一种线索，通过标志，个体可以推断出关于环境或其他生物体的某些信息，而信号的存在主旨就是提供信息。[42] 例如，鹿的气味是它在附近活动的标志，但当雄鹿用前额摩擦树时，这是在对其他雄鹿发出明确信号。雌性黑猩猩肿胀的生殖器不仅是发情的结果，也是一种被设计出来用于吸引潜在伴侣的信号。当然，这一"设计师"毫无疑问只能是自然选择，而设计初衷在于这些信号可以提高生物适应性。

我们知道，来自不同地方或群体的人可以在穿着、语言或饮食等许多方面都体现出差异，所以族群信息可以通过无数种方式被探测到。有些标志在某些时候会被用作信号，它们能表明某个人属于特定社会群体，人们之所以会使用这样的标志作为信号，是因为它们能被群体其他成员或外部人士察觉到。当美国黑人在 20 世纪 70 年代开始留非洲式爆炸头时，或者当西欧的一些穆斯林在 80 年代开始穿着传统的中东服饰时，他们是在表明族群和文化的联系。在许多部落群体中，特定的饰品、文身、头巾或其他身体装饰标志着群体成员身份。在一些现代背景下，人们会说使用族群标志是出于对其特定文化遗产或血缘的自豪感。但这就带来了一个问题：为什么人们要将这种自豪感在特定时刻以特定方式表达出来？这可以被解释为一种信号形式。

博弈论模型和观察研究都表明信号行为会导向特定结果。一方面，有些信号是可靠的，因为它们传达了有关信息发送者的真实情况，此时了解这些真实信息对接收者来说是有利的。例如，雌性黑猩猩只会在有生育能力的时候（发情期）通过释放信号吸引雄性，而雄性将精力主要分配给那些能带来繁殖收益的雌性，这也符合雄性的利益。相反，当两个生物体的利益相悖时，信号就可能具有欺骗性。例如猫会弓起身子，竖起背上的毛，使自己在敌人眼中显得个头更大。这种不诚实信号可能会导致欺骗和探测之间的军备竞赛，因为发送者越擅长传递虚假信息，接收者也就会越擅长识破谎言。此外，当一些生物发出信号从而导致其他生物也必须紧随其后时，另一种新的竞争关系就出现了。例如，蟾蜍可能通过低音鸣叫来向潜在配偶表明它们的活力和个头（个头越大音调越低），如果一只蟾蜍这样做，所有的蟾蜍都必须这样做——沉默就成了低质量的指标，不发信号意味着你没有值得宣扬的优势。[43]

有时，通过释放信号表明自己与特定联盟的关系后，人们就不可能被其他联盟招募了——这正是信号的要旨所在。例如，路易·菲利浦·约瑟夫（Louis Philippe Joseph）在法国大革命期间改名为菲利浦·平等（Philip Equality），他投票赞成对他的堂兄路易十六判处死刑。这正是一个对新政权效忠的重要信号，因为它证明了菲利浦再也不可能回到保王派核心阵营，更不用说成为王室领导者了。[44] 此类信号的意义不仅在于表明个体对一个联盟效忠的决心，而且还表明了他与其他联盟切断联系的决心。如果这是联盟信号的功能，我们可以预测，越是高度稳定的联盟越会青睐不可撤销的承诺信号。事实上，部落环境下的族群认同往往包含文身、划痕或其他能在身体留下永久痕迹的"装饰性"符号。这也可以解释为什么文身一直受到不法分子的青睐，直到最近时尚潮流才削弱了它的特殊意义。正如狄亚哥·甘贝塔（Diego Gambetta）在《解码黑社会》（*Codes of the Underworld*）中所详细描述的，不法之徒经常需要向伙伴表示自己不会离开黑道而转向合法营生，可以说，因为他们无处可去，所以才致力于犯罪事业。只要社会大众对身上布满文身的人还侧目以待，不法分子就可以通过文身这种行为向同伙表明自己不会背叛。[45] 同样的道理也适用于有帮派刺青的人，因为他们一旦将帮派标志文在身上，就不可能被其他帮派招募。这种计算不一定是有意识的——一般人，尤其是不法分子，通常不会费心去思考博弈论和生物信号。但是人们凭直觉也能知道，划痕或文身比歌唱群体赞歌更能传达出对群体的忠诚。

正如经济学家铁木尔·库兰指出的那样，每一种信号行为不仅会影响接收者，还会影响其他潜在的信号传递者。[46] 设想一个穆斯林男性，在他所处的环境中，大多数宗教官员和虔诚男信徒都会留胡子。他当然也可以选择蓄须，通过这一做法，他能彰显自己坚定的宗教立场。同时他的行为也改变了其他所有男性的"信号形势"：由于他略微提高了蓄胡须男性与剃须男性的相对比例（虽然非常微小），这可能影响到其他人对表露（或不表露）自身宗教信仰的成本评估（例如有的人虽然宗教信仰很坚定，但他原本不想留胡子）。因此，其中一部分人也许会改变自己原来的选择，进而塑造新的信号形势。随着蓄须或剃须的成本发生变化，其他人做出蓄须或剃须选择的概率也在变化。这种"声誉流瀑"（reputational cascade）过程会导致从众效应，当这种情况发生时，在局外人看来，像是许多人步调一致地改变了他们的偏好和信念。但这种解释并不准确，我们不应该认为大多数人对信号成本的变化做出反应时，他们的思想也会发生变化——原因只是每多一个人采用这类信号，其他人的声誉成本就会增加，进而"被迫"做出某些改变。

暴力计算

种族间的敌意经常演变为极端的暴力对抗事件，从"二战"时的犹太人大屠杀到阿拉伯世界什叶派与逊尼派之间的敌对行动，从非洲各国的多次内战到印巴分治期间发生的一系列骚乱和屠杀。暴力证明了激情的存在，但激情不应被理解为不成熟的情感。相反，种族暴力表明，狂怒和随之而来的侵犯行动是头脑中复杂计算的结果。

这种观点之所以成立，其中一个重要证据是，尽管种族暴力看起来可能多种多样，但其演变都符合一种可预测的模式。有些暴力事件发生在内战或国家战争的背景下，有些发生在和平时期；有些暴力只涉及少数顽固的侵略者，有些暴力则会席卷整个区域或国家。然而，通过对贯穿人类史的众多族群暴乱进行调查分析，唐·霍洛维茨（Don Horowitz）指出了这些冲突的共同特征，也就是说无论在何时何地，族群暴乱爆发时通常遵循一种非常固定的模式。[47] 首先显而易见的是，族群暴乱会发生在族群代表明显社会身份的地区，在这些地方，大多数人属于几个相互排斥的族群之一，每个族群都声称群体成员拥有共同血缘和一致利益。同样明显的是，大多数人会把当前的福利分配看作一场零和博弈，一个族群的繁荣意味着其他群体利益的减少。最后，人们对一些历史事件有普遍的共同记忆并愿意将其不断传播扩散，这些历史记忆印证了零和博弈的观点以及外群体的邪恶目的。在许多这样的地方，不同群体成员之间的社会互动相对平和松弛，至少没有明显敌意，这导致一旦在这些地方爆发群体冲突，外界观察者会觉得难以理解。

但最令人惊讶的发现是，在许多情况下，族群骚乱会遵循一个高度雷同的"剧本"。它们始于一个貌似无足轻重的小插曲，比如几个年轻人之间的一场打斗，体育迷对某项赛事结果感到愤怒，或者房东和房客之间的纠纷。一般来说，这些冲突事件并不激烈，而且看起来完全无关于族群关系。事实上，这类事件通常根本不会产生任何后果，但在某些情况下，它们会被人蓄意改编为旨在挑起争端的谣言。例如，"那些人"攻击和杀害儿童，或在水井中投毒，或计划屠杀"我们"。当这些谣言开始在群体中散播后，一开始人们可能会谨慎小心地行动，这段时期虽然表面平静，但始终笼罩着不祥气氛。几天后，另一个小摩擦发生了，但它会升级为一场真正的战斗，人们开始号召其他人来援助，整个社区被动员起来，他们袭击"那些人"的商店和住宅，试图杀死仓皇逃跑的受害者，并开始追捕敌对集团的成员。这时，最严重的暴力冲突即将上演，因为人们不仅会殴打另一个群体的成员，还可能设法用枪杀、火烧、活埋或其他方式残害他们。包括妇女、残疾人和婴儿在内的受害者都难逃噩运，他们的哀求会被无视和嘲笑。[48]

族群暴力并不等于无法控制的狂怒爆发。既然暴力总是遵循固定模式，这意味着暴力互动是由一些共同机制所塑造的，同时还意味着参与者具有一些特定的心理能力与倾向，正是由于这些心理因素的存在，他们才有可能以相互协调一致的方式参与暴力行动。

这个看似违反直觉的结论——暴力发生正是由于复杂的计算——在内战期间叛乱分子采取的那些令人毛骨悚然的策略中也能清晰体现出来。观察家们注意到，在人类历史上，无论是古罗马帝国还是21世纪的非洲，内战往往会比系统性的国家冲突造成更残暴的后果。[49]军队的暴行通常是有限的，士兵一般以可预测的方式开展行动，而内战或叛乱的参与者看起来则完全不可控，似乎他们的主要目标就是造成伤害和死亡，而不是要实现合理的军事目标。叛乱分子或反政府武装会洗劫村庄，谋杀、强奸或残害他们的反对者。族群斗争背景下的暗杀和攻击常常表现为极为"怪诞"的形式，比如北爱尔兰著名的"枪击膝盖骨"做法。[50] 在 1994 年的卢旺达种族屠杀中，图西族人成为种族灭绝的目标，屠杀者最终杀害了 100 万图西族士兵与平民，造成全国八分之一的人口死亡，几十万女性遭到强奸，暴力达到了前所未有的程度，对此如何解释？

原因之一是，可怕的暴力正是一种信号。也就是说，行凶者知道，如果暴力行径具有公开性、牵涉面广且富有冲击力，那么它们更有可能被报道，也就更容易制造出威吓和恐怖氛围。这种观点不仅能对暴力的残忍程度做出解释，还呼应了一些古怪的细节。例如卢旺达大屠杀期间，屠杀者处决受害人时经常会采取一种与传统动物祭祀相类似的做法，这很可能出自他们的直觉判断：利用当地文化因素可以构成最醒目、最有效的信号。[51]

另一个重要原因是，在族群骚乱和内战中，受害人会被描述为危险的入侵者。例如，纳粹形容犹太人是蟑螂，卢旺达政府宣称图西族人是可怕的寄生虫，他们的存在会危及胡图族社群的生存。同样，那些在族群骚乱之前散布的谣言也常常强调"我们"面临着迫在眉睫的重大威胁。"他们"可能会毒死"我们"所有人，杀死所有孩子，烧毁我们的房子。所有观察家都一致认为，人们在这种宣传攻势之下会产生恐惧情绪。但在局外人看来，这种说法其实极为荒谬，因为"他们"一般情况下明明只是相对弱势的少数群体。另外，连那些一向爱好和平的人也可能在恐惧感的驱使下做出残忍暴行，这可能源于我们大脑中专用于探测捕食者和攻击猎物的系统。[52] 人类之所以能够进化为成功的猎人，是因为我们非常了解捕食者和猎物之间的互动关系，这导致我们在察觉到威胁时非常容易被激发出暴力攻击行为。[53]

还有一个重要原因是叛乱或内战局势下战斗的不确定性。在一场典型的内战中，参与方包括现任掌权者（政府军及其民兵联盟）、叛乱分子（有组织的武装者）以及大量非战斗人员（平民）。交战双方对于对方的实际战力都知之甚少，而且至关重要的是，他们还都不确定当地民众的支持力度。这就造成了一种情况：人们更有可能针对非战斗人员发动无差别暴力攻击，通过这种方式一方面展示己方实力，另一方面也强调加入敌对阵营的可怕后果。[54] 比如窝藏敌方武装人员的村庄将被夷为平地就是一个明确信号，这可以让其他人看到与敌方合作的代价。正是由于平民的效忠立场具有很大的不确定性，作战双方都会试图将平民牵扯进来，并尽可能保证他们不会加入敌对阵营。在卢旺达大屠杀期间，民兵经常强迫平民参与暴行，例如，要他们杀害自己的邻居或朋友，亲眼看着自己的孩子或亲戚被杀害。[55] 此外在许多内战中，正常法律秩序的崩溃使许多人能够在政治活动的掩护下伺机铲除对手或对仇人进行报复。政治科学家斯塔西斯·卡利瓦斯（Stathis Kalyvas）构建了一个关于内战的预测模型，该模型表明暴力程度取决于几个变量，包括手中掌握的敌人信息、不同势力要释放的信号类型、报复周期、群体内部的控制结构，以及最重要的，叛乱分子或政府武装所面临的安全困境，即他们对"如果不先发制人，就会受制于人"的担忧。[56]

原始战争的阴影

在所有可观察到的人类社会中，个体与群体层面的暴力都时常上演，这是否意味着人类有一种普遍的攻击本能？大量通俗作品曾对此进行过描述，仿佛每个人都会积累攻击性能量，当达到一定程度时这些能量必须宣泄出来，于是就造成了暴力行动。人们会将年轻人的攻击本能比作水，而战争或暴力运动则是水管，他们需要借助战争或暴力运动来释放天生的攻击本能。这样的比喻让人难以反驳，因为当我们想到愤怒和暴力之间的关系时，基本不会有任何分歧。我们还会说人们"气炸了"，或者他们在盛怒之下彻底"爆发"，释放了被"压抑"的感受。这也是世界上许多语言中人们描述愤怒的方式，因为当想到让我们生气的事情时，似乎确实有一股越来越强的能量在体内积蓄，而我们在通过言语或行动表达了愤怒感受后会更容易控制自己，就好像某些压力真的得到了释放。[57] 但很明显，这些只是比喻。心理过程不是水压装置构成的，也不会通过安全阀释放积累的压力，人类的头脑里没有这种东西。

如果你从功能的角度来看待大脑中发生的事情，考虑到行为是生物遇到困境时的解决方案，攻击冲动概念就完全说不通了，尤其是对于像人类这样高度社会化的生物来说。人类会经历许多不同种类的社会互动，在一些情况下暴力是一种有效策略（例如，你发现一个窃贼正在偷你的羊，或者一个陌生人试图从你怀里抢走你的孩子）；在某些情况下暴力会成为失败策略（例如，如果一大群入侵者试图偷走你的牛）；另外在很多其他情况下，互利合作是最好的选择（例如，几群农耕者需要修建引水灌溉设施）。如果人类被一种与环境无关、不受抑制的暴力本能驱动，他们在不同情况下采取的策略就不会有所区别，头脑一发热就动用武力会成为他们的唯一选择。相比之下，那些视情况来启动攻击、隐忍或合作策略的个体会有更好的生存发

心智社会：我们的认识决定了我们的世界

展前景，因此他们会比那些头脑简单的暴力分子留下更多与他们特征相似的后代。换句话说，相比于引发无差别攻击行为的基因，那些使得人类（像其他动物一样）发动有条件攻击的基因会有更高的复制传播概率。[58]

族群之间的战争真的是我们祖先生活中的一个永恒特征吗？倘若如此，这种选择压力会塑造我们的认知和动机吗？霍布斯认为人类会始终陷在相互对抗的泥潭中，直到一位伟大的君主建立统治秩序，带来安全与稳定。[59]但在卢梭的描述中，原始社会是和平的伊甸园，只是随着私有财产的出现以及文明的演进，人类才具有了暴力冲动以及其他各种恶劣品质。[60]

在很长一段时间里，文化人类学家倾向于支持卢梭的观点，因为他们在所研究的小规模社会中很少看到犯罪和部落战争。人们不会冒着生命危险或其他巨大风险去争取一些只要付出一点儿劳动就能轻松换来的东西。此外，当时的许多社会科学家认为，不同于农业社会拥挤的生存条件，史前社会狩猎采集群体的人口密度非常低，因此不太可能发生战争。[61]但只要通过更仔细的观察和更系统的研究，就可以推翻这种对祖先生活过于一厢情愿的美好想象。虽然人类学家在原始社群中观察到的犯罪很少，但考虑到社群规模，这些地方发生暴力事件的比例已经非常高了。在某些部落中一个人被杀的危险性甚至要远高于美国大城市旧城区贫民窟的凶杀率。[62]另一个导致人类学家对原始社会的暴力冲突程度有所低估的原因是，当他们开展田野调查研究时，殖民当局已经开始干涉原始部落的生活，由于它们的阻碍和干预，许多部落战争还没爆发就被掐灭了火种。[63]

在我们祖先的生活环境中，族群或部落关系的常态到底是什么样的？许多线索其实都表明群体冲突贯穿人类进化史。其中一个重要原因是人类是一种领地动物，在所有已知的人类群体中，人们都认为政治体与领土是共生的，"我们的"空间与"他们的"空间之间有着明确界限。确实，早期人类过着狩猎采集生活，但他们的狩猎采集活动通常发生在一个固定区域内。事实上，狩猎采集需要广阔的领地，这导致狩猎采集部落会非常憎恨其他群体的越界或入侵。

所以说，霍布斯与卢梭都没有描绘出早期人类生活的真相，或者说他们都只描绘了早期社会某个方面的真相。部落生活当然包含着大量的合作、贸易与和平，但也充斥着频繁的谋杀、抢劫和绑架（既发生在部落内，也发生在部落间）。霍布斯和卢梭的错误都在于认为人类被一种根深蒂固、缺乏弹性的暴力或和平本能所主宰。驱使人类走向战争或合作之路的并非具有稳定性、普遍性且与环境无关的侵犯或和平偏好，而是一套条件机制，它会根据当前环境权衡两种策略的价值。[64]

从这一角度考虑，原始社群之间一旦发生冲突，会采取何种形式的战争？人类学和考古学记录表明，几乎可以确定它不会表现为开阔平原上大规模军队间的激战。这种有组织的交锋在一些部落社会中会偶尔发生，但它们大多是为了作秀——双方互相怒视、威胁和辱骂，之后各自打道回府，并不真的拔刀相向。更严重的对抗往往采取突袭的形式，这种侵略行动并不需要大量战斗人员——事实上，为了避免打草惊蛇，偷袭要尽可能避免大规模动员。偷袭者的目标是在敌人察觉并发动反抗前，尽可能多地杀死敌方的男性成员，掠夺可携带的财产，很多时候还会把敌方的妇女或奴隶带回自己的营地。[65]

根据人类学家的观察，几乎所有小规模部落社会都存在这种形式的群体攻击，而在狩猎采集社群中它也会频频上演。例如，美国西部的印第安人与澳大利亚土著居民制造的工具很少，但武器却很多；因纽特人在资源匮乏的情况下也会设法尽量制造武器和盔甲；普韦布洛人会将村庄建在山顶上，这样他们能够更及时地发现敌对者的入侵行动。各种证据都证明了暴力攻击的普遍性，包括口耳相传的故事和考古证据，例如澳大利亚或北美的古老洞穴岩画上描绘的部落战争，旧石器时代冲突死难者的墓葬遗址。尽管传统部落明白实现和平与建立联盟的意义，但它们还是会被持续不断的部落战争困扰。这并不是生活中微不足道的插曲，对某些原始部落的人口统计学研究表明，5%～20%的男性可能死于战斗。[66]

通过这些证据，我们可以构想出一幅关于原始战争的相对可靠的图景。使用"原始"一词，并不是要强调其古老性。"原始"的意思是，这种形式的冲突不需要与杀戮有关的先进科技，也不需要像现代战争那样对大量士兵的行动进行组织协调。从这个意义上说，族群骚乱、城市游击战、许多叛乱以及街头帮派之间的血腥冲突都是原始战争的例子。它们具有高度相似的模式，而且对参与者心智能力的要求也基本一致。

第一，这种原始战争建立在不均衡优势的基础上，在某些情况下，不均衡其实只是信息不均衡，因为一个群体的成员知道他们发动攻击的确切时间，但遇袭群体的成员则会在任何时间都担心遭遇攻击。此外在这类突袭中，人们只有在认为己方具有明显数量优势时才会参与战斗，这种情况下他们往往会以极端暴力的方式对待敌人。基本上，人类对邻近群体的袭击与黑猩猩之间发生的群体冲突并无太大区别。再者，当侵略者意识到战斗对他们不利时，为了保命他们会放弃战斗转身逃跑。[67]

第二，正是由于种种不均衡，许多突袭都会非常成功，即使攻击者不能给他们的目标造成严重损失，至少他们可以保证自己在不受太大损失的情况下全身而退。因此，为了预防遭遇袭击而先发制人就成为一种明智策略。从当事人的角度看，因为敌对群体会不断壮大，而且他们能在任何时候向我们发动袭击，所以我们应该在还能对付他们的时候率先动手。再加上他们可能也和我们有同样的想法，也了解先发制人的意义，这就使得我们的抢先入侵行动更合理也更有必要。最重要的是，先发制人的价值不仅在于打击敌对群体的士气，还在于可以让他们失去战斗能力，因此，袭击的目标不能只是压倒对方，而是把他们彻底消灭。为了避免被先发制人，所以要"率先"先发制人，这种安全困境导致部落间的战争（至少是相互猜忌）永不停歇。在许多情况下人们会设法通过缔结群体联盟来摆脱安全困境，常见的联盟标志包括互赠礼物与联姻，但这些手段终究只能暂时性地让人们免于先发制人的威胁。[68]

第三，无论是过去还是现在的原始战争，男性都是暴力活动的主要实施者。一些男性会不顾其他男性反对，坚决开展袭击计划，而针对女性的绑架、侵犯与攻击即便不是袭击的主要目标，也至少是袭击造成的常见后果。这种性别不均衡性还体现在对肉体的暴力伤害上，而且并不仅仅出现在群体竞争的背景下。对于女性来说，身体遭遇暴力攻击带来的损失更为严重，因为伤害可能会大幅度降低她们的生育潜力，而对于男性则不然。反过来看，保护自己配偶免受伤害的能力对于男性的繁殖价值来说则至关紧要。[69]

不过，既然群体冲突会带来这么大的风险与损失，为什么人们仍

心智社会：我们的认识决定了我们的世界

然会参与其中？战斗似乎会削弱适应性，因此在基因的代际复制过程中，"好勇斗狠"基因应该远不如"望风而逃"基因成功。但从成本和收益两方面来看，这种说法可能是错误的。就成本而言，入侵者需要承担的风险要比在正面激战中承担的风险小得多。而参与者在部落冲突中获得高价值收益（如绑架女性、得到奴隶）的概率又超过了重伤或死亡的概率。也就是说，中低水平的死亡风险会被声望、权力和繁殖机遇这些可预见的投资回报所抵消。正如约翰·图比和莱达·科斯米德斯所指出的，这就是为什么在战争行动中存在一份默认的"社会契约"。一方面，即使战争的代价是确定的，但究竟由谁来承担代价——重伤或死亡的是哪些人——也是未知之数，而另一方面，一旦行动成功，参与者应该能确定享受到战争红利，否则他们会拒绝参与其中。[70]

久远的原始战争让我们理解了许多当代冲突所体现出的令人费解的特征。人类极其擅长处理各种成本收益计算，这使得原始战争成为可能。例如，无论是街头帮派成员还是族群冲突中的暴徒，都不需要学习社会科学就能了解对无辜平民实施极端暴力所带来的利益。他们从直觉上就能明白威吓信号的力量和先发制人的好处。他们也能猜到，对男性和女性实施动员或威胁的方式应该有所不同。所有参与者都具有高度相似的心智系统与直觉思维，这是群际暴力冲突的可预测性之所在，也是其悲剧性之所在。

探测多元性

值得庆幸的是，大多数现代社会免于恐怖的种族骚乱与内战的摧残，属于不同族群或种族类别的人是可以和平共存的，在很多情况下，这些类别并不会发展为具有内部组织和集体目标的群体。但多元化的生存模式并不会让族群界限、族群标志或族群归属感完全不复存在。事实上在许多国家，当代移民并没有导向族群融合或同化，反而强化了族群身份认同与族群界限。可以说，城市的多族群环境为人类的心智创造了一种新局面，在这种局面中，不同族群类别的人会很容易被他人识别出来，但他们不是生活在彼此隔绝的领地上，而且他们自身对本群体的效忠与认同程度也是未知之数。

在这种局面下可能会发生什么？我们不禁会想到，一些传统的社会科学家也主张，这一切都取决于对不同族群类别的刻板印象。很明显，一个人对某些群体的刻板印象——如某类人很好斗、某类人很懒惰——会影响到他在与该群体的成员互动时采取的行为。当然很多证据可以证明这种效应，正因如此，许多社会心理学家认为个体与他人的互动在很大程度上是一个自上而下的信息加工过程，也就是说，先前形成的期望会影响后续互动。但实际的互动关系其实更加复杂，这也表明人类心智作为一种信息处理装置，比传统观点所认为的要更加高效。首先，我们从许多案例中了解到，是人们的直觉触发了刻板印象，而不是直觉源自刻板印象，例如，当人们察觉到某群体与己方具有竞争关系时，就会对该群体形成负面印象，而不是先有了关于他们的负面印象后才形成敌对态度。[71] 当个体掌握了关于某人的特定信息，同时也持有对其所属群体的刻板印象时，前者往往会压倒后者。例如，即使人们存在刻板印象，认为爱尔兰人常常大吵大嚷以及酗酒，这也并不会影响他们在实际社会生活中分辨一个爱尔兰人到底是不是个大嗓门或者到底是不是个酒鬼。换句话说，当刻板印象阻碍了个体对社会环境的掌控时，它们往往会被抛弃。[72]

因此，我们不应该认为在多元化的现代环境中，群际互动模式完全取决于宏观尺度的政治意识形态。事实上，正如研究所表明的那样，当个体信息与刻板印象相冲突时，个体信息会对实际人际互动产生更大的影响。同样，群体之间的互动也很可能是由一些更不起眼的因素决定的，即在直接的社会接触中人们认知系统所获取的信息。

在当代多元化的环境中，从同乘一辆公交车到匿名交易，从企业内的协作到参加某些集体行动，人们会与大量（可能来自不同族群的）个体进行各种不同的社会互动。这些生活中的微观的互动片段如何影响我们对社会类别和群体的心理表征？

很少有研究关注个体之间重复接触的可能效应，主要原因是这类研究具有操作难度。多次接触对一个人心理的影响可能与其自身状况或背景高度相关，这就导致取样更加困难。再者，这些影响效应在很大程度上并不会被人们自身意识到，所以仅仅通过提问的方式了解他们对一些社会环境问题的看法，并不足以获得准确结论。尽管如此，我们还是应该关注这些微观互动过程，因为它们对理解现代环境中族群多元化的动态演变至关重要。总的来说，目前为止，类似研究还非常少，但我们有理由认为，个体对其他群体的心理表征确实会被族群接触的质量和频率所影响，这可以被称为当代族群多元化的生态环境。

人们的联盟探测系统可能会从他们的社会环境中获取关于人们所属联盟、族群或群体的可用信息。其中一些信息包括口音和外貌等标志，它们能反映个体的祖先来自何处。还有一些信息包括个体有意表达自己身份的信号，例如族群特色服装、装饰以及宗教象征物等。生活在城市环境中的人也许还会获取有关族群相对规模和人数的信息。之所以有这种可能性，是因为我们知道，在其他领域，人类心智会自动生成对他们所处环境的统计表征，而且这一过程在大多数时候是无意识的。采集者会依据自己过往数百次的觅食经验来评估不同地区在不同时间能提供的食物种类和数量，消费者会依据当下某类食物的储存数量来估算它在商品市场上价格的高低，司机会依据时间段和地段来预测目的地剩余车位有多少。这些预期都源自个人对一些不断重复的生活片段进行的自动统计推测，它们说明人类心智系统中存在对信息进行直觉性统计分析的"自然采样机制"。[73] 我们可以推测这一机制同样适用于族群身份，现代社会每一天都有许多人在对不同族群类别进行类似的无意识统计分析。

人们还会自动探测一些关于群体归属感的信息，例如内群体或潜在对立群体的凝聚力，以及个体在多大程度上致力于争取群体内其他成员的福祉。团结是联盟获得成功所必需的条件，而敌对联盟越团结，对"我们"就越不利。这就是为什么在一些群体冲突中，人们会通过强调成员相似性的方式（"我们都是一样的"）来宣扬联盟的稳固（"我们都有相同的目标"）以及联盟内的凝聚力（"我们都将在同一战线作战"）。在战争背景下，人们穿着统一军装或在身体上描绘出相似文身的做法其实也是在彰显内部的凝聚力。就像我之前提到的，当族群间存在竞争和对抗时，人们会有更强烈的倾向去采用族群标志物，如传统族群服饰。如果我们的联盟心理连这类信息都忽视了，那才是真值得惊讶。在过去的30年里，欧洲许多国家的穆斯林比以往更加"引人注目"，他们中越来越多人都会穿着穆斯林的特有服饰，这可能让其他人察觉到这一族群 – 宗教类别人数众多且具有极强的凝聚力。[74]

有一些证据表明，这种关于联盟成员的直觉统计分析会影响人们的群际互动态度。例如，罗伯特·帕特南（Robert Putnam）认为，多元化程度的提高往往与社会信任程度降低具有相关性，社会信任指一个人在多大程度上可以信任其他人。[75] 在美国，这种影响效应可以在州域和县域水平上被检测到，但结果不是特别精确。而来自丹麦的一项研究用更为精准的调查数据验证了同样的效应，研究者统计了每个被试所能接触到的不同族群背景的人的数量以及他们居住地之间的距离。研究结果表明，一个人能接触到外来者数量越多，对陌生人的信任水平就越低，这体现出一种明显的社会生态效应。[76]

我们的联盟统计分析系统甚至可能影响健康水平。许多研究表明，族群关系会影响人们的健康和主观幸福感。一般来说，少数群体成员的健康状况要比主流群体差一些。[77] 即使在控制了一些显而易见的潜在因素后，比如社会经济地位和就医机会，该区别仍然存在，这表明群体地位差异本身就会对人们的健康产生影响。[78] 为什么会这样呢？一种可能性是源自压力，从多项生理学研究中我们了解到，哪怕是在相当安全的实验室环境中，个体与其他族群的成员接触也会引发一定的应激反应。[79] 在日常生活中，少数群体成员会与主流群体成员进行频繁互动，每一次接触都可能引发这样的反应。尽管这些影响很小，但它们反复出现后可能会导致累积性的压力，这也许是造成少数群体健康受损的一部分原因。[80] 另一个看似矛盾的观察结果在一定程度上也证明了这种解释的合理性，一些研究发现，居住在非融合社区的少数群体成员往往比与主流人群混居的少数群体成员有更好的健康状况。[81] 这种所谓的族群密度效应还没有被很好地解释。但按照我们上文所论述的逻辑，可能是居住在少数族群社区的少数族群成员与主流群体成员接触较少，因此承受的累积性压力也更少。

虽然有一定的推测性成分，但这种对现代族群多元化生态效应的阐述基本符合我们所知的群际关系心理学原理。从部落竞争到现代民族主义，从温和的身份宣扬到凶残的族群骚乱，这些多种多样，甚至看起来出人意料的现象，都可以通过我们进化而来的联盟心理得到解释。人类依靠群体凝聚力获得了更多的生存福祉。为了得到这种进化优势，我们押上了高额赌注，这就解释了为什么与之相关的进化系统可以触发强大的驱动力，以及为什么与群体关系相关的无意识计算会带来猜忌、狂怒和仇恨。

第二章

信息是用来干什么的？

健全的头脑、古怪的信仰和群众的疯狂

　　20 世纪 80 年代，一些英国中产阶级竟然做出了杀婴、饮血以及吃掉胎儿的骇人举动，甚至对自己的孩子进行诡异的性虐待，原因是他们要完成某种撒旦教宗教仪式。不过，这只是谣言，但谣言很快演变成公共危机。越来越多的案件被披露出来，一些孩子自愿做证，声称见过可怕的仪式。地方当局收到了大量匿名指控，一些社会工作者设法说服当局把这些孩子从家里带走。但警方经过仔细的调查后表示，没有任何证据支持这些所谓的虐待事件真的发生过，无论是因为宗教仪式还是其他原因。[1]

　　在非洲和亚洲很多国家，关于"阴茎抢掠"的传说困扰当地人至少有 30 年时间。据很多人称，一些非常危险的人可以轻而易举地取走其他男人的生殖器，他们只需要盯着对方的眼睛，或者和对方握握手，或者念一些咒语。也有人说，像市场和汽车站这样拥挤的地方是这些危险分子最喜欢的猎场。通常情况是有人在这些公共场所突然大喊自己的生殖器被盗走了，并指出某个人就是行凶者。嫌疑人很快被愤怒的群众包围，甚至可能被当场打死。在幸运的情况下，嫌疑人会被带到当地警局。尽管人们确定有人的生殖器被盗走了，但他们同样确定对嫌疑人进行搜查不会有任何结果，因为嫌疑人可以通过巫术掩盖证据。[2]

历史记录显示，在世界范围内各个地区的人类都经历过这类恐慌事件。巫术指控是另一个典型例子：一个人声称自己受到一些亲戚或熟人的巫术攻击，并寻求广泛的社会援助，希望那些被指控的女巫承认她们的罪行。[3] 这种疯狂的信念甚至会引发巨大而持久的社会动荡，就像伊丽莎白一世时代英国的猎巫运动一样，当时数百名"女巫"接受审判并被判有罪（不一定是先审判后定罪）。[4] 这些莫名其妙的大恐慌为什么会出现？人们最初为什么会产生那种匪夷所思的想法？

这些戏剧性事件突出了一个在文化领域具有普遍性的问题：人类的激情常常被低价值信息触发（澄清一下，根本就没有巫师，更没有阴茎窃贼）。用 T. S. 艾略特的话来说，人类似乎可以担负许多子虚乌有的事情。考虑到我们的心智被自然选择塑造成高效的学习机器这一事实，那些荒诞信念的出现与传播就更加令人困惑了。如果人类的心理如此容易受到低价值信息的影响，那么这似乎是我们生物工程设计的失败之处。许多人类学家想知道，为什么人们会相信那些毫无依据的谣言。而这又引出了另一些经常被忽视的问题：为什么这些低价值信息对人们很重要？为什么人们会主动告诉别人这些事情？他们为什么要参与猎杀行动？为什么群众如此疯狂？

垃圾文化的奥秘

信息时代发端于 50 万 ~10 万年前，从那时起人类开始以在其他物种那里未见的速度交换信息。许多生物都会在物种内部或物种之间发送及接收信号，但人类彼此发送及接收的信号要比其他生物高出几个数量级。他人提供的信息构成了人类生存的"自然"环境，就像海洋之于海豚、冰原之于北极熊一样。没有这些信息，个体就不能觅食、狩猎、选择配偶、制造工具。没有相互交流，人类就无法生存。[5]

更令人惊讶的是，我们传递的很多信息是毫无用处的，而人们却会对那些无用的信息极为狂热。我把这些看似无用的信息称为"垃圾文化"。你可能会认为这个词有点儿负面，但它的灵感来自分子生物学的"垃圾 DNA"（DNA 即脱氧核糖核酸）。我们遗传密码的一大部分片段没有传达任何能起到作用的遗传信息。[6]凑巧的是，遗传学家现在发现所谓的垃圾 DNA 具有某些重要功能，垃圾文化可能同样如此，它们也具有某种功能。

低价值信息的例子并不难找到。人类学记录中充满了奇怪的理论，这些理论看起来极大调动了人们的兴趣和动力，却完全缺乏实际有用的内容。此类恐怕可以用康德所谓"超出经验界限的理性使用"来形容的例子非常之多。[7]一些经典名著对此做了编目，例如查尔斯·麦基（Charles Mackay）的《大癫狂：非同寻常的大众幻想与群众性癫狂》。[8]但先精确地描述垃圾文化的边界可能会产生更大价值。

传统人类学家确实思考过垃圾文化的令人费解之处，当然他们使用的是一些不同的说法，如象征主义、巫术或迷信等。他们常常认为，这些现象是典型的"他者"文化，其对立面则是西方文化。在那些文化背景下，人们的思考方式与"我们"截然不同，其性质更接近自由联想这一原始心理状态，而不是因果推理。这可以解释某些信念的由来，有些人认为吃核桃能治疗大脑疾病，因为剥开的核桃在形状上很像大脑；有些人以为烧掉某人的头发就会使他生病，因为头发是人体的一部分。根据这种观点，人们基于原始的朴素认知，会更看重相似或相邻关系而不是因果关系。[9] 但这种认知相对主义的说法很快就被证明只是一些人类学家一厢情愿的想象，因为在西方社会中，人们对神秘巫术的信仰同样非常普遍。而且，在对这些遥远地区逐渐了解后，人们发现生活在这里的人处理日常事务时与睿智的西方哲学家一样得心应手。类似的事情曾反复上演，学者们起初认为农民有完全不同的认知思维，但在农民逐渐迁入城市后，他们发现农民与城里人没什么不同，可那时学者们依然认为非洲人满脑子只有巫术；再之后，非洲与欧洲的联系逐渐紧密，他们又发现非洲人与欧洲人也没什么不同，然而他们依然相信生活在丛林中的巴布亚新几内亚人或亚马孙人一定与他们在思维方面有本质差异。交通系统的进步慢慢压制了相对主义的火势。

在所有的文化中，大多数人偶尔都会沉溺于所谓的原始思维，而原因则有待解释。要想回答好这个问题，我们必须回到本书引言中强调的一点：人类是学习型机器，需要复杂的学习设备来探测环境中的有用信息。

优秀的设计：学习需要知识

我们首先要明白，任何具有适度复杂性的行为都需要大量信息，人类与其他个体以及环境所产生的复杂互动更是如此。就人类而言，大量信息来自与他人的交流以及在社会和自然世界中所获得的经验。

对婴幼儿几十年的实验研究已经证实，人类大脑需要基本先验知识才能获得如此多的信息。这些发展心理学研究成果还清晰表明，先验知识的主要存在形式是：个体会对特定领域的信息形成某种预期。例如，当婴儿学习一个单词时，他们会预期这一单词指代的是整个物体，而不是物体的某部分或颜色；他们预期固体在碰撞后仍然会保持彼此分离，而不是融合在一起；他们还预期，如果没有人从袋子里拿走物品，那么袋子里的物品数量将保持不变。早在婴儿获得实际物品操作经验之前，他们就已经掌握了这些原则。在较晚的阶段，幼儿会预期决定一只动物"是什么"以及"会怎样"的，是它的内在而不是表面，所以哪怕一只猫被打扮得像一只狗，但它仍然是猫。更巧妙的是，幼儿能预期他人会基于自己的信念行动，而不是基于客观现实，比如一个人没有看见冰箱里的牛奶被其他人拿走了，他在想要牛奶时依然会去冰箱里翻找；12个月大的幼儿就能"假定"人们可能有错误信念。所有这些都表明人类对物体、数字、动物和信念等事物有某些与生俱来的预期。[10] 当然预期的对象还包括社会支持、社会交换、欺骗、公平和道德、等级、友谊、捕食者和猎物、面部表情、传染物和污秽物，这样的例子不胜枚举。

预期保证了信息的有效获取。例如，幼儿会预期动物的移动具有自主性，他们还会预期某些心理状态在其中起到了驱动作用，如意图或信念。这就使得发育中的大脑可以在专注于特定信息的同时暂时忽略背景中一些无关的事实，例如，当他们专注于观察为什么一只动物（比如狮子）想要靠近另一只动物（比如牛）时，会暂时忽略流动的河水。正如哲学家和认知科学家所指出的那样，缺乏"预期"的认知系统将会被天文数字量级的无关偶发事件所困扰。

有时成年人表达的信息只是针对某一具体事物，但儿童会根据他们对成年人心理状态的预期而对信息进行过滤和提炼。例如杰尔杰伊·奇布劳（Gergely Csibra）和乔尔吉·杰尔杰伊（György Gergely）研究发现，婴儿对成年人的教育意图很敏感，他们预期成人传达的信息涵盖整个类别（如不能做某类事情）而不是仅仅针对特例。[11]

总之，即使是在认知发展的最早期阶段，人类心智看起来也已准备好获取关于环境的"有用知识"了。我一定要用"有用"这个词，因为我们不应该假定人类心智的"设计"目的是获取自然和社会环境中的真实信息，这是一个重要的区别。仅仅因为某件事是事实并不意味着人类一定装载了可以发现它的装备。相反，我们许多直觉性的预期会导致我们产生错误信念。例如，我们人类倾向于从本质主义角度来看待物种。我们假定一个物种的所有成员都有某种内在品质，这解释了它们与其他物种的区别。这就暗示了两个物种之间存在不可逾越的鸿沟。长颈鹿是长颈鹿，马是马，两者不会有交集。但这种想法恰恰是错误的。如果你深入了解生物进化史，就会发现这两个物种在进化谱系上有非常密切的亲缘关系。本质主义对物种进行严格区分，这使得自然选择的概念让人难以理解，相比之下，神创论的观点反而非常符合人的直觉，因此更加简单易懂。[12]对物种的本质主义认识是我们自发形成的预期，它源自我们进化出的认知装备，因为它提供了一种让我们可以处理关于动物的信息（例如分类）以及预测动物行为的简便途径，这具有非常高的适应价值，虽然它的主要假设内容其实是错的。所以重要的是要记住，人类心智的运行法则并不总

　　　心智社会：我们的认识决定了我们的世界

是符合哲学上的"正确"或科学上的"准确"，它产生的认识可能不对，但是有用。[13]

因此，"有用"是与进化压力紧密相关的。我们身上存在"注视可以反映心理状态"的预期，原因在于人类是一种需要了解其他个体的心理状态才能生存的动物。我们对人造物体和自然生物有不同的直觉原则，原因在于我们是工具制造者，必须理解物体形状和它们的功能之间的联系。我们有社会预期，原因在于我们需要社会支持。我们有道德直觉，原因在于我们必须依赖公平交换才能实现共同繁荣。拥有这些认知倾向使我们的祖先在繁殖方面比其他人更成功，正因如此，才有了现在的我们。

不过，这就使得我们最初提出的问题更加难以理解。如果人类心智的设计原则就是要获取环境中的"有用信息"，那么为什么他们还要制造和吸收垃圾文化呢？一种解释是，我们天生就要从他人那里获取大部分信息。人类巨量的知识储备中只有一小部分来自直接经验，我们进化出了从他人那里探求信息的倾向，并会基于这些信息做出许多重要决策。那么，有没有可能这种倾向过于强烈，以至于让我们容易被来自他人的低质量信息干扰？

优秀的设计：人们不容易受骗

在大多数文化中，人类最坚定的信念之一是，我们是一种容易上当受骗的动物，而且我们总是觉得其他人更容易上当受骗。在大多数人看来，这很自然地解释了为何其他人经常被误导。但事实真的如此吗？抛开自吹自擂不说，人类真的容易上当受骗吗？

很长一段时间以来，认知心理学家和社会心理学家都假定人类具有过度接受来自他人的信息的倾向，我们尤其容易被有说服力的人影响。许多研究看起来都证明了暗示和说服的力量，例如在 20 世纪 50 年代，所罗门·阿施（Solomon Asch）所开展的一个实验就作为这方面的典型例子被广泛宣传报道。在这个实验中，被试需要完成一系列知觉判断任务，如几条横线中哪一条最长，答案其实很明显。然而，如果房间里有人在被试回答之前就说出其他选项（这些人其实都是实验员假扮的参与者），被试也有可能同意他人说出的答案。这个结果令人震惊，因为它说明了人们多么容易被说服——他们宁愿相信他人而不相信自己的双眼。20 世纪 80 年代，记忆研究者用类似的实验模式展示了如何说服被试相信一件其实从未发生过的童年往事，如他们曾在购物中心迷路。[14] 如果使用修改过的照片或被试兄弟姐妹提供的"证言"（虚构的），他们甚至能确实"回忆起"那些根本不存在的事件。[15]

尽管这些效应已经成为现代心理学广为接受的知识，但其真实的实验证据其实要比概括性的结论复杂得多。当认知科学家雨果·梅西耶（Hugo Mercier）系统地重新审视关于人类易受骗的证据时，他发现口耳相传的传播方式（也包括许多教科书相互引用）在很大程度上扭曲了最初的实验发现。[16] 例如，在阿施著名的从众实验中，大多数被试并没有根据其他人的答案来改变自己的判断结果，事实上，阿施的研究目标是探讨如何克服固执己见的心态。同样，在虚假童年记忆实验中，大多数被试都没有回忆起虚构事件，许多人甚至坚持认为它不可能发生过。而该研究的初衷也被人忽视了，记忆研究人员试图证明的是，在大量虚构的"证据"和可靠的第三方（比如亲戚）的"帮

心智社会：我们的认识决定了我们的世界

助"下，人们可能会相信某些（没发生过的）事件是真实存在的。这是一个重要且有价值的结论，与之对应的是当时普遍流行的"被压抑的记忆"理论。许多治疗师会连续数月对病人采用暗示甚至催眠技术，直到病人"回忆"起一些他们遭受虐待的经历，但这些事情其实根本不存在。[17]而关于虚构记忆的实验证明，暗示确实可以影响一个人的记忆，但前提条件是暗示（的持续时间及证据）必须足够强大。研究并没有表明人们的记忆是容易被愚弄的——恰恰相反，要篡改记忆需要付出极大成本。

同样的情况也适用于许多所谓的说服效果。人们似乎很容易被脆弱的证据和无力的论点说服，许多研究也支持这种想法。但实际上类似效应只有在特殊情况下才会出现，例如，被试只能接触实验呈现给他的信息，除此之外没有任何参考信息。另外最重要的，涉及的信息与他们自身无关。当信息与自身有关或者有几个信息来源可供参考时，人们就很难被说服了。[18]

对于人类心智并不"情愿"从他人那里汲取信息这一结论，我们其实并不应该感到太过惊讶。如果从进化的角度考虑，那么把人类看作一种无条件接受他人传达信息的"信念接收机"其实是一个很古怪的想法，因为轻信会导致受剥削和利用。人类的交流能力比其他任何物种都复杂得多。我们可以通过交流来改变他人的心理状态，例如，我们可以在某人的头脑中植入一种信念（"看！有一条鳄鱼！"）或制造一种动机（"你能把盐递给我吗？"），当然还包括许多其他精妙的过程。当一个生物体在一定程度上可以改变另一个生物体的信念时，它（他/她）当然要朝着对自己有利的方向来做出这种改变。例如，当生物体的利益出现分歧时，所发出的信号可能就具有欺骗性。雄家鸽会让自己颈部的羽毛膨胀起来（夸大自身个头和活力），误导雌性的判断。

但这将导致沟通的大幅贬值，没有人能从交流中受益，因为信息完全不可靠。但事实并非如此，原因很简单。欺骗是一种进化适应策略，利用它可以剥削其他个体，但这种策略也会对另一种与之对应的策略形成进化压力，因此生物会具备看穿欺骗的能力。当欺骗能力和侦察能力大致旗鼓相当时，就达成了一种策略间的均衡。但这种均衡并不稳定，任何在欺骗方面稍好于其他同类的个体都会获得优势，因此它会将欺骗能力传递给后代，直到整个种群都具有这种欺骗水平。但随后高效的侦察能力又变得更具适应性，于是整个种群又以类似方式逐渐都拥有了新的侦察能力。这种欺骗和侦察之间永无休止的军备竞赛在自然界极为常见。

在人类的交流系统中，也存在说服与反欺骗之间的军备竞赛。一方面，我们总是想让自己的话语更有说服力；另一方面，我们又需要保证自己不被他人欺骗。丹·斯珀伯（Dan Sperber）和他的同事们称后一种能力为"认知警觉"（epistemic vigilance），即人类有强烈的动机去发现和丢弃不可靠的信息，并检查论点的真实性。[19]

认知警觉解释了人类在沟通时表现出的许多特征。人们会注意信息的来源并对来源的可靠性进行评估，这会影响他们对信息的处理方式。反过来，越是可疑的信息，我们越容易认为其来源也是不可靠的。而且，人们会自然而然地注意到他人陈述中的矛盾或不一致之处，一旦探测到类似问题，信息以及信息来源的可信性都会大打折扣，此时人们不太倾向于将这些信息作为行动指导。对信息中因果关系的怀疑也会引发同样的结果，比如，如果有人告诉我们袋鼠跳得高是因为草原天气炎热，我们会对这一言论以及发出言论的人都产生不信任。

在认知发展的早期阶段，认知警觉就已初具基础。例如，幼儿似乎对专家和新手之间的区别很敏感。当幼儿刚刚开始蹒跚学步时，他们就会利用能力线索来判断不同个体话语的分量，他们会不信任那些之前做错了事的人，或者那些看起来想剥削他人的人，还有那些就他们不可能了解的事情（比如他们看不到的物品）而高谈阔论的人。[20]

最重要的是，实验表明人们非常擅长甄别合理的观点（并接受）。面对不同种类的信息，尤其是这些信息涉及个体自己所关心的事情时，他们通常非常善于选出与之相关的证据，并基于证据决定哪些是有理有据的观点，哪些是不合逻辑的观点。事实上，梅西耶和斯珀伯认为，推理思维——一种以抽象方式思考论点的能力——正是源于我们的进化适应优势，这种能力使我们能够从他人提供的信息中提取最具价值、最能发挥功效的那部分，同时抛弃靠不住的建议和可疑的知识。换句话说，推理的适应性功能不是针对现实物质世界的，它是一套社交工具，通过这套工具，我们要说服他人，让他们接受我们的偏好和选择；同时，我们还要通过这套工具来发现他人提供的信息和观念中哪些是正确的，哪些是错误的。[21]

然而，以上结论其实都更凸显了垃圾文化的悖论。心理学家已经收集了大量证据来证明人类的认知系统在获取信息时有几个重要倾向：我们要获得的是有价值信息，尤其是与适应性相关的信息；我们更接受那些可靠同伴发出的信息；同时我们还会确保信息的质量要达标。这些都是认知进化的直接结果。就像我们的视觉系统被设计成利用光线反射这一有价值信息一样，我们的推理系统也应该被设计成能获取可靠信息，这种能力的每一点提升都可以转化为生存优势。那么，为什么人类会乐得用那些没有价值、看起来没有任何优势的低质量信息填满自己的大脑？

谣言和阴谋的动机

为了进一步了解我们的信念控制系统中可能存在的进化缺陷，我们应该考虑一种情境，想想人们急切获得并传播低质量信息会有什么意义。大多数谣言都会牵涉到与公众利益有关的事件，而且往往是巨大的悲剧事件。例如，纽约"9·11"恐怖袭击发生后，互联网上出现了数百个留言，声称美国政府或以色列情报机构可能参与其中。当美国新奥尔良市因"卡特里娜"飓风而遭遇洪水时，成千上万流离失所的人试图在附近的巴吞鲁日市找到避难所。城市里突然出现了成千上万张陌生的面孔，这足以让关于他们的谣言迅速滋生蔓延，好像他们犯下了许多令人难以容忍的罪行。灾民涌入几天后，大多数人都从各种渠道听到了类似的故事，而他们听到这些故事后会继续散播下去。[22]

再举个例子，许多美国人深信，可卡因和艾滋病病毒是特勤机关或其他政府机构设计并传播的，目的是消灭黑人或让黑人成为罪犯。在这一故事另外的版本中，其他群体成为政府阴谋迫害的对象。虽然没有人真正为这些阴谋论给出证据，但很多人确实对此深信不疑——他们可以举出之前官方虐待相关人士的例子作为间接证据。[23]

我们如何理解这一切？在心理学上，对谣言的系统研究始于战争年代的美国，戈登·奥尔波特（Gordon Allport）和利奥·波兹曼（Leo Postman）的经典著作《谣言心理学》（*The Psychology of Rumor*）将该方向的研究推向了顶峰。这两位心理学家对战争、经济危机或生态灾难背景下由集体压力引发的谣言特别感兴趣。[24]奥尔波特和波兹曼将对谣言的信任解释为"寻找意义"：在一些重大但不甚明朗的事件发生后，人们因为对结果的不确定而产生了强烈的焦虑感。例如，驻扎在前线的士兵会散播即将发生袭击的谣言，这样他们就能解释清楚自己的处境以及人员和物资的流动问题。谣言可能会减轻焦虑，因为它让世界变得更透明，更易于理解。总体而言，直到最近，对谣言的研究还是在这一模型的基础上拓展和增加细节，认为不确定性、失控和对事件解释的需要是主要因素。[25]

但是，这种对谣言的标准理解方式并不足以解释一切。当我们幻想来自新奥尔良的"犯罪分子"在巴吞鲁日街头横冲直撞时，我们在巴吞鲁日的日常生活并没有变得更有意义。认定艾滋病病毒是由特勤机构设计的，并不能让我们更好地理解艾滋病的传播机制，事实上，如果你不相信关于艾滋病的谣言，艾滋病流行反倒更好理解。对于相信主流看法的人来说，艾滋病病毒的传播与其他通过性传播的病毒非常相似，所以并不神秘，但对于相信谣言的人来说，这种病毒的传播会引发一系列新的未解之谜。

至于谣言可以减少不确定性这一说法，它同样符合直觉，但有许多含混不清之处。确实，洪水、流行病和恐怖袭击是不可预测的，但把它们解释为源自政治阴谋似乎并没有增加它们的可预测性。事实上，这种做法反而提高了不确定性，因为我们必须想象出一个或一群强大的掌权者，而我们完全无法理解他们的意图和目标。相比"暴雨会导致水位飙升"这种简单的道理，那些"恶魔"的阴谋更加难以捉摸。同样，如果一个人认定"9·11"袭击的策划者是美国特勤局而不是恐怖分子，当他们预测和解释同类事件时，会陷入更加焦灼无助的境地。

即使我们承认谣言在某些情况下、在一定程度上确实减少了不确定性和焦虑（这并不是确定的结论），但该理论仍然不能解释几个关于谣言的重要问题。首先，为什么人们想要传播谣言？许多人确实急于传播谣言，我们所获取的大量谣言类信息——例如艾滋病是中央情报局制造的——并不是我们向他人反复恳求后才得到的，它们往往来自那些坚持己见的人积极主动的观点散播。他们似乎致力于让我们听他们说，并接受那些他们认为非常重要的真相。他们有强烈的沟通欲，其中许多人还会创建网站向全世界宣扬他们的想法。

还有，为什么要让别人相信自己？传播谣言的人通常非常注意他人的反应。对他们来说，听众是否相信他们所传达的信息并理解其含义是至关重要的事情。那些告诉我们中央情报局制造了艾滋病病毒的人非常急切地渴望我们真的相信这一"事实"。他们通常不会认为分歧只是在权衡事实，怀疑论调会被他们视为严重的冒犯。

谣言与威胁探测

谣言大多是关于负面事件的，而且往往是对这些事件的邪恶化解读。它们会描述有意伤害我们或者已经伤害过我们的人，以及如果不采取相应举措就会发生的灾难性后果。例如，政府参与对民众的恐怖袭击，医疗机构密谋在儿童中传播精神疾病，其他族群计划侵略我们，等等。换句话说，谣言描述了潜在的危险以及我们可能会受到哪些威胁。

谣言之所以成功，是因为它们具有消极性质吗？心理学家早就注意到人类认知系统在许多方面都存在所谓的"消极偏见"。例如，在一组单词中，消极单词比积极单词或中性单词更能吸引人的注意；比起积极事件，人们会对消极事件进行更全面仔细的加工；在人际互动中，消极印象比积极印象更容易产生，也更难消退。[26] 但这也只是对谣言这种现象的特征描述，而描述不等同于解释。正如许多心理学家所指出的，人类会特别关注消极刺激，其中一个可能原因是我们的心智被设计成对指示潜在威胁的信息特别敏感。这种倾向在我们的注意系统中体现得特别明显，例如，我们在花中察觉到蜘蛛的速度要比在蜘蛛中察觉到花的速度快得多，危险的刺激刚一露头就会被我们瞬间捕捉到，这表明我们的心智中存在专门探测威胁的系统。[27]

经由进化而形成的心智如何评估和预测潜在危险？像我们刚刚所说的，人类心智装载了专门探测威胁的系统。对所有复杂生物而言，探测环境中的潜在危险并采取适当预防行为都是进化的必然选择。因此，人类的威胁探测系统会特别关注那些在进化环境中对自身生存构成威胁的刺激，比如凶猛的野兽、陌生侵入者、污秽物、传染病、社会侵犯等等，这完全不足为奇。[28] 我们很容易注意到这些信息，相比之下，现代社会中才出现的威胁往往会被搁置在一边，即使它们实际上更危险。同样，儿童倾向于注意与特定威胁有关的信息，但却对真正的危险漠不关心，比如枪支、电、泳池、汽车和香烟，但他们的恐惧幻想中会出现狼人、吸血鬼和其他不存在的捕食怪物，这证实了威胁探测系统适配的是祖先的进化生存环境。与威胁探测系统有关的心理病理现象，如恐惧症、强迫症和创伤后应激障碍等，也主要聚焦于特定目标，如危险的动物、传染病和入侵者，它们都是人类在进化生存环境中要经常面对的威胁。[29]

人类和其他动物的威胁反应系统有一个问题：它们对危险线索和

安全线索的反应是不对称的，这很重要。危险线索是环境的实际属性。比如，小型啮齿类动物能探测到猫等捕食者的气味并采取合适的行动。它们会花更多时间来勘察环境，会避免穿过无遮蔽的场地，会躲藏起来，等等。这是因为环境的一个特性——在此是一种气味——被视为潜在危险的明确信号。而"不危险"是不存在明确信号的。没有猫的气味，不代表那里一定没有猫，因为很多时候，猫在那里，只是气味没有传到潜在猎物跟前。[30]

对危险的敏感性会导致一个严重后果，那就是行为深受来自同类的信息影响的人类，很少对同伴提出的防备告诫进行检验。实际上，这正是文化传播的一大优势，它使个人可以直接做出应对措施，而不必先系统地探测所处环境以识别出危险来源。举个简单的例子，亚马孙部落的几代人都被告知，木薯是有毒的，只有经过适当的烹饪加工后才可以放心食用。人们不会想亲自试试木薯根中的毒素到底有什么影响，显然在文化传播中通过选择"相信"而获取信息是一种普遍现象——大多数技术知识是在没有经过太多有意检验的情况下代代相传的。人们相信久经时间考验的食谱，这样做可以说是搭上了前人经验的顺风车。[31]预防措施的特别之处在于，如果你严肃认真地看待它们，就不会有太多动机去予以检验。例如，如果你相信生木薯是有毒的，那你就会避免食用生木薯，而不是去尝一尝。

这表明，人们有一种信任（或至少暂时信任）威胁相关信息的危险预防机制。心理学家丹·费斯勒（Dan Fessler）证明了这一结论，他在实验中测试了人们对消极论述（"10%的心脏病患者在10年内死亡"）和积极论述（"90%的心脏病患者能存活10年以上"）的反应，结果发现，尽管这两种说法严格意义上是完全相同的，但人们更相信消极论述。[32] 其他研究也表明，人们在阅读文章（比如与徒步旅行相关的文本）时，如果文章包含了一些与威胁相关的信息，读者会认为作者更有能力和见识。[33]

所有这些因素汇聚在一起，使得与威胁相关的信息更容易得到传播，这就解释了为什么人们会主动散播这么多聚焦于潜在危险的谣言。甚至一些不算特别恶劣的都市传闻也遵循这一模式，许多传闻都描述了那些忽视潜在危险的人会遭遇什么后果。比如用微波炉烘干湿小狗的保姆，由于从不洗头而在发髻上长出蜘蛛的女人……还有很多千奇百怪的人物或故事。它们都旨在用一种耸人听闻的方式警告我们，当没有察觉到日常环境所隐藏的危险时可能会发生什么。[34]

因此，我们应该预料到人们特别渴望获得与威胁有关的信息。当然，并不是所有这样的信息都能引发谣言，有几个因素会限制谣言的传播。

首先，在其他条件相同的情况下，相比于描述一些基本不可能发生的事态，貌似合理的警告会更容易获得成功。这是一个看起来很简单易懂的道理，但是它确实会对日常交流形成很大制约。比如，让我们的邻居相信杂货店在卖坏掉的腐肉，比让他相信杂货店老板有时会变身成爬行动物要容易得多。当然请注意，到底什么事是可能发生的、什么事是基本不可能发生的，要取决于听众自己的衡量标准。一些有先在信念（如相信世界末日的存在）的人可能会被在他人看来非常不可信的谣言说服（例如世间出现了传播疾病和瘟疫的神秘骑士）。

其次，预防成本相对适中的谣言更容易获得成功。举一个极端的例子，让人们相信不要在黎明时分绕着一头牛转七圈是非常容易的，如果真有人想过要这么做的话，因为遵从这一叮嘱基本不需要付出任何成本。那些需要一些成本但同时成本又不太高的预防举措往往会被广为传播。这就解释了为什么许多普遍存在的禁忌或迷信划定的"标准行为"与普通行为只是稍有不同。加蓬的方族人打开新瓶子时会将几滴水洒在地上，这样做是为了避免冒犯死者。高成本的预防举措很可能会引发人们严谨的检验，所以它们不可能像"廉价建议"那样被大范围散播和采纳。

最后，不采取预防措施、不听忠告的后果应该非常严重，这才足以激活信息接收者的威胁探测系统。如果有人告诉你，从佛塔左侧走过的唯一后果是你接下来会打喷嚏，你可能会无视这条劝诫。但冒犯祖先或神灵似乎要严重得多，尤其是你不清楚一旦冒犯了他们，会引发什么样的惩罚和报复。

因此，看起来当威胁探测系统发挥作用时，我们的认知警觉机制会暂时关闭，威胁探测系统获取的信息会成为我们的首要行动指南，特别是遵循劝告的成本并不太高而忽视劝告却可能招致未知的危险后果时。

为什么威胁要被道德化？

我们考虑垃圾文化时，很容易将思考重点停留在一个问题上：为什么人们要相信这样的事情？但为什么我们不先想想另一个同样重要的问题：为什么人们想要传播这样的信息？为什么一些人要把阴茎窃贼、艾滋病病毒的来源或"9·11"恐怖袭击的"真相"告诉其他人？"信念"在文化传播中的作用可能没有我们想象的那么重要，诚然，许多人相信他们传播的谣言，但光有信念是不够的。人们还要有传播的动机，如果没有传播动机，人们只会自己默默耕耘于低价值信息，但他们不会将其广而告之，因此也就不会有谣言，不会产生垃圾文化。

在许多情况下，低价值信息的传递与强烈的情绪密切相关。人们认为有关病毒、疫苗和政府阴谋的信息非常重要，他们在传递关于这类话题的信息时，不仅渴望传播信息，还渴望说服对方。他们会注意听众的反应，并认为对方的怀疑论调非常无礼。如果听众对他们的观点表示质疑，他们可能会认为对方具有某些邪恶动机。

例如，想想"反麻腮风三联疫苗接种"的运动，该运动出现于20世纪90年代的英国和美国。反对者散播了很多关于疫苗副作用的言论，如疫苗会导致原本正常的儿童患上孤独症。他们不仅强调疫苗的危险性，还诋毁那些声称没有证据证明疫苗有害的医学家和生物学家；他们将赞同疫苗接种的医生描述为怪物——这些"怪物"完全清楚自己的所作所为会危及儿童的生命安全，但他们选择从制药公司那里拿封口费，而不是与制药公司斗争并说出真相。[35] 并且，如果你同意大多数医生和科学家的观点，认为大规模接种疫苗会为儿童提供集体保护，其益处远大于微乎其微的副作用，那你就是站在了罪犯一边。

其他广为流传的谣言和阴谋论也同样如此。根据传言，艾滋病病毒的感染人群是有特定范围的，艾滋病病毒的"发明"正是一场针对非洲人（有些版本说的是非裔美国人）的屠杀计划。权力当局在此事上一直缄默不语不是因为无知或无能，而是因为想竭力掩盖证据。而且就像接种疫苗一样，听众的反应也被道德化了。如果你表示自己很怀疑政府会与特勤机构合作，通过精心设计的阴谋去杀死平民，或者你只是指出证据并不完全令人信服，你都可能会被指责为政府雇用的骗子，或者是支持对公民发动生物战的恶魔。

为什么这些信念会具有强烈的道德化色彩？一个显而易见的答案是，这些信息的性质决定了传播和接受它们的过程必然会蕴含道德价值。如果你真的认为政府试图消灭某些种族，或策划了对公民的恐怖袭击，或医生故意用疫苗毒害儿童，你不应该尽量让更多的人知道这些真相吗？

但这看似一种不言自明的解释，实际上它引出了更多疑问。一方面，信念和说服他人的动机之间可能不像我们想当然认为的那样有直接关系，社会心理学家利昂·费斯廷格（Leon Festinger）因研究"千禧年末日论"而闻名于世，很明显，事实证明那些末日预言的信仰者失败了。可让人意外的是，费斯廷格观察到，末世预言被现实驳倒后，信众不但没有减少，反而有更多信众试图去说服他人接受这一观点。[36] 为什么会这样呢？费斯廷格的解释是，人们会努力避免认知失调——个体同时具备两类或两类以上不兼容的想法时产生的一种紧张感。例如，先知总是对的，但他的预言却失败了。[37] 但这并不完全令人满意。它无法解释认知失调导致的后果——为什么末日预言的落空会导致信仰者为失败编造借口，为什么他们反而会去招募更多信众？"失调"的影响主要体现在人们与外界的互动中，这需要更深入的解答。[38]

从功能主义的视角出发，将心理系统和动机系统看作为了解决适应性难题而专门设计的装置，我们就能更好地理解这一切。基于该立场，我们不明白的是，当观察到的现实与一个人之前秉持的信念存在差异时，心智系统为什么要尽量避免认知失调的状态。我们需要进一步探索的问题是：为什么当个体遭遇信念危机时，反应会是尝试让更多人站在自己这一边？

　　　　　　　　心智社会：我们的认识决定了我们的世界

如果我们从第一章中描述的联盟和群体支持机制来看，这个过程就说得通了。人类需要社会支持，他们渴望动员其他个体加入各种集体行动，离开了这些集体行动个体就无法生存。我们进化心理系统中一个重要的组成部分是管理联盟关系的能力和动机。所以，当人类传播的信息可能会说服他人参与特定行动时，我们应该试着从联盟动员的角度来理解这一点。也就是说，传播信息的动机在于说服其他人加入集体。

这就是为什么许多人在直觉上会认为将观点道德化是完全合情合理的。事实上，进化心理学家罗伯·库尔茨班和彼得·德西奥利（Peter DeScioli）以及莱达·科斯米德斯和约翰·图比都认为，在许多情况下，从支持和动员的角度出发，就可以获得对道德直觉和情感的最佳理解。[39] 其中涉及的论点和证据可能有些复杂，但核心观点很明确。正如库尔茨班和德西奥利所指出的，每一个道德违规事件都有过错方和受害方，但除此之外还有第三方，他们会谴责或宽恕违规行为，保护受害者，要求违规者弥补自己的错误，对违规者施以惩罚，等等。[40] 作为第三方，站在更有可能吸纳其他支持者的那一边更符合自身利益。

例如，如果一个人在享用公共伙食时吃了比他应得的份额更多的食物，旁观者可能会根据自己对其他人反应的预测来决定是予以惩罚还是置之不理。人们对不同行为对错的道德直觉评判是自动产生的，而且评判标准在很大程度上是人类共通的。换句话说，每个人都可以从自己的情绪反应中预测他人对同一事件会产生何种反应。由于对共识怀有期待，因此当讲述者描述特定事件时，采用带有道德化色彩的描述方式可能会引导听众形成与之较为一致的看法。人们之所以会谴责违规者并与受害者站在一边，部分原因是他们预计其他人也会做出同样的选择。[41]

从这个角度来看，对他人行为的道德化描述是实现社会协调的有效途径，这是集体行动所需要的。大致来说，相比于声称某人的行为源于能力不足，指责其行为源于令人厌恶的道德动机会更容易产生共识。前一种做法可能引发人们对证据和表现的详细讨论，这更有可能淡化而非加强共识。

这表明，我们关于道德恐慌的常识性解释可能误入歧途了，或者至少是不完整的。人们并不是或者并不仅仅是因为相信对"可怕罪行"的描述，而产生了强烈的道德信念感，认为自己需要动员他人来一起阻止这些罪行。另一个可能的原因是，许多人会凭本能（当然是无意识地）选择那些有动员潜能的信念——传播那些由于具有道德化性质而可以招募更多"队友"的事件。动员动机是人们在处理信念时一个非常重要的影响因素，也就是说，人们会以符合直觉的方式来决定相信某些信念，那些无法引发有效动员的信念会为人所轻视。[42]

我们不应该仅仅依据这种推测性的解释就把散布谣言的人当作狡猾的人心操控者。他们在大多数情况下都不会意识到道德化的描述方式影响他们自己以及他人的过程，同样，他们也不会意识到自己的行为与"招募支持"之间的关系。因为我们已经进化成"社会支持探测器"，我们都是动员专家，我们可以在不自知的情况下，使自身立场与他人立场协调一致。此外，我们不应该认为这种诉诸道德的动员方式总是能够吸引追随者，道德化可以促进有效动员，但不保证其必然成功。

宣传攻势的模板

各种各样的社会运动都涉及这种招募过程，一些人最先散播信息，然后有效地说服他人加入其中。例如，巫术指控就是这样，一个人声称自己受到了亲戚或其他村民的巫术伤害，于是争取到社群其他成员的支持，他们迫使被指控的巫师承认自己的罪行并赎罪。[43] 一项事业的动力常常始于个人或小群体偶然间获得的信息，他们冒着巨大的个人代价或风险，努力说服其他人加入同盟。

那些致力于某项事业（如禁止饮酒、暴力反对政府、烧毁少数族群社区、主张儿童不应接种疫苗或其他任何目的）的人会向他们的听众传播一些明确的信息。首先，他们通常把人们的注意力引向一些（真实的或想象的）威胁，他们会强调这些威胁不仅对自己有潜在危害，更重要的是对其他人也有潜在危害。其次，他们会指出，要应对这些威胁，必须借助集体努力。最后，他们会将参与集体行动描述为一种道德责任，支持或反对所他们所提倡的事业不仅关乎个人偏好，更重要的是它是道德品质的体现。[44]

可能有人认为这种对谣言的解释方式有些过于夸张了，如果说谣言传播背后主要的行为动机是集体行动动员，可在许多情况下，很多谣言并没有明确与之相对应的集体行动。那些谴责官方策划了"9·11"恐怖袭击的网站（通常）不会要求人们推翻政府，宣称中央情报局为了消灭黑人而发明了艾滋病病毒的人也不会号召黑人去占领中央情报局大楼。然而，即使没有提出具体的集体行动，行动呼吁的战略价值仍然不变。这是因为发动实际支持行动之前，人们需要感知到潜在支持的信号，所以他们要评估周遭联盟的可靠性与凝聚力。正如我们在上一章中描述的，有实验证据表明人们确实会监控社会环境，而且他们能根据一些间接或内隐信息来自动探测联盟关系——谁认识谁，谁和谁站在一边，哪些人有相似的口音，以及其他类似的线索。

传播威胁信息可能会引发人们表明自身立场的反应。如果听众同意你散播的观点，这其实暗示他们已经准备好追随你的事业，加入你即将鼓动的集体行动。而那些要求你提供进一步证据或质疑你观点的听众，当然不是你想要团结的盟友。当巴吞鲁日市民散播关于新奥尔良灾民的可怕故事时，他们也是在确认彼此属于一个有共同利益的群体，陌生人和新造访者与他们没有共同利益，而且他们可能会检验彼此对社群的忠诚。

这种道德化的动员可能会导致人们的"愤怒表演"进入一种军备竞赛状态。如果你对威胁信息的回应体现了你的道德价值以及你对潜在集体行动的承诺，那么你就有足够动力让所有人都清楚地看到你的反应。而在一个每个人都相信谣言、每个人都感到自己在道德上被冒犯了的群体中，最明确的承诺信号就是比大多数人表现得更愤怒。这种动态性存在于许多激进运动中，运动参与者会宣称当前境遇极不合理，也完全无法让人接受，通过此类表态，他们会争取到集体或权威的认可，但造成的结果是事态升级。另外，当联盟中尚有一些人态度摇摆不定时，其他成员可能通过极端立场和强硬行动来表明自己的决心。如果有些人同意我们应该禁止烈性酒，我们就倡导禁止所有酒类；如果有人同意驱逐组织中的叛变者，那我们就主张直接杀死他们。这种极端化趋势也时常出现在激烈的领导权争夺战中，因为运动领袖对组织的承诺和忠诚不能低于普通成员。从阿尔斯特的爱尔兰共和军，到斯里兰卡的泰米尔猛虎组织，再到美国三 K 党以及秘鲁的"光辉道路"，莫不如是。[45]

真相决策制度

面对这种情况，我们有没有合适的应对之策？看起来各种因素汇集在一起，使某些垃圾文化成为大规模的流行病。与威胁相关的信息在大脑中遵循特定处理程序，它们会绕过我们的认知警戒系统。道德化威胁是有利于组建联盟的强力动员信号，这是进化的必然选择。因此，面对低价值信息也能招揽大批信众这一景象，我们不应该感到惊讶。

然而，这并不是事实的全部。人类还创造了许多其他"认知制度"，它们包含一系列的规范和程序，作用在于保证信息的真实性。当然，这些尝试并不总是成功的，但它们展示出了我们有寻求可靠信息的动机，为了达到这一目的，我们会自发改善认知警戒的工作方式，拓展其工作范围，这里有一些例子。

占卜术几乎存在于所有已知的人类文化中。在某些情况下，人们会相信鸟的飞行轨迹或掷骰子所提供的信息比普通意见更确定无疑。与一般人想象的不同，大多数占卜并不是在预测未来，而是关乎一些不可观察的事件。比如，祖先们是否生气了？你的姻亲嫉妒你的成功吗？你的配偶或商业伙伴真的忠诚吗？等等。在所有这些领域，占卜师所提供的东西不同于专家的意见和智慧。它包含了某种被认为能提供"真相保证"的技术。为什么会有人采用这种技术？对占卜术的质疑可不是近代科学发展的产物——古罗马的西塞罗曾用强有力的措辞表达了质疑。[46]但占卜术却一直大有市场，在主流知识领域对占卜术嗤之以鼻的现代社会同样如此。

是什么让人们如此沉迷于占卜术？为什么动物的内脏、乌龟壳或者骰子能提供智者无法给出的信息？为什么一副卡片会比一个亲密良善的朋友更能揭示你家庭的某些真相？看起来这都是完全违反直觉的事情。答案可能是，占卜术给出的结论不以个人意志为转移。事实上，占卜仪式会特别强调，占卜者和委托人对占卜结果没有任何影响。一副塔罗牌完全打乱后，没有人能知道每张花色的顺序；骰子被随手丢出后，没有人能预测一定会是什么数字；天上的鸟不受任何人的控制；羊在被献祭前，任何人都看不到它的内脏。换句话说，占卜仪式给出的答案并不是占卜者给出的答案。当然现实中的具体情境千差万别，比如有的占卜者会故意歪曲占卜结果。但即便如此，占卜仪式的一个基本规则是：无论是单纯的机械占卜（如掷骰子）还是灵媒，占卜者都只是真相的代言人（至少表面如此），而不是真相来源。占卜师和委托人都同意，在一定的现实条件下占卜结果是确定的，事实真相决定了占卜的表现，如骰子的滚动数字或鸟的飞行轨迹。[47]

这种可见的公正性就是在某些情况下占卜似乎比其他方案更有效的原因。在利比里亚，人们有时会用"基尼格木（sassywood）审判法"来判定嫌疑人是否有罪。被告会被要求喝一种用基尼格木树皮熬制的汤剂，这是一种强力毒药。根据审判规则，如果此人有罪，就会被毒剂杀死。假如被告拒绝接受审判，就相当于承认自己的犯罪事实。毒药审判法当然不是探索真相的最佳途径。诚然，这种毒药有时会致人死亡，有时不会，但这与被告是否真的犯罪没有任何关系。不过，与该地区的其他审判程序相比，这一程序至少在一定程度上是公平的。而一些法律学者则认为，该程序明显比当地腐朽、堕落且成本高昂的官方司法系统更有效率。基尼格木审判可以为任何人所接触和使用，并且它能以较低的成本在一定程度上提供某些犯罪信息（许多有罪者不敢喝药）。[48]

这就引出了认知制度常涉及的另一个重要领域——法律论证。在一些彼此迥异的文化环境中，人们都建立了关于举证和推断的规则，旨在指导法官该如何采纳证据、厘清责任以及裁决罪行。这显然不是西方法律传统所独有的，例如，在中国古代法律体系中就可以找到此类复杂规范。[49]在一些没有书面文字的文化中也有这种规范的例子。例如，特罗布里恩岛的岛民开发了一个复杂的规则与论证系统，用于裁定土地所有权以及处理与之相关的争端。[50]

第三个同时也是最突出的例子就是科学制度，更概括地说，是创造了我们所知科学研究的那类"不可思议的社会互动"。几十年来针对"科学"的社会科学研究已证明，孤立的心智无法实现科学进步，科学进步有赖于高度专业化的科学社会组织。[51]但是，我们很难具体指出这类特定的社会互动有何与众不同之处，或者说，为什么它产生的知识比人类通过其他途径所获得的都更准确、更严谨以及更具解释效力。如果仔细考察在科学活动背景下激活的各种认知能力和进化动机，也许我们能获知答案，但这一探索目前还只是处于起步阶段。[52]

真相检验制度的存在表明，我们的未来并非完全暗淡无光，人类社会并非注定在错误信息的泥沼中越陷越深。与这种乐观的态度相反，有人可能会主张，现代技术，尤其是互联网通信技术，会强化垃圾文化的传播，原因有二。

首先，我们都知道，网络连接使获取信息与传播信息的成本都变得不值一提。这不仅是因为上网容易，还因为声望在信息传播中的作用被大大降低了。我们可以再想想小规模社会的情况，在这样的群体中，巫术指控可能要承担巨大代价。你无法确定人们是否会与所谓的巫师站在同一边，如果你是唯一一个对某个人提出控告的人，遭受惩罚的将会是你自己。这就是为什么这种公开的指控只有在经过长期谨慎协商后才会发生，而且在一些地方指控从不公开进行。[53] 相比之下，现代网络同时保证了匿名性与地理空间隔绝，这就几乎消除了指控和造谣的社会成本。因此，互联网上的一些谣言（尤其是一些恶毒言论）能够如此迅速地浮现并传播也就不足为奇了。[54]

其次，世界范围内的网络连接可能会让我们更容易陷入共识幻觉，从而助长制造和传播垃圾文化的倾向。想象一下，在一个小规模社会，那些脑海中迸发出某些新奇信念的人可能会认为身边很少有人会同意他们的古怪想法。相比之下，在几十亿用户参与的互联网世界中，不管多么幼稚、轻率或极端的主张都有可能被成千上万的人所拥戴。因此，网络连通很可能会让所有人对自己的想法产生一种强烈的被认同感——这种倾向已经在实验研究中被多次证实。[55] 如果人们还产生了另外一种错觉，认为揭秘了"阴谋"的消息来源是彼此独立的，那这种共识效应还会成倍强化。也就是说，如果我们发现成千上万的人都同意我们的观点，比如世界确实是由外星爬行动物控制的，我们会惊讶于有这么多伟大的头脑同时认清了这一真相，然而事实可能是所有人都读了来自同一个网页的谣传。

面对这些问题，或许一种应对策略是让人们有足够的途径了解真相。如果信息的制造和传播有巨大的市场，那么信息质量保障也一定有巨大的市场。也就是说，对他人主张进行评估从而换取物质或声誉回报的服务可能大有可为。有人也许反对，认为这种工作最终会变成无休止的倒溯论证，因为一条信息的真实性必须以其他的可靠信息为保证，而其他可靠信息的真实性又要以更上一层的可靠信息为保证，如此无限循环。如果一个人要探索的是科学真理，那当然应该如此。但在现实生活中不必总是这样，我们只需要一个好的保证，足以警诫那些居心不良者，让他们不要枉费时间精力去散播谣言就可以了。

信息是用来干什么的：要真相还是要有用？

垃圾文化无处不在，而且蕴含巨大的能量。之所以我会专门强调威胁探测、谣言和道德化描述这三种互有重叠的现象，是因为它们可以创造出调动大量参与者并导向大规模社会及政治变化的社会动态。在一定层面上，宣传攻势对参与者（无论是自认为捍卫道德信念的坚定支持者，还是普通追随者）来说是"有用"的，因为它们提供了使联盟和集体行动成为可能的心理信念。

非洲的阴茎窃贼和英国中产阶级家庭的邪恶宗教仪式只存在于谣言传播者及其信徒的想象中。这些现象对我们秉持的一些基本观念提出了挑战：如果心智的"设计原则"是用来获取环境中的有用信息的，为什么我们有时会提取错误信息？心理学家瑞安·麦凯（Ryan McKay）和哲学家丹尼尔·丹尼特提出，我们要认真考虑所谓的"适应性错误信念"（adaptive misbelief），也就是说，在某些情况下认知失误（或者直截了当地说，持有错误信念）可能会提高个体的生存适应性。低质量信息的传播，如谣言、都市传说和阴谋论，似乎就是这一机制的例子。如果我们只考虑心智系统的主要功能，即保持对生物体所处环境的精确表征，那么这些信念肯定是没有价值的。然而心智系统并不是只在这个意义上有用；从更普遍的视角看，它们的"设计主旨"是为了增强适应性。在大多数情况下，精确表征确实可以增强适应性，但也只是在大多数情况下，而不是在所有情况下。

我们通常认为，信息扩散是基于其认知价值及其带来的潜在适应性价值，这解释了文化知识传播现象，其中也包括了有利于欺诈者的欺骗性交流。如我们所分析的，认知价值并不是驱动人类传播信息的唯一因素，探测威胁性信息的需要以及在集体行动中有效动员（或至少评估他人对集体行动的潜在承诺）的需要也是强有力的影响因素。因此，在某些情况下，垃圾文化毫无认知价值，但在进化层面上却自有其存在价值。

第三章

为什么有宗教？

以及为什么它们出现得这么晚？

每一个人类社会都存在宗教，这似乎确定无疑。早期的旅行者和探险家在探索未知之境时都怀有这样的信念，早期人类学家也持同样观点。在欧洲学者看来，明摆着宗教在所有异域部落、王国和帝国中都有一席之地。但事实证明，真相比这复杂得多。

的确，大多数帝国或国家似乎都有某种接近宗教的体制，比如有祭司（牧师、神父或其他神职人员），有成文仪式，最重要的是有一套教义，包括末世论、自然神学和救世神学等等，或者简单地说，关于宇宙秩序、世界终结、邪恶起源和救世途径的一系列说法。这并不奇怪，因为早在人类学家了解印度、中国和阿拉伯世界的文明之前，欧洲人通过自身的经验和历史就已经了解这一切了。

但这些东西在小规模社会是找不到的——那里似乎没有任何宗教组织，如负责超自然事务、接受过专业化训练和"职业"认证的神职团体，也没有明确的宗教等级制度。更令人费解的是，这些社会中的人似乎对灵魂救赎或邪恶的起源毫无兴趣。让人类学家最为沮丧的是，这些社会甚至没有一套既定的宗教信仰。没错，他们会谈论祖先、灵魂和鬼神，可与之相关的陈述或论调往往含混不清，甚至彼此矛盾。因此无论他们拥有的信念应该被纳入哪一范畴，至少都不符合宗教的预期图景。早期人类学家发现，用宗教概念来描述小规模社会的那些精神信仰现象，就像试图把方钉子钉入圆孔。

在某些领域，这甚至导致了关于"宗教"这一概念的无休无止，实际上又难以调和的争论。而类似的定义讨论无助于回答真正重要的问题，例如：人类心智如何表征宗教观念与规范？在这方面不同地区及不同文化背景下的人是否会表现出共性？如果有，这是我们心智运行机制的自然结果吗？是自然选择的结果吗？它具有怎样的适应性？

超自然幻想的组合

为了理解宗教，我们应该从人类进行超自然幻想的能力入手。这一广阔的认知领域包括白日梦、小说、神话、梦境，所有这些都属于经典心理学所谓的"想象"事物。[1]超自然幻想是其中特别有趣的一类，那些想象出来的生命、故事以及事件并不存在于我们的自然世界，实际上在很多情况下自然法则绝不"允许"这些事物的存在。例如，在我们的幻想世界中，鬼魂和人一样，可以四处走动，并能"正常"地感知和理解周围发生的事，但它们与人的不同之处在于，它们实际上已经死了，所以可以穿过物理障碍，比如墙壁和紧闭的门；僵尸是一种活死人，通常以人肉为食，其行为已经不受自己大脑控制；吸血鬼是永生不灭的，但要以人血作为食物；魔像是由黏土加魔法配方而制

　　　　　　　心智社会：我们的认识决定了我们的世界

作出的有生命人偶。当然，我们的超自然幻想不局限于类人形象。想想那些民间故事里会说话的动物，奥维德笔下变成了人的蘑菇，阿普列乌斯笔下变成了驴的人。别忘了会自动移动的护身符，或者会流血、会哭泣以及会以其他方式向人类传达情感的雕像。

在这些多种多样的古怪事物之中，一些基本主题反复出现。特别多见的主题是违背人类对物体、动物和其他生物的基本预期。例如，我们会默认动物的形态和行为受遗传特性限制，但变形幻想显然与此相悖；我们假定生物的行为自有其意志与目标，但僵尸的表现却完全相反；我们假定人造物没有生命特征和活动能力，但有些象头神雕像却能喝供奉的牛奶；甚至我们对天外来客的想象，也是让它们拥有如人类一般的"正常"想法，但又有令人惊叹的力量。[2] 这些超自然的观念以高度相似的形式出现在世界各地。在各种各样的文化中，人们都能找到类似的故事：尸体从坟墓中爬出，动物开口说话，死人的灵魂回来纠缠活人，物品被施咒或经过魔法洗礼后拥有了生命。

幻想和超自然想象的领域实际上充满了重复，这似乎很矛盾。但这是因为我们的超自然幻想并非凭空创造，它们只是我们对先前存在的概念材料进行重组后的产物。事实上，认知科学家对幻想运用非常感兴趣，因为它揭示了日常认知中的内隐或无意识原则，正如康德（毫无疑问，还包括很多人）所指出的那样。[3] 例如，当人们被要求想象完全新奇的动物时，他们构想出的动物依然左右对称（而不是上下对称），并且有一个朝向感觉器官的运动方向。这表明，我们从一些真实动物中"提取"出的内隐生物原则依然支配着我们对生物的想象。[4] 小说和神话中的幻想生物也符合这一情况，甚至在那些人们有意突破想象边界的创作中——比如科幻小说和奇幻文学——出现的生物依然不外如是。

尽管存在许多天马行空的细节，但大多数超自然概念都是以一种非常简单的方式构建出来的，通俗地说，就是将两种不同的要素结合在一起。一种要素是明显违反了我们常识的特征，比如一个人可以穿墙，一尊雕像可以喝牛奶。另一种要素是让想象物符合我们对"正常事物"某些特征的预期，比如鬼魂有知觉、记忆和意图，或者木头做的魔力雕塑是有重量的，不可能不受限制地移动。违背我们直觉的要素通常是被我们重点关注并详细描述的部分，而符合我们直觉的要素则通常是隐藏式的——它不需被指出来，也不需要明确说明解释。[5]

更确切地说，超自然概念结合了对所谓直觉本体论（intuitive ontology）的显著违背和隐含确认。直觉本体论指的是我们对现实中包括动物、人、人造物以及自然物等众多领域的事物形成的一系列预期。[6] 例如，我们有一种专门的推理系统，当它探测到生物的典型运动时会自动触发"运动是由内在目标所驱动的"这一表征；当一个物体被识别为人造物时，我们其他的推理系统会试图确认它的功能，这是因为我们默认人造物有专属功能；我们周围人的一举一动都会触发我们特定的推理系统，从而让我们产生一些关于他们行为意图和目标的猜想，这也是因为我们默认人的行为具有意图和目标。所有这些都是自动发生的，而且很大一部分不为我们所察觉——我们所知道的只是运算结果。[7]

超自然概念的某部分特征明显违背了这些推理系统所产生的期望，从而吸引了人们的注意力。比如一个人穿墙而过，雕像会喝酒。但是真正能保证这些概念存在的还是概念中没有违背人们直觉预期的那部分。比如鬼魂有记忆力，雕像只待在一个地方。如果我们没有这些背景假设，超自然的概念就会毫无用武之地——想想一个没有记忆的鬼魂或一个不知在何处的雕像。事实上，大量的实验研究表明，有限的反直觉材料与大量符合直觉的材料的结合会让人印象特别深刻，相比于其他概念组合形式，这类组合通常更容易被人们回忆起来。[8]

这表明，在其他条件相同的情况下，这些概念将会比其他概念更容易得到传播，因而成为我们文化素材库中固有的内容。同样，推理系统和超自然幻想之间的关联也解释了为什么后者在世界各地如此相似。超自然幻想是在我们对事物直觉预期基础上进行的简单调整，而直觉预期是我们进化心理设计的一部分，因此这种调整在所有人类头脑中都会以相似方式进行。人类学家和历史学家过去认为，"超自然"领域的概念无疑是一种文化特定现象，不同文化下的人会按照不同方式构建超自然概念，因为它基于人们对"天然"的基本认知。然而，实际上只有在极少数的人类文化——如中国和古希腊——中，人们会对"天然"的本性和运行法则进行系统、明确的阐述。[9]但我们想要强调的是，重点不在于对"何谓天然"的明确反思，而在于对物理环境的直觉预期。一棵会说话的树或一头隐形的山羊之所以能引起人们注意，并不是因为它们反映了人们对"天然"这一概念的清晰认知，而是因为它们违背了人类对物理和生物对象根深蒂固的直觉预期。[10]

类宗教传统

超自然幻想当然值得研究，因为它揭示了我们心智深处隐藏的概念法则。但它之所以能引起人类学家和历史学家的兴趣，还有一个重要原因是大多数被归为宗教的概念都可以被划分到这一领域中。一部分超自然概念被系统化与正式化地编纂，于是构成了所谓的宗教传统、教派和原始宗教等等。

这里有几个例子。例如，考虑一下在几乎所有小规模社会中都存在的祖先崇拜，尤其是在农耕社群和游牧社群中。人们会与祖先发生一些想象中的互动，祖先们会"要求"祭祀和供奉，还"要求"后人尊重传统与习俗。据说死人的灵魂会脱离肉身，四处游荡，逗留在一个介于生者和死者之间的界域中，有时会造成破坏，尤其是在对生者世界还有所渴望时。在这样的社会中，通过超度亡灵使逝者灵魂顺利进入死后世界是一种常见仪式，正因如此，世界上许多地方都存在"二次葬"的葬俗。在这种仪式上，死者遗体会被迁入最终的安息之所，标志着他们从此成为"先人"，与本氏族或社群的其他先人团聚，永不分离。[11]

另一套传统则主要集中于人类学家所谓的萨满教或通灵术中，这些"宗教"常见的做法是通过与特定亡灵或灵魂互动，为现实生活中的不幸做出补救。包括疾病、歉收、牲畜传染病或社会冲突在内的悲剧性事件都可以被解释为是亡灵的愤怒所致，或者都需要一些超人类力量的协助才能圆满解决。在这种情况下，与超人类行动者的接触或协商需要通过仪式，同时还需要一些沟通专家的参与，如灵媒、治疗师、萨满、占卜师，这些人被认为有能力利用特定途径弄清楚超人类行动者的想法，知道如何请求或安抚它们。

这些教派和传统普遍崇拜与人类相似，同时具有超人类特征的行动者。这与奇奇怪怪的超自然想象形成了鲜明对比。漂浮的岛屿、开口说话的树或火鸟的概念很吸引人，但宗教崇拜和部族传统几乎总是与那类行动者有关。对幽灵、祖先和亡魂的描述都会突出其"反常识"

属性，比如能同时出现在多处，透明或隐身，可以看透人的想法，等等，但同时我们也会默认其有思维和心智，而且与人类没太大差别。正因为这些行动者在这些方面被认定为与人类相似，所以在我们看来，其感知、思考、感觉和记忆的方式都非常"自然"。

由于神、亡灵、灵魂和祖先等概念都属于超自然幻想领域，因此它们承袭了超自然幻想现象的许多重要属性。其中一个显著特征是这些概念也会体现出反直觉成分和直觉成分之间的强烈对比。前者通常是描述的重点，会明确凸显并能吸引人们的注意力；后者则不需要也不会被刻意强调。也就是说，人们不需要提醒自己"因为女神有头脑，所以也会记得发生在自己身上的事情"，因为这就是我们日常直觉心理的延伸，当我们想到一个人类个体时，会理所当然认定其具有头脑，因而拥有记忆。

对习惯了现代制度性宗教的人来说，这些传统最令人惊讶的方面在于，它们没有与之相对应的一套教义，即大多数参与者可以明确阐述并共同认可的假设。例如，人们可能认为，以献祭动物的方式向祖先表达尊重是至关重要的，但是，对于祖先为什么需要供奉、如何获取供奉、怎样察觉后人是否认真供奉等问题，人们并没有清晰的解释。这可能会让外人感到惊讶——你怎么能在如此认真对待这个仪式的同时，却不知道它的确切运行方式？与此同时，对于研究过这种传统的人类学家来说，这些都太熟悉了，他们早就体会到了阐述民族志的重重困难。在大多数时候，如果你问人们"祖先的世界是什么样的，他们的生存状态和你我有什么不同"，就只会收获不解和困惑。大多数人从来没有想过这些事情，而那些想过的人却给出了最不切实际、最漏洞百出的解释。人类学家的任务就是将这些信息筛选后形成一套关于祖先的最大公约数假设。这些假设在与祖先相关的主张和实践活动中会有所暗示，比如他们通常不会现身，他们会要求祭祀供品是猪或者牛，他们宽容慈悲或有仇必报，等等。总结出类似假设是一项艰巨任务，因为根本没有稳定而明确的教义。

这些传统中另一个令人惊讶的地方是没有宗教专家组织，也就是说，没有相当于牧师、阿訇或婆罗门仪式官员这样的角色，没有正式的宗教培训，没有灵媒学校或萨满训练机构为灵媒、占卜师以及祭司等从业者授予职业合法性。从业专家通常声称自己经历了一个特殊的启蒙仪式，而在大多数情况下，他们都是以学徒身份跟随另一个成名已久的专家学习。但这些也都算不上能够与祖先打交道的充要条件。

在许多地方，与祖先、亡魂和天神沟通的技能被认为是这些专家与生俱来的特殊天赋。例如在喀麦隆，据说法师比普通人多一个器官，正是这个器官可以让他们与鬼魂和逝者对话。当然，人们无法通过肉眼直接观察到这一器官，所以你不能看出一个人是否拥有该器官，只有通过他们的言行才能判断出来。[12] 这种关于特殊器官的想法在非洲中部和南部很常见，其他地方的人可能没有发展出类似"器官"的具象化想象，但他们同样假定，处理鬼神事物需要一种无法修炼、只能先天携带的特殊禀赋，这正是萨满与普通人的区别。例如，在南西伯利亚的图瓦共和国，人们认为萨满拥有某种内在的神秘力量，他们从出生起就掌握了这种力量，直至死亡。事实上，图瓦人认为每个萨满都有专属于自己的独特禀赋，这使得他们在与神灵打交道时会表现出独一无二的特征。另外，人们同样无法仅仅通过肉眼看出一个人是不是真正的萨满，他们承认许多萨满是根本没有任何特殊能力的骗子，但他们同样可以基于经验判断孰真孰假。[13]

最后，这些类宗教传统与我们通常认知中的宗教之间还有一个最显著的区别——信仰概念的缺失，或者说缺乏信众群体。人类学家长期以来一直认为，虽然这些传统中有一些与现代有组织宗教非常相似的信仰概念，但它们却无法得到很好的传播。[14] 另外，类宗教传统并不重视承诺或忠诚。当人们去求助于占卜师或萨满时，他们并没有入教，他们只不过是在寻求专家的帮助，就像我们寻求水管工或电路工的帮助一样。与当地某个萨满的交易并不会让你成为特定社群的一员，就像去看牙医并不会让你成为牙科信众的一员一样。同样的情形也适用于小规模社会中的另一种主要类宗教传统——祖先崇拜。向祖先供奉一头猪的人并不是在加入一个群体——他们已经是家族谱系的成员了，这正是他们与特定祖先交换利益的原因。祭祀祖先更像是一种经验赌注——期望特定仪式能安抚祖先，从而保证风调雨顺或疾病痊愈，这与对神的信仰和承诺是不一样的。

也许小规模社会的类宗教传统与大多数现代人所熟悉的宗教间最显著的区别是这种强烈的实用主义取向。在那些小规模社群，人们从事各种类宗教活动，不是为了了解宇宙、寻找他们存在的意义或理解道德根基。他们只是想让庄稼苗壮成长，想让不幸远离他们。一旦这些实际问题得到解决，人们通常对形而上学的问题不感兴趣。

在整个人类历史上以及世界范围内，我们都可以观察到这种类宗教传统。当然，具体情况因时因地有所不同。例如，与农耕者相比，采集者对祖先、亡灵和巫师的兴趣通常要小得多。在许多大规模社会中，类宗教传统会与更有组织的宗教活动形成竞争，这一点我们后面马上就会说到。但值得强调的是，在人类历史的大部分时期，以及在时至今日的许多人类社会中，与神灵的互动都不是基于明确的教义，主持者没有接受过正式培训，参与者也不属于任何信徒群体，而且他们往往是出于实际原因向神灵求助的。

诸宗教与"宗教"的发明

随着大规模王国、城邦和帝国的出现，专业分工越发精细化。较为明显的变化包括：许多人依靠手工技艺成为专业匠人，如铁匠、厨师、木工、砌墙工与裁缝等；商人成为新兴阶层；另外还出现了一系列统治秩序的执行者与捍卫者，包括官员、士兵、书吏与行刑者等，这些职业构成了大规模社会的统治根基。也正是在这一时期，仪式专家登上了历史舞台，我们可以称之为神职人员，他们专门负责举行一些仪式，尤其是那些与政治权力密切相关的仪式。随着社会发展，神职人员的权力逐渐扩大，他们几乎完全垄断了仪式服务。在某种程度上，这像是类宗教传统的延续，神职人员被认为是神灵的代理人，而仪式活动则是与神灵沟通的手段，就像小规模社群中的传统仪式一样。但相似之处也就仅此而已了，因为这种新的社会政治现象有许多独有的特征。

最重要的变化是出现了专门负责与神灵互动的组织，如上文提到的，在类宗教传统仪式中，通常是由社群中的长者主持祭祀仪式，或者由萨满进行表演。这两种情况下都没有专业化的仪式执行组织，而婆罗门和僧侣正是这种专业组织的成员。也就是说，诸如谁应该做什么、应该在何时做以及用何种方式做等问题，完全交由专家组织来处理，他们有一套统一的处理标准和流程。有的专家组织内部等级森严，有的则比较平等。

这与之前的类宗教传统形成了鲜明对比。例如，祭祀祖先仪式的内容主要依据年长者对过去祭祀活动的回忆，萨满和灵媒经常即兴创作，随意编排出新的仪式程序。而在新情境下，所有神职人员都会使用一套相同的程序，仪式顺序、供品数量以及参与者等都有了统一规定，成文的仪式说明保证了仪式的一致性与稳定性。随着文化传播，出现了书面教义和宗教条例，这使得神职人员更容易基于教规提供规范化、标准化的仪式指导。[15]

一名神职人员所提供的仪式服务，原则上可以由其他的神职人员代行。此外，神职人员的职业资格标准也被编入了宗教条例，条例同样适用于所有成员。类宗教传统那些神秘而暧昧不明的训练方式，如启蒙和想象，被更明晰的训练形式所取代，如记忆文本或文化学习，这些都更容易加以验证。没有一个神职人员会声称，在受到了神的启示后，他可以不接受正式培训就获取任职资格。

这类宗教组织大多与中央集权政治密切相关。对任何影响力逐渐扩大的团体来说，政治渠道显然都是必经之途，新兴宗教组织用一套统一而独特的宗教产品取代了各种非正式的服务，该目标的实现过程中必然有政治势力的参与。这解释了为什么在城邦和帝国发展史上，神职人员总是试图加强他们的政治权力。当然，这不意味着他们的政治行动一定带有强烈的权谋色彩，甚至不意味着神职人员会刻意寻求政治影响力，只是说，任何不以这种方式运行的组织都无法长久存活。

最重要的是，这种宗教观念也是全新的。萨满主要与鬼魂、亡灵或者神灵打交道，祖先崇拜的对象当然是世系祖先，因此类宗教传统崇拜的是区域性的超人类力量，他们往往与某个地区或社会群体有关。但组织化宗教的神职人员则会声称自己的互动对象是更具普遍性的"真神"，这些神的管辖权超越了政治体，包括城邦和帝国，可以无限延伸，神无处不在，拥有无限的力量，可以感知和预见到一切。[16]

由于神职人员提供了与神进行互动的标准化方式，因此也出现了对这些神明确且统一的描述。正如人类学家哈维·怀特豪斯（Harvey Whitehouse）所言，这种教义的发展与萨满和灵媒的"意象主义"活动形成了鲜明的对比，在那些类传统宗教仪式中，根本没有对超自然概念的具体解释，或者只是在一些仪式中稍微提及一些模棱两可的描述。而组织化宗教则对神的由来、力量和职责有了详尽且一致的说明，这些说明既有针对大众的简洁版本，也有针对神职专家的复杂版本。[17]

组织化宗教最早出现在埃及、苏美尔、玛雅、阿兹特克帝国、印度和中国等地区。在这些地方，专业的神职人员成为中央官方认可的仪式服务者。神职人员群体接管了一些之前由萨满或地方长老主持的仪式，区域性神灵的观念被真神教义所取代。神职人员在社会等级或血统上会与王室形成联盟，在某些情况下本身就是王权统治体制的一部分。[18]

请注意，现代人提到"宗教"一词时会想到的某些重要特征并未出现在这幅图景中。在新教派最早出现的地区，人们不是基于信仰选择加入某个教派——他们是因为受到征召才去服侍神、建造庙宇以及参与献祭。此时还没有关于个人精神信仰的概念，个体必须服从神和神职人员的指示，遵守教义规定。最重要的是，神并不被描述为在意个人的道德品质，也当然算不上道德典范。[19]

正是在社会发展的这个阶段，人们开始使用"宗教"这个概念来指称人类精神活动的这一特殊领域，当然，不同社会使用的术语是不一样的。它指的是有组织的仪式专家所传达信息的总和，包括稳定的官方信仰体系，具体的规范、要求和禁忌，仪式程序，以及对神职人员的培训教育方法，等等。在我们的社会出现细致劳动分工之前，人们也不认为有"手工艺"这种事物的存在，对于自己制作工具、武器、衣服和玩具的狩猎采集者来说，这个概念没什么意义。同样，在人类社会的进化还停留在小规模社会阶段时，人们通常没有特定的术语来描述我们所谓的宗教。当出现了一个专门从事宗教相关活动的特殊群体时，"宗教"这个概念才有了存在意义。

宗教赢得了战役，输掉了战争

如果你认为一种新宗教形式出现后可以完全取代之前的类宗教形式，那么你无疑想错了。宗教组织的出现并没有消除祖先崇拜、神灵崇拜或萨满教仪式。首先，并不是所有人类群体都转变成了具有广泛社会分层和劳动分工的大规模统一政治体。此外，在人类历史的大部分时间里，多数地方的宗教组织都不得不与萨满、灵媒以及其他类似的民间宗教服务提供者抗衡。事实上，宗教历史的一大部分就是它们与这些竞争者的斗争史。如上所述，神职群体会自然而然地向中央政治权力靠拢，朝着垄断的目标奋进，他们会建立标准化的仪式程序和宗教场所，如寺庙或神龛。

但竞争总是存在的。在所有宗教组织可以涉足的地方，都存在各式备选方案的提供者，即私人化的民间专家，如萨满、治疗师、占卜师和灵媒等。罗马帝国时期，官方宗教组织与异域狂野文化对抗的结果之一是，它们不得不吸纳对众神之母西布莉（Cybele）的崇拜。西布莉的信徒沉溺于狂喜仪式和自我鞭打，他们浮华的着装与官方仪式上沉静典雅的风格形成了强烈反差。另一个主要竞争对手是密特拉教

（Mithraism），密特拉教广为传播，在罗马帝国有许多追随者，甚至许多统治者也都崇拜密特拉神。[20] 宗教组织利用自己的政治影响力赢得了许多战役，却输掉了战争，备选宗教方案总是有死灰复燃的机会，这似乎是不可避免的。

这就提出了一个问题：为什么人们会求助于备选宗教方案，将其作为官方宗教服务的补充？这种需求一定存在，而且证据似乎相当令人信服，因为这些民间宗教通常处于一种不被官方认可的边缘化状态，甚至它们经常被官方宗教组织——如天主教会——排斥和禁止，但人们依然没有放弃那些传统。看起来在面对特定需求时，萨满、灵媒和巫医能够比官方宗教组织做出更好的回应。

哈维·怀特豪斯提出，其中的原因可能在于教义修习和意象主义修习之间的差异。宗教的教义修习是某种形式的智慧训练，它包含了大量明晰的命题与论述，这正是教义宗教的基本特征。相比之下，灵媒和萨满的意象主义修习则更具个人经验主义色彩，因此常常震撼人心，使人难以忘怀。教义修习的一大潜在风险在于，它产生了多少清晰的论述，也就带来了多少乏味与无聊，而意象主义修习的风险在于逻辑混乱，甚至无法用明确的概念加以表述。[21] 通过对美拉尼西亚宗教运动的民族志研究，怀特豪斯指出，教义宗教组织的转变——包括统一的课程、戒律和教理等——为意象主义的复兴铺平了道路，后者的特征正是独特、鲜明但模糊混乱。在怀特豪斯从事研究考察的地区，当地人接受了一种新的美拉尼西亚宗教，与之相伴的有专业化的神职群体、系统的教义、条理清晰的戒律和成文化的仪式程序。但一些信徒随后变节，加入了一个分裂出来的组织，该组织会激发人们强劲而惊人的意象体验。这个范例表明宗教和民间信仰会引发不同的认知反应，宗教提供的是连贯性解释，而民间信仰提供的是难忘经历。[22]

然而，这种差异对比可能只适用于某些情况。在许多地方，人们向萨满、占卜师寻求帮助，并不是为了接受他们的意象启示，他们想要的是针对特定问题的解决方案，比如疾病、不孕、意外事故、农作物歉收和牲畜传染病等。换句话说，民间专家所能给出的主要好处在于面对不幸做出挽救。

人类社会普遍关心的是对不幸的具体原因的解释，而不是导致不幸的一般规律或法则。人类学家 E.E. 埃文思-普里查德（E. E. Evans-Pritchard）在他对阿赞德人的民族志研究中阐述了这一点，他举了一个有名的例子：当人们坐在一间小屋中时，屋顶坍塌了。大多数阿赞德人都了解导致坍塌的原理——他们知道白蚁咬坏了木柱，木柱腐蚀到一定程度屋顶就会坍塌。但他们也想解释为什么屋顶在那个特定的时刻坍塌，为什么会伤害到那些特定的人。[23] 这些都是占卜师要解决的问题，他们会通过巫术将事故描述为针对特定目标的伤害，显示屋顶坍塌的背后存在主观伤害意图。

这可能是宗教无法根除非正式民间信仰的原因之一。神职人员和他们的教义推广了全能神的概念，神的管辖权延伸到整个城邦、王国或帝国，神以相同的方式对待所有人。教义描述了神的运行逻辑和反应模式，例如苏美尔和埃及的神需要神庙、祭品和仪式。根据教义，当神的心态被人类行为所抚慰时，就会保护城市或帝国；当神被人类行为触怒时，就会带来泛滥的洪水或毁灭性的瘟疫，所有这些回应都是针对整个社会而不是特定个人的。官方神职人员组织的仪式是为了保证城邦的生存或国家战争的胜利，但它们并不能减轻某个农民因为歉收而遭遇的个人灾祸。相较之下，萨满或灵媒宣称的互动对象是区域性的超人类力量，他们会与特定个体的生活发生直接交集。无论是亡魂、祖先还是神灵，都与当地人的生活有紧密联系，例如祖先"心情"的好坏会理所当然地影响到其子孙后代的运势。自然，这种对比有些过于简单化了。在很多情况下，宗教代表也会为了特定情况而举行仪式，神职人员和萨满有许多重叠的职能，二者不是泾渭分明的。尽管如此，差异也确实存在，这或许可以解释为什么在教义宗教出现后民间信仰也一直有生存空间。[24]

宗教表面上取得了胜利，但在某些方面其实输了。人们在理解宗教行为时常常陷入的一个巨大误区是，认为信奉某种宗教的人实际上也一定相信其教义，甚至许多社会科学家也会秉持这一预设。然而在宗教信仰认知研究领域，心理学家贾斯汀·巴雷特（Justin Barrett）有一个重要的发现，即所谓的"神学性正确"（theological correctness）。该概念指的是，人们声称他们相信一些官方认可的教义，例如他们的神无处不在，神会注意万事万物。然而精心设计的实验却表明，不同于表面所宣称的，人们又会在直觉上假定神的洞察力和感知力是有限的，这当然说得通，因为他们会用自己本能的直觉心理来诠释神性。所以尽管宗教组织对神以及人世间的许多事物会给出统一的教义解释，但这些解释并不一定起作用，真正引导人们期望的还是直觉信念。许多宗教都体现出了这一特征，包括基督教、佛教、伊斯兰教以及印度教。[25]"神学性正确"现象反映了一个人类认知机制中普遍存在的规律，只是在关于宗教的讨论中这一点常为人所忽略，即人们经常并不相信他们自认为相信的东西。

因此，基督徒会学习关于"三位一体"概念的论述，如上帝包括圣父、圣子和圣灵三个位格，三者结合于同一"本体"。他们可能声称自己完全相信这些观点，但是对于人类心智来说更有信服力的说法是"神是单独个体，有自己独立而完善的心理功能，同时又有非凡的物理能力"，原因如前所述，它更符合超自然幻想的构成法则：一部分遵从我们的直觉推理系统，一部分违背了直觉预期。因此，大多数基督徒会毫无负担地忽视三位一体概念，而大多数佛教徒则认为神是真实存在的，应该予以尊崇供奉（佛教教义认为佛是觉悟了的人）。从这个意义上看，宗教也输掉了教义之战，大多数信徒在大多数时候秉持的都是神学意义上的错误信仰。

灵魂、灵性和救赎的发明

许多我们通常认为宗教所必备的特征要素，如成文教义和专业化神职人员，其实是随着大规模社会和广泛劳动分工而出现的，在人类进化史上，它们是不折不扣的"现代"产物。而许多人眼中宗教更核心的构成要素——比如宗教活动要解决人精神世界的困扰，帮助人修养心性，拯救灵魂——实际上出现得更晚。事实上，我们可以确定这些思想在成为遍布世界的普遍现象前，最早起源于何时何地。

灵魂和救赎的概念发源于哲学家卡尔·雅斯贝尔斯（Karl Jaspers）所说的轴心时代，即公元前 600 年到公元 100 年之间的时期，此时中国、印度和地中海等地区均出现了相似形式的宗教教义。[26] 新思想运动强调世界整体是公平的，并认为神非常关心人类的道德品质。伴随这些观念一起出现的还有自律技巧和训练法，它们可以帮助个体战胜贪婪，将自己从欲望的魔爪中解救出来。不同宗教虽然在具体表述上有差异，但在这方面却有非常一致的主张，诸如佛教、耆那教、印度教、中国的道教和儒家学派、俄耳甫斯教派、第二圣殿犹太教、基督教以及地中海地区的斯多葛学派等，莫不如此。[27]

修养心性可能是这些思想运动中最有趣、最迷人的观念，不同文化下宗教领袖提倡的生活态度非常相似，最显著的表现在于号召人们反对铺张浪费，克制过度的性欲望，追求以自律和尊重他人为特征的"美好生活"。马可·奥勒留皇帝受斯多葛学派启发而完成的著作《沉思录》正是这种修行智慧的典范，同样的思想在《论语》、大多数佛教文献以及同时期许多经典著作中都有所体现。我们对这类生活智慧非常熟悉，值得注意的是，它们与当时不同社会盛行的贵族价值观是相冲突的。例如，古希腊史诗《伊利亚特》在某种意义上就反映了上层社会的精神追求，那些人的目标是追求财富、权力和荣耀，甚至不惜为此动用残忍手段。与这种富有野心的价值观相反，新运动强调克制欲望，不沉迷于世俗意义上的成功。

新思想运动中最重要的主题与灵魂有关，这一概念如今依然深刻地影响着我们对宗教活动的理解与认知。灵魂作为一个人精神世界最核心的组成部分，可以变得更好更纯洁，也可以被"净化"、被拯救。这些学说集中在许多避免灵魂堕落或毁灭的方法上。规定的方式是约束自己，遵守既定社会规范，过体面正派的生活（如儒家思想）；将痛苦和苦难视为短暂的体验（禁欲主义）；或完全放弃物质世界的诱惑（佛教）。[28]这些思想运动创造出了苦行僧、禁欲者以及修道士等让自己摆脱尘世、修炼灵魂的群体。

对现代社会的许多人来说，这种认为灵魂是人的核心并有待恩典或救赎的观点，似乎是宗教理念的要旨。即使那些对宗教教义漠不关心的人，也认为灵魂的概念对人类"精神"生活至关重要。[29]轴心时代之所以重要，是因为在那个历史时期出现的思想运动对后来宗教的发展产生了巨大影响。事实上，如今人们所说的世界宗教都是这些运动的衍生物。

那么，这些学说几乎在同一时期出现在三个不同地区，该如何解释呢？这一历史进展的一个显著要素是，宗教创新出现在当时最繁荣的社会中，而且是出现在这些社会的特权阶层中。乔达摩是一位王子，印度佛教和中国佛教主要在贵族中传播，斯多葛主义也是一场流传于上流社会的运动。[30] 在公元前第一千纪里，印度的恒河流域、中国的黄河和长江流域以及东地中海地区实现了社会生产与商品经济的跨越式发展，这些地方比同时期其他社会（如古埃及和中美洲帝国）要更加繁荣发达。历史学家通过对一些关键指标的定量研究证明了这一结论，包括住宅尺寸、谷物产量、畜牧业类型、粮仓大小、城镇规模、工匠与农民的比例、奢侈品生产数量，甚至环境污染等。[31]

但为什么经济繁荣以及上流社会和贵族生活会催生新的意识形态？我们只有一些推测性的答案，这些答案的优势主要在于它们的简洁性，以及它们同独立证据及主流科学结论保持一致。一种解释是这是一种炫耀形式，人们通过招摇显眼地放弃（部分）财富和地位，向他人表明自己完全可以承受这种程度的损失，以此彰显自己原本拥有的巨大财富和崇高地位。包括人类在内的许多动物群体中都有这一现象，因此，至少我们具备表现这种行为的认知机制。[32]

另一个因素可能是，社会经济繁荣造成了这样一种情况：对一部分人来说，继续努力寻求物质财富增长或社会支配地位提高已经无法让他们获得太多回报了，在这些活动上的额外投资不会换来对等的满足感。当人们达到一定富裕水平后，可能会对那些提倡自律与节制的教义产生兴趣，并感受到将这些建议付诸实践的益处，他们可能会自发地采取一种有耐心的长期投资策略。正因如此，他们才会支持提倡自制和修养心性的意识形态，认为这些生活理念让人心悦诚服。不过由于证据不足，这种解释还只是推测性的。

为什么这些思想运动能够发展为当代社会信徒众多、分布广泛的宗教？从现代信仰者的立场来看，这些宗教的广泛传播显然应该归因于其教义中蕴含的精神价值，但历史学家不一定这么看。另一种朴素天真的解释是，这些思想运动中涉及的某些要素使它们在文化上更为成功，换句话说，它们包含了一套最令人信服的理念，所以越来越多的人接受了它们。这种看法也有些后见之明的意味，而且它的两个基础假设其实都错了——大多数人的宗教信仰并不是基于自主选择，而是基于强权指令；在这一过程中，他们也没有信仰宗教教义，而是自发修改歪曲了宗教教义，使之与古老的民间信仰更为相似。首先，人们自由选择自己所支持的宗教只是近代才有的情况，历史上没有多少这样的例子。在历史上大多数时期的大多数社会中，人们在宗教信仰方面没有选择自由，因为国家、国王或神职群体为他们做了决定。民众当然会不断地向占卜师、灵媒或萨满求神问卜，但这些人并没有足够的政治影响力来取代现有宗教。其次，当轴心时代的道德智慧运动演变为普世宗教时，其内容也发生了变化。例如，佛教首先从印度流向中国和日本，且主要在上层社会传播，接着它发展出一套由僧侣制定的禁欲主义理念，此时富人阶层开始慷慨地出资供养寺庙，而平民则发展出对佛教偏务实主义的尊崇态度，代表性元素包括拟人化的神、护身符、祭品及许愿等。早期的基督教分别因为禁欲主张和末世论教义而同时对贵族和受压迫的底层人民产生了吸引力。然而它之所以能广为传播，最重要的原因在于它被罗马帝国所接受，同时组织有序的教会系统发挥了重要的政治影响力。在后来历次宗教改革过程中，贵族、底层社会以及教会等群体之间的冲突反复上演。[33]

难以捉摸的独特体验

要理解现代宗教活动，我们必须考虑另一个近代才出现的事物——宗教信仰和个人经验之间的联系。在许多现代思想运动中，参与者认为宗教活动应该触发一种完全不同于普通意识活动的特殊体验，这些体验具有重要的意义，它们对正确理解宗教教义至关重要。不过早在这一进展出现前，宗教研究专家，尤其是来自西方的研究专家，就一直认为宗教体验是特殊的。[34] 现代心理学的创始人威廉·詹姆斯（William James）也指出，要理解教义与教派的产生发展，必须从这些特殊体验入手。[35] 但弄清楚这些体验的构成要素，以及它们如何与宗教概念相联系，其实并不是一件容易的事情。

宗教学者安·塔夫斯（Ann Taves）认为，宗教的比较研究和现代认知心理学研究汇聚后的成果表明，实际上不存在自成一体的特定宗教体验形式。在许多非宗教背景下也会发生各种"特殊"心理事件，这可能会成为信仰超人类力量的心理基础。[36] 可一切是如何发生的呢？几乎没有宗教学者探索过我们将自身经历的特殊精神事件——它们不同于日常意识精神活动——与对超人类力量的信仰相关联的精确过程。不过也有例外，人类学家坦尼娅·鲁尔曼（Tanya Luhrmann）对一群美国福音派基督徒的深入研究就是一个典型案例。[37] 这些福音派基督徒奉行一种主流基督教框架下的特定版本，他们清楚地确信上帝可以与他们对话。

但这里的麻烦之处在于，上帝并没有与他们对话。或者具体地说，一个人要切实感受到上帝就在身边而且会与之交流，这是一种几乎不可能真实体验到的经历。即使是那些在修行方面最有成就的信徒，也会发现自己置身于经验的荒岛，被怀疑和困惑之海所包围。从外人角度看，福音派基督徒通常被认为是有信念感的人：他们确定上帝是存在的，确定上帝是什么样的，还确定上帝会与他们交流对话。但坦尼娅·鲁尔曼发现，如果你从信徒群体的内部观察，就会看到一些或多或少相反的事情。福音派基督徒对基督教的信仰当然非常热忱，但对他们来说，最关键的信念——上帝是存在的，并会与他们对话——是修行的目标，而不是信仰的起点。许多福音派信徒欣然承认他们从没有（或还没有）这种体验，所以他们需要为了实现目标而继续努力修行。

在日常生活中，我们经常会体验到一些转瞬即逝、飘忽不定而又不合逻辑的干扰性想法，它们的源头可能非常琐碎、难以查实。对于福音派信徒来说，如果一个人能够训练自己接受和深思这些难以捉摸的想法，而不是丢弃它们，那么在某些时候，这可能就是与上帝对话的通道。人们还必须训练他们的感官想象力——当然，尤其是听觉想象力。他们必须探寻合适的场所和环境，在那里知觉体验不会对他们自我生成的意象造成排挤。要感受到上帝的存在，还需要一个人仔细地检测和有意识地评估自己的情感体验。最重要的是，人们必须学会祈祷，这是外人眼中与上帝对话最直接的方式，但其实也是最困难的，因为上帝的存在与否本身就难以确定，你无法确定自己祷告时他是否在倾听。

通过练习，鲁尔曼研究的这个小组中的许多参与者都经历了这种"突破"，即不完整的思想或图像片段似乎组织在一起，具有了融会贯通的存在感，而个体也从"想象"的上帝那里获得了明确的信息。正如鲁尔曼的研究所证明的那样，个性变量显然在这个过程中起到了重要影响作用，但主要因素仍然是专注的练习——通过持续的修行，个体直观地感觉到神的存在。[38]

为什么会这么困难？鲁尔曼所描述的福音派信徒试图将自己置于一种特殊精神状态，在这种状态下他们可以听到上帝的召唤。然而，福音派信徒的一些选择也让他们的信仰坚守变得更困难了，因为他们拒绝使用世界各地数千年来人们想诱导意识状态发生改变时所有惯用的便捷手段。他们不想通过药物、饥饿、冥想、呼吸控制或催眠等方式打通自己的心智与神之间连接的通道。这就是福音派信徒想要达到的精神体验如此少见、模糊又难以捉摸的原因。

这些人提供了对经验探索相当清晰和直接的描述，这极其特殊。大多数试图探求宗教体验或评价宗教体验的人，对相关精神活动的性质并没有那么具体的了解。但这些不完整的经验仍被认为是验证特定教义的依据，或者能提供通过其他手段无法获得的启示。[39] 重视宗教体验的人经常将这种更"切身"的宗教活动与组织化宗教过于追求对教义进行理性探究的做法相对照。例如，在现代西方背景下，人们通常假定强调高度私人化的体验是某些东方教义或东方修习方式的特征。（具有讽刺意味的是，一些强调个人体验的教派，比如现代主义佛教，在这方面其实常常受到西方宗教哲学的影响。）[40]

宗教活动和特殊体验之间的联系由来已久，而那些通过某些物质或练习让意识状态改变的技巧也同样早就为人所掌握。当社会还没有发展出宗教组织，尚在只有类宗教传统的阶段时，特殊体验常被视为一种从神灵或祖先那里接收信息的途径，或者像许多萨满所宣称的，特殊体验证明自身正在与恶灵缠斗。这些都属于怀特豪斯所谓的"意象主义"仪式，即启发个体感受到特殊体验，并坚称这些体验包含重要的宗教信息。然而，正如怀特豪斯在他对美拉尼西亚类宗教传统的研究中所指出的，人们无法真正地对这些感受做出解释，它们只是特殊经历，没有与任何确切的概念或教义产生关联。[41]

这一切有适应性吗？

"宗教"有适应性吗？当然，没有社会科学家认为特定的宗教教义或观念是自然选择进化的直接结果。但有人推测，支持或信仰某种形式的宗教可能会对适应性产生积极影响，因此，接受宗教概念与规范的倾向可能已经成为我们"选定的"心理机制。显而易见，这一切是否具有合理进化意义，在很大程度上取决于我们究竟如何解释宗教的"某种形式"以及它到底如何对适应性产生影响。

一些进化人类学家认为，宗教行为的某些方面可能构成了对群体承诺的信号。他们的论点是，考虑到宗教活动似乎代价高昂，例如，祭司仪式、个人祷告、宣教、建造宗教场所以及维持神职人员组织等都需要花费一定的时间、精力和物质资源，而人们原本可以利用这些资源获得更高的生存和繁殖收益。[42] 正因为成本不菲，参加此类活动也许能表明一个人对集体的忠诚。在这方面人类学家受到进化生物学中信号理论的启发。我们知道信号可以是诚实的——用来传递关于生物体真实特征的信息，也可以是不诚实的——用来欺骗接收者。例如，雄鹿的鹿角尺寸就如实地表明它有多么强壮，而猫在紧张时背上立起的毛则是为了让观察者误以为它个头很大。回到人类的交流问题，对

　　　心智社会：我们的认识决定了我们的世界

一个群体的承诺当然可以通过口头表达，但这种方法非常廉价。相比之下，参与成本高、耗时长的集体仪式可能会构成更诚实的信号，因为它们需要高投入。那些为了宗教活动不惜付出高昂代价的人，例如屈从于残酷的入会考验、将自己一部分财富赠予修道院以及承办昂贵的宗教仪式等，都在表明他们愿意为群体利益做出牺牲。[43]

这种解释的一个问题在于，宗教活动的成本可能没有看起来那么高。例如，祭祀似乎代价高昂，参与者通常是这样描述的：他们会说自己把最好的家畜献给了祖先。但所谓的"献给"只是象征性的，祖先的灵魂不可能真的带走供品，所以祭祀仪式上那些被屠宰的家畜最终其实会被参与者吃掉。而无论是否有祖先崇拜，那些家畜也都会被屠宰，因为人们饲养它们就是为了获得肉食。换句话说，当我们判断一种宗教行为的代价时，应该考虑其他备选方案的成本和收益。如果你没有把那头牛献给祖先（事实上是求得祖先庇护后，与亲戚朋友一起吃掉它的肉），你会用它做什么？次优选择是在没有求得祖先庇佑的情况下与亲友分食，而最糟糕的选择是既不求得祖先庇佑，也不与亲友分食，由于当时没有足够好的冷冻保存技术，这种独食行为会浪费掉大部分的肉。如果这样一比较，你就会发现所谓的"牺牲"其实是一个很划算的经济决策，特别是如果我们再考虑到一个人从宴会参与者那里获得的名声和信誉收益。同样的逻辑也适用于许多其他表面上看需要巨大投入的宗教活动，那些大型仪式的发起者或赞助者会为自己创造有利的社会连接或"人情债"，正因如此，这种形式的慷慨分享才会如此普遍。无论是否有神灵或宗教背景，财力雄厚的人都有动机做出这种行为。

不可否认，在某些时代某些地区，宗教活动可能确实需要个体付出巨大代价。例如，人们建造教堂、庙宇和清真寺，花费大量时间研究深奥的教义，或将他们的财产捐赠给宗教组织。然而，这些活动可能与信教倾向的进化问题没什么关系，因为这些高投入选择只在教义宗教的背景下有所体现，也就是说，它们是与成文宗教教义、专业神职群体和宗教组织等现象相伴相生的。而这些现象都出现于大规模社会，从人类进化的时间尺度上看，如此"近现代"的事件不会对我们心智设计产生影响。而在我们更遥远祖先的生活环境中，几乎没有此类高代价信仰活动，人类学和考古学研究没有发现关于祖先参与这种活动的记录。

但宗教信仰和进化之间可能还有另一种联系。宗教观念提高个体适应性的途径在于说服个人与他人进行慷慨合作，而不是剥削利用他们。在很多地区，祖先、神灵或上帝被描述为拥有神奇的力量，同时对人类是否遵守社会规范非常在意，他们会惩罚那些违反传统的叛逆者，也会惩罚那些利用他人的自私者。一个人如果秉持了这一信念，就可能会比他人更慷慨、更乐于互惠合作，这将提高其适应性，因为长期来看，此人能从合作和集体行动中获得更多好处。所以我们可以推测，人类可能已经发展出一种倾向，他们会支持超自然观念中那些令人信服的概念。[44]

的确，这是许多宗教传统的共同点，人们把具有超级力量的神灵和亡灵看作"全知者"，也就是说，他们完全了解人们做了什么以及人们之间的社会关系。[45] 那么这样的信念有进化优势吗？如果其他人真的认为他们的行为受到神灵无处不在的监控，如果他们确实相信神灵的惩罚会让他们的欺骗行为付出更多代价，这可能会抑制他们的欺骗冲动，让社会交换更有利。同样，如果其他人通过你的信仰相信你自认为行为受到了神灵的监督，他们也会更信任你，你将会从合作中受益。

然而空谈是廉价的。你可以假装坚信祖先在监视自己，但实际上毫不克制欺骗冲动，这至少在短期内会提高你的福祉。对抗这种虚伪策略的方法是，提高信仰证明的成本，让人们无法轻易伪装信仰。这就像如果你想向意中人传递浪漫承诺的信号，买一枚昂贵的订婚戒指会比唱一首情歌更有说服力。同样，如果你想证明自己对神灵的信仰，多付出一些时间精力成本要比单纯的口头承诺更有说服力。

但是，我们又回到了之前的问题——如我们先前所述，小规模社会中的宗教行为通常并不需要付出高昂代价。人们在祭祀仪式上表面看起来要付出很多，但实际损失并没有多少；人们向萨满寻求帮助时确实会支付一定的费用，但这与合作倾向没什么关系；年轻人的"成人礼"往往表现为入会仪式，但这一过程一般不涉及祖先或神灵。因此，从当前人类学研究给出的证据来看，我们没有理由相信，小规模社会中的人们可以从彼此参加宗教仪式的情况推断出他们对宗教信仰的承诺，更不用说以此评估他们的合作倾向了。

我们对小型社会宗教活动的探究表明，总的来说它们对互利合作的贡献很小。认为存在这种关联的学者在某方面确实是对的——他们认为合作行为存在陷阱，在短期内欺骗往往比合作更有利，所以选择诚实的合作伙伴更有优势。但是正如我在第五章将详细阐述的，人类已经通过其他途径成功地克服了这些障碍，我们不需要在评估一个人的信仰后才能断定他是否可靠。

功能主义的缺陷

宗教一定是为了实现某种目标或功能而存在的，这是一种我们习以为常的想法。例如，伏尔泰有一个观点是"如果上帝不存在，就有必要创造上帝"（以控制民众），许多思想家对此表示非常赞同。在人类学中，"功能主义"（functionalism）一词描述的多种理论的基础假设是：社会制度之所以出现，因为它们以某种方式保持了一个社会的向心力。例如，祖先崇拜的"目的"可以看作加强长者的权威，从而进一步巩固宗族社会的统治秩序。[46]人类学家放弃这种解释的一个原因是，涉及宗教时，这类假设在本质上根本无法反驳，因为我们总是能找到各种角度，来证明宗教有利于社会秩序的稳固。另一个原因是，这种解释缺乏实质性内容，因为任何一种宗教都可能在某种程度上加强社会秩序，那么，为什么我们只看到了特定形式的宗教？[47]

由于宗教本身是一个含混模糊的事物，如果我们试图推测它带来的进化优势，问题就更棘手了。因为"宗教"这个词并不指代一种非常具体且具有一致性的现象，而是被用来表示超自然幻想、祖先崇拜、与神灵的互动、特殊精神体验和对道德教义的虔诚。但这些不同现象会出现于不同时间和地点，它们有时会结合在一起，但通常并不如此，这使得"宗教的功能是什么"这一问题本身就没有清楚的含义。

为了说明这个问题为什么不是一个"科学"问题，我们来比较一个非常相似的情况，那就是体育运动。运动有适应功能吗？这个问题几乎没有意义，我们想象不到所有人类社会都有的某种体育形式。没错，在所有的人类社会中，人们都喜欢竞赛；在某些时代某些地区，人们喜欢激烈的体育运动竞赛；在一些地方，体育竞赛取代了个人或族群

心智社会：我们的认识决定了我们的世界

之间的身体较量；在一些地方，体育竞赛会吸引很多观众。那么我们应该如何从这些不同现象中界定出体育运动的边界？恐怕没有答案能让所有人信服，这一问题实际上不值得探究，因为它涉及的是术语使用，而不是对人类行为的理解。

这并不意味着我们无法从进化视角来看待人类的体育运动。和其他哺乳动物一样，我们也享受竞赛，而且我们可能在这方面要比它们更投入。这也许是因为运动有助于锻炼我们的肌肉和协调能力。此外，人类还乐于公开展示自己的运动技巧，原因可能在于这能表现一个人的能力和智慧。最后，正如我在第一章中所描述的，人类热衷于联合对抗，团队体育运动正是这一偏好的体现。这些不同的能力和倾向都能在人类进化背景下得到更好的理解。

宗教也是如此，不同形式的宗教活动会涉及太多不同的能力与偏好，它们都构成了我们心智的进化特征。表征超自然情境的能力对于我们理解环境可以发挥重要作用。我们可以轻松幻想出不存在的神灵或鬼魂，这肯定与我们进化出的社会智力有关，而某些仪式之所以会吸引我们的注意力，可能源于我们对环境中潜在威胁的敏感探测。随着我们对人类认知进化的深入探究，我们对这些现象的理解也会更为深刻。

但这类研究要求我们搁置“宗教”这种指代不明确、缺乏一致性的术语。正如我在本章开头所说，人类学家假设所有人类社会都有宗教，他们眼中的宗教是一个将种种要素打包在一起的统一体，包括个人承诺、对形而上学教义的强烈信仰、仪式体系、拥有相同信仰的群体、明确连贯的教义、有组织的神职人员等。然而，这是因为那些人类学家的生活背景中就存在这样的统一体，所以他们会自然而然地认为宗教就该如此。但在大多数其他社会中，尤其是在人类心智进化的历史时代，其实并没有这样的组合。正如人类学家莫里斯·布洛赫（Maurice Bloch）所指出的那样，宗教是许多大规模社会的核心体制，这一事实并不意味着它有什么特殊的认知或进化目的。[48]

三条路径

宗教会变成什么样？它们如何在科学背景下生存？宗教会破坏公民社会吗？现在我们应该清楚了，这些问题是何其混乱和令人困惑，"宗教"这个术语下混合了各种各样不同的社会现象和认知过程，它有时是与科学和理性相对应的，有时是与公民社会相对应的，有时是与多元道德观相对应的，当然还存在很多类似冲突，这表明了宗教概念的复杂性。如今我们有了更好的分析手段，我们对宗教涉及的人类心智成分有了更精确的理解，但这并不意味着我们可以预测宗教的进化，当然，我们可以猜测几条可能的发展路径。

第一条路是冷淡之路。在这种情况下，大多数人不再对宗教教义或教导表现出极大兴趣。当然，人们依然会被超自然幻想所吸引，这些超自然幻想通常出现在小说或影视剧中，不过有时也会成为谣言的构成要素，例如，正如我们在上一章所讨论的，许多人会散播关于天外来客的描述。[49]但这并不意味着人们会依然坚守系统性的宗教教义，更不用说加入宗教团体了。对宗教不感兴趣不等于怀有敌意，在这种情况下，人们几乎没有攻击宗教的动机，只要宗教组织不随意干涉他们的生活。

对那些认为宗教是社会基本特征之一且宗教对人类生活不可或缺的人来说，冷淡态度似乎很难理解。但其实并不是现代社会才出现的古怪现象，它更符合人类进化过程中大多数人对宗教的普遍心态。宗教是与大规模王国、成文法典、国家体制与官僚系统等现象相伴出现的，在此之前，人类拥有的是带有实用主义色彩的神灵崇拜或祖先祭祀仪式，这些活动的目的是解决生活中遇到的麻烦与不幸。至于信仰的归宿、宇宙之神、邪恶的起源以及生命的意义等问题，人们不需要也没有兴趣关注。人类进化的历史背景主要是小规模狩猎采集社会，在这样的社群中，人们对宗教事务本身就缺乏热情，他们只关心一些类宗教活动能带来的实际结果。

　　社会学家曾将这种对宗教教义的冷淡态度视为欧洲步入现代繁荣社会后出现的典型特征之一，可事实并非如此。例如，大多数中国人对西方意义上的宗教不感兴趣，因为在中国几个世纪以来盛行的都是一种偏实用主义及人伦常理的民间信仰。美国可能也正在步入"冷淡之路"，社会科学家过去常常对现代社会的"美国例外"非常感兴趣——在美国，宗教有极为广泛的群众基础，这与欧洲的冷淡态度形成了鲜明对比。但是，这种对比也许一开始就被夸大了，而且无论如何，"美国例外"的光环正在迅速消退，越来越多的美国人自称"不信仰"任何一种宗教。值得注意的是，这些人并不给自己贴上"无神论者"的标签，"无神论者"在美国代表的是对宗教的敌对态度。[50] 而那些"不信仰"宗教的美国人只是对宗教没有热情，他们逐渐像欧洲人和中国人一样，把所有不同宗教都看作差不多类似的事物——一种他们不关心的事物。这就像如果你不是加拿大人，可能会认为所有的冰球队都是一回事，他们在玩的都是一项你不感兴趣的运动。

　　第二条路是灵修之路。这个概念当然有些暧昧不清，但却相当贴切，因为人们对灵魂的信念本身就暧昧不清。灵修运动关注的不是对世界的阐述方式，而是对自我修炼技巧的探究。例如，许多西方人在对东方佛教的迷恋中体现出的正是这种心灵取向，他们专注于神秘的体验和沉思默想，而不是在寺庙践行佛教生活理念。当然，灵修还有许多其他形式，比如从自然中寻求神圣感，巫术崇拜，支持新异宗教，以及选择基于部落信仰、萨满教和各种欧洲神秘传统的混合信仰。[51]

被这种精神追求所吸引的人通常对宗教组织提供的服务不感兴趣。事实上，许多脱离传统宗教的人认为自己是"精神信徒"。[52]他们的看法是，大多数宗教都有太多的教义负担。现代社会的人们知道，宗教教义对世界的论述包含多少令人尴尬的错误信息——地球的历史肯定远不止 6 000 年，星期五吃肉能有什么错？这就解释了为什么灵修运动通常会摒弃所有具体教义，代之以一些最模糊的表述，比如"精神能量"和"意识层面"，这些概念不会与任何现代科学知识相冲突。同时，传统宗教的道德规劝也被其他追求所取代，如个人发展、内在幸福以及心灵完整性等等。从这个层面来看，灵修运动可能是轴心时代新思想运动的真正继承者。和当年新思想运动的支持者一样，灵修者成长于经济繁荣的环境下，他们的基本生活需求早已得到满足，这提供了一种精神转向的契机，让他们有动力去寻求一些现有宗教组织无法提供的东西。不过，宗教组织并不明确反对灵修运动，事实上，许多灵修运动的源头正是既有宗教组织内部的边缘群体。

第三条路是联盟之路。对特定教义的信仰会转变为族群或文化认同，并触发"联盟心理"的驱动力和心理表现，包括明确区分"自己人"和"外人"，重视群体目标，将外群体福利的提高视为内群体的损失，密切监视其他人对群体的忠诚程度，惩罚叛徒，等等。当要谴责某类人或某个群体时，宗教背景为道德审判提供了"便捷可用"的主题，例如，那些吃"肮脏"食物或沉溺于"不洁"行为的人。而群体之间的对立关系可以被转化为道德宣传攻势，将人们的注意重点转向其他群体的潜在威胁。

人们在解释宗教冲突与暴力时很容易诉诸思想观念和极端主义，认为冲突和暴力之所以会发生，是因为个人持有极端化信念，比如煽动暴力的宗教教义；或者是因为宗教组织绝不允许其教义受到质疑，进而产生了敌视"外人"的机械思维。对人类联盟心理的探究给出了相反的解释——人们寻求的是联合的力量和凝聚力，他们在有需求时会本能地挑选出那些有利于道德动员的宗教主题。过去人们常认为，对宗教理念的极端坚守是造成极端行为的原因，可这种观点无法解释的问题是，有时极端行为明明违背了宗教理念，但教徒还是会采取那些行动。在一定程度上，大多数宗教组织都会展现出这一悖论。最突出的例子是发生在泰国、缅甸和斯里兰卡等地区的佛教徒对非佛教徒的暴力攻击事件。在过去的一个世纪里，斯里兰卡的佛教体系逐渐推崇一种国家主义和民族中心主义的立场，最初这种做法是对抗殖民统治的手段。[53] 但随后发生了许多骚乱事件，僧侣和世俗居民对穆斯林和其他少数宗教团体予以限制，甚至要求拆除清真寺。[54] 考虑到大多数佛教教义对仁慈、怜悯与平和的推崇，这些事件让人极为震惊。荒谬之处正在于此，在意识形态的对抗中，信徒竟然会动用暴力手段来捍卫推崇慈悲之心的教义。[55]

而联盟心理可以解释这些问题，包括人们为什么会基于宗教主题发动宣传攻势，以及为什么竞争会导致极端行为。在群体对抗的背景下，人们不但会主动监视彼此对群体的忠诚，同时也会积极向彼此证明自己对群体的忠诚。极端行为构成了一种令人信服的承诺信号，它有力地证明了一个人多么忠于群体。而当有人开始这么做时，对联盟中的其他成员来说，发出承诺信号的成本就会越来越高，他们也必须做出极端行为才能证明自身立场。

就政治后果而言，联盟之路可能是最值得重视的。人类学家约翰·鲍恩（John Bowen）曾记录分析了欧洲穆斯林移民群体与东道国居民之间的关系变化，这是一个非常典型的案例。[56] 英国和法国的国家权力机关与穆斯林团体一度试图联手建立在议政程序中代表伊斯兰教利益的政治机构，这一做法在一定程度上是成功的。[57] 但与此同时，群体关系却越来越紧张。许多穆斯林主张要在公开场所更显眼地展现他们的价值观，对于英国和法国这两个大多数人对宗教都态度冷淡的国家来说，此种做法就像入侵一样让人震动，这就是为什么在英国和法国，人们谈论伊斯兰教时会越来越多地提到"威胁"和"传染"这类词。[58] 族群化过程——将具有某类身份的个体视为整体，并认为他们有共同目标和一致行为——只会导致零和竞争，对社会整体无益。

我们不应该认为这三条路径已经涵盖了人类心智在处理宗教问题方面能做出的所有选择，我们也不应该认为这三条路径具有非此即彼的排他性，它们可能在同一个地区、同一个社群以组合的方式共存。三条路径之间的区别在于它们依赖不同的认识视角，宗教可以被看作有趣的幻想（冷淡之路），自我修炼的方法（灵修之路），或者建立联盟、强化群体凝聚力的基础（联盟之路）。我们无法预测这三条路径在未来的相对盛行程度，但我们可以确定一些普遍性的因果关系，例如，安全感的提升会使人们对宗教漠不关心，社会经济繁荣会让一部分人开始探索精神世界，而在社会互动中一旦出现对抗性群体关系，宗教主题就会成为联盟动员的有效资源。

第四章

什么是自然家庭?

从性到亲属关系再到支配

　　所谓的核心家庭是最自然、最基础的社会单元吗?与其回答那样一个极具误导性的问题,我们不如思考一下这个问题:丈夫应该与妻子生活在一起吗?或者这个问题:孩子和他们的父亲属于同一个家庭吗?在某些地区,这两个问题的答案都是"当然不"。这些令人瞠目结舌的异域风貌表明,人类社会的文化规范原来可以如此迥异。但是,人类学家也以一种更清醒冷静的态度告诉我们,人类社会在某些方面是多么相似。例如,在所有已知的人类群体中都存在(一定程度上的)男性主导现象,而且血缘上的父亲都与他们的孩子有某种联系,因此,看起来人类家庭还是有很多共同特征的。

　　这种对比可能会引发关于家庭概念的棘手争论,有些人认为家庭生活的特定规范是"自然的"也是"必要的",与之相对,有些人则认为任何引入"人性"的说辞都是在企图为特定规范赋予合理性。但这样的讨论让人感到困惑迷茫,因为它们有赖于我们如何定义"自然"

和"文化"。要避免陷入这种争论的泥潭,最好的办法是考虑在人类进化历史中自然选择如何"设计"出了我们特定的偏好和能力。把基因和性作为切入点,我们可以先想想几个过去对于人类学家来说神秘难解的问题:

在人类社会中,家庭有哪些不同表现形式?存在没有家庭的社会吗?

是否所有人类群体都会践行某种形式的婚姻?婚姻制度为什么会存在?

为什么会出现性别支配?这种现象具有普遍性吗?总是男性主导吗?为什么它会在某些地方和某些时代造成可怕的压迫?

人类都有"家庭"吗?

在西非塞努福人的社会中,丈夫不与妻子住在一起,他们会在夜晚带上一些美味佳肴去看望自己的配偶,夫妻共度一段时光后,丈夫再回到自己的住所,享受兄弟姐妹和其他亲友的陪伴。换句话说,塞努福人的社群是一个母系社会,在那里人们认为个体应该和母亲的家族生活在一起,孩子是母亲家族的成员,而不是父亲家族的成员。这样的安排虽然不同于我们最熟悉的亲属结构,但也并不罕见。现代人类学的创立者之一布罗尼斯瓦夫·马林诺夫斯基(Bronislaw Malinowski)就曾记录过特罗布里恩岛居民的母系社会形态。在特罗布里恩岛,孩子们小时候会有一些父子相处时光,但之后他们会迁入舅舅的家庭,也就是他们母系家族的分支。他们先是出席一些母系宗族的仪式,接下来成为母系族群的正式成年家庭成员。[1][注意,母系（matrilineal）社会并不等同于母权（matriarchy）社会，在母系社会中，虽然人们会侧重基于母亲血缘发展亲族关系，但这不意味着女性能掌握权力。就像其他的宗族社会一样，母系社会的政治权力主要是由一些年长男性掌控的。因此，更准确的说法是，孩子不是成为母系族群的成员，而是会成为母亲兄弟所在族群的成员。]

这些案例让一个简单的问题凸显出来。我们通常使用"家庭"这个词时指的是小的居住单位，通常包括一对夫妇和他们的孩子，这也就是我们常说的"核心家庭"，在现代西方社会尤为如此，有时我们也会谈论包括了祖父母或堂表兄弟姐妹在内的"扩展家庭"。但是如果你考虑像特罗布里恩和塞努福这样的社会，家庭在哪里？显然，我们不能将现代西方核心家庭的观念套用到这些地方。如果我们认为在他们的社会中，也是父亲、母亲以及孩子构成了家庭，这是说不通的。因为丈夫和妻子没有共同财产，他们也不住在一起，在外人看来，他们算不上属于同一个社会单元。妻子与她的母亲、外祖母、姨妈以及她们的孩子属于同一个宗族，同样，丈夫与自己的母亲以及母亲的兄弟属于同一个宗族。没有一个宗族既包括丈夫也包括妻子，所以那里既没有核心家庭，也没有扩展家庭。更直白地说，我们不可能对"家庭"进行跨文化比较，因为这个词在许多地方会失去意义，你会很难找到家庭的边界到底在哪里，这就是为什么人类学家会明智地选择完全放弃"家庭"这个词。[2]

的确，对家庭的关注可能会掩盖大多数人类社会中一个更重要也更有趣的事实，即亲属关系是组织原则的核心。最明显的一点是，大多数部落社会是由不同的宗族或世系所组成的，而每个宗族或世系则号称有共同祖先。最常见的类型是父系系统，孩子属于他们的父亲和父亲兄弟的宗族，而他们的母亲和母亲的亲属属于另一个宗族。父系系统通常伴随着父权系统，它们是最常见的社会组织形式。还有其他更复杂的系统，比如双系系统，在这种社会中，每个人都属于两个宗族，都可以向上追溯到两支血缘谱系。这些人没有"家庭"，但有亲属关系。从狩猎采集到小规模的园耕社会，再到农耕文明和帝国，人类生活在一个主要围绕亲属关系组织起来的社会世界中。人们的宗谱位置决定了他们与谁生活、与谁共享或交换资源、可以与谁结婚、对谁有权力和义务，以及从谁那里继承或向谁传承财产等问题。我们现代大众社会的居民可能很难想象亲缘关系在社会组织中的普遍性与核心地位，因为在如今的社会中，基于家谱的联系纽带通常很短。

在传统学术领域，人类学往往基于"社会"与"生物"的分离假设对亲属关系问题开展研究，即将家庭和联盟的"社会"维度与亲缘关系的"生物"维度看作两个不同层面的现象。[3]这种分离视角着实奇怪，它将人类的进化特征完全排除在人类的文化特征之外，如果我们真的遵循这一视角，就会发现根本无法理解婚姻和从属关系到底是如何运作的，[4]以下是几个例子。

在母系社会中，通常存在一种"血缘要求"与"从属关系要求"之间的紧张冲突。简单来说，一个男人对他姐妹的孩子有政治权威，他会把姐妹的儿子视为自己的世系成员，但同时他可能从内心希望对自己的妻子和孩子提供帮助，即使他们属于另一个宗族群体。人类学家迈耶·福特斯（Meyer Fortes）描述了加纳阿散蒂人社会存在的这种矛盾冲突，他指出，当地人"非常计较这个问题，并不断地讨论它"。[5]由于权力被授予了男性，他们要管理一个只能维护自己外甥和外甥女利益但自己孩子永远不会加入的群体。这种紧张关系在母系社会中普遍存在，造成的结果则是，与父系社会相比，母系社会的婚姻通常不太稳定。

这个案例说明了一个非常重要的结论，即许多亲属和婚姻系统与社会规范系统并不是和谐统一的。在人们的预期中，社会不同部分应该环环相扣、彼此互为支撑。但事实有时相反，在许多地区，亲属组织是不同动机与规范之间妥协的产物，具有不稳定性。

这种妥协产物的另一个例子是一妻多夫群体，即在某些群体中一名妇女可能有几个丈夫。例如，高海拔的青藏高原谷地或马克萨斯群岛都实行过这种婚姻制度，它主要源于险恶贫化环境中耕地的匮乏。一个家庭中所有的儿子共同继承一块土地，保证了这块土地的完整性，因此一妻多夫制婚姻为财产分割问题提供了一个解决方案——在其他地方，解决方案是将资源传承给一名子女而其他人放弃财产，或者子女一起分割财产。但在资源匮乏（放弃土地后没有其他资源获取途径）、土地有限（无法扩展耕地）且对男性劳动力需求高的地方（一块耕地需要密集的劳动力投入），从经济和资源利用的角度看，兄弟们住在一起（娶一个妻子）是合理的。[6]

一妻多夫制的实行并不是某些妇女权力增加的结果——尽管她们会有多位丈夫。相反，实际情况是，几个男人在择偶市场上没有太多选择权，于是他们被迫接受共享一个配偶。很长一段时间以来，人类学家对一妻多夫制很感兴趣，因为它似乎违背了进化和繁衍的基本逻辑。由于几个男人共同分配（共享）一个女人的生育潜力，这种制度似乎会不可避免地导致人口下降。事实并非如此，这可能源于高出轨率。[7]不过，即使一妻多夫制不会引发劳动力减少，它也会带来许多其他问题。首先，它使许多找不到"一群"丈夫的妇女处于较低的社会地位。此外，它也造成了亲子关系的冲突。在这种婚姻制度下，人们认可的标准是所有孩子都应该被认为是"父亲群体"的"共同后代"。但实际情况要复杂得多，因为父亲往往能辨认出谁是自己真正的孩子。例如，在尼昂加人社群中，人们确实认为父亲和他血缘上的孩子更亲密，同父同母的兄弟姐妹要比异父同母的兄弟姐妹更为亲密。[8]这说明亲属系统很可能会充满紧张和矛盾。事实上，在实行一妻多夫制的地方，似乎没有人真的喜欢这种制度。当男人走出封闭的谷地在外找到工作后，他们很快就抛弃了这种婚姻形式。[9]

这些例子再次违背了人类学的旧假设，即在每个社会中，都有一套连贯的文化价值观或规范，这些价值观或规范彼此相容，并为人们的宗谱角色（母亲、兄弟、姐妹等）及其关系提供支撑。人类学家和历史学家长期以来一直认为，自然家族并不存在。但他们却提出了另一种迷思，他们相信每个人类群体或社会都有自成一统的家庭或亲属制度模式，这同样是误入歧途。在所有人类群体中，地区性的亲属关系和家庭习俗是不同偏好之间妥协的产物，这种冲突性在每个人身上以及个体之间都有所体现。例如，母系系统总是会包含一些紧张关系，因为进化决定了比起自己姐妹的后代，男性更倾向于对自己的后代进行投资。同样，在父系社会中也有一些不可避免的冲突，因为已婚女性需要与丈夫以及他的亲属建立合作关系，而放弃自己宗族的支持。

但这些例子也表明了传统的分离假设——人们的观念和动机都来自他们的文化，而他们的文化无法与生物学联系起来——并未得到有效贯彻。事实上，尽管人类学家经常在教科书和文化理论中宣称这种分离视角，但在一些具体的研究和理论假设中，他们却会违反分离假设而不是一以贯之。例如，当人类学家在描述亲缘关系的现实运行模

心智社会：我们的认识决定了我们的世界

式时，他们经常会援引一些（进化与生物上的）常识性假设，例如，父亲愿意为自己孩子而不是他人孩子的福祉做出贡献，或者丈夫更愿意独享妻子而不是与他人分享妻子，即使是与自己的兄弟。

但是这种做法有一个问题。我们认为不言而喻的感觉和偏好，恰恰最值得深思。为什么一个父亲会偏爱自己的孩子而不是妹妹的孩子呢？为什么男人们不愿意共同娶一个妻子呢？正如我多次提到的，进化观察视角的最大优势在于，它让我们发现，越是熟悉的事实其实越是"古怪"，越是需要探究其由来。因此，只有当我们转向自然选择塑造人类亲属关系的方式时，才能解释亲属关系中我们最熟悉的那些现象到底为什么存在。

人类进化的反馈循环

在过去 200 万年左右的时间里，人类谱系在某些方面发生了变化，这可以解释我们现代人养育子女以及组成社会群体的方式。故事很复杂，因为多个进化过程同时发生了，它们之间相互强化或抵消，最终结果则体现在我们每个人身上。

为了理清这些因果关系，让我从狩猎说起。狩猎的发展对人类进化产生了巨大影响，因为它提供了更好的营养——不仅是更多的热量，而且是以脂肪和蛋白质形式存在的热量，这些营养物质在植物中并不丰富。饮食的改善让人类进化出了更大的大脑和更复杂的认知能力，因此，现代智人的脑容量比早先能人的脑容量翻了整整一番。在大脑的进化过程中，营养供给是至关重要的，因为大脑是我们身体器官中最耗费能量的，但是为什么我们祖先会进化出更复杂的大脑呢？其中一个因素是处理社会关系的压力：拥有更复杂的大脑使早期人类能够追踪许多个体之间的社会关系，从而实现更有效的合作。[10] 此外，更大的大脑有利于捕猎活动的成功，尤其是面对像鹿、猛犸象或野牛这样的大型哺乳动物时，狩猎者需要获取和存储关于潜在猎物的大量信息，同时还需要动用合作狩猎策略来弥补自身劣势。所以狩猎为人类大脑进化提供了更好的营养，而大脑进化又使人类更擅长狩猎，这是进化过程中第一个重要的反馈循环。

但更大的脑容量也意味着更大的头围和头骨。于是自然选择在这里遇到了新的身体障碍，为了实现双腿直立行走，人类骨盆早就进化成了一种独特的形态（相比于其他四足行走的哺乳动物），这种形态会限制产道宽度，导致婴儿头骨很难通过产道。当然，这一难题并非无解，自然选择为人类提供的解决手段是，让胎儿在完全成熟前——头骨还没有变得太大时——就被生下来。

这一变化大大强化了人类的一个特征——晚熟，即新生儿出生时软弱无助，需要一个漫长的发育过程才能成熟。晚熟的后代需要高密度高质量的亲代投资，尤其是需要母乳喂养这种哺育形式。因此，成年女性的大部分时间会被怀孕和哺乳所占据，这对她们参与狩猎活动施加了限制。除了母乳喂养外，婴幼儿在其他方面也需要特别护理和保护，这进一步限制了女性自主获取生活资源的能力。然而，营养丰富的肉食可以弥补这一限制。

随着烹饪的发明，另一个反馈回路出现了，烹饪打破了植物的细胞壁，减弱了植物的毒性，同时也让肉更容易被人的肠胃消化吸收。这些因素也加速了大脑的进化，因为它们不仅让人类获得了更好的营养，还减少了消化食物时的热量支出。[11] 正如人类学家莱斯利·艾洛

（Leslie Aiello）所言，大脑和消化系统在人类进化过程中是相互关联的。大脑是一个"昂贵"的器官——它只占我们体重的 2%，却消耗了我们 20% 的摄入能量。而早期人类之所以有资本加大在这个昂贵器官上的投资，是因为烹饪降低了人类的消化成本，进化"简化"了同样会占据大量能量的肠道系统。事实上，现代人与类人猿的比较表明，我们的肠道确实过于简单了。[12]

后天哺育增加了人类女性的繁殖成本，合作育儿的养育模式占据了她们的部分空闲时间。正如人类学家萨拉·赫尔迪（Sarah Hrdy）所主张的那样，养育子女在某种程度上成了一种群体行为，因为许多人都会分担照看孩子和保护孩子的重担，无论他们是否与孩子有血缘关系。[13] 一个与之相关的重要进化事件是更年期的出现，与其他灵长类动物相比，人类女性的寿命长度要远远超过其有效繁殖期长度，这一特征长久以来一直困扰着进化生物学家。更长的人生跨度和绝经期共同造就了"（外）祖母"这一角色，她们可以把更多时间和精力投入到养育孙辈上，而不是生儿育女。关于更年期的进化原委可能并不像我们假设的那么清晰明了，但这种"新奇"的生理变化确实可能造就另一个适应性循环。婴儿需要更多的保护和投资，（外）祖母提供的额外帮助满足了这一需求，这就为更多婴儿的出生和养育创造了条件，正是由于她们的参与，年轻母亲才有能力将更多新生儿带到这个世界上。

配偶的发明

对偶结合的出现是人类进化史上另一个至关重要的事件，对偶结合即一对男女在生育和亲代投资方面形成紧密联盟关系。在所有的人类社会中，男人和女人之间都存在这种稳定的纽带联系，人们对这种纽带关系具有某些基本预期，如性的排他性（双方只与彼此发生性关系）、对后代的共同投资以及无条件的合作和资源共享。[14] 尽管这一切对我们来说很熟悉，或者正是因为我们熟悉，我们必须记住，这些进化行为模式其实非常奇异。好吧，鸽子也有夫妻婚姻生活，事实上许多鸟类都有稳定的繁殖伴侣，但它们在物种进化谱系上离人类非常遥远。在与人类亲缘关系最近的高级类人猿中，雌性类人猿都是自己照顾后代，而它们的繁殖系统与我们人类也有非常大的差异，例如，大猩猩是一夫多妻的后宫制，而黑猩猩则更像是杂交制。

这也引出了人类配偶关系的其他特征。第一，配偶关系通常由伴侣之间坚定的承诺、浓烈的感情、亲密无间的信任感以及对双方利益紧紧绑定在一起的期待所构筑。人类学家已经在最广泛的社会背景下观察到各种形式的浪漫依恋与激情，所以这种感受肯定不是西方社会"发明"的。[15] 当然，在不同的地区以及不同婚姻制度下，浪漫爱情和婚姻的重叠度可能有很多不同。尽管如此，人类配偶之间交织出的"命运共同体"感受，在灵长类谱系中显得尤为突出和独特。

第二，配偶关系会涉及夫妻二人之外的其他人。例如，维多利亚女王和阿尔伯特亲王的婚姻使他们二人与彼此的亲友都建立了社会联系。换句话说，人类的进化不仅创造了"夫妻"，还创造了"姻亲"。事实上在许多人类群体中，为了形成可靠稳定的联盟，父母和亲友会在个体的伴侣选择过程中扮演重要角色，无论是狩猎采集社会、农耕文明社会还是现代社会都存在这种情况。[16] 黑猩猩"人类学家"一定会对此大感困惑，而在其他物种中，也都没有"亲家"这种事物。

第三，父亲对自己的后代极为关注。他们在情感上会关怀孩子的福祉，肩负起保护孩子的责任，[17] 与孩子一起玩耍，并愿意将资源投在孩子身上，这种行为模式会持续许多年。婴儿的出生深刻地改变了父亲的动机系统，这一变化可以直接体现在神经和激素水平上——父亲角色重塑了一个男人的大脑。[18]

放到进化因果循环的背景下，这些人类配偶特征看似古怪的地方就全部合情合理了。软弱无助的婴儿需要高成本亲代投资，哺育照顾婴儿的重任又大大减弱了母亲获取食物的能力。在这种情况下，能够从雄性那里获得稳定资源供给的雌性会有更高的生存和繁衍概率。

因此，对配偶关系的一个标准解释是，人类进化过程中出现了一种直接的"等价"交换，女性为男性提供的是性接触机遇（原则上是排他的），而男性则需要持续为其提供资源，特别是那些女性无法轻易获取的"昂贵"食物。[19] 这种被称为"性－肉合约"的理论招致了许多批评。人类学家指出，从当今世界尚存的那些原始部落来看，狩猎为人们饮食所做出的贡献比例并不算高。此外，在许多原始部落，严格的平等主义规范会迫使猎人们在部落中分享他们的猎物，所以显然，女性没有必要期望从配偶那里获得食物优待。此外，成长中的儿童需要的是源源不断的营养来源，而猎人提供的则是零星的肉食盛宴。大型狩猎的动机可能更多是寻求声望，而不是寻求食物。[20]

然而，这些批评可能有些言过其实。当代原始部落的狩猎回报很低，这在很大程度上是事实，但主要原因也许在于农业社会已经改变了自然生态环境，而最初的狩猎采集者可能生活在不同的环境中。此外，共享规范与偏袒行为并不是互斥的，在许多狩猎采集群体中，人们会说一个人应该与群体中的其他成员分享食物，而实际上他们在分配时会区别对待。最后，在祖先生活的环境中，肉可能确实是一种必不可少的资源。尽管肉类也许只占热量摄入的一小部分，但它能提供脂肪和蛋白质，以及许多对大脑发育至关重要的营养物质。[21]

因此，在祖先的劳动分工中存在一种明确的经济学逻辑，即每个个体都在自己相对有优势的领域做出更多贡献。女性当然会打猎，但男性一般来说会更容易获取猎物；男性当然也可以采集和加工食物（他们确实经常做），但他们在这方面的工作效率并不比女性高。考虑到这些事实我们可以推测，劳动分工对男女双方都有利，[22] 以更有效的方式进行配对分工可以提高生存适应性。

然而，"性–肉合约"的说法确实是对这种劳动分工狭隘而带有误导性的描述，原因有二——因为交换的不仅仅关乎性，也不仅仅关乎肉。在夫妻关系中，男性提供的一项重要服务是保护配偶不受其他男人的伤害。[23] 女性的适应性总是会面临更大风险，例如她们会成为强奸、绑架以及杀婴等暴力行为的伤害对象，比较研究表明，在许多物种中这些行为才是对雌性最大的威胁。[24] 人类群体也要面对同样的情况，因为男性会为了争夺女性而展开竞争，在部落战争中，从敌对群体那里绑架女性是一种常见做法（甚至这可能原本就是发动战争的动机）。在现代生活背景下，其他男性可能依然构成对女性的威胁来源，保护妻子被认为是男性在夫妻关系中应尽的义务。

作为对资源和保护的回报，女性会提供……性？好吧，这就是"性–肉合约"公式带来误导性的地方，因为性肯定不是该"等价交换"中女性提供的等价交换物。我们可以先想想这个问题，如果稳定的配偶关系可以提高男性的适应性，那么自然选择就会塑造出他们参与其中的意愿（或冲动）。理论上来说，对子女的任何投资——从保护他

　　　　　　　　　心智社会：我们的认识决定了我们的世界

们不受他人伤害，到照顾他们的生活起居，再到为其提供食物和教育指导——都能提高个体自身的适应性，因为它们保证了自己后代的存活概率，这解释了为什么人类能从父亲那里获得大量投资。但这里有一个关键障碍——亲子关系的不确定性。男性不能确定孩子是否真的与自己有血缘关系，当个体在尽力保护和供养其他男性的后代时，其实就是在阻止自己血脉的延续。因此，我们可以继续推测，任何导致这种行为的基因都会被"剔除"，相反，任何能促使男性做出有效投资的基因——让男性对后代加以甄别并使其有针对性地保护和帮助自己后代的基因——则会被"选择"出来。事实上在许多物种中，人们都能找到这样的证据，雄性会通过某些机制来衡量或保证亲子关系的确定性，而这种确定性又决定了它们为后代提供资源的动力。[25] 人类在这方面也不例外。[26] 所以稳定的配偶关系改变了男性在两性关系中的驱动力——从寻求性机遇调转为保证自己的配偶不会寻求与其他男性的性机遇，正如我们接下来会阐述的，这可以解释两性之间的支配关系。

欲望的标准模型

像许多蛙类的雌性一样，女性更倾向于寻找声音低沉而不是声音尖细的男性作为配偶；[27] 像雄虾虎鱼一样，男性对皮肤光滑的女性更有好感。[28] 但性吸引力不仅是外表和声音的问题（外表和声音也蕴含了重要信息），它还需要复杂的计算，当然，我们在充满激情地追求自己的心仪对象时意识不到其中的计算过程。进化循环创造了软弱无助的婴儿、尽心投资的父亲以及稳定的伴侣，也创造了这一计算机制。

正如该研究领域的先驱唐·西蒙斯（Don Symons）最初指出的那样，性选择偏好就像我们人类的许多其他心理偏好一样，只有放在进化背景下才解释得通。基于对祖先生活环境的精确描述，包括女性和男性分别需要从对方那里获得什么、劳动分工、养育婴儿的需求、更新世的生态条件等信息，进化心理学家可以提出实现最优适应性的性选择假说。之后他们可以对这些假说加以检验，并以此为依据解释人类生殖策略中那些我们早已非常熟悉的特征，有时甚至还能揭示出此前未被发现的规律。[29]关于性偏好以及它们之间如何通过相互作用对伴侣选择施加作用，人类学家和心理学家已经积累了海量研究证据，这些证据是如此丰富，以至于可以用整本书的篇幅加以阐述，事实上，有几部著作正是这么做的。[30]

30多年来，心理学家和人类学家在许多不同的文化和环境背景下开展了大量针对进化假说的研究。这些研究显示了如何基于进化适应性来解释人类择偶偏好中的诸多特征，也预测出一些令人颇为惊讶的特征。总的来说，择偶过程会涉及大量精妙复杂的运算机制。

为什么会如此复杂？第一个原因是择偶机制是在"边际"运作。追求基因适应性不仅仅在于吸引一个好伴侣，而是要吸引一个尽可能好的伴侣。因此，吸引力的评判标尺对准的是个体之间的微小差异，它会先"刻画"出指定特征的"基线"水平，并着重注意个体特征与基线水平的偏差。例如，对女性来说一些男性低沉的嗓音很有吸引力，这不仅仅是因为他们嗓音低沉，而是因为他们的嗓音比平均水平更低沉，而平均水平是心智系统自动评估的结果；同样，男性不是喜欢选择皮肤光滑的女性作为伴侣，而是喜欢选择皮肤比平均水平更光滑的女性作为伴侣，而平均水平当然要依当地情况而"自动"校准。在所有的人类文化中都能找到身体吸引力的标准，比如女性光滑的皮肤，男性的方下巴，或者面部对称（男女都适用），这些都是能反映基因和生理品质的隐藏线索，对个体而言，重要的就是他 / 她的这些特征是否能超越平均水平。[31]

择偶机制复杂的第二个原因是，不同的择偶标准往往是各自独立的。由于女性进化出了希望从男性那里获得资源供给和保护的倾向，因此，可以预测，一些对她们来说有吸引力的特征处于完全不同的维度。例如，社会地位会成为女性对男性吸引力的评判标准之一，但男性评估女性吸引力时通常不太考虑这一因素；[32] 由于男性也要肩负起养育后代的责任，男性的聪明才智（这让他们更有可能找到资源）和慷慨大方（他会与他人分享财富）会成为女性评估男性魅力时的重要标准；考虑到对保护的需求，身体强壮（在战斗中获胜的潜力）以及一定的侵略性（发挥潜在战斗力的意愿）应该也会成为女性对男性的选择标准。实证研究表明，当女性评估潜在配偶的价值时，资源标尺和身体标尺确实会被她们纳入考量。[33] 然而，这两套标准（以及更多的其他标准）之间并不具有直接的相关性，因此，心智运算系统需要对不同因素做出相对权衡，这就增加了择偶机制的复杂程度。

复杂性的第三个原因是，配偶挑选机制结合了两种偏好，分别来自自然选择和性选择。从自然选择角度看，人们应该选择那些最有可能赋予后代健康基因的人作为配偶，这解释了我目前提到的大多数偏好。但人类配偶挑选的过程中也存在性选择因素，这源于两性繁殖成本的不对等性。在大多数哺乳动物中，雌性的繁殖成本要比雄性大得多。每一次繁殖周期中，雌性都要付出孕育和喂养后代的代价，这两种活动会将个体获取的一大部分热量转给后代。此外，怀孕和照顾后代需要占用大量时间，因此在这个周期中雌性无法再进行其他的生殖活动。相比之下，雄性的繁殖成本要低得多，它们需要做的是为争夺雌性而与其他雄性展开（暴力）竞争，努力取悦雌性以获得交配权。因此，雌性应该比雄性更挑剔，因为一旦犯错，它们要付出更多的代价。该领域的另一位先驱戴维·巴斯（David Buss）曾经说过：性是什么？是一种男人渴求而女人能给予的事物。[34]

雌性的挑剔造就了性选择，许多雄性特征的进化适应功能其实都是在"响应"雌性的选择标准，使之更有可能成为雌性在择偶市场上选中的对象。比如我们都熟悉雄孔雀华丽的尾羽，许多其他雄性鸟类鲜艳的羽毛——之所以它们会进化出这些特征，是因为雌性在挑选配偶时更偏好选择具有这类特征的雄性个体。[35] 这说明了一个出人意料的事实：性选择可能会走向与自然选择相反的方向。孔雀的尾羽很沉重，鸟类鲜艳的羽毛会让伪装变得更困难，所以那些"性感"的雄性个体也许无法获得魅力换来的好处，因为它们已经被这些装饰物拖累得精疲力竭或早已被捕食者抓获了。总之，雄性可能会发展出与自然选择背道而驰的特征或行为，它们会将自己置于危险境地。许多人类男性的行为也都符合这一假设，他们常常彰显自己的勇气或对痛苦的忍耐力，但这些表现并不会带来直接利益。例如，美拉尼西亚有一种展示男性勇气的蹦极仪式，参加者会爬上 24 米高的高塔，脚踝上缠绕好藤蔓，然后纵身跳下，藤蔓会在他们撞向地面前将他们拉住（如果一切按计划进行）。根据性选择理论，男性有足够的动机参与这种炫耀性活动，而女性则对男性着力炫耀的品质非常敏感，这一点已得到了实证研究的支持。不过，性选择所"看重"的特征并不只是浮华不实的，因为性选择的动力源于女性偏好，而女性偏好能为自己及自

　　心智社会：我们的认识决定了我们的世界

己的后代提供保护的男性，这解释了为什么男性有动机彰显自己的勇气与力量。[36]

复杂性的另一个源头是，在同一个体身上也可能存在不同的繁殖策略。长期以来，绝大多数人类一直是实行"连续性一夫一妻制"的动物，生物学家将例外称为婚外伴侣——通俗地说，即风流韵事。考虑到我们的生态环境和劳动分工，这两个方面对应着两种不同的适应路径和两组不同的偏好。婚姻代表了长期稳定的结合，经济上的一致利益、命运共同体、男性资源供给、性行为的排他性以及共同的亲代投资等要素构成了这种合作模式。任何有利于保障该合作模式的特征或倾向都会成为性选择青睐的标准，这解释了为什么全世界的女性都会被有资源且愿意为后代投资的男性所吸引，当然前提是这些男性要发出一些承诺的信号。同时，这也是为什么男女两性都会关注潜在伴侣的个性品质，大多数男人凭直觉就知道，不要暴露自己守财奴或懦夫的一面，那样会摧毁他们作为潜在伴侣的价值。而女性也会本能地意识到，自己"性滥交"的历史会让她们在寻找长期伴侣时吸引力大大降低。

但人类会做出短期交配行为，这与长期配偶要求的素质有很大差异，它会导致个体关注此时此地所能获得的东西。在这种情况下，女性应该更喜欢那些从体格和地位上看符合"好基因"标准的伴侣，这是自然选择（拥有健康的后代）和性选择（拥有与父亲相似的"性感"男性后代，他们今后在择偶市场上更容易成功）的要求。而男性则对能反映生育能力的指标更加看重，比如光滑的皮肤和凹凸有致的身材。无论是男性还是女性，当个体考虑短期交配时，都存在择偶偏好的变化。[37]

最后，性偏好和吸引力评判准则还具有跨时空差异性，因为进化系统其实是一个学习系统，它会对环境变化保持敏感并随时获取环境变化信息。例如，许多地方的男性似乎更喜欢肤色比平均肤色略白的女性，但这种白肤色偏好在冰岛和在刚果肯定不可能一样。脂肪积累是身体健康程度的重要信号，在资源匮乏的环境中肥胖可能会提高一个人的吸引力，但在资源丰富的环境中就不是这样了。同样，支配地位对男性吸引力的影响取决于当地的政治和社会条件。在不同的社会中，能言善辩的作用或是等同于幽默，或相当于拥有一大群猪，或被视同战事中的领导力。总之，性偏好确实会因时空差异而有所变化，我们没有理由认为一切是完全随机的。事实上，正是这些变化导向的选择提高了我们在进化环境中的适应性。[38]

关于性偏好和性行为的科学研究表明，人类会注意到数百种不同的特征。我们不需要意识到它们，这样更好，因为复杂的计算可能会超出我们意识的容量。因此，我们自己察觉不到评估过程和运算痕迹，在大多数情况下，我们能意识到的只是"结果"，例如一副很漂亮的面孔，或者特别有魅力的人格，等等。

所有这一切都表明，性的背后是精妙的计算过程，如果我们认为性是一种野蛮的本能或非常简单直接的冲动，就真的步入歧途了，当然，社会科学的许多研究领域其实也都陷入过同样的误区。另一种过于简单化的观点是，社会科学家过去常常认为吸引力和偏好其实就是"性别"的生物性与社会性之间的对比。从进化心理学的立场看，这样的区分过于简单可笑。许多计算系统涉及性偏好、身份和性行为，它们各自专注于特定类型的信息，并遵循各自的运算规则。认知科学家们几乎还没有详细探究它们之间的互动关系，而我在这里描述的只是微妙而复杂的性心理运算的极小一部分。[39]

为什么我们不在乎适应性：代理指标的作用

对适应性的追求解释了我们性心理的许多方面、我们对吸引力的判断标准和我们的动机。但是，立足于适应性的解释往往显得过于抽象或违反直觉，因为没有人会用这样的方式主动追求适应性——说穿了，没有人会关心他或她自己的适应性。我们的头脑中没有适应性指标，没有一种机制可以计算出不同行为对我们繁衍后代的影响，也没有一种机制会根据这些结果调整我们的偏好。假定存在类似机制也是对性行为进化解释的一种常见误解，[40] 常识性观察就可以告诉我们这并不可信。例如，如果我们的行为是由适应性指标驱动的，我们就会对避孕感到厌恶，同性恋更是会消失匿迹。

我们头脑中没有这种机制的主要原因是，适应性在很大程度上是生物体根本无法观察的。大致来说，适应性可以看作一个人的基因在未来基因库中相对频率的函数，而这不是生物体自身可以预测的。即使我们用一个更简单（但不那么精确）的指标来衡量适应性状况，比如生育了多少后代，那也没什么用。为了评估他们行为的影响，个体必须等到他们的孩子也生育后代，到那个时候，调整自己的行为就太晚了。

因此，就像所有其他生物一样，人类不会直接衡量难以捉摸的适应性指标，而是依赖代理指标对其做出评估，代理指标是一些可观察到的线索，它们与个体在进化环境中的适应性密切相关。例如，方下巴（在某种程度上）与较高睾酮水平具有显著相关性，在祖先生活环境以及许多现代环境中，睾酮水平又会影响个体争取更高社会地位、自我保护以及参与择偶竞争的意愿。这就是为什么女人会觉得具有这一特征的男性面孔比其他面孔更有吸引力。[41] 请注意，代理指标和适应性之间的关联不一定是百分百严丝合缝的。一定的概率就足够了，平均而言，那些更倾向于认为某一特征（该特征即代理指标，与适应性相关）有吸引力的人，更有可能将自己的基因传播出去，其中就包括了会影响选择偏好的基因。

对乱伦的回避机制是心智系统利用代理指标的一个典型例子。在所有的人类文化中，人们都会表现出对与近亲发生性关系的厌恶态度，许多官方规范会竭力描述乱伦导致的可怕后果，以此来强调这种行为的禁忌性。在 20 世纪 20 年代，人类学家爱德华·韦斯特马克（Eduard Westermarck）认为，人类与关系密切的个体发生性行为很可能会引发巨大悲剧，而这些规范正是避免悲剧发生的方式。事实上，近亲繁殖确实会降低适应性，主要是它有更大的概率激活与疾病或缺陷有关的隐性基因，同时也大大弱化了有性繁殖的主要作用（这也是有性繁殖的进化原因），即基因重组——由于病原体的进化速度要比复杂生物快得多，为了不被病原体"击败"，生物体可以通过基因重组来不断为病原体设定新的追赶目标。[42] 物种都有避免近亲繁殖的手段，例如亲缘分离（在性成熟前远离具有血缘关系的亲族），通过嗅觉或其他感知特征识别亲属。人类对亲缘关系没有如此敏感的感知分辨力，不会主动亲族分离，我们更没法像许多植物那样借助风的力量将后代播撒在不同地区。然而与其他动物相比，人类的优势在于我们能够处理更多关于自身特征的信息——这就提供了一个解决方案。德布拉·利伯曼（Debra Lieberman）和她同事们的一系列研究表明，人类进化出了一种关注童年期共同居住者信息的学习系统，该系统可以被用来计算亲属关系指数，从而进一步影响性吸引力（亲属关系指数越

心智社会：我们的认识决定了我们的世界

高，相互性吸引力越低）和无条件合作行为（亲属关系指数越高，相互间无条件合作行为出现的概率越大）。[43] 这就解释了人类学的一些观察研究结论：那些一起长大但没有血缘关系的男女通常不会互相吸引，原因在于他们的"亲属判断系统"被"在同一环境下共同生活"这一特定条件愚弄了，于是将彼此错误地当兄弟姐妹看待。这就是为什么"童养媳"婚姻（新娘与未来新郎一起长大）比正常婚姻更容易破裂。[44] 换句话说，我们心智中的学习系统会利用环境信息来判断亲属关系，进而调节我们对亲属的性动机和利他倾向。

可能只有在我们死后，科学家通过特定手段才能测量出我们的适应性。所有进入我们大脑的都是关于环境和他人的信息，但这些信息可以作为适应性的重要线索。每一个这样的线索，例如智力技能、体型、肤色或者能赢得潜在伴侣的迷人个性，都会触发一个专门的心理系统，使我们以一种有利于自身适应性的方式做出种种选择和行为。

环境如何与我们对话：生活史

我们的性心理很大程度上是由学习系统组成的，这些学习系统通过从环境中获取特定信息来改变我们的偏好。它们也可以解释生活方式的差异，不仅是不同环境中群体间的差异，也包括个体之间的差异。对这些效应的研究可以被纳入生活史理论——这是一个涉及一生权衡的生物学研究领域。在任何时候，生物体都必须在食物获取、身体器官生长、组织修复、免疫功能运转、繁殖和亲本投资等不同功能之间分配有限的能量。生活史理论专注于探讨生物体如何对这些生命不同方面进行调整以优化适应程度。[45]

蝴蝶一生中大部分时间都是毛毛虫形态，它们摄取的全部能量都用于生长，然后才会变成蝴蝶，将摄入的热量投入繁殖活动。甚至在哺乳动物中，也存在"快"策略物种和"慢"策略物种之别：前者繁殖快，有很多后代，在养育方面投入较少；后者寿命更长，后代更少，在养育后代方面投入更多。人类的生活史策略当然属于典型的慢策略，我们的幼年期阶段要远长于其他动物，我们用十几年时间才能发育成熟，我们有很长的寿命，同时为了养育后代我们要投入巨大精力。[46]

近年来生物学家发现，实际上个体间的"能量预算方案"存在不小的差异，特定环境线索和特定策略之间存在系统性联系。[47]与平均水平相比，有些人采用的策略看起来具有"快"的特征。他们在很小的年纪就开始发生性行为，很早就会生孩子，孩子数量比其他人要多，而且看起来比一般人更容易发生随意性行为。还有一些人则恰恰相反，他们会"推迟"初次性行为和生育的年龄，为自己的未来投资，在择偶市场上非常谨慎保守。这些差异会在生理发育特征（比如初潮年龄）及行为特征（比如冲动倾向）上都有所体现。当然，"快"策略与"慢"策略其实是一个连续变化的光谱，大多数人的生活方式介于光谱的两端之间。另外，很明显，策略差异并不是源自有意识的选择，年轻女性不可能决定自己的初潮时间。心理学家丹尼尔·内特尔（Daniel Nettle）曾观察到英国同一个城市的市民也存在生活史策略方面的巨大差异，这些差异主要与人们的社会地位有关，并会影响他们的行为，尤其是信任水平和未来选择。[48]

虽然生活史策略在一定程度上是可遗传的，但个体也会改变自己的行为以适应环境。[49]童年环境在调整个人生活策略方面尤为关键，严酷和不可预测的环境会使个人倾向于采取"快"策略，包括性早熟、

心智社会：我们的认识决定了我们的世界

过早性行为、过早怀孕以及可能会导致反社会或犯罪行为的性格，如贪婪、好斗、富有攻击性。相比之下，安全稳定的环境似乎会把人们推向截然相反的方向，人们会更倾向于选择对自己的未来进行高额度投资，比如接受更长时间的教育，推迟生育年龄。[50]

显然，生活史对个体行为倾向的影响要远比上面的描述更复杂，特别是，从是否严酷这一角度看待环境可能过于简单化了，不同的严酷事件——如经历饥荒或遭受虐待——可能会以截然不同的方式影响我们的心理系统。[51]战争和饥荒会导致女性停止排卵，荷兰1944—1945年的大饥荒中就有这方面的历史记载。[52]换一种不那么悲惨的背景，例如过度的运动训练也可能会导致同样的结果。[53]在这两种情况下，女性体内脂肪组织的匮乏都构成一种内在信号，表明此刻在生殖上的投入不可能提高适应性，因为没有足够的能量来支持妊娠和母乳喂养。生物体会转到备用策略，将有限的能量用于支持免疫功能运转和修复肌肉，以提高自身的生存概率。总之，环境会与认知系统发生"对话"，这些认知系统的"设计初衷"就是关注与个体适应性密切相关的信息。

婚姻的奥秘

到目前为止，我已经讨论了进化的性心理如何解释我们的偏好和性情以及我们如何以可预测的方式对特定环境做出反应。但是，性和养育子女的另一个方面对人类社会至关重要，一般来说，人类会制定关于性、繁殖和养育的社会规范，为什么会这样？

婚姻规范是我们讨论这一问题时一个很好的起点。在世界各地，人们都会把偶尔或非正式的性接触与性交易（在不同社会中，可能被允许、容忍、反对或禁止）与更稳定、更正式的性结合即婚姻相区分。[54] 正式的性结合通常会以某种仪式作为"盟约"签订的标志，在仪式上男女双方会做出承诺——关于他们要如何对待彼此以及如何共享生活资源。个体一旦在婚姻关系中违反了默认的社会规则，就会受到法律或道德制裁。从局外人的角度来看，人类婚姻在多个方面都很神秘。

婚姻是将多种关系"打包"的整体。为什么婚姻会把性、孩子、经济一致性和共同居住联系在一起？换句话说，为什么你认可与你发生性关系的人可以与你分享食物？为什么在有了孩子之后，你们会共同抚养自己的孩子？

婚姻是一件"是"与"否"的事情，不存在中间地带。将性与合作和孩子联系起来的结合（婚姻）通常只有是或否的选项，而没有程度调节选项。这很有趣，因为人类的许多其他社会关系没有那么严格的边界，它们都处于一个连续区中，例如，某个人"算是"你的朋友，某个人是你的"至交好友"，某个人是你的直系亲属，某个人是你的"远房亲戚"。可一旦涉及婚姻，你和某人要么有婚姻关系，要么没有。即使是那些对传统规范最不屑最不满的人，他们在不承认婚姻的同时，往往行为和生活方式与稳定的性结合也没有差别，尤其是当他们有了孩子的时候。

婚姻是一笔长期的交易。除非夫妻中有人死亡，否则婚姻没有明确的终点。显然，这不是说所有婚姻关系都是永恒的，尤其是在现代社会，婚姻是一种可选择的开放关系，人们可以通过合法途径退出一段婚姻。但只要没有做出终止婚姻的选择，婚姻就会永远持续下去。

历史上确实存在过一些规定期限的婚姻制度，但这些都是历史展览柜中的"奇珍异宝"，它们是如此稀少且让人感到惊奇，这更凸显了恒定的婚姻是多么普遍及多么不言自明。当然，人类的社会关系中，并不是只有婚姻具有恒定性（比如友谊，只要不破裂也会一直持续），但这不意味着这种特征就是理所当然的，不需要加以解释。

婚姻需要婚礼。在大多数地方，人们会组织一些特殊活动——通常是仪式化的典礼——作为婚姻联盟开始的标志。的确，在一些较为原始的狩猎采集群体中，许多男女是生活在一起后，才被其他人逐渐认定为配偶。但在大多数人类社会中，都有确认婚姻关系的公共活动，而且这些活动往往相当引人注目。也就是说，人们会尽可能将婚礼办得欢腾、喧闹而盛大，但是为什么要这么做呢？人们为什么要为婚礼花费那么多金钱和精力？

传统社会科学为我们提供了大量不同婚姻实践的证据，利用这些资料，我们可以总结婚姻的特征与规律，但我们缺乏适当的解释。例如，我们被告知婚姻也是一种通过仪式，它标志着一个人从人生的一个阶段过渡到下一个阶段。在此之前一个人虽然可能已经成年了，但在社会关系上还是未成年人，是一些长辈的从属者，结婚后才终于成为一个群体中独立的个体——这种说法只是对现象的描述而已。再举一个例子，许多人类学家认为，婚礼之所以热闹而盛大，是因为这种稳定和长久的结合是一个"社会"问题，它对社会的意义（如其他亲友也会形成新的关系网络）超过了对两个个体的意义。这当然是对的，但这也引出了一个问题：为什么两个人的结合对其他人是有意义的？

甚至许多著名的社会科学家也曾经将婚姻的这些特征看作理所当然。例如，加里·贝克尔（Gary Becker）和他之后的其他经济学家提出了一个精确的婚姻经济模型，在这个模型中，每一方的成本和收益都被严谨地量化描述，该模型非常清晰地说明了人们（在现代西方社会）步入婚姻的条件，假定了他们喜欢的伴侣类型、他们自身的条件以及理想的孩子数量等等，因此人们可以利用它对实际行为做出预测。[55] 但是这个精致的模型也将我们应该试图解释的东西当作了前提条件，即人们确实想要孩子，想要养育后代，孩子的生存对他们来说很重要，以及他们更愿意与自己的长期性结合对象分享资源——换句话说，人类婚姻中那些让人困惑的特征常被看作不言自明的既定事实。

不过，一旦我们考虑到创造了狩猎、烹饪、软弱无助的婴儿和性别分工的进化循环，婚姻的那些古怪之处可能就很好理解了。将性、经济一致性和养育孩子联系起来，是高度合作配偶进化的结果，在这种情况下，性的排他性和父亲的资源供给（在原则上）得到了保证，从而提高了男女双方的适应性。同样，进化背景解释了为什么婚姻是一份没有明确期限的长期盟约。亲代投入需要父母开展广泛的合作，而这种合作不能有时间或内容限定，因为我们无法确定一个时间节点——后代年龄达到这个节点后，父母的行为就不再对其适应性产生影响（事实上，父母行为对后代适应性的影响几乎是伴随一生的）。

但这些解释本身又提出了另一个问题。如果人类由于进化的倾向而形成了稳定的合作式配偶关系，那么他们为什么还要费心制定婚姻规范和举办婚礼呢？如果我们进化的天性原本就会促使我们形成稳定配偶关系，那么这一切还有什么意义？

一个看起来有道理的答案是，这些规范和互动对许多参与者都能产生有利的影响，主要是可以让人们通过信息传播来调整他们的行为。

心智社会：我们的认识决定了我们的世界

想想维多利亚嫁给阿尔伯特的结果吧。第一，婚姻向第三方传达的信息是，夫妻二人都已经退出了择偶舞台，换句话说，无论谁想要与阿尔伯特亲王或维多利亚女王共结连理，都会明白现在是时候把目光投向别处了。第二，婚姻相当于昭告天下：夫妻双方可通过彼此获取新的权利，这些权利是他们原本所属宗族中其他成员所不具备的。例如，阿尔伯特亲王可以从维多利亚女王那里得到一定数量的资源或获得女王的协助，反之亦然。婚姻重组了第三方对这些关系的期望。第三，婚姻向双方传达的信息是，另一方（至少是公开地）承诺要按照当地规范履行自己的义务。第四，它还向第三方传达了他们对彼此的承诺。

这就解释了为什么世界各地的人们都希望以婚礼这种公开仪式作为婚姻开始的标志，并尽可能将婚礼举办得盛大热闹。盛大仪式有显著的信号传播效果，它向尽可能多的外人传达了合作伙伴的身份和契约内容。这至关重要，因为人类的对偶结合关系确实需要承诺，婚姻中的每一方都可能逃避自己的责任和义务。从女性角度看，繁衍是不可逆转的，后代需要养育者对其进行稳定的投资，但对男性来说则不是这样，他可以在配偶怀孕后就离开，另觅新欢。相比之下，从男性角度看，承诺未来保持忠诚当然相当于对充满变数的未来下一场赌注。在大多数情况下，婚姻要实现预期利益必须以某些牺牲为代价，因为夫妻双方并没有完全一致的偏好。因此，难以伪造的承诺信号是婚姻的必需品。在许多社会中，高昂的婚姻成本构成了承诺，例如，新娘有义务离开其亲属群体，新郎要赠予新娘大量彩礼，以显示自己有足够的能力支持家庭与养育后代。[56]

公开承诺会巩固承诺的效果，因为这会让一个人在做出背叛选择时自身声誉遭受更大损失。维多利亚女王不能离开阿尔伯特亲王，阿尔伯特亲王也不能抛弃维多利亚女王，否则他们就会自食其言，暴露出自己不值得托付，因而也就没资格再成为可信的合作对象。有时，人们确实会付出这一惨重代价，但在大多数时候，由于代价本身过于惨重，因此，它减少了背叛发生的可能性。仪式的承诺效应也可以解释为什么要外人参与其中——他们要充当承诺的见证者，在当前西方社会简化的婚礼中，证婚人、伴郎与伴娘等角色依然在履行该职能。而在历史上大部分时期及大部分地区，人们举办婚礼时都会邀请一大群亲友出席——证人越多，承诺效应越强。

最后，配偶之间以及配偶和第三方间的这些协调效应解释了为什么涉及婚姻性质时只有"已婚"和"未婚"这种二元区分，而不是连续变化光谱——一端是偶尔的性行为，另一端是稳定的合作配对。婚姻标签中之所以只有两个选项（是和否），是因为婚姻所传达的信息——无论是协调行为还是彼此的承诺——都是具有确定性的，当夫妻做出公开承诺时，就是要向他人展示他们之间的承诺关系，而承诺关系只有"遵守"和"不遵守"的区别。当然，人类不需要有意识地考虑到这些得失损益或功能后才可以设计出最理想的婚姻制度，人们既不会明确地建立"婚姻方程式"，也不会刻意规划或改善它们，相反，只是他们的一些做法"恰好"符合了以上提到的逻辑，于是这些做法就成为社会规范。[57]

性别与支配（一）：政治秩序

为什么男性掌握权力？在大多数人类社会中，男女之间的权力存在明显的不对等。这可以体现在很多方面，比如：男性对集体事务的影响力要比女性更大；许多地区的男性可以在很大程度上主导和控制女性的行为，但女性则没有这种权力；甚至在某些群体中，女性会受到男性的极端压迫——她们的行动自由受到限制，生活选择受到约束，而且这些限制和约束往往都是通过极其残忍的手段来实施的。

当然，对于"为什么男性占主导地位"这个问题，社会科学领域绝不缺乏备选答案。然而，我们这里的重点不是回顾所有这些假设，而是检验一下对人类行为和能力的自然主义解释是否有足够的解释效力，尤其是考虑到我们对人类进化和性别差异已经有了一定了解。

在某种意义上，男性拥有更大的权力，例如，当需要决定何时为祖先举行祭祀仪式或村落修建何种基础设施时，男性有更大的发言权。然而有人可能反对说，权力不仅仅是公开明确的决策权或控制权。也就是说，在某些领域，人们即便没有正式认可的权力，也能对群体的实际事务产生重要影响。这种形式的权力依赖的是私人关系以及合作网络——通常女性可以像男性一样有效地予以掌控。例如，在许多血统论社会中，年长女性会参与婚姻协商，并利用子辈的婚姻与其他女性建立或巩固联盟。

但不可否认的是，在包括现代社会在内的大多数社会中，在公开正式的决策场合，男性依然比女性享有更大的影响力。[58] 我们无法用专制规范、男权价值观或其他文化规则来解释这一点，当我们求助于这些概念时，其实回避了一个问题——为什么人们会采用这些特定的规范（比如男权价值观）？而这正是我们想要弄清楚的事情。因此，更有希望的求解方式是，考虑导致这种支配现象的心理因素。

尽管男性在政治上占主导地位是普遍事实，其表现形式却有相当大的历史和文化差异。两个主要因素造成了这种区别：经济状况以及群体之间的关系，不过它们之间的影响作用也一言难尽。显然，我们应该从狩猎采集者开始，因为他们的生活环境才是我们的进化背景，可即使面对狩猎采集者，我们也发现了各种各样的状况。像非洲南部的昆人部落，他们生活在资源相当匮乏的环境中，几乎没有经济盈余，也没有明确的政治等级。那里的女人像男人一样，在集体事务中具有发言权。[59] 这种相对平和与轻松的两性权力关系，通常被认为是我们祖先的典型生存状况，但这很可能是个例外。在资源更丰富的地方，如太平洋西北地区，狩猎采集者有更复杂的政治制度，在那里大多数有政治影响力的岗位都是由男性担任的。然而，这些群体拥有的富足资源也几乎都源于男性的工作——比如捕鱼和贸易，而且男性还要处理与其他群体的关系（比如协作或战争）。在因纽特人当中，差不多所有资源收入都归功于男性的贡献，而且群体之间还会发生突袭，男性是群体暴力的主要参与者，因此，女性对群体事务几乎没有影响力。总的来说，妇女的政治影响力似乎取决于生态和战争环境，而后者的风险始终难以避免。事实上即使是爱好和平的昆人，他们的相对和平也要归功于国家的统治，在此之前，他们不得不应对来自邻近部落的袭击。[60]

女性的政治影响力虽然在不同的狩猎采集群体中有差异，但在农业社会中却整体大大降低了，这是因为农耕环境下维持生计主要依赖男性的繁重劳作。事实上，在以犁为主要生产工具的地方，女性地位似乎是最低的，因为使用犁需要男性相对强壮的上肢力量。[61] 在农业社会中，劳动的性别分工非常明显，男性的贡献主要包括耕种农田、养殖动物，以及处理与其他群体的关系，而女性则管理家务。[62]

通过这些历史变化，我们对人类社会两性关系可以得出一个直截了当的预测：如果在政治影响力方面存在性别失衡，那么它会偏向于男性。这一规律在最广泛的经济和生态环境中都有所体现，而且早在农业和大城市出现前，情况就已经是这个样子了。

导致这一局面的一个重要因素当然是人类进化过程中出现了明确的劳动分工。繁殖和养育后代需要稳定配对关系，男性的职责主要在于提供稳定的食物和保护，避免自己的家庭成员受到其他个体或群体的伤害。正如我在前一章中提到的，当我们描述祖先生活状况时，我们应该避免陷入霍布斯（认为人类会不断发动战争）和卢梭（认为人类生而和平）这种非此即彼、二元对立的陷阱。研究证据已表明，群体内部与群体之间既存在密集的合作也存在潜在冲突，包括战争。基于此我们可以推导出一个结论：对于社会群体（如部族、村落）来说，男性的决定权至关重要，但对于松散的个体集合来说则不尽然。换句话说，两性政治上的不平衡源于心理差异，而心理差异本身又可以追溯到这样一个事实：在我们进化史的大部分时间里，政治活动往往归结为群体关系这个"简单"的问题，如是否与邻近群体开战，或是否可以通过贸易与其建立和平关系。

为了适应人类进化过程中的群体冲突（原始战争），男性心理的某些方面"做出了"调整，许多证据可以支持这一猜想。例如，男女之间在攻击性上的差异表明男性是暴力的主要实施者；性别对比研究显示，群体竞争对男性心智起到了更显著的塑造作用，在一个被称为"公共物品博弈"的经济学博弈中，人们可以选择将一部分财产放入公共财产中换取更大利益（但也有无法收回投入的风险）。结果显示，与以个体竞争为背景的博弈相比，当博弈背景是群体竞争时，男性更愿意为了公共财产的增加而投入更多个人资产，但这种效应在女性身上则不存在；[63] 另外，男性和女性的心智系统倾向于以不同方式解释合作，并调动不同大脑回路来管理合作关系；[64] 通常来说，女性常常将社会关系解释为人与人之间的关系，而男人则更容易把社会关系看作群体之间的关系。男性和女性对同一件事的回忆也可能不同，他们分别更趋于从群体和个人立场进行回忆。[65] 这些差异出现在儿童早期，女孩和男孩在相同的学校环境中会创造出不同类型的社交网络，女孩之间的社交连接比较少，但更深入，男孩之间的社交连接比较多，但更不稳定。[66] 成年后这种差异依然存在，甚至在商业环境中也是如此。[67] 因此，能力和动机方面的性别差异可以说明，在进化过程中男性扮演着"战士"的角色，进而他们会成为群体关系的管理者。[68]

进一步，我们可以推测，祖先生活环境也许能解释两性政治权力的差异，即男性通常在公开正式的场合表达自己的影响力，而女性则通过非正式的方式实施影响力。男人和女人都需要同朋友与支持者建立稳定联盟，但在祖先进化历史中，他们需要联盟的原因不同，目标也不同。女性需要在食物加工和育儿方面招募盟友，这些活动并不需要太多盟友，但要求盟友必须与自己建立长期合作关系。相比之下，男性的集体行动主要是由狩猎和战争构成的，这两项活动需要动员更多的参与者，而且它们（特别是部落战争）还需要参与者之间的良好协作。也就是说，每个人都必须意识到其他人应该做什么，并且他们会互相监督彼此是否真的在履行应尽的义务。最后，这两类活动都很危险，背叛可能会带来惨痛损失，因为一个人能否生存可能取决于其他人是否能坚守承诺。这就意味着个体会仔细评估和监控他人对集体事业的付出与投入。

不同的合作方式可能需要不同的信息流。为了维持小规模友谊网络，个体需要直接接触到个人，因此关于个人的信息不需要而且在很多情况下也不应该过于广泛地传播。但大规模的狩猎联盟或群体战斗联盟通常需要公开的声明，以便所有参与者更好地协调他们的行为。同样重要的是，公开宣扬是承诺的保证，人们在他人的见证下公开宣誓效忠于某项事业，如果他们叛变，就会付出巨大的信誉代价。

当然，这并不意味着男性和女性的社交世界是完全互斥和不同的。事实上，即使在小规模的经济体中，当人们为种植而清理土地或合作猎取大型猎物时，他们也会通过组建大型合作网络来实现这些目标，此时男女都会参与其中。事实上在现代社会的大多数情况下，男性和女性所需的支持网络都要包含不同性别，但差异仍然存在：在女性身上，通过紧密个体联系进行小规模合作的进化压力要更强，而在男性身上，通过群体联系进行大规模、多边群体合作的进化压力要更强。由于缺乏系统的研究，我们还不知道这些区别是否与两性参与群体政治的程度及方式有关。

性别与支配（二）：家庭压迫

家庭压迫主要包括限制妇女的行动自由、着装自由以及自主选择伴侣的自由。在这一问题上，传统解释似乎并不太让人信服，它们常常简单地将这种形式的压迫描述为源自对女性的刻板印象，甚至是仇恨，这种解释只是现象描述，算不上真正的解释。

对妇女自主权的限制有很多形式，包括众所周知的面纱或头巾，这些做法暗示了女性合乎社会规则的生活方式：她们应该待在家中，外出时有义务将自己的头发、皮肤、面孔、眼睛或全部身体都遮挡起来。古代许多农业社会都存在此类限制，但现代中东的一些地区却将其推到了极致，例如有些地方规定：禁止妇女开车，女性在公共场所必须有一名男性陪同，女性在找工作、领取身份证件或外出旅行时必须得到男性亲属的许可。[69]而着装方面的要求则特别规定了女性可以暴露在外的皮肤范围以及女性怎样得体地露出眼睛和头发。

尽管不同社会对女性的约束有所差异，但这些规则都是在尽可能限制女性与她们亲属或丈夫之外的男性接触。在实行此类规则的社会中，人们看起来认可一个假设：女性接触男性就会诱发罪恶。我们不能将这种压迫仅仅解释成为了维护男权统治而滥用权力的结果。这没什么道理，我们需要解释的是为什么会有这种限制，而且巧合的是，尽管这些限制在其他领域或实施方式上有很大不同，但它们总是涉及女性的性自主权。从来没有一个严格规定了女性的行动和穿着但却允许她们享有性自主权的地方，在全世界任何地方，只要女性的自主权受到限制，她们的性自由就受到限制，没有例外。

如果将这些做法放到进化而来的配偶保卫现象的背景下，可能一切就说得通了。在许多不同的物种中，雄性都会投入大量时间和精力来确保它们的配偶没有太多机会接触其他雄性竞争者，常见做法就包括监视配偶或威胁竞争者。例如，雄狒狒有时为了跟紧雌狒狒，甚至会放弃获取食物的机遇。同样，雄林莺也会牺牲自己觅食的时间来守住雌性配偶。[70]两个因素决定了配偶保卫的强度，其一显然是性竞争，在那些两性生殖资源极端不平衡的物种中，雄性对雌性的监控手段和渠道会更密集——少数强大的雄性会垄断与雌性接触的机会。例如，雄性山魈与雌性山魈在外形上有很大差异，雄山魈个头更大，面部色彩也更鲜艳，这表明雄性山魈之间存在着激烈的性竞争。占统治地位

心智社会：我们的认识决定了我们的世界

的雄山魈可能参与了群落中超过三分之二的交配，但代价是它要时刻监视群落中的雌性。[71]另一个与配偶保卫相关的因素应该是父系的亲代投入。考虑到雄性在保护和养育后代方面的巨大资源投入，配偶私通构成了对其适应性的致命威胁，这就解释了为什么雄性会花费大量时间和精力来监视雌性。

同样的原则也适用于人类。我们可以通过一些间接证据——比如男女两性在体格和力量上的差异——推断出，人类中存在中等强度的性竞争。而更重要的是，长期高额度的父系亲代投资正是人类配偶制度的基本特征，这就预示人类会有大量配偶保卫行为，因为父权的确定对男人的适应性至关重要。事实确实如此，戴维·巴斯和其他进化心理学家已经分析了许多男性惯用的配偶保卫手段，如向朋友和熟人隐瞒伴侣的存在，要求伴侣尽量不与其他男性接触，诋毁潜在的竞争对手，威胁或攻击对手。[72]从适应性的角度出发，我们可以预测，当女性达到生育年龄或被认为极具吸引力时，男性会更加密切地监控她们——所有这些预测都得到了观察和实验研究的支持。[73]

可悲的是，配偶保卫不仅仅包括监控技巧，还可能涉及暴力手段，而这一预测也已经被许多研究所证实。显然，家庭暴力的成因多种多样，但是马戈·威尔逊（Margo Wilson）、马丁·戴利（Martin Daly）和他们之后众多研究者进行的研究都清晰表明，进化动机如何驱动了男性对伴侣的暴力行为。暴力是一种威慑，之所以男性会对女性施加家庭暴力，不仅仅是因为男性天生比女性有更强的暴力冲动，也不仅仅是因为他们将自己在政治上的支配地位延伸到了家庭领域。犯罪统计数据显示，当男性本身配偶价值较低以及当女性更年轻或更有吸引力时，男性对女性伴侣施加暴力的可能性会更大。[74] 换句话说，男性对配偶保卫的需求越强烈，暴力就越容易发生。威尔逊和戴利以"男性专属权"（male proprietariness）一词来形容这种复杂的进化动机，在这种动机的驱动下，男性会产生一种幻觉，认为与伴侣接触的机会是自己专属的，同时它还会触发一系列旨在预防私通和背叛的举措。[75]

配偶保卫也是由一个专门的学习系统来运载的，该系统会关注环境中的特定线索，例如其他男性的存在或自己伴侣对他们的兴趣，同时将它们与其他信息——如自身的配偶价值、伴侣的吸引力以及当前择偶市场的"行情"——结合起来，并基于此将行为选项调到合适的挡位，如轻松自信的相处（不加约束）、紧张的监控或暴力控制。这就是为什么配偶保卫会采用不同形式，这种差异不仅体现在个体之间，而且还体现在不同的生态及社会互动背景之间。例如我们可以预测，在经济收入严重不平等的地方，男性的社会地位越低，"被弃"恐惧就越强烈，他们限制配偶自由的动机也就越强烈。或者考虑一下狩猎采集社会和农业社会之间的区别，狩猎采集者采取的是群居生活模式，他们彼此之间几乎总是保持着密切的联系，这使得人们很容易监视他们的伴侣及其他人——当然，这并不是绝对正确的。但是农业社会提供了一个非常不同的社会环境，男人和女人分开工作，而且在许多情况下，男性是单独在农田劳作，这就使得他们很难掌握其他男性的行踪。现代城市环境提供了另一种社会生态，个体之间潜藏的关联要比以往复杂得多。因此，我们可以推测，对女性自主权的约束会随着这些生态差异而有所变化，遗憾的是，目前还没有研究系统探讨过这些问题，因此本部分对家庭压迫的许多解释仍带有猜想成分。

社会化压迫是一种集体行动？

　　然而，还有一个重要的问题没有解决。考虑一下这个例子。几年前，一名小女孩在耶路撒冷附近的拜特谢梅什正统派犹太社区遭到了袭击。这个女孩来自一个犹太教正统派家庭，她的穿着在大多数以色列人以及世界上其他地方的大多数人看来都是最正常的样式。但显然，一群愤怒的年轻男性不这么认为，他们围住她，朝她脸上吐口水，大骂她是婊子。他们之所以这么义愤填膺，主要原因是她裸露了双臂，可这个小女孩当时只有 8 岁。[76]

　　这一事件之所以在新闻上引起轰动，主要是因为它发生在以色列——一个基本上可划为世俗社会的地方。在那里，极端主义早就使许多公民感到心烦意乱，因此，几千名对此事件感到愤慨的人在多个城市举行了示威活动，谴责那些极端主义者愚蠢而暴力的行为。然而与此同时，这类事件在世界上许多其他国家也经常发生，但当地媒体不会大肆报道，而施暴者也往往不会受到惩罚。在中东许多地区，男人经常联合起来对付那些穿着不符合他们标准的女人。女性可能因为违反了某些关于她们该穿什么、该说什么或该做什么的规定而受到骚扰与攻击。[77] 在许多伊斯兰国家，人们普遍赞成对妇女的自主权要予以限制，而这种做法甚至得到了国家机构的支持，当然这不意味着针对女性的暴力行为会得到法律的宽恕。[78] 尽管一些抗议组织会就此类事件发表谴责，但针对女性的骚扰和攻击仍然频频上演。

　　许多人类学家曾经就穆斯林妇女权利的历史和演变展开过讨论，这些观念挑战了对当地价值观过分简化的描述方式——在那种描述中，女性只是被动的受害者。[79] 在这里我并不打算回顾这些争论，因为我关注的内容要更具体也更"狭隘"——为什么在公共场所，男性可以宣称有权监督女性的行为，并以暴力威胁那些他们眼中叛逆的女性？这种现象当然不是伊斯兰国家所独有的，它似乎挑战我们上一节给出的解释，即对女性的约束只是一种配偶保卫形式（那些在公共场所被男人攻击谴责的"叛逆女性"并不是他们的配偶）。

回到拜特谢梅什事件，一个让人感到困惑的问题是：为什么那些男人不怕自找麻烦？显然，在袭击这个小女孩的极端主义者中，没有一个是她的丈夫，为什么他们要费心在乎她是否端庄得体呢？完全陌生的人也会主动担负起监控女性的义务，这着实让人费解。当我们从进化适应性角度进行思考时，它显得更古怪了。尽管许多物种的雄性会监控配偶，但它们不会监控其他雄性的配偶。当一个"志愿者"主动管理陌生女性的行为时，其实在某种程度上保护了另一个男人（该女性的配偶）不被"戴绿帽"，因此增加了这个男人的适应性，自然选择没理由青睐这样的性格特征。这还不是唯一的难题，另一个让人不解之处是为什么这种事情会在公共场合发生。也就是说，从事志愿监管活动的男性不仅想要女性按照特定标准行事——他们希望她因违反了标准而感到羞耻，而且他们很愿意被人看到自己这么做。更奇怪的是，从事件报道中可以看出，对女性的强烈愤怒很容易转化为暴力，到底为什么？

也许这可以用准经济学的术语加以解释。对于每个男性的适应性状况来说，亲子关系的确定都是一个至关重要目标。但在很多情况下这其实很难实现，从理论上讲，唯一能百分百保证的途径是将配偶完全隔离，将其置于持续监控下。事实上，从古至今有钱或有权势的男性就是这么做的，他们把妻子锁在深宅大院或宫殿中，配以侍卫严密看守。[80] 但一般人不具有这样的资源，在农业社会或城市条件下，大多数丈夫都无法承受监控妻子所耗费的时间、精力和人力成本。农耕社会中的女性还需要在田间或园地里从事一些农业劳作，在城市生活的女性则需要去市场购买日常用品，与此同时，大部分男性在工作时并不与伴侣处于同一空间，这就导致他们很难实施有效的监控。

然而，一个男人可以信任其他男人会为他做这件事，当然前提是他也会为其他男人做同样的事。如果这种合作是可能的，它可以大大降低监督的成本。每个男人都参与对女性的全面监督，他们执行那些琐碎的规定，限制女性的穿着与出入场所。在大多数情况下，这一任务并不需要个体付出太高代价，因为它被平摊到了社群中所有成年男性身上，同时也因为在这种体制下女性会因惧怕惩罚而自我约束，所以男性实际上不会耗费太多精力去对越轨者施行惩戒。从成本与收益的角度考虑，我们可以推测大部分男性都愿意参与其中，这样做的好处是能够保证自己现在或未来的伴侣也会被人们以同样的方式监督。换句话说，一个丈夫不需要随时随地监控他的妻子，因为他可以相信在任何时候任何地方都会有其他男人来执行这项工作。大多数男人可以从这套体制中受益，因为它减少了监视的成本，因而大多数男人都会自愿担负起监督其他男人配偶的职责。

如果这种解释是正确的，那么这种心照不宣的默契就相当于把压迫社会化，将其转变为一种集体行动的形式。每个男人都做出贡献，每个男人也都得到回报。显然，人们并不需要意识到这份契约及其行使情况，正如在其他形式的集体行动中，如集体狩猎或集体战争，人们也不会基于经济学博弈论来计算他们的成本和收益，因为心理系统已经在意识审查之外高效地完成了这一任务。人们只需要知道他们的目标是什么，例如在狩猎时要冒着风险帮助他人，而在对女性的问题上，目标则是监视女性的一言一行，羞辱那些言行不符合社会标准的越轨者。

然而我们知道，集体行动要承担搭便车的风险。例如，所有工人都参加罢工，他们可以获得工资提高的收益，但对每个工人个人来说，更为有利的选择是，自己避免损失（不参加罢工），同时搭上集体利益的便车。因此，除非满足特定条件，否则集体行动将会崩溃。而当涉及针对女性的集体压迫时，我们也应该预料到会存在搭便车的诱惑。当一个男性遇到了看起来释放性信号的女性——例如露出头发或小臂（根据当地规范）——时，他可能会顺势利用这一可乘之机（当然这可能只是他认为的），而不是为了其他男人的利益而对这名越轨女性施以惩戒。如果没有男人会再有充当"志愿执法者"的动机，因为付出无法得到回报，合作很快就会瓦解。所以要维持集体性伴侣保护的平衡需要一些特殊条件，某些社会看起来确实可以满足这样的条件。

首先，请注意我们这里论述的是对女性公共行为的强制约束。她们在公共场所不能穿不合适的衣服，也不能与无关人士交谈，因为这一切都可以被陌生人直接看到。由于公共空间是一个男人唯一有可能遇到不相干女人的地方，所以他其实很难做出我所描述的那种投机行为。如果他想这么干，他不得不在众目睽睽之下打破社会规范，换句话说，以一种无可自辩的方式背叛集体事业。另外，正是由于惩戒的公开展示性，这意味着一名男性每一次在公共场所对女性公开谴责都是在为自己积累声誉。当然，在任何集体行动中这种做法都很重要，每个成员都需要向其他成员证明自己对集体目标的忠诚，以免被视为叛徒。通过参与公开谴责一个裸露手臂的女孩，男人们向彼此发出信号，表明他们确实致力于集体事业。

另一个有助于维持社会压迫的因素是，在一些地方的礼仪规范非常清楚，每个人都明确知道可以裸露多少肌肤、可以穿什么颜色的衣服以及可以和什么样的人交谈等等，包括那些试图通过轻微越轨行为来挑战压迫性秩序的女性。由于规范是明确的，任何男人都很容易确定一个女人的行为是否违反了规则，这也使得其他男人很容易判断这个男人是否容忍了女性的不轨行为，即他是否背叛了集体事业。

最后还有一种情况也很常见，在一些国家，参与集体压迫的男性会理所当然地认为，警察和法院等国家机构会站在他们一边，而不是保护那些不守规矩的女性，即便她们遭受了辱骂或暴力攻击。[81] 从经济学角度看，这进一步降低了参与成本，从而导致男性更有可能参与其中。

以上这些分析在很大程度上都是带有推测性的，因为很少有学者针对性别压迫的社会背景开展实验研究。但是，从集体行动的角度来解释集体监控的那些令人费解的特征似乎言之有理。首先，这当然可以回答为什么许多男性都有动力去提高其他陌生男性的适应性水平。传统解释强调的是共享价值观，如果你仔细分析，会发现这只是以一个问题代替了另一个问题。如果我们认为男性对女性的集体监控是为了将关于贞洁、保守以及端庄的一套父权观念强加给女性，我们依然没有说清楚，到底是什么因素驱使一个男人将这套价值观强加给与他无关的女人。正如我们前面所阐述的，假如这个女性恪守了既有父权规范，最终受益的将是她的配偶（或未来配偶），而不是眼前的志愿执法者。另外，集体行动模型解释了为什么参与集体压迫的男性会有动机在公共场合这样做，以及为什么他们要让女性当众出丑而不是仅仅纠正她们的行为。公开吵闹到底是为了什么？如果男性觉得有必要展示他们对集体事业的参与热情，这就说得通了，通过这种在公共场所引人注目的行为，个人可以表达对集体事业的忠诚。

同样，集体行动模型还可以解释参与者愤怒感的由来。我们必须再次强调，情绪引发过程不需要意识的参与，但其中也包含了成本和收益计算。通常当我们发现自己被他人利用、自身利益没有得到他人足够的重视时就会产生愤怒感。也就是说，愤怒的爆发并非荒谬无理、漫无目标。恰恰相反，我们（或者更确切地说，我们的心智系统）察觉到了针对我们的剥削利用，同时又认为可以通过报复或威胁来进行补救，这种情况下才会引发愤怒。[82] 这也许就是为什么至少有部分男性会对敢于违抗规则的女性感到愤怒：对于一个参与了集体监控的男性来说，在公共空间中出现一个越轨者表明这个系统没有正常运作，他对集体事业的投入不能保证换来收益，换句话说，他发现自己被剥削利用了，这可能才是愤怒感的由来。

我们可以从另一个不那么令人沮丧的角度来看待这一问题，集体行动模型其实也解释了为什么针对女性的系统性监控注定是少数现象。在世界上大多数地区，我们不会看到社会层面上对女性的残酷压迫，这可能是因为大多数地区都不具备实施集体压迫的条件。的确，许多男人可能会从这种做法中受益，因为他们的亲子关系得到了保证。然而，如果他们能够有效利用女性的"越轨"行为，他们可能有更高回报，再加上女性的反抗提高了集体压迫的成本，搭便车行为也会侵蚀压迫系统，还好有了这一切，社会化压迫的蔓延受到了限制。

第五章

社会公正如何实现？

合作的心智如何创造公平和交易，以及它们之间明显的冲突

　　社会和经济制度如何为公正提供支持？为什么会有不平等？这种不平等在道德上是否有正当性？对于当代大规模社会来说，以上问题可能都是政治上至关重要的问题。让－雅克·卢梭在《论人类不平等的起源和基础》中指出，私有财产的存在为不平等创造了条件。[1] 像卢梭一样，我们现代人对公正和社会的理解根植于我们的经济学理解。什么是公平的社会？很明显，这涉及一系列与经济相关的问题，包括：谁生产商品？谁有权获得商品？我们与他人互动的规则如何导向公平或不公平？这种差异与社会背景具有什么样的联系？

　　同时，这也是一个关于人类进化的问题，因为我们对公正的理解在许多方面都与自然选择有关。首先，它解释了为什么我们有公正感，为什么它在不同人的头脑中以相似方式表现出来，以及为什么它会引发我们如此强烈的情绪。其次，它还告诉我们人类为什么会合作、交换和贸易，以及到底是什么样的心智能力支撑起了现代社会庞大的商业系统。我知道以上两种说法不符合许多人的直觉认知。道德规范难道不是我们从社会以及从特定文化环境中获得的吗？它们不是因地而异吗？至于交换和市场，显然从进化时间尺度来看，它们是非常近代的产物，那么自然选择又怎么能解释它们的运作机制？但证据表明，进化确实为我们理解公正感以及大众市场社会的出现提供了可靠途径。

合作的奥秘

人类是一种合作动物。正是因为我们如此善于合作，也因为合作是我们进化天性的一部分，我们反而往往很少注意到这一点，也很难理解合作精神如何组织了我们的行为。为了强调这一点，萨拉·赫尔迪曾举过一个简单的例子：我们上飞机时是如何一个接一个有序登机的，这是一种效率非常优化的方式，对大多数人来说习以为常，但类人猿却无法做到。[2]

当然，合作不仅仅是一群人拥进一个目的地时保证互相踩不到脚那么简单。世界各地的人都生活在群体中，并会参与对所有人都有利的集体行动，这是我们长久以来的生存状态。人类学研究发现了现代人（智人）集体狩猎与集体防御的可靠证据，而很可能，早期人类同现代人一样，也参与了许多类似的合作活动，从建造住所到记录知识，从救助老人和伤员到养育与保护儿童。的确，其他物种的个体也能为其他个体提供帮助，甚至像蚂蚁这样的动物也可以创造出庞大的合作组织，但这一切都发生在亲族之间，即蚁群中的蚂蚁都是兄弟姐妹关系。而人类合作的独特之处在于，它可以轻易地延伸到亲属关系之外，甚至延伸到素未谋面的陌生人之间。

如果你考虑到物种的进化方向是提高自身适应性，那么合作就是一个谜，至少乍一看是这样。[3]事实上，早在我们对适应性这一概念有所了解前，哲学家和其他思想家就注意到了这一问题。没错，在大多数情况下，人们可以从合作行为中受益。通过加入一个团体并互相协作，我们可以捕杀鹿、鲸或大象，而不仅仅是兔子和老鼠。大猎物可以被分享的肉可能比小猎物多得多，因此，所有参与者都能得到更多好处。然而对于个人来说，其实还有更划算的做法：让其他人完成工作，但自己仍然从收益中分一杯羹。另外正如卢梭所指出的，一旦一个人在捕猎时偶然发现了一只野兔，他就可能放弃野鹿这个集体目标，那些眼前利益产生的诱惑总是让人无法抗拒。但如果是这样的话，为什么不是每个人都这样做呢？这可能会让所有的合作努力都付诸东流。基因适应性的概念用更精确的术语重新表述了这个难题：无论哪个基因组让你成为一个狡猾的叛逃者，这个基因组在与诚实合作基因组竞争时都该是胜利的一方。

那么，为什么人类（以及一些在进化谱系上距离我们十分遥远的动物，如群居昆虫）如此擅长合作，而动物王国中的其他物种却难以做到呢？我们通常倾向于将其归因于“社会”教化和文化潜移默化的塑造，这并不是一个很好的答案。虽然在我们看来，社会似乎确实会把规范强加给个人，但是什么要求“社会”这么做？社会不是一个有能动性的生命体，它是人的集合。如果其中一些人把规范强加给另一些人，那一定是出于某种原因，而这正是我们想要探究和解释的问题。

在很长一段时间里，我们关于人类合作倾向与公正感的知识主要来自道德哲学家和文学家，之后，像亚当·斯密这样的社会科学先驱以更系统的方式对这些主题进行了论述。亚当·斯密认为，合作以共情为基础，正是因为一个人能模拟另一个人的体验，人类才能实现合作。[4] 现代进化论者会同意他的观点，然而直到不久之前，我们依然无法明确地说清楚合作是如何在人类社会中出现的，或者说合作行为为什么会（包括在其他物种中）进化出来。我们可以描述合作倾向的各种表现，但无法解释它们的来源。

20世纪，经济学家和生物学家将经济学与博弈论模型引入进化生物学，他们找到了一种精确阐述合作问题的方法，于是一切都改变了。[5] 新的研究取向不再从所谓的侵犯或和平本能角度来看待竞争与合作，而是将它们视为不同的行为策略，也就是说，一种行为倾向会使得个体适应性提高或降低，而这又会增加或减少主导该行为的基因的频率。与此同时，经济学家不断开发新的实验手段，以便在实验室中探索交易，而不仅仅是相信标准经济学理论给出的模型。实验条件下的经济互动——包括自由交易、拍卖和利润分配等过程——可以避免现实经济市场中的许多混杂因素，从而阐明人类对特定类型互动的反应模式。[6] 而进化人类学家和心理学家也加入了这一队伍，致力于探究支撑起合作行为的社会条件和心理因素，他们的研究表明，合作不是源自社会规范的驯化，而是进化遗产的直接结果。[7]

看似非理性的利他行为

慷慨是一种非理性行为吗？关于合作研究的第一波热潮就涉及了这一问题。人们在经济博弈中的表现似乎并不符合预期效用最大化的原则，也就是按照标准经济学理论所预测的自我利益最大化。例如，在独裁者博弈中，实验者将一个被试指定为"独裁者"或提议者，并给其一定的奖金，"独裁者"可以选择把奖金全部留给自己，也可以选择拿出一部分分给另一个被试，即"回应者"（但双方没有见过面，对彼此也一无所知）。奖金会按"独裁者"提出的方案分配。在最后通牒博弈中，两名被试分别担任提议者和回应者，提议者手持一笔奖金在自己和回应者之间进行分配，回应者可以选择接受或拒绝提议人的分配方案，如果接受的话，就按照提议者的方案进行分配；如果回应者拒绝提议，双方就都得不到任何奖金。

在这些实验中，大多数被试的表现都远比经济理论所预测的更加慷慨。例如，在独裁者博弈中，被试其实可以选择不给另一个被试奖金，把钱全部装进自己的口袋，但实际上他们通常会分出一半甚至更多的奖金。在最后通牒博弈中也是如此，提议者为了自己的收益最大化，应该在分配方案中尽可能偏向自己，但实际上他们大多会选择把一半的钱给另一个玩家。而从回应者的角度看，最理性的做法是接受提议者的分配方案，无论自己分配到的奖金份额多么微小，都会好过什么都没有。但实际上他们会拒绝在自己看来太不公平的分配方案。显然，人们没有遵循"理性经济人"假设所预期的决策方案。[8]

这些并不是孤立的结论，成百上千的重复研究都得出了类似结果，包括许多使用了不同任务模式的实验。例如在公共物品博弈中，人们可以选择将自己的一部分财产放入公共资金，所有被试平均分配公共资金的收益，公共资金越多，收益越大。作为个体来说，被试最"理性"的做法是不将财产放入公共资金，这样他可以最大程度地保留自己原有的资产，但同时又享用公共资金的收益，但实验结果表明，被试通常会避免这种自私策略。[9]约瑟夫·亨里希（Joseph Henrich）和一个人类学研究团队在十几个不同的社会中重现了这些博弈实验，他们的研究结果显示，没有任何一个社会的被试做出的选择与经济学理论的预测相符，人们总是会为他人或集体分配更多资金。[10] 被试通常会从"公正"的角度解释自己的行为，例如，他们会说，拿所有的钱"不公平"，或者当他们在最后通牒博弈中拒绝提议时，会说当下的分配方案"太不公平"。

这种所谓的亲社会行为凸显了人类合作行为中令人费解的一面，它似乎违背了自然选择的逻辑。考虑到集体协作随处可见，而实验中被试做出利他选择的比例又是如此之高，这更加让人难以理解。当然，像其他所有特征一样，合作倾向也因人而异，有人极度自私，有人极度慷慨，大多数人都分布在这两个端点之间。如果轻微的利己倾向可以让个体在与他人的互动中获得更多利益，那么个体就具有更高的适应性，他会更有可能将自己的基因传递给后代，包括驱动其利己主义策略的基因。因此，自私行为应该很快就具有普遍性，合作的局面将会终止。然而事实上，如我们所知，合作行为却随时随地都在上演，所以一定有什么事情阻止了自私策略发挥效用。

合作来自惩罚？

实验证据似乎表明，人们在完成博弈任务时会自然而自愿地提出"慷慨"的奖金分配方案，而不是追求自己利益的最大化。受这些结果的启发，进化人类学家罗伯特·博伊德（Robert Boyd）和皮特·里彻森（Pete Richerson）提出了一个关于合作起源的复杂解释。他们的主要假设是，无论是在实验任务还是在日常生活中，合作者都是在遵循社会规范，包括对不平等的厌恶以及对亲社会行为的偏爱，因此，要理解合作的起源，困难之处在于解答为什么这些社会规范会得到传播。博伊德和里彻森认为，亲社会规范是通过惩罚建立起来的。事实上，实验证据表明人们确实试图惩罚不合作的人。例如，许多经济学博弈的被试会选择花掉自己手中的一部分资金，减少对公共资产的投资，这样做是为了减少其他一些被试的所得，因为那些被试在前几轮游戏中没有做出足够的贡献。[11] 这通常被称为"利他惩罚"，它强调出这样一种规范：人们似乎应该花自己的钱，让其他人受益。[12] 数学进化模型表明，惩罚可以确保任何一种行为模式的扩散和稳固。合作行为也同样如此，惩罚是合作顺利开展的保证。[13]

博伊德和里彻森以及后来的许多人类学家都假定，这种情形使得一些群体通过惩罚措施发展出了合作规范。因为平均而言，合作比背叛能产生更多的资源，这些群体可以为所有成员提供更好的福利。相比之下，由于缺乏惩罚措施及未形成合作规范而合作频率较低的群体则没那么成功。此外，许多人会从缺乏互惠精神的群体转入富有互惠精神的群体，从而导致前者逐渐消亡。请注意，我们并不是说自私的个体消失了，而是说自私的群体不复存在——这是一种文化群体选择，而不是基因群体选择。博伊德和里彻森还使用模型证明，合作规范确实可以通过这种方式得到传播，因为团结程度较高的群体将吸收或征服合作程度较低的群体。因此，人类将逐渐变成众多推崇合作的群体的集合。[14]

但这是怎么发生的呢？显然，我们没有直接的证据来显示高度合作的群体到底是通过何种方式而缓慢成形的，这一过程可能始于现代人类出现以前。[15] 但我们确实有证据证明现代人具有合作的心理倾向，这在各种文化背景、各种实验任务及各个行为领域中都有所体现。人类学和心理学研究都表明，基于早期经济学博弈研究的合作模型可能略有误导性。

首先要考虑的是心理因素。在独裁者博弈中，实验者会给被试一笔钱，现在这些钱是他们的了，他们可以选择分给其他人，这就是规则。但被试的思维真的会基于这些规则运作吗？确实，被试准确明白了实验规范和要求，根据他们自己的复述，他们知道自己可以保留所有的钱，也可以把钱全分出去，或者做出介于二者之间的选择。但大多数心理学家认为，这并不能说明被试的行为是由这些规则所驱动的。事实上独裁者博弈的各种变式都表明，被试的头脑中另有隐情。在一些任务中，被试不是白白得到钱，而是通过执行一些任务来"挣"钱，比如用乐高积木搭一个玩具或解出字谜。通过这种方式赚钱的被试在分配奖金时就没那么慷慨了，他们希望保留自己的"工作收入"。在最后通牒博弈中同样如此，被试工作得越辛苦，付出越多，在酬劳分配时就越倾向于偏向自己。[16] 这当然是有道理的，比起将奖金毫无缘由地分给一个陌生人，被试显然会认为自己在努力付出后更有资格获得这笔钱。他们想要保留这笔钱，而回应者应该接受他们提出的分配方案——无论分给回应者的比例是多么微小，毕竟这是回应者白得的。[17] 所以，回到最简单版本的独裁者博弈中，即使实验者告诉你奖金是给你的，一些控制"所有权"的直觉系统可能仍会暗示它实际上根本不是你的。即使实验者告诉你不要管自己的直觉，但你的直觉系统依然会启动并主导行为选择——这就像电影和小说会警告我们"本故事纯属虚构"，但这不会阻止我们的情感系统与故事中的人物产生共情。

另一个复杂问题是利他惩罚——牺牲自己的利益来惩罚那些不合作的人。当你惩罚坏人时，即使惩罚对象是那些没有伤害你的人，你也会觉得自己是在维护公正的道德准则。从某种直观角度看，你的行为也许会显示出你是一个良好的、遵守规范的合作者，你提高了自己的声誉；另外，你也可能是在发出一个信号，警告那些想要利用你的人。实验表明，这两种动机都在发挥作用。在公共物品博弈中，实验者可以改变被试的匿名程度，如果惩罚理论是正确的，那么不管被试是否匿名，实验结果都应该不会有任何区别，因为人们是基于对社会规范的认可而去惩罚违规行为的。但研究发现，对匿名性的操作确实会影响结果，当被试的行为不被他人注意时，他们的惩罚倾向就没那么强烈了。[18] 此外，当人们参与经济学博弈时，他们会自发假设自己对他人的行为会被其他被试知晓，进而影响到其他被试对自己的态度。但如果实验者告诉被试他们的行为不会被他人看到，被试对"不合作"被试的惩罚就会减少——这表明他们这样做是为了威慑。[19] 因此，虽然可能许多因素共同影响了对不合作者的惩罚，但维护合作规范的愿望显然不在其中。事实上，即使被试不知道自己的惩罚态度是否会给群体带来利益，他们依旧会惩罚不合作者。[20]

从人类学的角度来看，惩罚理论似乎也缺乏支持。该理论暗示，人们会惩罚不与第三方合作的人，即使惩罚者并不会真正蒙受损失——这被称为第三方惩罚（third-party punishment）。但事实证明，在真实的社会互动中，至少在小规模社会中很少有第三方惩罚。大多数群体中的人确实会惩罚违规者，但他们主要是在自身遭受了违规行为带来的痛苦时才会这么做。事实上人类学家宣称，在多数小规模社会中很少有"积极惩罚",更不用说对非合作者的高成本惩罚了。人们只是抱怨不合作者的坏品性,并更喜欢与合作者互动而已。例如,研究发现,在玻利维亚低地的提斯曼人小社群,人们经常逃避诸如挖井和修桥这样的公共责任,却不会遭遇什么严重后果。[21] 这实际上是小社会的典型现象,人们会对冒犯进行报复,甚至会动员自己的亲友帮助自己实施报复,但很少有人费心去惩罚第三方的违规行为,因为这没有太大的好处,而且可能得不偿失。一般来说人们并不会受到违规行为的直接影响,所以他们更倾向于忽视违规者。[22]

显然,在现代社会中存在着大量的第三方惩罚。你不会自己去追捕小偷和抢劫犯,而是相信警察与司法系统会给予适当制裁,官方机构是第三方惩罚的实施者。然而这些官方机构是在近现代才出现的,因此,它们与我们要讨论的人类进化问题没有太直接的联系。只有当一个社会的规模大到可以降低第三方执法的成本时,类似的官方机构才会登上历史舞台——通过纳税支持官方执法比你自己花钱聘请私人武装要划算得多。

所以,如果惩罚机制不能解释利他主义,为什么人类会合作?为什么我们在现实生活和实验中都可以看到慷慨的表现?也许先探究一下在进化谱系上距离我们非常遥远的物种,可以为我们理解合作行为的进化提供有益见解。

鱼的智慧

在一些珊瑚礁中,人们可以观察到"委托者"(需要清除皮肤上寄生虫的大型鱼)和它们的"清洁工"(诸如裂唇鱼等小鱼)之间稳

心智社会:我们的认识决定了我们的世界

定的合作互惠关系。清洁工从委托者的鳞片上啃噬掉寄生虫，获得食物，而委托者的收益是一套"卫生保健服务"。许多物种会有固定的"清洁站"，委托者偶尔会在那里停留，清洁工随时准备为它们服务。看起来这种交换没有任何潜在风险，因为委托者需要清除寄生虫，而清洁工需要食物。但实际上利益冲突也是存在的，因为清洁工虽然以寄生虫为食，但它们其实更喜欢吞噬委托者鳞片上的黏液，而委托者则需要保持鳞片黏液的完整，这是它们的保护层。因此，这为合作关系中的欺诈行为提供了机会。[23]

按照囚徒困境模型的预测，这种互动很快就会瓦解，因为欺诈行为在短期内可以换来更多利益，这些小清洁工完全可以尽可能多地啃掉委托者身上的黏液，然后飞快地游走。然而，事实并非如此，委托者和清洁工之间的合作关系从未间断，这怎么可能呢？正如生物学家雷杜安·波舍里（Redouan Bshary）和他的同事所分析的，有几个因素可以解释这一现象。首先，无论是清洁工内部还是委托者内部，都存在生存竞争，每一个委托者都有许多潜在的清洁工可供选择，因此，如果清洁工做出背叛行为，委托者可以寻找另一个清洁工来替代。另外，委托者一旦察觉到清洁工在吞噬自己的黏液，就可以将这些行为不端的清洁工从身上甩下去，作为对它们的惩罚。实验研究表明，清洁工在受到惩罚后确实会吸取教训，改正自己的做法。[24]

就这样，这些简单的生物找到了一种使互利交易得以维持的方式。显然，没有人认为鱼有意识地完成了这些得失损益计算，它们不需要这样做，因为自然选择为它们提供了面对合作与欺诈情境时正确的倾向与反应。那些导致个体分辨力较差、无条件合作或总使用欺诈策略的基因，在基因库中的传播率要低于那些能使个体有效利用互利机遇的基因。成功合作互动的核心特征显然是选择恰当搭档、抛弃背叛者和坚持合作。[25]

这种交互模式的优势为我们理解人类密集合作行为的进化提供了思路，当然，二者之间还是存在一些关键区别。人类之间的合作是物种内互惠，也就是说，个体是与其他成员合作，这和不同鱼类之间的种群合作并不一致。但另一方面，人类不同个体之间之所以能建立合作关系，是因为这些合作者面临着同一环境，而同一环境也正是委托者与清洁工的合作关系得以成形的基本保障——它使得个体能在潜在搭档（无论是相同物种还是不同物种）中做出选择，了解每个个体与其他个体的互动经历，以及能够对背叛行为进行惩罚。对搭档的自由选择创造出了"合作伙伴市场"，因为每个人的报价不同，也可以根据潜在搭档的偏好对报价进行调整。[26]

显然，经典合作模型与此截然不同，在基于囚徒困境或独裁者博弈的经典合作模型中，个体只面对一个潜在合作伙伴，其唯一的问题是如何避免合作伙伴的欺骗。在这种情况下，如果双方都合作，双方都能获得巨大的利益，但对于个体来说，欺骗对方有利于自己获得更大利益。双方都会换位思考，他们预测对方会背叛，因此，自己也就做出背叛选择，博弈以全部背叛而告终。

然而，事实上人类的社会交往从来没有陷入过这样的困境。[27]人类是一种群体动物，我们可以与不同个体展开合作。同时，我们已经进化成一种对他人事务有强烈兴趣的动物，关于我们的品性和行为的信息会被广为传播，甚至传到与我们没有任何利益关系的人那里，因此，个体会从诚实互惠的合作行为中受益良多。[28]

合作共赢

合作伙伴选择的存在解释了人类合作中其他令人费解的特征。例如，匿名对人类心智来说是一件很难处理的事情。约瑟夫·亨里奇和他的同事组织的跨文化研究发现，让参与者真正相信博弈的匿名性是件非常困难的事情。[29] 在经典的独裁者博弈中，被试被告知另一位合作者不会知道自己的身份——如果实验者希望被试做出他们自认为的最优选择，而不是担心遭到报复或者名誉受损，这一操作至关重要。被试很可能会说，他们知道整个过程是完全匿名的，但难以确定他们所有相关的心智系统是否真的在这个假设下运作。[30]

此外，在我们进化的社会环境中，个体之间会一次又一次地发生互动。事实上，即使明确告知被试他们不会与搭档有第二次互动的机会，在参与经济学博弈时，被试也会自发地假设互动具有重复性，而这当然会影响他们的行为，因为他们选择与他人合作的驱动力正是今后可以获得回报。[31] 这也许就是为什么人们在"一次性互动"中通常也很慷慨的原因，他们会在独裁者博弈或最后通牒博弈中将自己的一部分奖金分配出去，现实生活中人们经常在餐馆给侍应生小费，而这些餐馆他们实际上不会去第二次。类似的慷慨行为看起来很难用狭隘的自我利益来解释，但在小规模群体的进化背景下，它们可以构成迈向互利性互动的第一步。在这样的环境中，你之所以失败，不仅是因为选择了错误的合作伙伴（欺诈者）——这是传统合作模型所关注的问题，还可能是因为没有与正确的人一开始就建立良好互动关系，从而错过了与之开展长期合作的机遇。[32]

如果你可以自由选择潜在的合作对象，那么对违反当地合作规范的人实施第三方惩罚就没有什么特别意义了。在你确实遇到欺诈者时，最简单的选择通常是不再与他们继续交往，转而寻找其他品性更好的合作者。[33] 当然，某种意义上这也是一种惩罚形式，只是违规者在短期内不会受到太大的影响，而施罚者也不需要付出特别代价。注意，这是一种完全个人化的策略，也就是说，你之所以收回合作意愿（针对违规者），不是为了让整个群体受益，不是为了维护某些规范，也不是像人们常常说的"为了坚持原则"，你的主要目的是争取自己的利益。[34]

基于伙伴选择的合作理论也能解释"惩罚"机制的其他微妙特征。分级惩罚就是一种常见现象，面对贪婪的清洁工时，委托者可以选择拒绝它们的服务，可以选择将它们从身上甩下来，也可以选择直接攻击它们。分级惩罚可以帮助委托者避免被剥削，同时也给了剥削者一个教训。用学术化的概念来说，这增加了互利互动的可能性，因为过去的合作伙伴一旦因为试图利用合作者而受到合作者施加的惩罚，就会知道如何不做得太过分。有人认为，在其他条件相同的情况下，与接受过惩罚的人交往比与一个不知名的新伙伴交往要更好，这确实是经济学博弈中会发生的事情。当参与者可以与多个伙伴互动时——情境允许参与者奖励合作、惩罚背叛并了解其他人过去的经历——比起过去经历一片空白的人，被试更愿意选择那些过去存在"污点"并曾因此受到惩戒的人为合作伙伴。[35]

但是公正感又怎么解释呢？人们参与集体行动或协作时，不仅追求互惠利益，还会努力维护公平分配，当有人试图获得超过"公平"份额的收益时，其他人会做出强烈反应。考虑一下打猎、挖井或者修路这些简单协作行为中的收益问题，我们从直觉上都会认为做出相同

　　　　心智社会：我们的认识决定了我们的世界

贡献的参与者应该获得相同收益，猎物应该在狩猎人之间分配，井水应该让所有参与挖井的人都享用，这是显而易见的。而在贡献不平等的情况下，每个参与者的收益份额显然应该与其付出成正比。在集体渔猎活动中，那些用鱼叉叉鲸的人比掌舵人会面临更大的风险，他们在分肉时当然享有优先权。的确，在大多数人类社会中，这正是集体狩猎和其他各种形式的集体行动所奉行的利益分配原则。实验表明，即使是三岁的孩子也会从直觉上相信报酬应该与贡献成正比，在日本城市是这样，在肯尼亚图尔卡纳游牧民族的营地也同样是这样。[36] 显然，确实有人"得超所劳"，但这会被看作一种不公平的剥削现象，人们会避免与这样的人交往。

这种"按劳分配"的直觉可能也源于对合作伙伴的自由选择权。例如，假设你与某个合作伙伴联合狩猎，双方都付出了同样的努力，你该如何分配收益？大多数人都会本能地认为利益应平均分配，但你为什么不提出一个对自己更好的不公平分配方案呢？例如，你可以提出自己占八成，对方占两成。不过，如果你的合作伙伴可以自由选择搭档，他们中的许多人应该会向他提出比两成收益更好的合作条件。因此你不太可能找到愿意接受这种不公平交易的人，当然前提是他们有自由选择权。而如果你的搭档变得贪婪，坚持实行一种让你感到自己被剥削的分配方案，你也可以转向其他合作伙伴。不难想象，最后你能寻求到的最好分配方案，也就是得到差不多一半收益。因此，从自由伙伴市场模型中我们可以推导出利益分配准则，而该准则与人类"公平"分配的直觉是一致的。[37] 这也正是现实世界中发生的事情，例如在狩猎采集社会，社群成员的付出与收获具有明显的正相关性——付出多少就有多少回报。[38] 与经典合作模型（强制选择）相比，自由伙伴选择不仅可以解释促成合作的原因，还解释了众多与合作相关的心理或行为现象。

所有这些因素都汇聚在一起后，我们可以描绘出一幅关于人类合作倾向进化的最合理图景。人类的特殊之处在于，我们很大一部分福祉要通过亲族团结和集体行动（共同狩猎、养育后代、防御敌人等）来从他人那里获得。而集体行动要发挥最大优势，必须满足几个基本条件。首先，个体要有能力追踪分析其他人过去的社会互动记录。其次，个体信息交换的范围要足够广，一旦个体能够获得关于他人互动经历的信息，这一点其实很容易实现。与鱼类不同的是，人类可以通过直接的交流来传播信息，所以几乎可以肯定，当个体要与某人发生特定互动时，可以比较清楚地了解对方过去的行为，在小规模社会中尤为如此，生物学家所说的声誉实际上就是一个人社会信息的总和，这些社会信息主要是其他人对其过去行为的评价。[39] 最后，个人必须能够对不合作者进行分级惩罚，从简单的放弃合作，到传播有关他们行为的信息，再到寻求直接报复。我们可以看到，这些能力都是人类本身就具备的，所以合作这种行为并不需要人类的某些能力出现那种由基因大突变才能带来的质的飞跃。此外，这些能力可以通过自然选择过程而逐渐"磨砺"——它们不是那种非此即彼、孤注一掷的策略（比如，获取他人过去行为记录的能力是可以逐渐提升的），因此，有利于改进合作技能的基因会在合作机会有限的人类种群中逐渐扩散传播。[40]

分享和交易

由于具备互利合作的能力，我们的祖先可以组织参与各种形式的

心智社会：我们的认识决定了我们的世界

集体行动，如集体狩猎、集体防御或共同养育子女。但他们也从事两种人类所特有的经济活动：他们践行公共分享，并与陌生人进行某种形式的交易。

在小规模狩猎采集经济体中，最突出的合作表现就是公共分享，在这种情况下，个体与整个群体共享资源。当然，不同社会资源的共享程度有所差异，尤其是食物资源。对于现存的狩猎采集群体来说（它们与人类祖先进化时的生存状态相似），分享在社会互动中具有至关重要的意义。进化人类学家和心理学家非常关注人类社会为什么以及如何发展出分享行为。分享食物会剥夺个人资源，如果你相信个体会追求自己福祉的最大化，这种行为就会显得很奇怪。分享的范围远远超出了直系亲属和被扶养人，这是否意味着在我们祖先生活的条件下，人类进化成了无条件利他主义者？在早期的人类学记载中，狩猎采集者确实被描述为一种无差别的共享主义者。当时人们的看法是，在狩猎采集群体中几乎没有私有财产，因为每个人都与他人分享自己的劳动收获。

但是，公共分享比这要复杂得多。首先，在狩猎采集群体中，不是所有资源都按同一种方式进行共享。人们会分享采集到的植物性食物（如浆果、块茎、根和叶等），但分享对象只限于近亲。相比之下，猎物，尤其是大型猎物，则会在群体层面共享。每个人都可能分到一些猎物，但猎人自己得到的份额要比其他人多，而在猎人中，负责最后攻击或杀死猎物的人得到的份额会更多。[41] 二者之间的差异从"保险制"角度看可以得到较为合理的解释。大多数采集资源（如根、块茎、坚果和浆果）的劳动效益差别不会很大，也就是说每个人采集到的食物数量大致相同，而明天和今天能获得的食物数量也大致相同。相比之下，狩猎是一种效益差异巨大的活动，幸运猎人和倒霉猎人的收获会有天壤之别。所以，在群体层面分享猎物是有道理的，这就像一种保险制度，让那些运气不好的猎人也能分一杯羹。另外，食物的边际价值也是一个影响因素，大型猎物的边际价值会急剧下降，也就是说，收获的猎物越多，单位猎物能带来的价值就越低。如果你不与其他人分享猎物，这些肉食将很快腐烂，你也会背上自私者的骂名，而分享行为则以较低成本提升了你的威望和声誉。[42] 最重要的是，分享通常以过去或未来的互惠为条件，所以你付出越多，回报也就越多。[43]

因此，公共分享不是基于我们想要帮助他人的冲动。引导我们分配偏好的直觉系统将自动采集和输入以下信息：（a）提供的资源是什么；（b）资源生产者有谁，做出了什么行为；（c）要求获得资源分成的人有谁。同样的系统也会输出理想分配方案（每个人应获得多少份额的直觉），并根据每个人的贡献、资源的性质（例如，猎物还是植物）及其与贡献者的联系而调整其份额。

除了分享，交易也是一种独特的合作形式。在所有已知的人类群体中，包括最原始最简单的社群，人们都会交换各种服务和物品。物品可能包括工具、衣服、饰品、玩具和药品等等，各种物品和服务都可以在一个群体内进行交易。但在史前阶段，也存在不同群体之间的长距离贸易，特别是珍贵的商品，如欧洲、非洲和安第斯山脉的黑曜石，以及无法在当地获取的材料和物质，特别是盐。史前的欧洲人会沿着多瑙河和其他大河运输货物。来自印度洋的贝壳传到了中国和西非，在那里它们被用作货币，而来自墨西哥的黑曜石则成为密西西比社会中的流通物。[44] 考古学家科林·伦弗鲁（Colin Renfrew）列出了从直接家庭生产导向现代大众市场的许多路径，包括与亲属和社群成

　　　　心智社会：我们的认识决定了我们的世界

员的本地交换、群体中公共资源的再分配、中心市场、首领集权贸易、中间商贸易、使者贸易、殖民前哨等。[45] 不同种类的商品可能沿着不同的"商品链"流通，根据许多有记录的事例，某些商品的交换可能要依靠多个渠道。[46]

贸易就这样发生了，但直到不久之前，它其实只影响了一小部分物品的生产。人类采集植物，狩猎动物，然后开始培育小型园地，驯化植物和动物，但在史前大部分时间里，我们祖先消耗的资源主要都是自己的劳动所得。为什么人类明明可以并愿意参与交换，但贸易规模在当时如此有限？部分原因是可供交换的商品本身就很有限。例如，狩猎采集者通常不会产生大量剩余食物，而这些剩余食物在大多数情况下也无法保存。另外，史前人类的人口密度极低，商品交换需要长距离运输，这也成为阻碍贸易发展的一个主要因素。

交换的心理基础

尽管与现代商业相比，史前贸易的规模非常有限，但它表明，人类在某种程度上已经发展出了一种特殊的心理能力，使对商品和服务的交换成为可能，这种互动形式在自然界中非常罕见。

交易能力似乎是人类独有的。对我们来说，交易看起来既简单明了又符合理性。舍弃你并不需要的东西，换取你想要但并不拥有的东西，还有什么比这更简单的事情吗？好吧，某些事情可能很好懂，可能不言自明，但这并不意味着它们真的简单。我们所感受到的"简单"恰恰表明，支持交易行为的心智系统是自然选择精心设计的结果，而且它的运行不需要接受意识审查。那么，如果我们试着探究交易行为背后的心理机制，我们会发现什么？

首先，显然，商品交易者必须能够衡量不同物品的效用，并明白自己从他人那里获得一项物品意味着自己也要失去一项物品。对于人类头脑来说这一切都顺理成章，从幼年时我们就理解其中的门道。但对于其他大多数动物而言，这几乎是无法达成的。当谈到经济学家所谓的需求巧合问题时，例如我有很多吃不完的香肠，但我想要一些面包，而你的情况相反，你有吃不完的面包，但你想要一些香肠，我们能立即想出应对之道——以物易物。事实上，当我们从一种符合人类心智的方式对该问题进行描述时，已经暗示了解决方案。我们会本能地认为，交易会使双方都过得更好。但这是一种特殊的认知适应机制，这就是为什么它在自然界中如此罕见。诚然，在动物王国里也有许多互惠的例子，灵长类动物之间相互梳毛就是一个我们熟悉的例子。同样，吸血蝙蝠也会将一部分吸食的血液喂到那些没有找到食物的同伴嘴里，因为它们期望今后自己遭遇相同困境时，同伴也能予以帮助。但这些都属于同一商品或服务延迟交换的情况，它们很少包含不同种类的物品。比如黑猩猩不会靠向其他黑猩猩提供梳毛服务来换取食物。另外，在繁殖背景下也存在一些以物换性的例子，但这通常仅限于单一类型的服务（如交配权）或物品（如食物）。

相比之下，要进行普遍交易，个体需要把大量物品看作可用于交换的对象，更关键的是，个体要能衡量一种物品相对于另一种物品的价值，通过不同的数量配比达成物品交换的效用平衡。神经经济学研究阐明了人类估值和决策（如选择一种商品而放弃另一种商品，或决定现在买而不是今后买）的神经机制，而类似的神经回路在与人类亲缘关系较近的一些灵长类动物身上也可以观察到。[47]事实上，一些非

　　　　　心智社会：我们的认识决定了我们的世界

人灵长类通过训练后也能学会交易以及使用代币，但类似行为显然不属于这些物种的进化特征，可它们在人类中无处不在。[48]

普遍交易还要求个体具有表征"所有权"的能力。如果我们不知道一个物品属于谁，交易当然就无法进行。我们对所有权的表征通常也是一种直觉性认知，似乎我们就是知道拥有某物意味着什么，但很难清楚地表达出来。全世界范围内的人都可以自信地断言，某人拥有某物。所有的语言都有专门词汇来表达所有者和所有物之间的关系。此外，在所有人类文化中，人们都明白所有权和仅仅暂时占有之间的差别。我在驾驶这辆车并不意味着我就是它的主人，如果你知道了这辆车是我从别人手中抢来的，就更不会这么认为。[49]没有任何一个文化群体无法对这两种不同的事实（拥有和占有）进行区分。最后，对所有权的表征还常常与一些强烈的情感与动机相联系，例如，偷窃他人财物会让人们对偷窃者产生愤怒并施加惩罚，而拥有珍贵的财物则可能引发自豪、满足与嫉妒。

人类的所有权直觉在很年幼时就形成了，其中就包括"先占先得"的直觉思维，正如俗语云"现实占有，败一胜九"。然而，即使是非常幼小的儿童，也能明白占有与合法所有之间存在至关重要的区别。有些人可能持有并使用某些物品，但他们并不是这件物品的所有者，而有些人可能暂时并不持有属于他们的物品。对于幼儿来说，理解这些概念没有任何困难。他们（当然也包括成年人）还明白，个体和某个物品之间过去的关联决定了所有权。例如，小孩子都有这样的直觉：能从环境中提取某种资源的人就是这种资源的所有者。他们还假定，个体对某些原始材料改造加工后，他们就是成品的所有者。如果你把一堆黏土做成了雕塑，那么雕塑就是你的，而不属于黏土的主人。[50] 自然，人们对所有权也有明确的信念。但实验研究表明，这些信念往往模糊、混乱，有时还前后不一致。例如，人们会宣称一个人不可能真的拥有另一个人，直到你提醒他们奴隶制的存在；他们可能还会认为思想不可能是"所有物"，可一旦你指出电影、音乐或文学作品的"著作权"，他们就会恍然大悟。[51] 所以，我们关于所有权的各种"明确"判断标准常常会产生矛盾，这就表明，我们在所有权判断过程中依据的并不是成文标准，而是自己的直觉系统。就像许多其他领域一样，直觉先于理性，而后者旨在对前者进行解释说明或证明其合理性。[52]

最后，我们的商品交易能力还涉及专门检测搭便车和欺骗行为的心智系统，它专门针对这种情况：个体设法从交换中获取利益而不支付相关成本。在认知进化模型发展的早期阶段，心理学家莱达·科斯米德斯就曾提出，人类可能已经进化出一种可以识别"得到了好处，却不付出成本"这类信息的探测系统。事实上实验表明，欺骗探测系统会自动运行，并且依赖具体化的情境。[53] 人们常常在判断一条信息是否"符合"既定规则时遇到困难，例如，假设存在一条规则——如果文件夹是绿色的，那么文件夹里放的是已批准的申请。那么假如你在红色文件夹中发现了已批准的申请，请问这符合规则吗？大多数人给出的答案都是错误的，因为他们会"反逻辑"地认为红色文件夹中应该只包含未获批准的申请。但如果规则是用收益和成本概念来进行描述的——例如"如果饮料含有酒精那么顾客就是年满18岁的"——人们判断基于这类规则的信息时就不太容易犯错，美国大学生是这样，亚马孙丛林的狩猎采集者也是这样。[54] 再者，我们的欺骗（搭便车）探测系统不会只关注收益和成本，否则人们就有强烈的动机去惩罚那

　　　　　心智社会：我们的认识决定了我们的世界

些不能（或已经不能）做出贡献却享受群体福利的人，比如小孩或老人。实验表明，无意识系统会对不同的情况进行分类，只有那些故意逃避付出而多索取的人才会引发我们的愤怒情绪和惩罚冲动。[55]

交易模板：嵌入式社会交换

这三个认知系统——进行等价效益评估、所有权判断以及欺骗检测的心理机制——有助于形成所谓的"交易模板"，即我们心智系统对"交易该如何发生"的基本预期。真实发生的交易可能与该模板不对应，事实上在现代世界，许多交易都不同于这些预期。然而实验证据表明，该模板确实会严重影响我们对商品交换的心理预期，而且很可能它长久以来一直是我们心智装备的一部分。

人类会自发地期望在交易中参与者身份已得到有效识别，这是选择合作伙伴的必要条件。我们需要记住谁是合作者、谁是欺诈者，我们还需要记住特定个体过去的交易记录，否则我们无法得知能指望对方做什么，或者对方指望我们做什么，这些都有赖于有效的身份识别。此外，为了接收或传播关于谁在与谁合作以及合作程度的信息，当然也需要身份识别——人类合作伙伴的选择取决于声誉。还有，人类会期望同时也更倾向于自愿的交易，他们会厌恶剥削，即厌恶强势的个人或群体将不公平交易条件强加给弱势者的情况。[56]

交易模板还让我们假定个体会一次次相遇，并且在重复交易的环境中产生长期互惠互动。在允许自由选择合作伙伴但交易仅限于短距离且社会规模较小的情况下，与同一个体进行重复交易是有利的。这构成了一种防止剥削的保险形式，对于一个经常用箭头交换你蜂蜜的人来说，即使他了解到你现在急需箭头，他也不会坐地起价，因为他想在未来和你继续保持友好的交易关系。这种重复交易模式加上偶尔发生的"优惠"都在暗示，交易没有固定的范围，不会到了某个时间就不再进行。这解释了为什么纯粹的一次性交易——双方当场交换商品，不期望未来进一步互动——在小规模社会中占的比例很低。一次性交易通常发生在陌生人之间，而部落或社区成员之间产生的交易关系往往是重复交易。[57]

作为进化偏好的结果，我们自发的社会交易模板会将许多严格意义上的经济信息——包括商品的类型、数量、价值和价格等——与关于个人身份和名誉的信息结合起来，形成"嵌入式社会交换"（embedded social exchange）。正如许多人类学家所指出的，小规模社会（其实也就是人类进化史的大多数时间阶段）的经济活动不可能孤立于其他社会互动而存在。交易不仅影响参与者的得失，还影响他们的声誉、社会地位、与合作伙伴的关系、对他人的依赖程度、所属群体的凝聚力等等。交易行为与社会交往的其他方面明确分离是市场经济的晚近副产品。[58]

因此，人类进化出了一种能力：我们不仅可以进行交易，还可以与已知伙伴进行重复交易，与此同时，双方声誉都处于密切监控之下。[59]在还没有形成大众市场时，社会经济到底是如何运行以及怎样发展的，过去人类学家对这一问题存在诸多分歧。一些人坚持认为应该使用标准经济学理论作为分析工具；还有一些人则强调了其他因素的重要性，如互惠、社会关系、声誉投资、信任以及重复性互动等等，它们也正是上文所论述的主题。[60]后面这些人类学家正确地认识到了小规模社会中的交易很少仅仅关乎贸易，但他们错

　　　　　心智社会：我们的认识决定了我们的世界

误地假定，这些"额外因素"——人们在进行交易评估时会考虑名声和信誉——是文化规范塑造的结果。只用文化因素来解释当然是不够的，关于规范的观念会影响人们的行为，但人们之所以会学习并接受那些规范，是因为我们进化出的学习系统本身就包含了关于伙伴选择、声誉和公平感的基本原则。它们构成的"交易心理"是人类所特有的，任何心智正常的人类都具备这些能力。"交易心理"是交换行为得以顺利实施的保障，同时它会受到各种道德情感和动机的调节，包括感激、善意、嫉妒、怨恨和对剥削的愤怒等。

公地心理

交易心理使得人类能够参与许多复杂性远超个人伙伴之间合作的公共分享和直接交易。例如，世界上许多资源存在"公地"（commons）属性，这些物品既具有竞争性（一个人使用得越多，留给别人的就越少）也具有非排他性（很难阻止其他人使用它）。河水就是公地的一个典型例子，所有农民都可以引水来灌溉自己的农田，但如果一个农民用了太多水，其他农民就会遭殃。我们很难把河水变成私人财物，附近任何人都可以把桶扔进河里自己取水，我们根本无法禁止他们接触河水。另一个例子是狩猎地，如果一些猎人过度捕猎，其他人可捕获的猎物就会减少，然而，要把人排除在狩猎地之外是很困难的——任何人都可以自己带着枪前往狩猎地，除非你花钱雇警卫看好那里。"公地"这一经济学术语来源于英国的一种土地制度，封建主在自己的领地中划出一片土地作为牧场（"公地"），无偿向牧民开放，然而正是由于这是免费资源，每个牧民的牛羊都可以在公地吃草，因此出现了过度放牧的情况，公地牧场最终因"超载"而成为不毛之地。从长远看，所有人的利益都遭受了损害。事实上，这一概念之所以在经济学之外为人熟知，是因为加勒特·哈丁（Garrett Hardin）著名的"公地悲剧"理论。哈丁认为，这种（主要是自我利益驱使下）对公共资源过度使用的状况是不可避免的。[61] 随着时间推移，短期个体利益会导致长期集体损失。这一论点在经济学理论中非常成功，由此产生了各种描述公共资源开发利用效率的模型。[62] 它也成为公共政策讨论中一个被人们常常提及的话题，许多人相信，要避免公地悲剧，防止出现资源耗尽的灾难，必须将一些公共资源私有化或交由国家控制。

然而，从 20 世纪 80 年代开始，许多社会科学家开始指出，这种悲剧似乎并没有发生，或者至少不像模型预测的那样不可避免。事实上，在许多情况下，人们在几十年甚至几百年的时间里管理着公共资源，可从没有或很少出现过度开发的局面，他们是怎么做到的？由于这个问题无法通过模型解答，必须借助详细的历史与人口学数据记录，许多经济学家将其搁置了很长时间。埃莉诺·奥斯特罗姆（Elinor Ostrom）和她的同事研究并分析了灌溉系统或渔场等公地的使用情况，他们试图从公共管理的许多成功以及少数失败案例中总结一般经验。[63] 在这方面，经济史提供了一个"自然实验"，因为几个世纪以来人们在许多领域尝试了各种制度安排，只有一部分导向了成功稳定的系统。这些制度当然会涉及一些约束使用者行为的规范，从长远来看，到底什么样的规范才是有效的呢？

一个条件是，这些规则应明确界定占用者的范围，即哪些人可以合法使用公共资源。这在某些情况下并不容易实现，在一片孤立的小海岸上，当地渔民可能是渔业资源最自然的占用者，但那些在公海上远航捕捞的船只呢？如何为公海渔业资源的使用权划定范围？水域的自然占用者包括依赖灌溉的农民，但随着向工业经济的过渡，这种情况可能会改变，因为工业也需要大量用水，但工厂又不像农地一样在空间上紧紧靠近水域。另外，许多公共资源占有者会自己设计公地使用规范（比如地方渔业协会的规定），无论具体条文是什么，最重要的一点是要有效监督人们对公共资源的实际使用情况，如果不是由使用者自己监督，那么至少也应该由当地行政官员担负起这一职责。[64]

公地有力地证明了"交易心理"允许我们扩展合作规模，其范围远远超出了小规模社会的限制。关于所有权的直觉系统为我们提供了公共资源的占有者标准，将公共资源使用者限定在一定数量；语言交流以及记忆能力使我们能够获知其他使用者的行为信息；欺骗检测系统使我们可以敏感地发现那些过度使用公共资源的人，并对其进行威慑或惩罚；对未来重复互动的预期抵消了短期利益的诱惑，使个体可以克制自己的行为，不过度使用公共资源。因此，形成于小规模社会的交易心理可以帮助我们解决河流用水或河口捕鱼这类公共合作问题。然而，当贸易规模扩大到一个国家或者全世界时，又会发生什么？

合作的复杂性

我们常常对人类规模最大的合作领域视而不见，或者根本不理解它为什么也是一种合作形式。没错，我指的就是市场交易。每个人每年会完成上千次的市场交易，这本身不会被我们所忽视，但我们难以意识到的是，日常不断上演的交易也是一种合作形式。我们都知道，如果你想得到他人的某些东西，交易是最和平也最有效的方式，否则你只能选择讨要、借用或偷盗。市场交易之所以具有合作性，是因为交易产生了互利关系，正如任何初级经济学教科书都会在开头所指出的那样，当面包师喜欢钱甚于自己做的面包（否则他们就会保留面包）而顾客喜欢面包甚于手中的钱时（否则他们就不会放弃他们的钱），交易就发生了。交易对双方都有好处，因为双方得到的都比以前多。

作为一种合作互动形式，交易会自然扩展，包括将更多人纳入复杂的合作网络，使得市场交易越来越繁荣。劳动分工是推动这种扩展的引擎之一，亚当·斯密清楚地阐明了劳动分工在创造价值、提高生产力方面能起到的重要作用，他曾举过一个经典的"别针"案例：一个工人再怎么努力，一天也造不出20枚别针，但是只要雇用10个工人，每个人分工参与其中的一道工序，平均一个人一天就能制造几千枚别针。这就是劳动分工的优势，只要专攻一种操作，每个劳动者都可以做得更好，因此产生的价值总额就会大幅增长。事实上早在亚当·斯密展开系统论述前，人们就已经认识到了劳动分工的意义。活跃于公元前4世纪的希腊历史学家色诺芬观察到："在小城镇里，工人会既加工长榻又加工门、犁和桌子……所以他们没法把其中任何一件工作做得很好，而在大城市里，你会发现有专门做男鞋或女鞋的行家，而制鞋过程中还涉及专门的切割工和缝纫工。"[65]

色诺芬提到劳动分工创造了更高质量的商品，斯密则补充指出分工还降低了商品成本。而大卫·李嘉图在斯密之后几十年提出，劳动分工还有另一个特征，那就是它引入了比较优势。例如，锡德是一个成功的作家，即使他在电脑维修方面比自己的邻居多丽丝——一位专

　　　　　　心智社会：我们的认识决定了我们的世界

业电脑维修工——效率更高，但对于锡德来说，把电脑维修工作交给多丽丝还是有利的。如果他要自己维修电脑，就要花上几个小时，而用这些时间来写作产生的收益远多于他需要给多丽丝的钱。用专业术语来说，他的机会成本（当你做了某件事而没有做你更擅长的事情时付出的代价）超过了付给多丽丝的薪水。因此，分工有利于进一步专业化，并与贸易规模、价值和商品质量形成正向良性循环。[66]

显然，所有这一切只能在相对和平与安全的情境中发生。在人类历史的大部分时间里，除了地区性的交换，大多数人与交易都没有什么交集，因为许多限制使得交易成本高得令人望而却步。首先，没有公正的第三方来强制执行合同。能让人们履行交换契约的保证无非是选择以物易物的即时交换形式，或者与亲属交易，再或者自身强大到让交易者不敢毁约。其次，信息成本也很高。个体的信息渠道仅限于由身边朋友和亲属构成的亲友圈，在这种情况下，一个人不可能真的掌握关于潜在交易伙伴和商品质量的太多信息。因此，大多数交易都发生在基于亲属关系的共享和互惠网络中，因为我们掌握了关于亲友的可靠信息，也可以对他们施加一些压力。[67]

后来，农业社会发展起来后，贸易仍然被剥削成性的暴君和军阀所阻碍。当一个国王有权按照他的意愿没收私人财产或随意对商品的生产与流通征收税赋时，贸易不太容易发生。当军阀威胁到公民的生存安全时，也很少有人会从事贸易。这就是保障罗马治下的和平的帝国制度垮台后，在西欧发生的事情。此前，（大部分）罗马人民可以毫发无损地行遍整个帝国。而蛮族每征服一个罗马行省，当地贸易很快就开始萎缩，因为旅行变得危险起来。于是罗马帝国晚期的"世界主义"局面就这样消失了，原本，意大利人会购买大量非洲小麦、西班牙葡萄酒和希腊涂料，当然还有其他来自世界遥远角落的工具和工艺品。[68] 而即使在现代社会，非洲的贸易和产业仍然会受到不安全因素的妨碍，这大大提高了商品储存、运输和交易的成本。[69] 除了要保证货物和人身安全，繁荣的贸易还需要保障所有权以及契约的执行力，这同样需要相对廉洁高效的司法机构。要满足这些条件，并不一定要有一个强大的国家体制。例如，中世纪和文艺复兴早期的商人有他们自己的协会，协会将非会员排除在外，保证了会员之间能够进行可信贸易。[70]

贸易的扩展给人类心智带来了新挑战。我们的交易倾向是在小规模群体的背景下发展起来的，在那种社会状态下，人们可以了解个体在一系列生产活动中所做出的贡献。狩猎采集群体的成员知道是谁发现了羚羊、谁参与了围捕羚羊以及谁最终猎杀了羚羊，这些都是要参与猎物分享的人。但在大众市场社会中，我们通常对每个人的贡献信息知之甚少，因为生产过程过于复杂，人们根本无法做到这一点。即使制造一支简单的铅笔也需要数百名专业人员的合作，他们中许多人并不知道自己正在参与铅笔的生产过程，也没有一个人的动机是为消费者提供这种工具。[71] 从人类心智和社会交换心理的角度来看，难以理解的不是合作活动的参与者数量，而是合作活动的协调方式，也就是说，不同、不相干而且也没有利他动机的参与者，如何做到恰好为彼此提供了所需的东西——不多不少、环环相扣，简直如同奇迹，他们最终制造出铅笔、钢琴、电脑或香肠这些消费者购买的产品。这种大规模的协调现象不同于人类心智所知的任何其他社会互动——这就是为什么我们的认知系统很难理解它。

我们懂经济吗？

如今，人类的贸易规模已扩大到涉及数十亿人，我们购买和消费的绝大多数商品都不是出自家庭或小规模社群生产，海量的贸易汇聚在一起，支撑起了我们的福祉以及我们在生活中每每感受到的便利。这些贸易不是个体之间的以物易物，参与者也很少考虑重复互动问题。我们的直觉系统当然不是为此类生活场景"设计"的，因为这些场景是在人类历史的最近一段时间才出现的。那么，我们是通过什么机制来评估判断大众市场下贸易的公平性、可信性以及有效性的？我们如何发展出了一套新的知识或认知系统，使得成千上万的个体能够在各自利益的驱使下进行协调合作？

简单的回答是，没有新机制和新系统。尽管人类从事远距离贸易已经有几千年了，尽管全球性商业活动在几个世纪前就出现了，但这并没有从根本上改变我们的交易心理，这就是为什么在实验室经济学博弈中，被试的行为往往非常接近于小规模群体中的个体行为模式，这也是为什么进化心理学家能够解释现代社会中许多令人困惑的消费现象。[72] 市场可能就在我们身边，它们也许以一种有效的方式协调数百万不相关参与者的行为，但大多数时候，我们仍然基于进化形成的社会交易模板来思考经济。

例如，大多数人对房租、工资、失业率、福利或移民政策等问题都持有特定看法，他们对不同经济机制之间的相互作用也有心理预期，例如，国外经济繁荣对本国是好是坏，福利项目是必要的还是多余的，最低工资标准是在帮助穷人还是伤害穷人，价格控制会导致商品价格上涨还是下跌，等等。我这里指的是普通人的观念，也就是所谓的"民间经济学"，它们不同于专家针对种种经济状况发表的言论。

这些关于经济的观点对政治至关重要。在现代民主国家，人们对政党及其政策建议的认同支持主要基于他们对经济的总体看法。他们在评估一项政策提案时会考虑它带来的经济影响，例如：租金限制会使房租保持在低水平吗？税收会缩小不平等吗？控制排放是不是减少污染的主要途径？因此，有必要对这些民间经济学进行记录分析，试图理解它们背后蕴藏的生产和交易观念。

令人惊讶的是，关于民间经济学的系统研究并不多。但我们所掌握的信息足以表明，人们对经济过程的看法并非完全随意，它们不仅仅是媒体影响或政治宣传的结果，最重要的是，它们经常与专业经济学家对大众市场社会的理解相冲突。事实上，在某种程度上社会科学家之所以研究民间经济学，一个重要的推动因素是，许多人会坚守那些早已被经济学家指出是错误或具有误导性的观点。[73] 他们到底是在哪里犯了错？

一个经常被提到的错误信念是，价值创造是零和博弈（zero-sum game），所以如果一些人或一些群体获得了更高的收入与更多的财富，这就意味着其他人的情况会变得更糟。就像俗话说的那样，蛋糕是不变的，你可以用很多方式切分它，但没法把它变大。一部分人分得多一些，其他人分得就少一些。在许多政治辩论中这一看法非常常见，我们根本不需要详细解释。而经济学家会指出，虽然某些互动确实属于零和博弈，比如战争或发糖果，但经济是正和博弈（positive-sum game）。否则，我们就不会有经济增长，不会有市场繁荣，更不会有20世纪那种全球性的经济规模的急剧扩张。只要每个人都更富裕，蛋糕就会变大。国家间关系也是如此，很多人认为国家财富也是零和博弈，中国太过强大会不利于美国。但经济学家可能会认为，更富有的中国人将有更多机会购买更多的美国商品，从而促进美国经济繁荣。部分人的财富增长也会符合所有人的利益，尤其是从他们身上赚钱的人。

另一个常见的观念是价格只由议价能力决定。同样，大多数经济学家认为它具有严重误导性，然而在许多关于价格的讨论中，它还是会被人们频频提起。人们相信，在商业环境中，价格总是会"偏袒"那些更强更大的合作伙伴，即大企业、大公司，于是另一方即消费者的利益就被牺牲了。例如，当我们得知某公司"控制"了相当大比例的市场份额时，许多人会得出结论：该公司可以将它们产品或价格强加给消费者。然而，经济学家会指出，那些表面上强大的公司实际上一直受到消费者选择的辖制。过去一些巨头公司在"主导"了某个商品市场后将其意志强加于人，于是这些企业航母很快就"无声无息"地沉没了，原因正在于此。不过，消费者的操控力是作为整体而存在的，这使得单个个体很难意识到自己的力量。

这些民间经济学观念都是错误和具有误导性的吗？许多经济学家确实这样认为。但是，即使我们承认大多数人对复杂经济运行方式的理解是错误的，即使我们认同专业学者提出的经济学理论是对现实更有效的解释（这当然并不一定），我们也无法说明为什么那些错误的观念是如此普遍，以及为什么它们会在许多人的政策选择中发挥重要影响。毕竟人们可能会被各种手段与各式信息误导，因此，我们应该预期他们对经济的（错误）看法毫无规律可言，但事实并非如此。[74]

看起来，一个显而易见的答案是人们对经济的看法来自媒体或政治企业家的宣传。当然这在一定程度上是正确的，因为人们经常通过引用外界信息源来证明他们自己的经济观点是正确的，而那些更相信自己观点、想法更具体的人也确实更有兴趣从媒体或政党宣传中获取信息。然而这只能算合理解释的出发点，即使大多数人对经济的看法都来自外界信息，我们仍然必须解释为什么某些信息能吸引他们的注意力，为他们所认同支持，而其他信息却被丢弃和遗忘了。

那么，另一种常见的解释是，人们的观念都是与自身利益相符的，这显然正确，但依然缺乏解释力。诚然，我们可以理解，对国际贸易反对最强烈的人是那些自己的工作岗位或公司会受国外竞争威胁的人。但正如经济学家布赖恩·卡普兰（Bryan Caplan）所强调的，利己主义实际上说服力非常有限。在许多问题上人们的立场主张更像是源于特定偏见，例如，他们认为政策应该"创造"就业机会，他们相信经济是零和博弈，他们觉得大企业有更强的议价权——这些观念与他们自身的利益没有明显关联。[75]

那么，这些信念到底从何而来呢？要解释它们，我们必须首先记住它们并不是经济学理论。也就是说，民间经济学是由条件反射式的评价和直觉观念构成的，这些信念会在适当触发条件下被激活，但信念持有者不一定会明确地思考自己的观念到底有什么道理。同时，这意味着信念的产生与否高度依赖语境，它们不会时刻占据人们的思维。例如，当人们想到收入的极端差距时，可能会认为"财富是零和的"，但当他们与小贩或面包师打交道时，他们可能不会激活这种观念。当我们的心智面对反思性信念时，根本不会进行系统性假设验证，正如我们在前面几章讨论的其他领域中见到的。不过问题依然没有解决：为什么某些经济观念特别有吸引力，更容易侵占人类的心智？

市场与社会交易模板

经济学家保罗·鲁宾（Paul Rubin）创造了"市场恐惧症"一词来指代人们不信任自由市场这一普遍现象。[76] 在现代社会中，人们常常会从直觉上反感自由市场，这表现在许多方面。例如，许多人相信市场机制是导致现代经济背景下财富不平等或低效运作的主要原因。另外，人们会对某些活动的市场化表现出非常大的道德抗拒，例如器官移植或儿童领养等。当然，市场恐惧症在政治议题中也很常见。我们该如何理解这一现象呢？也许社会交易模板能提供一个一定程度上合理的猜测性解释。

在人们通常的描述中，市场交易是"非个人"的。在现代经济背景下，人们不需要了解关于自己交易伙伴的太多信息，除了他们的立场（买方还是卖方）、他们要出售或购买的商品以及他们提出的商品价格。商品价值和价格之外的因素也不太会影响一个人的交易决策。当你决定光顾一家面包店或快餐店时，你可以忽略面包师和厨师的性格。重要的是，人们并没有重复交易的期望。你买了面包和香肠之后，如果未来不再与这些卖家有任何互动，那完全没问题。

从经济学的角度来看，这些特征构成了市场交易的优势，但我们的直觉推理系统却可能对它们做出不同的解释。正如我之前提到的，在进行交易互动时，除了关注商品质量和价格外，我们的社会交易模板会引导个体留心追踪和收集交易者的个人信息。特别是交易模板包含了一种"设定"，它让我们倾向于"与已识别身份的伙伴进行互动"。因为身份确认后，我们会更容易查找和获取交易伙伴过去的交易信息。同样重要的是，我们会偏向于同"经受过考验"的伙伴进行重复交易互动，因为这提供了某种防剥削保险。一旦交易链中断，双方都会失去长期利益，因此，我们可以预测，交易者不会通过哄抬物价等手段来压榨对方。

考虑到我们天生就具备了这些偏好，不难理解为什么大众市场的那些显著特征会被我们的心智系统解读为充满威胁性。就像在草丛中看到滑动的迹象，你会直觉上马上警惕有蛇出没一样，与身份不明的交易者进行一次性互动也会让你感觉自己可能会被剥削利用。这解释了为什么大多数史前贸易的交易链都在熟人之间形成；这同样解释了为什么在现代大众市场条件下，许多人仍试图重建遵循社会交易模板的互动模式。比起完全陌生的人，大多数人更喜欢熟悉的承包商。公司高管更喜欢与相识的供应商或买家进行重复交易。在一些地方，这种交往方式已经形成了既定的文化规范。例如，中国有一种"关系"概念，许多人都认为，在市场交易中基于人情世故的非正式信息交换是完全有必要的。你可以嘲讽地指出这就是腐败，或至少是腐败的苗头。但在更传统的环境中，它的变式就是在对彼此充分了解与相互信任的基础上，交易伙伴之间形成的稳定重复交易关系。[77] 在其他文化中，即便没有明确规范，人们也会对交易中的互动关系有一些心照不宣的期望。

我们的直觉性期望以及社会交易模板还可以解释民间经济学中的另一个重要现象：对趋利动机的不信任和道德谴责。这也是政治议题中反复出现的主题，许多人会把市场竞争视为贪婪之恶。因此，他们相信相比于商业组织，非营利组织能更好地满足人们的需求，为人们提供更好的服务。研究显示，当价格相同时，人们更愿意从利润率较低的企业购买商品，而不是选择那些更成功的企业。亚当·斯密的著名论断——面包和香肠质量的最佳保障来自面包师和厨师的利益——

似乎被人置若罔闻。

也许这种把自我利益视为对大众利益威胁的观念也植根于我们的社会交易模板及相关的进化偏好。人类认知的一个重要特征是复杂的读心机制，即个体可以对其他个体的意图、目标和信念形成心理表征。这个心智系统在人类的协调与合作活动中能起到至关重要的作用，[78] 如果无法对他人的行为、意图和信念进行丰富的心理描述（比如他想要做什么，目标是什么，他是怎么想的），我们就不可能与之开展有效的合作或交易。例如，欺骗检测系统会自动探测交易对象的潜在意图，在小规模经济互动的背景下，探测他人意图是我们评估自己是否能在未来交易中获益的主要方法之一。那些试图要你的人往往不会将你的利益放在心上，不管他们提出多么诱人的提议，你都应该拒绝，你会怀疑他们早晚要利用你。正如奥菲利亚所说的，当送礼者没有心怀善念时，丰厚的礼物只会换来不幸。而有时出于某些无法控制的原因，那些想帮你的人在当下交易中可能无法提供最诱人的条件，但你不应该拒绝他们，因为在未来他们会尽可能为你提供更好的交易。[79]

所以，大众市场出现之前，在交易中通过交易对象的意图来推断结果是一种非常有效的手段。也就是说，从长远来看，如果对方的动机主要是与我们建立持久、稳定的互惠式互动，那么交易条件更有可能对我们有利。相比之下，如果我们获得的信息是交易对象试图最大化自己的利益，这就预示着我们应该避免那种互动。此外，那些试图通过贸易欺骗你的人在狩猎、战争和其他形式的集体行动中往往也不是称职的伙伴，这就让我们更有理由追踪他人的动机。然而，在以市场为导向的现代经济背景下，我们能搜集到的信息只关乎其他人能提供什么，不涉及他们为什么要提供。因此，我们形成于祖先生活环境的直觉系统会让我们陷入一种"道德污染"的思维泥淖。事实上，市场交易行为正是被利益驱动的，这没有什么不好。但我们的道德污染思维则让我们相信，最大化追求自己的利益是一种不良动机，而在这种动机驱使下的交易也是不良交易。换句话说，动机污染了交易，以至于我们预期普遍化的自利只会产生坏结果。

公正的概念从何而来

在现代民主国家，几乎所有人都同意公正应该是社会的基本组织原则之一，只是人们对公正的理解存在明显差异。乍看之下，不同的公正观可能源于人们对特定意识形态或价值体系的坚守，因此，重视权利和规则的人倾向于机会平等而不是结果平等，重视努力与个人奋斗的人支持精英主义社会，而重视平等的人则认可财富的再分配。但是，当我们试图解释为什么某些信仰或偏好广泛传播时，仅仅将其归因于不同意识形态并不算合格的回答。意识形态本身就是在某一群体中流行的信念的总集合，如果我们说一个人之所以是平等主义者，是因为他受到了周边平等主义意识形态的感染，那我们还是应该继续探究为什么在他周围会有这种平等主义的意识形态氛围，也就是说，为什么平等主义信念对某些人会格外有吸引力。

也许还有另一种解释。我们的心智包含了一套专门用于处理交易关系的直觉推理系统——也许正是该系统在很大程度上塑造了我们的公正观以及我们关于社会公正的不同信念。正如我在前面所描述的，交易心理由许多子系统构成，它们负责不同任务，例如判断物品的所有权，评估对猎物的分配是否公平，识别可靠交易伙伴，察觉欺诈者，等等。在现代社会背景下，人们可能将这些直觉延伸到了对大众市场社会的理解层面，由此就形成了他们的公正观，其中有两条主要的延伸路径。

一条路径是我们将关于所有权和公平交换的直觉延伸到了现代经济的大量交易中。对于什么样的交换能算得上合理、正当、公平的交换，人类有着精准的直觉原则。例如，人们认为他人有权获得自己的劳动成果，甚至连儿童都认为，用橡皮泥做了一条蛇的人有权保留它，他对这条橡皮泥蛇的所有权占比与橡皮泥主人拥有的所有权占比一样多，甚至要更多一些。我们也认为，只要买家能接受卖家的要价，这就是公平交易，而且我们还会凭直觉判断，交易应该是自愿的。就算一个面包师今天没有卖出任何面包，这也不能成为他强迫你买他面包的理由。[80] 而大众社会极其复杂的经济运行机制其实就是这类互动的集合，每一种互动的公正与否，其判断标准其实也是基于我们直觉上的所有权与公平交换原则。所以我们认为人们有权得到他们生产或者他们从自然界中（经过努力）获取的东西，也有权得到与他人通过自由公平交换而获取的东西。

用学术术语来说，这种直觉是公正概念的基础，它部分源于约翰·洛克的理论，而罗伯特·诺齐克（Robert Nozick）对其做出了更详细的阐述。[81] 这种公正观其实不涉及收入或财富分配问题，它只关注交易过程本身是否公正。当无数正当交易累积集合后，所产生的财富分配可能非常平等，也可能非常不平等。例如，一个著名演员的收入也许是护士收入的几千倍，但只要他获得财富的过程中没有强迫或欺诈的存在，我们就应该认为他的收入是正当收入。的确，事业有成的演员可能受益于各种既定社会体制，如剧院、戏剧学校与影视产业等。但这些好处和机遇对所有人都是平等的，可其他人并没能成功取悦大众，因此，收入差异不能被视为一种不公正的社会现象。

第二条通往社会公正原则的路径始于我们关于集体行动和再分配的进化直觉，在现代社会，我们将这些直觉系统投射到了大众社会这个更大的画布上。从这个角度来看，经济或社会运行可以被看作一种大规模的集体行动，每个人都以各种方式做出贡献并从中获得回报，这就像全部群体成员参与一些集体任务之后，比如挖井、砍伐森林、建设村庄，每个参与者都会且都应该受益。大众市场经济这一极端复杂的集体行动包含了无数不同类型、不同规模、涉及不同商品的交易，任何人都不能也无须知道自己以何种方式促进了总体效应。按照这种观点，人类作为一个整体产生了大量财富，而政治的主要问题是如何将这些财富分配给不同个体。

我们的集体行动能力中包含了分配直觉。正如我之前解释过的，我们凭直觉认识到人们应该根据他们的贡献获得相应回报。这种思维可以为各种分配方式都赋予合理性，不管是非常平等的分配结果还是非常不平等的分配结果，而我们其他的直觉系统则会对精英主义式的视角进行调整，让分配差距没有那么极端。首先，人类通常不相信任何个人的贡献可能是其他人的数百倍或数千倍。例如，我们似乎不会真的认为，那些高收入的演员对社会做出的实际贡献能够是其他人的几千倍。其次，当我们无法轻易追踪付出和成果之间的关联时，我们就会本能地倾向于平等主义的分享方式。比如在狩猎活动中，同样的付出可能会换来完全不同的结果回报，一个在这次狩猎活动中运气较差的猎人也应该分得一份猎物。最后，我们的直觉是在小群体环境下进化而来的，在这种环境下，不给某些人任何利益分成是一种非常轻率的做法。正如我们之前分析的，分享那些高风险资源（例如肉食）本身就是一种对冲风险的形式，因此，我们不能疏远和忽视那些在一段时间内没有做出太多贡献的人。

总的来说，当我们把直觉性的分配倾向投射到复杂而难以捉摸的大众市场经济中时，就产生了对分配结果公正与否的特别关注。它们还使人感到极度不平等的分配不可能是公正的，最重要的是，纠正这种分配结果符合道德公正原则。这种基于根深蒂固的集体行动直觉而产生的观点，本身并不能说明到底该如何进行收入纠正。但它使一些调整性的政策，比如累进税制或最低收入保障，在直觉上显得公正。

约翰·罗尔斯的正义理论对这一观点进行了更明确、更条理分明的论述。[82] 罗尔斯提出，只要保障了人们的基本自由（例如，拥有个人财产的自由、商品交易的自由）和机会平等，那么社会秩序就是公正的。但罗尔斯的"差异原则"又规定，随着财富的增加，对财富的分配方式应该倾向于提高最弱势群体的分配比例（尽管它也可能使较富裕的个体受益）。

这两种观点支撑着两种主要的公正或正义理论。一种关注过程——交易必须公正，由此产生的分配结果也是公正的；另一种关注结果——分配必须是平等的，为了促进平等而采取的再分配政策也是公正的。[83] 当然，对这些正义原则的理论阐述要复杂得多，[84] 但我们在这里无须加以探讨，我们的重点不在于预测不同正义原则会产生何种社会前景，而在于解释为什么它们对人类来说既真实自然又令人信服。这两种观点的运行逻辑看起来是一致的：它们包含的信息和主张恰好符合我们的一些直觉系统，因此成了我们秉持的抽象公正观概念。

人们不只是反思这些问题，他们还会觉得应该做些什么，他们会对不符合自己公正原则的事情感到愤怒，他们还会试图说服别人接受特定的观点。直觉系统解释了这些情绪和动机的由来，引导公平交易、识别所有权以及判定集体收益分配的认知系统，其"设计"初衷就是要触发情感和驱动行为——否则它们就不具有进化上的优势。所有权直觉导致我们对自己从环境中获取的资源产生极度保护欲，同时也让我们有充分的动机去保护其他人所拥有的资源不受外人侵扰。我们的搭便车检测系统则使我们产生了一些强烈冲动，让我们去遏制欺骗者的活动，减少他们的收益并宣传他们的罪行。一旦这些系统在认知大规模社会现象时被激活，它们就会触发同样的情绪和动机。

繁荣与公正的悖论

在史前和历史上大部分时间里，人类的生产水平基本与如今最贫穷国家中最贫困者的生产水平相当，差不多相当于每天2～3美元。从工业革命开始，人类经济以越来越快的速度走向繁荣，在大多数人类社会都产生了财富增长的曲棍球棒效应（前期增长很慢，到一个节点后出现突发性的增长，增长曲线类似于曲棍球棒）。正如马特·里德利所指出的那样，我们很难意识到，与历史上大多数人类成员所经历的环境（实际上更准确地说是他们所忍受的环境）相比，我们的生存环境已经发生了多么巨大的变化。人类的寿命要比以前更长，现代人可以治愈许多在几十年前致死率依然很高的疾病，可以吃更好的食物、喝更清洁的水、住在温度适宜的房间、与数百万人交流，以及随意利用长期以来人类积累的知识。[85] 过去的50年里，世界经济最大的变化是全球贫困人口的大幅减少。在我写本书的时候，据估计"只有"10亿人仍然在每天生活成本大约2美元的贫困线上挣扎。我在这里使用"只有"这个词，一方面是想表明，我们应为仍有如此多的人处于贫困状态而感到悲愤，另一方面也想表明，贫困人口的大幅减少确实是一个事实，而这样的事情在整个人类历史上是前所未有的。[86]

几十年来，经济历史学家一直就推动18世纪工业革命的特定条件争论不休，他们还热衷于探讨到底在工业革命之前是什么特殊因素使英格兰、荷兰和意大利北部成为商业中心，又是什么因素使英格兰特别成为技术创新中心。尽管经济学家对"为什么发生在那个时间"和"为什么发生在那里"有不同的解释，但他们对"如何实现"——繁荣如何扩展到全世界——的看法却非常一致。这里的答案是，在所有人们可以进行和平与自愿交易的地方，繁荣程度都会提升，刚开始很缓慢，然后越来越快，贸易及其带来的创新是唯一已知摆脱贫困的途径。[87]

这就产生了一个悖论。贸易对经济繁荣的促进作用并不是始终如一的——直到贸易规模达到涉及数百万人，能够将数百万参与者卷入人类心智无法追踪的互动网络中，才"涌现"出了聚合效应。但是，我们用来理解这种聚合效应的心智工具是针对解释小规模互动而设计的，市场经济复杂的协调方式——数百万人在没有任何计划的情况下进行合作——远远超出了我们交易心理能掌控的范围。因此，大量产品和生产过程会被我们的认知系统认定为一种既定存在。也就是说，我们的认知系统可以表征这些商品和服务的存在，但无法表征它们为什么会存在，更不用说还有一些商品与服务是我们根本意识不到的。

如果我们的认知机制将大量产品认定为既定存在，那么必然会触发与公共分享有关的直觉系统。这是因为，有相当一部分商品和服务被我们的心智视为"意外之财"——它们明明就在那里，但我们却无法表征它们的来源。如果你和徒步同伴在山地探险时捡到了一张大额钞票，这也会触发关于分享的直觉（比如：这笔财富应该由所有徒步者均分吗？是不是谁先发现的，谁就应该有更大份额？）。我并不是建议人们应该将工业和商业产品视为意外之财，但我们的心智系统确实可能在处理与产品有关的信息时并不检索产品的源头。

如果所有这些都成立，我们的公正概念似乎就会导致一个矛盾。人类之所以能够发展贸易并将其扩大到远远超出小规模生产和本地交换的范围，是因为我们有一套进化形成的交易心理系统，该系统包括对所有权、公平交易以及集体行动下成果分配等一系列问题的直觉判定机制，正是由于具备了这些机制，我们才得以创造异常复杂的经济世界，并得以享受经济所带来的繁荣。我们所创造出的繁荣经济世界由无数产品和服务组成，但我们却无法用直觉系统来解释它们的存在，它们就在那里，可我们的直觉系统无法表征它们出现的条件。因此，它们会被一些心智系统视为意外之财，而这又会进一步触发我们的公共分享直觉，从而使得某些公正观念，特别是关于社会财富再分配的想法，显得既合情合理又让人信服，人们也就更容易成为这些公正观念的支持者。然而，财富再分配的观念又违背了我们对"付出 – 回报"关系的直觉预期——人们贡献越多，收益就应该越多，同时也违背了我们对所有权的直觉预期——劳动者有权获得自己的劳动所得。再分配意味着要对我们的这些期望进行调整：有些人可能比其他人多做了很多贡献，但他们只能多得到一部分收益；有些人的劳动成果非常丰厚，但他们不得不通过缴税的方式放弃他们的部分劳动所得。基于成

　　　　　　　　心智社会：我们的认识决定了我们的世界

果分享直觉的再分配政策与我们另一种直觉就这样产生了冲突。

当然，有许多复杂手段可以克服不同直觉偏好之间的冲突，但这正是问题的关键——它们很复杂，需要学者们努力加以探究，这不是一件容易的事情，因为我们的心智装备中没有解决这一矛盾的直觉机制。悖论正在于此：人类基于公正感而产生了平等的交易合作，而交易发展的结果是出现了如此之多的非个人化合作，以至于公正所需求的似乎与交易所需要的是冲突的。

第六章

人类的心智能理解社会吗?

协作、民间社会学和自然政治

人类进化的方向之一是适应社会生活,但他们可能不理解社会是如何运作的,这似乎有些矛盾。人类常常被描述为一种政治动物,许多地方的许多人似乎都在关注政治进程,并为政治行动投入了情感,而且看起来很多人都热衷于讨论政治。人们会围绕政治纲领、政治议题、政治运动以及改革等问题展开论述,它们传达出了关于社会如何运行和应该如何运行、制度如何得到创建和维护、不同群体和阶级如何相互作用等问题的观念。这些想法不专属于专家,它们就充斥于日常辩论中,为大众社会的所有或大多数公民所持有,但它们准确吗?

我们可能乐观地认为,我们凭借常识性政治理论一定能把大多数事情做对,否则我们就不可能有复杂的社会,也不可能知道在复杂社会中到底该如何做出各种选择。但这种想法其实并不合理,在市场经济中,我们可以高效地参与经济协作活动,但我们大多数人其实都不明白市场经济的运行原理。同样,进化使我们的心智系统适应了社会化生活，但这不代表我们理解到底是什么因素将社会捏合在一起。

关于社会运行方式的理论在现代社会非常流行，但它们的历史其实要古老得多。在所有人类社会中，人们都会发展出一些概念，用来解释诸如什么是社会群体、它们是如何形成的、政治权力由什么组成以及为什么有些人的地位比其他人更高等问题。人类学家劳伦斯·赫希菲尔德（Lawrence Hirschfeld）创造了"民间社会学"（folk sociology）这个术语来描述人们对社会类别和群体的自发性理解。[1]我借用这一术语并将其范围扩展到人类的一些基本政治观念，涉及社会运行方式、社会组成部分以及这些组成部分的相互关系。所以问题是：人们是怎样发展出民间社会学的？还有，我们的民间社会学准确吗？这样的问题可不仅仅关乎学术研究，我们当下的大规模社会依赖民主协商来进行集体决策。至少在理想情况下，协商要求人们基于对社会状况的准确理解来理性比较不同的政策。我们的心智真的可以做到这一点吗？

透明的协商："特人共和国"

作为起点，我们可以考虑一个小型政治体的例子，可以说它体现了理想情况下的协商式决策。位于尼泊尔西部木斯塘地区的特人（Te）社会像是一个小型共和国，当然这么说也不完全准确，虽然"特人共和国"在某种程度上是自治的，但这里其实是当地五个社群的联盟的一部分，它之前还曾经属于巴腊贡王国，而后者几个世纪以来则从属于尼泊尔王国。尼泊尔对这里的权力行使主要体现在征税上，而在其他方面，特人社会的居民自己管理着大部分集体事务。和喜马拉雅山脉的大多数居民一样，他们依靠牲畜和大麦维持生计，是沿着山谷延伸的庞大贸易网的一部分。特人社会的居住环境非常紧凑，当地大约有 100 栋房子，几乎都挤在一小块平地上，为牧场和引水灌溉的小田地留出了空间。[2]

在特人地区，居民不仅参与集体决策，而且还定期重写他们的"宪法"。这份宪章性文件规定了公职人员的任期、职责以及选举模式，还详细列出了与集体行动有关的具体规则，例如如何灌溉、如何引水、如何维护牧场、如何定期组织祭祀仪式、如何向神灵祈祷、如何实施惩罚措施，以及其他人们共同关心的问题。每隔 12 年，来自各个家庭的长老们会召开一次会议，调整部分规则或加入新规则，这项活动要求人们必须参与，否则就会受到惩罚。经过两周时间的提案、讨论和投票，新规则正式成形，他们会请一位僧人将规则记录在案，作为正式文件对外颁布。

特人社会有几个公职岗位，当然所有公职人员其实都是在兼职办公。其中包括一个由三人构成的常务委员会，他们负责日常决策，并代表社群与外界沟通；还包括一套由四名治安官组成的司法系统，他们负责监督其他成员遵守社群规则，例如按要求使用公共牧场。所有这些官员都是通过抽签选中的，任期一年，他们宣誓履行自己的职责，并在其他所有公民的密切监督下工作。

政治事务在特人社会是一种必要存在，因为如果不参与广泛的集体行动，没有人能在喜马拉雅山区恶劣的生态环境中生存下来。放牧牛群的公共牧场需要管理，小型农田的灌溉需要通力协调，引水渠和管道需要定期维护，特人社群还必须向其政治领主——先是巴腊贡，后是尼泊尔王国——缴税，所有这一切都要求当地人民采取一些协调一致并受到密切监督的社群合作行动。这解释了当地法案为什么会详细列出，倘若人们未经允许就使用集体财产——如从公共土地移走木材——要遭受什么样的惩罚。此外当地法案还规定，一个人不能因为情况艰难就逃避自己的义务，外出逃避缴税的人不得再回到特人社群，甚至不得与特人社群的其他居民再做任何交易。[3]

特人社会还是一个政治透明的地方，首先，法律的所有规定都清晰明了，诸如"治安官每天要巡视田野两次"（以防有人过度利用公共资源），"治安官离开村庄超过一天将支付 100 卢比的罚款"，以及"人们的服丧期不能超过 49 天"（防止逃避共同劳作）。[4]这些规定的含义是什么，它们将如何影响每个人的福利，会如何约束人们的行为，以及委员会成员支持或反对这些规定时提出的理由，都得到了明确说明，没有任何含混不清、模棱两可的表达。另外，决策过程也是完全透明的，因为居民自己参与了所有决策。其次，每一项决策都经过了审慎的协商，所有参与者都可以充分阐述某项规则对自己的利弊，每个人都必须与其他人进行谈判，最终达成共识。所有这些构成了协商民主的典范，对许多人来说，这是一种最自然的政治程序。尽管特人社会与我们更熟悉的大众社会差异甚大，但他们的生活方式已经可以表明我们对政治的一些基本直觉预设。

社会复杂性和政治的起源

在我们大多数人所处的大众社会中，政治过程并不会如此一目了然。要理解我们的心智如何处理大规模决策，我们必须先退一步，首先勾勒出社会的发展方式。人类是在小规模狩猎采集群体中进化而来的，但我们也经历了从游群到大部落，再到酋邦、城邦、王国和帝国的发展过程，建立了大规模的政治体。[5]因此，人类学家面临的一个基本问题是，解释这一社会扩张过程的助推因素与实现途径，比如酋邦如何从部落中产生，个人化的部落权威如何演化成非个人化的国家权力机构。

如我们多次强调的，人类进化的大部分历史都发生在小规模狩猎采集的生存环境中，这种原始游群一般由 20 ~ 40 个人组成，他们为了获得更好的狩猎资源以及季节性植物资源，会常常迁徙。在大部分情况下，小游群都属于更大的部落联盟，他们语言相通，不同的小游群之间会有定期会议和通婚。根据考古记录以及当代狩猎采集群体的生存状态，我们推测，当资源有限时，狩猎采集者会发展出小规模的平等主义社会，而在资源较为充裕、允许财富积累的环境下，狩猎采集者则会创造出社会等级和权力结构。例如，北美西北部的印第安社会就发展出了社会等级和复杂的政治体系。[6]随着农业和定居群体的出现以及人口密度的增加，人类社会的规模和复杂性发生了巨大变化。许多群体开始专门经营种植业，他们通过几种主要农作物获取资源，同时也从事一些狩猎和采集活动。农业和畜牧业的出现开创了传统农业社会，权贵阶层和王权（或王权群体）是由农业经济的生产盈余所奉养的。

早期的"进化"人类学家倾向于认为社会形态转变就像进化一样，具有一致性（全球各地都一样）和不可逆转性。但是从不定居的狩猎采集到居住地固定、人口稠密的农业，变迁过程其实起起伏伏，并不一以贯之，当生态条件恶化导致农业无法持续时，就会出现逆转。并不是所有的大酋邦最后都变成了国家，一些城邦也会被周围的部落社会瓦解。此外，在不同地方，国家的形成过程以及新兴王国与周边部落之间的关系会呈现出不同形式。[7]

　　对于我们的心智倾向和偏好来说，大规模社会的出现构成了一个新的重要问题：建立和维持庞大而复杂的政治体需要什么样的心理条件？我们的心智是如何适应的？人类必须拥有创造复杂政治体系所需的一切，并解决因在单一政治体中聚集大量人口而产生的许多协调与合作问题。

　　我们当然应该考虑这样一种可能性：有固定居所并从事种植业和畜牧业生产的人群同狩猎采集者在基因上就存在某种区别。事实上，随着对祖先基因了解的加深，我们可以看到不同时代的人类种群确实出现了明显的基因差异，目前有强有力的证据表明，全新世时期的人类在自然选择作用下发生了快速而深刻的进化，不同种群之间也发生了快速分化。但这些差异是我们祖先迈向新石器时代生活方式的结果，而不是原因。人类的大量聚居创造了密集的病原体环境，畜牧业的发展也导致我们的祖先暴露于猪、牛、狗和其他驯养动物携带的细菌与病毒的威胁，他们的免疫系统需要对这种进化压力做出反应；[8]以小米和大麦等高热量农作物为主的全新饮食结构，促成了深远的基因变化；最后，对乳制品的依赖也为北欧和西非地区的一些人口带来了乳糖耐受性的选择性压力。[9]

　　所以，使人类能够创造出大规模社会的进化装备十有八九在新石器时代之前就已经存在了。但那是什么装备呢？它必须包含允许人类群体规模扩展的能力和倾向。常有人说，我们的心智是石器时代的，这话可能基本准确，因为我们复杂的心理倾向是基于变异、选择压力，经过漫长的时间而产生的。不过，我们古老的心智已足以应对复杂的社会制度了。[10]

社会规模扩大所需的工具包（一）——集体行动

"装配"一个大规模社会可不是把"装配"小规模社会的做法用到更多人身上那么简单。原因是大群体会产生许多新问题，首先，在小群体中，人们大多数日常活动都只牵涉到彼此认识的伙伴，其中许多人还是亲属。不同于小群体，大规模社会要求陌生人之间能协调行动，个体必须有可能与他人一起追求某种对所有人都有益的共同目标，而不仅仅是与那些同自己具有部分共同基因的人合作。其次，所有人都必须在正确的时间做正确的事，任何一个复杂社会都是协调配合的奇迹。成千上万的人会根据他人的行为来调整自己的行为，以适当方式行动，一个社会就像一支超级庞大的管弦乐队。换句话说，大规模社会的成员需要有集体行动的能力，还需要将不同个体的工作贡献有效结合的能力。

在第一章中，我描述了联盟心理，这是一套使人类很容易建立和维持大型联盟的能力与动机，它产生了群体之间相互竞争的直觉。建立联盟的能力只是人类集体行动倾向的诸多结果之一，联盟也仅仅是集体行动在群体竞争背景下的一种表现形式，而人类还能在很多其他背景下以其他方式创造集体行动。

从至少 50 万年前的直立人时代起，人类祖先间就显然有了复杂的互动交流。[11] 早期人类会从事集体狩猎和合作养育活动，它们都属于集体行动，参与者需要评估彼此的共同利益，并在彼此的善念上押注。古人类可以通过驱逐将动物们聚集在一起，再把它们赶下山崖——所有这些操作都需要不同个体之间的高效行动协调。[12] 在这类活动中，监视其他参与者是否认真履行自己的职责并不是件太困难的事情，搭便车者会受到惩罚，被集体协作扫地出门。在更现代的背景下，人们通过体系制度建设扩大了集体行动的范围，使数百万居民可以参与到联合项目中。人们会向政府纳税、服兵役，但他们也自己组建大公司，选择加入某些协会或政党。因此，至关重要的是，我们要理解人类如何以及为何能够创造和维持集体行动。

传统社会科学并不总能成功解释这一问题。在卢梭笔下，早期人类享受无忧无虑的自主生活，直到农业和工业的发展使一些人对另一些人产生了依赖，于是人类的独立性被摧毁了。[13] 这简直是大错特错，事实上，卢梭本可从一位比他更早也更具经验主义思想的社会科学家——突尼斯的伊本·赫勒敦（Ibn Khaldūn）那里得到启发。伊本·赫勒敦强调，在社会进化的最原始阶段，群体团结一致是一种必要存在。[14] 我们现在从考古记录中知道，从史前时期开始，人类的生活方式就包含了相互间的依赖与合作，这是我们人类最重要的特征之一。所以我们有必要探究，自然选择如何让我们产生了集体行动的动机和能力，这些动机和能力又如何参与到实际社会互动中。

在很长一段时间里，这一直是经济学研究致力于解决的问题，而学者给出的答案多少有些自相矛盾，当然也有些令人感到挫败——大多数经济学模型都表明，集体行动不可能被组织起来。事实上，如果所有参与者都遵循自身效用最大化的原则，他们甚至不会尝试建立这种互利的合作形式。这个命题有很多变体，不同变体之间也有很多细微差别，在这里我们没必要一一探讨，因为基本的逻辑思路是一致的。显然，集体行动最大的障碍在于搭便车。例如，假定全体人民都支持推翻独裁者，我们就可以在不付出太多代价的情况下完成这一目标（甚至独裁者的执法部门也可能站在我们这一边），我们都会从中

心智社会：我们的认识决定了我们的世界

受益。但如果你让其他人来做这件事，你个人就不需要付出任何代价，效用会更高。最好的策略是不要在革命前夜暴露自己，而且要尽可能晚地表明立场。[15]

当然，理论经济学家知道集体行动确实会发生，而且在所有人类社会中每时每刻都在发生，但他们乐于将其描述为一种非理性选择，而这种非理性选择主要是受到了外部因素的影响，比如人们不合理的自信（"警察肯定会和我们一起推翻暴君！"），或者他们夸大了他人的可靠性（"所有承诺加入这项事业的人肯定都会这么做！"）。

但是，如果一个理论把人类自发且频繁做出的选择描述为反常现象，那这个理论就有些尴尬了。在世界各地，所有的已知人类群体都会参与各个不同领域的集体行动，这一事实表明，经典经济学理论的基本假设可能错了。事实上，正统的集体行动模型通常假定，参与者只关心最终目标而不关心如何实现这些目标；他们只关心其他人是否参与行动而不关心他们的身份；他们只关心自己的回报，也就是集体行动将如何使自己受益，而不关心它将如何使他人受益。[16] 但是，在大多数社会背景下，人们所采取的集体行动恰恰证明了相反的情况。无论是在联合狩猎、集体抚育还是现代集体事业中，人们都对实现集体目标的方式非常感兴趣，他们非常关心还有谁参与其中，以及其他人在多大程度上值得信任，他们会密切监督集体利益的分配方式。用形式化的博弈论术语来说，人类的集体行动并不是囚徒困境的扩展版，在囚徒困境中每个参与者都知道，不管他自己是否合作，其他人都会从背叛中受益，所以每个人都会受困于背叛策略。集体行动更类似于托马斯·谢林（Thomas Schelling）所描述的"倾覆点博弈"，在这种博弈中，收益取决于参与人数，因此，关于其他参与者偏好的信息至关重要。[17]

从理论上讲，开展集体行动确实有许多困难之处。首先，在大多数情况下，集体行动要求我们延迟满足。参加狩猎远征的觅食者一开始什么也得不到，潜在收益都在未来，但需要付出的努力或面临的危险则是当下存在的，搭建谷仓、长途贸易或对股份公司的投资也是如此。可这并没有阻止人类从事这类活动，也许是因为我们的想象力——对今后福利的想象——帮助我们克服了忽视未来的自然倾向。[18]其次，诚如经济学家们所指出的，集体行动中存在搭便车风险，欺诈行为的扩散将危及集体努力。但在实际的人类社会中，参与者之间的沟通交流可以将这种风险降到最低，因为这可以让那些一看到形势变得艰难就企图背叛的人付出巨大的声誉代价。正如我在上一章中解释的，对伙伴的自由选择和有效沟通在很大程度上解决了背叛问题。它们使背叛成为一种长远意义上的失败策略，特别是在人类进化的小规模社会环境中，所有人都将反复相遇，因此，个体不能承受被他人疏远排斥的代价。综上所述，集体行动在理论上确实存在诸多障碍，但自然选择似乎已经扫除了这些障碍。

社会规模扩大所需的工具包（二）——等级

人类建立等级制度的能力就像是组织黏合剂，如果没有这一机制，集体行动就很难有效开展，更不用说能扩展到吸纳数百万参与者的程度。大多数人类协作不仅需要不同参与者完成不同任务，还需要将决策权分配给特定个体，而不是分散到整个群体。这在大规模社会中显然是正确的，我们都很熟悉工作等级制度，学校、公司、军队和政党等组织都有等级划分和领导权威。小规模合作中其实也存在等级制度，当全村人一起建谷仓、修水坝或组织宗教仪式时，总有决策者和执行者之间的角色划分。

这些等级制度起源于何处？许多物种都有支配等级，特别是在进化谱系上与人类关系最密切的灵长类动物。例如，黑猩猩群体中就有雄性首领和雌性首领，很多动物群体在获取资源和交配方面都表现出清晰的等级差异，在性竞争激烈的物种中，处于优势地位的雄性才拥有与雌性交配的特权。对其他资源的获取也会受等级影响，资源分配比例和支配等级是成正比的。因此，人们很容易认为，人类只是保留了灵长类动物所留存下来的等级划分倾向，该倾向对繁殖活动和现代政治中的支配管理现象产生了影响。按照这种观点，人类等级制度只是灵长类祖先等级制度在人类社会的演绎，不同版本的支配方式本质上是一致的。[19]

但这可能是一种错误的类比。人类的等级制度与许多其他物种的支配秩序非常不同。正如经济学家保罗·鲁宾所指出的那样，人类等级制度并不仅仅与资源分配有关，它们也是（而且主要是）生产制度，也就是说，是将不同个体编排到一个工作任务中的方法。人类几乎可以在任何需要多种行动或多个参与者的领域建立等级制度，每个参与者是多个独立生产结构的一部分。[20]

生产等级制度的前提是不同参与者掌握的信息或技能并不一致，这一点可以用形式化的博弈论术语来说明，甚至对于只有两个参与者的活动也是如此。如果一个玩家稍微更善于做决策，那么另一个玩家就可以搭上"技术便车"，将决策权分包给更有能力的参与者，自己选择"追随"而不是领导。[21] 这种组合在人类互动中非常常见，它当然可以扩展到包括多个追随者的情况。进化心理学家马克·范·沃格特（Mark van Vugt）推测，这种协作需求可能为人类心智中领导和追随策略的出现提供了背景。具体来说，进化猜想是，人类的大脑能够察觉到需要协调复杂行动的情境，还可以衡量领导者策略和追随者策略的成本与收益，并据此适当调整行为，同时向其他参与者发出信号，表明自己打算在互动中扮演的角色。确实有证据表明，即使面对一个全新任务和之前并不认识的伙伴，人类也能迅速识别出潜在等级，团队成员通常会就等级排位迅速达成一致。[22]

权力意志与人类无政府主义

人类群体中的等级制度不仅仅与生产有关，可以说，等级经常凝结为由一些个体掌握权力的系统，也就是说，领导者的位置和等级制度会扩展到多个行为领域。为什么（几乎）所有的人类社会都存在不平等的权力关系？从进化的角度来解决这个问题的好处是，这会迫使我们重新考虑那些熟悉现象的古怪之处，然后再予以解释。

首先，为什么个体会对获得凌驾于他人之上的权力感兴趣？乍看之下，这是理所当然的，但答案其实非常复杂。政治制度的维持依赖的是有人为了占据协调等级制度中的特定位置而自愿付出一定代价（有时是相当大的代价）。我们知道，无论什么官职，总会有人想要担任。一个简单的解释是，在许多情况下权力地位会带来直接利益——军阀或专制国王的生活就是完美的例子。然而，现代历史已经表明，当政治职位的特权被大大限制之后，候选者仍趋之若鹜。正如许多哲学家所指出的，在人类身上我们能看到一种追求权力的内在动机，用

　　心智社会：我们的认识决定了我们的世界

尼采的话来说，就是赤裸裸的"权力意志。"[23] 但为什么会这样呢？

进化心理学家早就注意到，在大多数社会中，政治权力对男性的择偶前景有重要影响，而对女性的适应性也会产生一定程度的影响。等级地位为女性提供了庞大的联盟网络，让她们在需要时可以得到更多帮助和支持，因此，女性也能从等级地位中获益。对男性来说，高等级的生殖优势更为直接，地位较高的男性有更多机会接近心仪的女性，他们也有更多资源去抚养后代。[24] 此外在史前时期，许多小规模社群会频繁参与群体竞争，而社群领袖可以获得更多社会支持，从而更好地保护自己的亲属。权力和适应性之间的关联是如此清晰，并且经历了如此多的历史和经济变革，因此，它肯定会塑造我们的心理倾向。事实上，地位和影响力确实是男性在择偶市场上重要的价值砝码。[25] 这可以解释为什么追求政治权力的动机不仅仅是机会主义的——它不是源自对政治职务所能带来的实际利益的期待，尽管这些也是重要的激励，但更重要的是，我们会本能地对权力和地位充满向往。

从进化的角度来看，权力是适应性的众多"代理指标"之一，也就是说，在千百万年的进化历史中，我们可以观察到权力与适应性之间高度吻合的关系。许多人在各种情境下都会尽可能寻求支配地位，原因是权力似乎就是这样令人神往（这是近端解释），这是有道理的，因为在祖先生活环境中相对的支配地位确实能带来更高的适应性（这是远端解释）。

但是，人类的其他偏好会消弱权力意志。正如人类学家克里斯托弗·贝姆（Christopher Boehm）所指出的，在小规模社会中，权力实际上很难做到完全集中。虽然有些人能够凭借自己的经验和能力担任领导者，可一旦他们试图扩大自己的特权或欺凌同伴，就会遭到社群成员的反抗。[26] 根据人类学家的记录，在许多小规模社会中，人们会打压或排斥那些具有暴君潜质的人。很多情况下，成为领袖确实是喜忧参半的事，因为人们要求领袖担负起解决冲突、为集体仪式提供资源、合理分配物资以及做出正确决策的职责，而一旦领袖失职，可能就要遭受被降级或驱逐的惩罚。[27]

这里的一个关键因素是，人类进化的背景主要是狩猎采集环境，人们至少在原则上可以做到"用脚投票"，他们在与独裁的领袖对抗时具有不可忽视的优势——可以随时选择离开。这也许能解释为什么在所有人类社会中都能观察到人们具有抵抗专权统治的动力，同时也能解释为什么在农业社会中，对政治统治的不满并不会常常转化为叛乱行为——因为离开群体意味着离开土地，这几乎必然导致食物短缺。但在农业出现之前，在进化出我们的政治心理的狩猎采集群体中，权力的平衡并不像"领袖"这一头衔所暗示的那样向个人倾斜，因此，人们有足够多的途径表达贝姆所谓根深蒂固的平等主义动机。

如果我们把"平等主义"一词理解为人们希望每个人在决策过程中扮演同样的角色，那么这种理解是有误的。倡导平等主义意味着限制分级决策，使其不至于导致政治剥削。你接受的是某个人可以在狩猎活动中担任领导职责，但不一定接受他有权决定谁和谁结婚。人类对剥削的风险非常敏感，因为在集体行动中，剥削策略总是有发挥的空间。如果政治权力只提高了掌权者自身的适应性，但没有给群体中其他成员带来一些补偿性利益，那么此时掌权者就是在实施剥削策略。用抽象的术语来说，掌权者对自身适应性的偏袒等同于其他所有人适应性的损失，当这种偏袒达到一定阈值时，群体成员的损失会超过发

心智社会：我们的认识决定了我们的世界

动反抗要承受的代价，于是就激发了反叛行动。

因此，与其说限制部落首领野心的因素主要是平等主义追求，不如更恰当地称之为无政府主义。对小规模社会的人类学研究证明，人类有一种典型的政治组织形式，在这类政治体系中，一些个体确实在谋取权力，但另一些人则会密切监控权力的聚集并直觉地将其视为一种潜在威胁。我们的政治心理特征与集体行动偏好是一致的，一方面，我们自愿联合起来，通过追求集体目标来提高自身适应性；另一方面，我们也随时警惕压榨我们利益的剥削者。这种说法并不意味着人类天生是现代政治意义上的无政府主义者，但无政府主义这一标签的确是对人类某种动机的准确描述：人们希望形成互助式的自愿联盟，自己组织起来管理公共资源并远离专横暴君。[28] 事实上，现代无政府主义理论家彼得·克鲁泡特金（Peter Kropotkin）也注意到了"野蛮人互助结盟"与人类限制权力的动机之间的关联。[29]

民间社会学

人类超越了小规模狩猎采集群体和部落界限，开始在大群体中生活后，他们也发展出了对自己社会的明确描述，这是一种民间社会学。生活在王国中的人会对"王国的样子"形成心理表征，例如国王的权利和义务是什么，国王有什么特殊之处，等等。当然，生活在城邦或帝国的人也会对自己所处的社会产生类似认识。我们都有某种形式的民间社会学，它基于我们对社会群体、权力和社会规范的默认设想——我们很少把这些设想当作"想法"，但它们却支配着我们对社会和政治事务的理解。

从表面上看，民间社会学的内容似乎与它们旨在描述和解释的社会类型一样多样化。我们并不期望生活在游群、酋邦、大王国和现代国家中的人对自己的社会产生相同的心理表征。但是，不同的民间社会学有一些共同准则，它们来自我们的心智对社会机制的描述方式。在对各种社会的理解中，我们都能找到这些特征。

准则（一）：群体就像意识化的主体

民间社会学的第一个主要观念是，我们会自发地将人类群体看作意识化的主体（agent，或译"行动者"），各种社会普遍如此。例如，我们会说村庄、社会阶层或国家"想要"达成某个目标，"害怕"某件事情，"做出"一个决定，未能"察觉"真实现状，"奖励"或"惩罚"人民，对其他群体"怀有"敌意，等等。甚至人们在描述像委员会这样小型社会团体的运作时也经常使用带有人格色彩的概念，如委员会"意识"到某件事、"后悔"做出某件事、"想要"弥补某件事等等。社会群体被表征为具有人类的心理特征、心理状态和心理过程，包括感知和注意力、记忆和推理，以及典型情绪，如嫉妒、感激、仇恨或友爱等。在现代社会，无论是在人们的日常对话还是在新闻媒体的报道中，国家、政府及其官僚机构也都会被表征为意识化的主体，如"我国已准备好……"、"政府试图全力达成……"或"五角大楼不会接受这一点……"等等。而我们在理解国际关系时，也会使用类似隐喻，如"中方的意见是……"、"俄罗斯不会害怕……"或"英国不愿意做……"等。[30] 这不是现代社会才出现的思维倾向，例如在宗族社会，人们会把不同的宗族视为个体——他们会说某个宗族"想要这个"或

心智社会：我们的认识决定了我们的世界

"抵制那个"，人们对类似对话习以为常，不会认为有任何奇怪之处。在当今世界的许多地方，族群或社会阶层也扮演着相同的角色，看起来每个群体都有自己特定的目标或意图，这似乎是不言自明的。

这种描述方式还体现了民间社会学的另一个常见特征：当我们谈论一群人时，常将其简化地表达为某类行为主体。在关于实行最低工资的辩论中，人们会解释这对"雇主"和"雇员"意味着什么；同样，人们会说"女人"想要什么东西或"男人"想做什么。

准则（二）：权力是一种力量

在我们自发形成的民间社会学观念中，第二个共通的重要特征涉及我们对政治权力的理解。在大多数人类群体中，都存在个体之间以及不同类别人群之间的权力差异，人们创设了明确的概念来描述和在一定程度上解释这些差异。例如，领袖是如何造就的？我们为什么要服从统治者？令人惊讶的是，对于民间政治权力观这一问题，政治科学一直没有进行过系统研究。[31]

在许多地方，人们把"权力"理解为某些人身上所具有的一种真实物质或特殊品质，比如"她掌握权力"、"她失去了权力"或者"他的权力进一步扩大了"。这不仅仅是西方或欧洲人的说话方式，类似隐喻在许多部落社会、酋邦和早期国家中都很常见，在这些地区，掌权者通常被认为具备某种特殊的、非物质化的特质，这正是他们的权力之源。例如，在西非的贝宁社会，人们认为国王（现在是总统）拥有"阿奇"（acé）——一种无法界定的品质，但赋予了政治权威以合法性。[32] 再举一个我们也许更熟悉的例子——波利尼西亚人的观念：首领掌权是因为他们被赐予了"马那"，这是一种普通人不具备的神力。该概念在传统毛利社会被人们普遍认可，如今在美拉尼西亚和波利尼西亚群岛仍很常见。[33] 例如，夏威夷的国王和酋长们都被当地人认为拥有远超常人的"马那"，领袖的"马那"保障了地区的繁荣安全。但道德败坏的平民会侵蚀这种特质，因此他们被禁止接触贵族、国王及其财物，这种禁忌就是 kapu（"分离"，英语中表示禁忌的词 taboo 就是由此而来）。事实上，这些地方的隔离禁忌非常严格，只有祭司和侍从可以见到国王。[34] 在该地区的许多语言中，"马那"还被用于具有特定功能的工具、能启动的机器、能生长的庄稼、能影响他人的人等等。[35] 因此，政治权力被简单地解释为一种来自国王（或者神）的神秘力量，正是这种力量使事物得以正常运转。事实上，夏威夷人认为酋长和国王的亲属就没那么"神圣"，因为他们远离权力中心，这表明人们确实认为"马那"是一种随着物理距离增加而减少的有形力量。[36]

显然，"神圣国王"的概念不仅仅存在于波利尼西亚，在非洲、亚洲和传统美洲的许多地方，这样的观念在历史上以及在当代都非常普遍。根据描述，国王与他们的臣民具有本质差异，正因如此，他们受制于许多禁忌和规定。例如，许多非洲国王既受到尊崇，也被人回避，由于他们拥有权力，在许多情况下，与他们的接触都会被视为危险事件。国王的身体是整个国家的象征，或者说是王国政体的化身。加纳阿夸平（Akwapîm）社会的国王不可独自行走，以免他们跌倒，导致王国衰败解体。另外，正因为他们代表了整个国家，如果他们生病或不能生育，就会被赶下台，以防止王国无法延续。同样，在非洲的许多地方，人们认为国王假如身患疾病或身体虚弱，就应该被处死。[37]

心智社会：我们的认识决定了我们的世界

因此，权力通常被描述为依附于特定个体的物质实体，其运作方式与"有形力量"非常相似。在英语的传统隐喻中，人们"拥有"权力并"行使"权力，我们认为拥有权力的人能够"推动"他人做出某些行为（就像物理力量可以移动物体一样），我们说那些不追随领导者的人是在"抵抗"，或者他们没有"动摇"，不会受"摆布"，诸如此类。

准则（三）：制度规范是客观事实

民间社会学的第三个重要主题是一种心照不宣的预设，即社会规范和制度在某种程度上是独立于人类心智的，它们是社会现实，是实际存在的事物，超越了人们的观念。这种描述可能显得过于形而上学，当然，大多数人不会明确地以这种深奥的方式来看待社会体制。但在他们的一些言行中，的确能体现出他们"将规范解释为某种客观现实"的倾向，很多例子都可以帮助我们认识到这一点。

在西方国家，当讨论同性结合的合法性问题时，家庭规范一直是一个争论异常激烈的分歧点。反对者的理由是同性婚姻会破坏传统家庭规范，或者同性伴侣不能为养育孩子提供合适的环境，又或者同性婚姻会引发更极端的婚姻变化，例如使社会滑向多配偶制的深渊。那些赞成者则主张同性恋者和异性恋者应具有平等的权利，这基于传统自由主义观点，即只要不侵犯他人自由，任何行为都是允许的。然而，无论争论多么激烈，双方其实早就达成了一些共识。首先，他们都同意"婚姻"这一称谓非常重要。例如，一些反对者也愿意承认同性伴侣享有与已婚夫妇一样的法律权利和义务，但条件是这种结合的契约不能被称为"婚姻"。同性婚姻的支持者对这样的提议则很不满意，他们认为，相对于"民事结合""伴侣关系"或其他法律上的委婉用语，"婚姻"一词的使用有特殊实际价值。另外，双方没有言明但都接受的另一个假设是，世界上有一种叫"婚姻"的事物，它的存在独立于我们的思维与想法。一些保守主义者的描述更是明显地体现了这一点，如"婚姻是一个男人和一个女人之间的结合"，这暗示了实际情况（异性婚姻）就是应有的情况。也就是说，即使我们都同意两个男人或两个女人生活在一起也是婚姻，婚姻本身也不会被改变——将同性结合称为"婚姻"只是误用了这个标签，就像你可以把盐称为"糖"，但这并不会使它变甜。一些支持婚姻改革的人也同意这种假设，但他们补充指出，婚姻的本质实际上是两个对彼此有强烈承诺的人的结合，因此，它适用于所有符合这些条件的伴侣，不管是异性恋还是非异性恋。[38]

由于规范和制度被默认为一种外部现实，人们在解释其合理性时常常陷入循环论证的旋涡。例如，人类学家经常探究为什么一个特定的仪式必须包含特定行为，但他们得到的回答往往是，这种行为之所以必须包括在内，是因为只有做出这种行为才能完成仪式。例如，在喀麦隆的方族人中，占卜者会用狼蛛来揭示真相，如谁是叛徒，谁应该对某人的疾病负责，等等。为了得到预测结果，占卜者会在沙地上用细枝或者豪猪刺围出一个小圈，然后把一只狼蛛放入圈中，再把一个葫芦盖压在圈上面。过一会儿将葫芦掀开，这时狼蛛已经逃走了。占卜者要根据被狼蛛撞翻的树枝或刺倒下的方向对占卜的问题做出解答。[39]

作为一名人类学家，出于专业考虑，我当然要询问当地人为什么要用蜘蛛而不是其他动物，为什么要选择危险的狼蛛，为什么要在掀起葫芦前背诵一段内容固定的祷文，还有其他很多诸如此类的细节。令人沮丧的是，我的遭遇同之前的人类学家差不多。当地人没有解释这些细节具有什么象征意义，他们只是简单地告诉我，他们必须遵循这样的方式、步骤和要求，否则它就不是占卜仪式。当然，你可以自由地增减或修改任何程序，但如果你想完成真正的占卜，就必须执行这些操作。这种回答就像绕圈子一样，不过只要你把制度规范视为独立于人类思想的存在，似乎就可以理解为什么会这样。我的问题是：为什么用蜘蛛而不是老鼠？这一问题包含的预设是，在占卜中使用什么动物是方族人选择的结果。但方族人自己不这么想，他们认为自己只是发现了"狼蛛可以揭示真相"这一事实，就像有人发现盐能溶于水一样，这是客观存在，不管我们怎么想，它都是不变的。

在许多地方，一个群体特有的一整套规范和观念会被"打包"为统一的客观现实。例如，由于遭遇殖民统治和强制文化变革，美拉尼西亚人使用克里奥尔语的"kastom"（源自英语的"custom"）来指代传统价值观和行为方式——其中不仅涵盖了殖民者和传教士禁止的仪式，还包括关于祖先和亡灵的类宗教观念。在过去的几十年里，这个词被当地人用作反抗殖民势力特别是反抗传教者的战斗口号。[40] 传统可以成为反对殖民势力的政治工具，因为它被"实体化"了，正如人类学家所说，它被解释为独立的客观存在，而不是许多人头脑中概念和想法的组合。

群体不等同于意识化主体

将群体视为意识化主体的信念似乎出自协调集体行动的需求，为了实现特定目标，人类群体会进行密切交流，这需要对共同目标以及实现这些目标的途径进行描述。这意味着，如果群体成员的动机被表述为群体的愿望和信念，即群体被表述为意识化的主体，那么群体成员的动机就更容易向他人传达，也更有可能动员更多的参与者。[41] 如果我们中大多数人都同意我们应该推翻暴君，那么更简单的方式当然是将这一事实描述为群体的共同愿望，而不是将其描述为个人愿望的复杂集合。[42]

由于直觉心理在我们的心智中具有难以抗拒的主导性，这种将群体主体化的信念很容易被人类心智接受。记住，我们具备一整套专门自动收集社会信息的心智系统——收集的内容包括他人的行为、手势、话语，还有他们的面部表情、遣词造句等等，不需要任何费心费力的判断思考，我们就能自动对他们的信念、意图和情绪状态形成表征，所有这些结论都不是直接观察到的，而是我们心智系统运作的结果。这些系统和其他类似的推理系统一样，当环境中的某些信息满足它们的检索标准时，就会被自动触发。

所以，当我们试图描述和理解社会群体时，直觉心理系统是我们心智中主导性的运作系统，产生诸如"宗族需要这个"和"农民需要那个"的思想，这一切都不足为奇。显然，群体都是由人组成的，正是这一线索触发了"群体主体化"直觉。因此，我们会很自然地将群体中一个或几个成员的信念与意图扩展到群体内的所有成员，再进而扩展到由成员组成的体系，如公司、宗族、社会阶层或王国。

然而，"群体主体化"信念也会产生各种不合逻辑的推论或预测。如果我们将民族国家或其他群体视为行为主体，我们可能会错误地认为其具有记忆、知觉、推理或其他心理过程。但社会群体、组织和体系并不会真的具备这些心理过程。例如，让许多退伍军人感到诧异和委屈的是，他们发现将他们送上生死线的"国家"后来并没有对他们表现出多少感激之情。此外，任何现代大型社会的公民都能举出很多例子，来指出政府和官僚机构有多少行为前后不一致。即使在小规模社会中，人们只要把宗族或村庄视为行为者，就也会发现其信念和目标存在矛盾之处。

问题还不止于此。当想到社会过程时，我们常常认为同类型的个体构成了群体，如"穷人"或"雇主"。"通用"描述似乎以简单方式捕捉到了某个社会类别中大多数成员的特征。然而，这其实非常具有误导性，因为在许多情况下，会影响群体的并不是通用特征，而是某些偏好在群体内的分布情况。

例如，我们考虑这样一种"涌现"（emergent）过程：它是许多个人决策的结果，而这些个人在决策时无意于形成整体模式。一个典型例子是住宅族群隔离。人们很容易用一个城市"采取"的族群隔离模式来判断该城市居民的种族观念。对于族群多元化社区，我们可能会认为住在那里的人对其他族群普遍持宽容态度。相反，如果在一个城市里不同族群被限定在不同区域，我们可能轻易得出结论：这里的居民，或者这里某个群体的居民，强烈支持族群隔离。但正如经济学家托马斯·谢林和他之后的许多社会科学家所指出的那样，两个城市中个体族群观的实际差异可能非常小。[43] 事实上，轻微的内群体偏好就可能导致族群隔离社区出现，因此，整体系统的涌现属性并不能提供关于个人偏好的太多信息。使问题更加复杂的是，用通用特征来概括群体成员的做法会忽略个体之间的相互影响，而关键之处恰恰是群体中特定选择的频率有时确实会决定整体偏好的分布情况。我在第一章中论述族群信号问题时曾分析过群体中的"声誉流瀑现象"。通过展示你的群体身份或你的政治立场，你改变了这种信号在其他人环境中出现的频率，因此也改变了其他人采取这些行为的成本和收益。

这种涌现效应常见于大规模社会，但它们也会在小规模社区中发生，几十个人以上的互动就能为其产生创造条件。比如我们考虑一下欧内斯特·盖尔纳对摩洛哥农村群体冲突与冲突解决方式的描述，当地有一类被视为奇迹化身的"圣徒"，他拥有"巴拉卡"——人们通常认为这种力量是神赐予的，它代表着虔诚、智慧和好运。虽然这类人会让正统派（摩纳哥是伊斯兰国家）大为担忧，尤其是来自城市的乌理玛（伊斯兰国家对有名望的神学家和教法学家的统称）通常不赞成这种迷信观念，然而，"圣徒"是不同部落或派系之间互动的中心，他们经常参与调节冲突，因为人们相信巴拉卡能让"圣徒"超越家族和部落之间的纷争。

在一定程度上，圣徒是维持当地和平与秩序的必要条件。由于圣徒来自与先知有血统关联的家庭，这类"调解员"应该人手充足。但实际上只有少数人能脱颖而出，成为真正行使职责的圣徒。人们是如何选择出他们的？这一过程其实根本与选择无关，或者看起来与选择无关。在那些符合基本条件的家庭中，假如有人言行良好，例如特别慷慨、无私、好客，人们就会猜测他是圣徒。有趣的是，当一个人被他人认定为圣徒时，他会收到很多礼物，因为人们想要与之结交，而这些资源使圣徒更容易表现出慷慨和好客，于是这进一步强化了他的圣徒身份。所以这其实是一个循环，但许多参与其中的人却无法察觉，因为他不了解其他人和圣徒之间的互动（人们对圣徒的捐赠，圣徒对他人的慷慨之举）。所以在大多数人看来，一个人成为圣徒的过程非常神秘：没有提名也没有选举，人们就开始把一个人看作圣徒，显然这只能是神的旨意，与人的选择无关。[44]

把群体描述为一般性的意识化主体（"工人""地主"等等）还会以另一种更微妙的方式误导我们，因为它掩盖了大规模社会动态中的一个核心现象，其与偏好分布的形态有关。我们的直觉心理都会预设个体是具有特定偏好的，如果我们以认知个体偏好的方式来认知群体偏好，就会错失很多重要信息。例如，我们假设每个公民对社会福利的看法都介于两种极端之间：（a）反对国家对公民实施援助政策，任何形式、任何情况下都不可以；（b）支持国家尽全力对公民实施援助，当公民遭受任何困难和不幸时，国家都应伸出援手。为了简化表达，政治科学家通常将不同立场描述为一条线段上的点，线段的一个端点是 0，另一个端点是 1，分别代表完全反对和完全支持，因此，对福利问题的任何观点都可以落在这条抽象线段上。

现在借助这条线段，我们可以说明将社会群体描述为一般性的意识化主体到底是如何将人引入歧途的。这种描述方式会迫使我们将整个群体（如"工人"）的立场定位在线段上的某个位置，但真实的社会运行完全是另一番景象，社会进程并不单单取决于"立场点"的刻度，更重要的是其分布方式。例如，如果几乎所有人的立场点都是"0.7"（强烈支持该政策），我们可以预测社会未来发展会向福利社会倾斜。然而，如果一半人的立场点是"0.99"（完全支持），另一半人的立场是"0.41"（温和反对），表面看来分布均值仍是"0.7"，但社会发展趋势和前一种情况将完全不同。另外，峰值分布方式——曲线形状——也很重要。同样的，当立场点均值是"0.7"时，如果分布曲线形状非常陡峭，近似于一个圆锥形，那么此时每个人的偏好差异都不太大，政策选择不会有什么分歧。可如果曲线形状非常平缓，只是在"0.7"的刻度那里微微凸起，这就意味着大多数人的偏好都不尽一致，此时就很难产生所有人普遍认同的政策。[45]

因此，将群体看作意识化主体的思维方式不仅让我们忽视了社会动态的关键特征，还导致我们压根不会去考虑这些问题。这里的重点不是说，民间社会学那种对社会群体的典型描述方式因为过于简化而具有很强的误导性，这一点人们其实都清楚，即便那些经常使用通用标签的人也知道个体之间是存在差异的。不，问题更深。一旦我们给社会群体贴上通用标签，并假设标签描述了群体成员的共同特征，我们就会忽略触发社会动态最重要的因素——群体中的偏好分布情况。

产生于社会互动中的权力

在我们使用"权力即力量"的隐喻时，也可以看出民间社会学的局限性。权力概念描述出了这样一个事实：在某些情况下，一个意识化主体的偏好可以压倒另一个意识化主体的偏好，并调整后者的行为。例如，如果总统想要人们戴某种形状的帽子，就会让人们戴上那些帽子——正如 1925 年出现在土耳其的"帽子法案"所导致的结果。为了彰显土耳其要从伊斯兰国家迈向现代世俗社会的决心，土耳其第一任总统凯末尔颁布了一项禁令，要求废止传统的费兹帽，改戴西式帽子。起初有强烈的反对声音，它们主要来自农村地区和宗教传统主义者，但由于这是一个威权政府，总统手握大权，数百人因触犯帽子法案而被捕，其中 57 人被处决，最终所有人逐渐接受了现代的帽子。[46]

我们通常会用"力量"概念来描述这一过程：凯末尔政府和一个

高效执法部门的联合"力量"足以"克服"来自传统主义者的"阻力"，这些传统主义者不愿被"摆布"，但最终被"碾压"了。对许多人来说，权力等于力量，这似乎是不言而喻的。

这可能是因为我们在对权力概念的理解中借用了一些出于其他进化目的而形成的认知资源。在构成人类心智的许多推理系统中，有一些专门用来描述固体的物理性质和运动方式，这在心理学文献中通常被称为"物理直觉"。[47]实验研究已表明婴儿如何从很小时就自发地发展出对物体的固态性（当物体碰撞时，它们不会穿过另一个物体）、连续性（物体在空间和时间中是不间断的存在）和支撑性（没有支撑的物体会下落）的理解。[48]物理直觉的某些方面是人类所特有的，例如，黑猩猩对物理性质的认知是建立在感性概括基础上的，而人类婴儿对物理性质的认知更为深入，他们能够对潜在的、无法直接观察到物理属性形成假设，比如力或质心。[49]

在理解权力关系时，我们使用的传统隐喻似乎正是借用了某部分物理直觉，语言学家伦纳德·塔尔米（Leonard Talmy）将与这部分思维有关的知识称为"力量动力学"。[50]该概念表明我们的心智如何以自然语言反映的方式来表征力、运动和固体之间的相互作用。人类会对物体及其相互作用关系形成某种抽象心智图式，例如一个"始动物"的移动会触发"拮抗物"的运动、抵抗或相反运动，我们日常对物理事件的描述可以体现出这种动力学思维，如"砖头打破了窗户"或"尽管草在阻隔，球仍在滚动"。正如塔尔米所指出的，关于相互作用的简化图式不仅隐含在我们对物体运动的表征中，也可以被投射到其他思维领域。特别是我们会使用力量动力学来表达社会影响，例如，我们说某人被同伴"推着"去做某事或某人"承受"

了极大的"压力"。[51] 力量动力学在权力认知中的另一种常见表现是，我们会使用空间概念来表述权力关系，比如某人凌驾于他人之上，或将某些人置于控制之下；[52] 我们还会认为有权势的人在政治空间"顶端"，而弱势群体则是社会"底层"。[53]

但这些物理概念的运用终究只属于隐喻表达，它们并没有反映真实的权力影响。一个土耳其人之所以决定戴西式帽子而不是费兹帽，原因不在于当权者的"力量"这类抽象概念，而在于他评估了成本、收益以及他人可能采取的行动。他会猜测，如果法律颁布后他戴错了帽子，就有可能被人告发，执法部门会将他送进监狱，他也许会被判刑。这些巨大的潜在风险，结合微不足道的成本（换帽子戴），足以动摇一个狂热反对者的立场，使其服从帽子法案的要求。显然，对于其他质疑帽子法案的土耳其人来说，他们会经历类似的心理过程。同样，每个执法者的行为也会受其心理预期的限制，他们可以推测一旦自己不守规矩将有什么结果，例如，假如上级发现自己执法不严或徇私枉法会怎样惩罚自己。而他的上级会使用相同的直觉系统来判断不同选择的成本和收益，所有事件参与者都是如此，以此类推，人们会被卷入一条或多条很长的行为影响链，可能涉及数千或数百万个体。

所以当我们想到权力关系时头脑中涌现出的那些概念，比如"推动"和"拉动"、"施压"和"抵抗"，只是以一种非常简单甚至笨拙的方式来表征了复杂相互作用，当然，社会权力影响关系的复杂性确实有时超出了我们意识所能掌控的范围。在许多情况下，对政治的隐喻性理解足以让我们应对生活中面临的各种选择。但是在许多情境下它却失效了，特别是这种表征方式会使人很难理解为什么一些政治制度能够维持下去，以及为什么它们又会突然崩溃。

专制政权确实偶尔会对持不同政见的反对派采取极端暴力行动，以向民众发出警示：反抗是非常危险的。这就是为什么智利的皮诺切特政权会动用酷刑、阿根廷的维达拉军政府让成千上万反对者"人间蒸发"。但是，如果每个人都已经被说服，相信身边的人是专制政权的支持者，那么这种警告就没那么必要了。

就这样，在专制政府和民众的对立中形成了两种不同的动态。在政府这边，执政官员和下级官僚一直保持着有效协调关系，他们有一致目标，也相互了解彼此在捍卫政权中所扮演的角色。例如，党派领袖知道自己能发挥什么作用，他们对什么行为构成异己以及应该采取何种压制措施都有明确见解。相比之下，在民众这边，则几乎没有交换协调信息的途径。尽管人们都对专制者极为厌恶鄙夷，但他们却并不了解彼此的态度，更不知道应该在何时何地表明自己的态度。在某种程度上，这是大型社会普遍存在的现象，大多数人都处于所谓的"多数无知"（pluralistic ignorance）状态。也就是说，人们对他人偏好的了解远远少于对自己偏好的了解。许多实证研究证实，人们倾向于高估其他人对当下规范的承诺与认可程度。[54] 在一个严厉压制舆论的社会中，人与人之间的交流既困难又危险，一个人清楚自己参与欢庆游行的真实原因——避免被政治警察怀疑，但他不知道其他参与游行的人其实也已经对当权者深恶痛绝。

协调动态也有助于我们理解为什么一些东欧政权在 20 世纪 80 年代末会突如其来地走向崩溃。这个过程如此突然且彻底，以至于所有的国民、党内官僚、外国观察家、历史学家和政治学家都大为震惊。[55] 一个由强大武装和密切监控所支撑的稳定政权，怎么会在几个月甚至几周内凭空消失呢？显然，导致这一戏剧性结果的过程过于复杂，我们不可能在这里用几行文字描述，但其中一些主要特征富有启发意义，因为它们表明，政治权力与物理力量是完全不同的。正如大多数历史学家所指出的，最直接的导火索是苏联的改革政策，它破坏了官僚系统之间的协调性。由于中央当局发出了令人迷惑的指令，执法者不再清楚针对异议和抗议活动该采取何种应对措施。苏联和东欧国家之间也产生了信息错位，一方面，苏联当局声称要捍卫东欧社会主义，但另一方面，它也表示不会像以前那样对这些国家直接采取军事干预。由于当权者之间缺乏协调行动，人们更有信心可以通过示威游行来反对现政权。在某些情况下，当局试图动用残酷的镇压手段，但在许多地方，警察的态度并不强硬，行动方式也并不稳定。示威活动的重要影响是向人们提供了关于彼此立场的信息。由于每个人都察觉到民众对政权的不满情绪，示威游行自然能聚集越来越多的参与者，这一滚雪球过程在民主德国尤其明显。换句话说，政权系统内的沟通与协调性越来越差，而民众之间的沟通与协调性则越来越好，这种动态导致了两类从众效应：越来越多的官僚感到也许是时候另谋出路了，而越来越多的民众意识到现在反抗所需付出的代价比以往任何时候都小得多。[56]

我们基于直觉的民间社会学不会捕捉到这些动态，因此也无法解释为什么高压政体能存续几十年——哪怕大多数人都对其持反对态度，更不能解释存续了几十年的政权为什么会在几个月内彻底崩溃。如果我们把政治权力描述为一种物理力量，我们就必须假设掌权者在很长一段时间内都拥有这种力量，然后它在几个月内突然就消散了。这显然不对，就像"群体是意识化主体"的隐喻一样，"权力即力量"这一隐喻使得人们难以意识到，政治权力其实是在个体之间极其复杂的相互作用中产生的。

头脑中的规范

因为互动很复杂，所以我们想当然地将社会规范视为外在于对其进行表征的心智的事物。在我们对社会关系的理解中，"规范是客观存在"这一观念根深蒂固，甚至在童年期就很明显了。很久之前，让·皮亚杰（Jean Piaget）就发现儿童倾向于成为"道德实在论者"，他们会把道德规范以及一些习俗当作客观事实来对待。从这一视角出发，哪怕没有任何人说过或想过打人行为是错误的，打人都不对。[57] 埃利奥·图里尔（Elliot Turiel）等人的研究表明，儿童实际上能更"老练"地思考道德，因为他们能够理解道德规则（例如，一个人不应该在没有受到挑衅的情况下打别人）和社会习俗（例如，只有女人穿裙子）之间的区别，在他们看来，前者无论是否被明确地表述或提出，都是正当有效的。[58] 但儿童们也理解习俗具有一定强制性，他们知道应该遵守习俗规范。虽然儿童（当然也包括成人）明白规范会随着时间和地点的变化而变化，但他们似乎"期望"规范是独立于人们思想的社会现实。[59] 事实上，最近在道德领域之外的研究表明，儿童从很小时就对社会习俗的规范性特征形成了明确期望。例如，学龄前儿童会认为一种新发明的游戏的规则具有规范性，如果别人试图按照不同的规则玩，他们会大声抗议。他们不同意这种改变，即使新游戏中的互动是以描述性语言（"一个人做这个，然后做那个"）而不是规范性语言（"一个人必须做这个，然后做那个"）呈现的。更令人惊讶的是，在向新加入者解释游戏内容时，儿童会自发地从描述性语言转换为规范性语言。也就是说，尽管他们承认规范和规则在某种程度上是任意制定的，而且在不同社群之间可能有所不同，但他们的行为表现却好像当下规则是一种客观存在。[60]这些实验研究说明，从很小的时候起我们就可以基于对规范的直觉预期来学习自己所在社会的特定规则，而我们的直觉预期会将规范当作一种客观事实来对待。

当然，社会科学家会说这在很大程度上是一种错觉。社会规范实际是在社会协调中产生的，它构成了一种支撑起社会协调的公约。[61]例如，人们对"第一次见面时握手"这个常规行为的表征包括：（1）人们互相介绍时应该握手；（2）其他人期望彼此遵守这一规则；这种行为就构成了一种规范。一旦社会中大部分个体都形成了这两种表征，就会产生潜在的社会协调。[62]显然，这是对潜在表征非常抽象的总结，在实际情况下，它充满了更具体的内容，比如一个人应该做什么，其他人可能如何反应，等等。[63]

一方面，我们会自发地将规范解释为在人类头脑之外的客观事实；另一方面，规范其实是基于社会协调而逐渐形成的。二者之间的对立会让我们在理解社会时产生困扰与障碍，前者让我们认识到规范具有强制力量，后者让我们认识到规范可以根据社会协调的需要而改变。就像"权力即力量"直觉一样，"规范是事实"这种民间社会学直觉会让我们面对世界某些突如其来的变化时，感到难以理解。历史上中国社会的缠足现象就是一个很好的例子。在几个世纪的时间里，在中国的传统价值观中，缠足被认为不仅是一种正常行为，而且还是必要行为，然而它在几年之内就消失得无影无踪了。这是一个"道德革命"的典型例子，没有发生戏剧性的政治或经济动荡，而是人们微妙互动变化的结果。[64]

几个世纪以来，对于大多数中国人来说，给女儿缠足——使她们不能正常走路，更不用说工作了——是自然而然的事情，不这么做是不可想象的。人们非常清楚年轻女性所承受的痛苦以及她们所面临的健康风险，但这种做法根深蒂固，它与上层社会关于恰当性别角色的其他表述是一致的。在中国传统社会中许多规范相互关联，共同构建起了传统价值体系，而缠足正是其中之一。[65]这种行为甚至影响了性吸引力的标准，就像一些文学家所描述的那样，男性角色看到发育不良的脚会产生情欲。[66]然而1912年中华民国成立后，这种做法很快就消失了。

表面稳固的规范突然崩塌，我们该如何解释这种强烈的反差？显然，假如我们将规范描述为某种"客观存在"，或者将其看作可以独立于人类心理表征的社会事实，我们不会得到有说服力的答案。社会事实怎么可能突然消失？更深刻的理解视角是考虑个体的心理表征和动机，以及它们在一个大规模社会中如何结合并产生了行为互动。对规范的心理表征包括信息与效应，例如，从"应该裹脚"和"每个人都同意这一规范"的信息中，人们可以推断出的表征是："如果我不这样做，群体中的其他人都会指责我。"因此，正是每个人都选择某种符合规范的做法，才使规范能成为规范，规范的维持依靠的是这样一种循环机制。

但是对于遵循规范的人来说，他们无法察觉到社会协调行为的循环过程。几个世纪中，缠足之所以成为中国上层阶级中一种必不可少的规范，是因为关于这一规范及其普遍性的心理表征分布在成千上万人的头脑中。从一个独立个体的视角来看，好像社会中每个人都在遵守这一规范。但请注意，人们对"每个人"的评估通常模糊不清（一个人甚至不清楚有多少人遵守规范），而且就像我之前提到的那样，他们并不了解他人真实的心理偏好，因此会高估其他人对规范的承诺和认可程度。进而，人们会基于对"每个人"的评估做出行为结果预测：如果自己不遵守规范，就会遭受邻居的反对，甚至惩罚。

通常，这种预测是准确有效的——当一种规范被接受时，人们确实不赞成违规者。但个体达成这一预测的心理推理过程可能有错：街坊邻居之所以反对有人破坏规范，不是（或不仅是）因为他们相信规范是有益且必要的，还因为准许一个违规特例要付出很高代价，而自己被他人看作规范维护者则能带来很大好处。因此，一个人遵守或违反规范的收益与代价是由其邻居对规范的支持程度决定的，而邻居面对规范的收益与代价又是他们其他邻居决定的，以此类推。

人类的心智几乎不可能表征这种复杂的递归因果链——请注意，即使是上述简化描述也会让人感到冗长和大量重复。它需要对导向行为的多重因素进行追踪和精密计算，即 a 的行为取决于他对 b、c、d 等多个个体行为偏好的心理表征，而 b、c、d 等人的行为又取决于他们对他人行为偏好的心理表征。

只有这种多重交互模式可以解释为什么一些在长达几年、几十年甚至上百年的时间里看起来必不可少的规范，会突然销声匿迹。就缠足而言，它只需要一些人参与到相当简单的集体行动中。从 19 世纪起，许多中国作家和外国传教士开始普及这样一种观念：裹脚是可有可无的，它并不像大多数人认为的那样势在必行，但这些努力收效甚微。在 20 世纪的前几十年，一些现代主义家庭联合发动了"反缠足运动"，他们建立基于自愿和契约原则的"天足协会"。协会成员不再给女儿缠足，还禁止儿子娶缠足女性为妻。这场运动像滚雪球一样越滚越大，几年之内，缠足的传统在中国大部分地区就都被抛弃了。[67]

从博弈论和反制行动角度来看，这种集体契约构成了最优策略。

第一，许多个体和家庭聚在一起承诺要抛弃传统规范。一旦参与人数足够多，他们就不会像孤立的反叛者那样受到迫害或排斥。第二，对于那些认同变革但又担心社会惩戒的人来说，这一动态降低了违规成本，所以参与者可以不断增加。第三，参与协会的家庭要做出公开承诺，这使得协会的任何成员都难以"叛变"，否则他们就要付出巨大的声誉代价。第四，协会禁止成员的儿子娶缠足女性为妻，他们只能和不缠足女性结为夫妻，这种要求其实向外界展示了不缠足女性的婚配价值，从而进一步降低了参与反缠足运动的成本。考虑到所有这些因素，我们可以预期参与人数会越来越多，而参与人数的增加又会使得参与成本越来越低，于是形成滚雪球效应。

民间社会学是一种协调工具

民间社会学的基本预设（群体像意识化主体一样，权力是一种力量，社会规范是客观事实）与语言学家所说的"常规隐喻"非常相似。常见的这类修辞如"时间是财富"或者"辩论是战争"。人们说他们"浪费了"或"投入了"时间，他们"打赢了"辩论，"捍卫了"立场。这些说法显然都是隐喻，人们并不真的相信他们可以像碾压大蒜一样"碾压"一个辩论对手，他们也不会希望，自己攻击一个观点的行为会与殴打他人混为一谈。但是，通过隐喻，他们组织起了关于辩论的观念，正如语言学家乔治·莱可夫（George Lakoff）和马克·约翰逊（Mark Johnson）所指出的，这种隐喻性的理解在人类认知中是普遍存在的。[68]

当我们表征社会世界时，为什么我们要使用这些传统的隐喻呢？

正如我在上文所论述的，关键因素是，更符合现实、基于个体之间互动关系的描述方式完全超出了我们的能力范围。无数个体的行为以及这些个体行为之间复杂的因果链互动关系构成了社会关系系统，其中的海量信息不是我们的心智可以有意识地表征的。[69]换言之，我们可以说我们注定要使用民间社会学及其具有误导性的假设，因为我们无法理解由无数互动关系聚集而成的秩序中蕴含的奥秘。

但这不是唯一的原因。事实上，我们自发的民间社会学也能对社会环境做出有意义的理解，同时能构成有效的协调工具。在许多情况下，由于大多数人的心智会对社会环境形成相似表征，因此，行动协调很容易实现，尽管那些表征本身并不完全准确。例如，将群体主体化的直觉假设虽然在许多情况下具有误导性，但也可以作为一种协调手段。人们可以通过这种隐喻对内群体和其他群体的关系进行概括描述，基于此（大致）对不同主体的行为做出解释，同时调整自身行为。[70]从这个意义上说，民间社会学信念构成了自我实现的预言，只要大多数人相信群体就像个体一样是有意图和目标的，个体就会倾向于表现出符合该信念的行为，而这些行为则"证实"了民间社会学假设。显然，同样的逻辑也适用于"规范是外在于人类心智的客观事实"这一信念。例如，只要大多数方族人认为存在一种多少是外在于人们心智的占卜仪式的正当程序，他们就会更容易同意遵循那些传统程序。[71]同样，那些将权力理解为物理力量的人，最终也会表现出与这种隐喻相一致（或大致一致）的行为方式。

社会科学家对这种效应非常了解。这就是为什么社会科学家在描述特定群体、国家或机构时，往往倾向于采用民间社会学的概念，他们也会将群体主体化，把社会规范描述为一种独立于人类心智的"文化"。如果不使用这些粗略而简便的概念，他们就很难描述社会过程，但民间社会学不是好的社会科学。

现代政治的教训？

对民间社会学直觉预设和局限性的探讨不仅仅具有学术意义，研究我们从小型狩猎采集游群扩展到大型工业社会的过程，是理解现代政治的必要基础。我们从民间社会学中得到的第一个重要启发是，政治心理就像我们认知功能的其他部分一样，在很大程度上是由意识无法接触的内隐心理过程构成的。也就是说，如果我们想了解是何种机制让人们觉得某个项目或政策有吸引力，或者某个领导人值得支持，我们就不能把关注点局限在有意识的选择和推理过程。[72] 事实上，许多政治科学家已经转向了系统研究政治选择的内隐认知过程。

生活在现代大规模社会中的人会面对许多不同的党派宣言，相当于"政策套餐"，通常，一个人必须接受整套政策，否则就要换成另一套。在许多现代民主国家，常见的"套餐"被称为保守主义和自由主义。很多时候，公民会觉得某套政策更有吸引力，但他们不清楚为什么不同政策会被组合包装为他们喜欢的那个"套餐"。例如，为什么宽松的道德观通常与高累进税相结合？为什么利商环境必须附着于保守的道德观？

从外显的思想意识角度看，将每一种政策组合捆绑在一起的是非常抽象的价值观，或者说是不同价值观的排位，比如自由高于平等。经济学家托马斯·索维尔（Thomas Sowell）提出，现代西方保守思想与自由思想的对立，源于对人性和社会关系的两种不同的看法。其中一种看法强调的是"约束"，亚当·斯密、古典自由主义和伯克式的保守主义都持这一立场。支持这种观点的人认为，人性永远都是不完美的，政策应该务实地针对当下具体问题，而不是描绘关于更好社会的宏伟蓝图。相比之下，许多进步派的立场是"不受约束"，根据这种愿景，人类是完美的，所有的苦难与悲剧都源于不完美的社会条件，在理想社会中人性的美好特征将得到充分展现，因此，政策应该被当作构建理想人类社会的基石。[73]

　　保守方案与进步方案之间的对立不仅体现在抽象价值观方面，也体现于具体道德观念的差异。心理学家乔纳森·海特（Jonathan Haidt）探讨了人们在不同行为领域应用的道德直觉和情感。许多人，尤其是知识分子，惯于将道德理解为与关怀他人、不伤害他人以及公平有关的原则和直觉。他们很清楚，我们的道德心理促使人们寻求公平交易，并解释了我们对无端暴力的厌恶。但除了伤害和公平，人们对许多事情也都会产生道德感受。大多数社会的人都看重对自己所在群体保持忠诚，背叛和潜逃会被视为卑鄙行径；在许多地方，人们会认为在某些日子吃某些食物有违道德；还有人认为反抗权威或不尊重传统也应受到谴责。这表明我们的道德直觉会延伸到伤害和公平之外的其他行为领域，比如海特所描述的忠诚、纯洁和权威。[74]

　　海特研究的一个重要发现是，现代自由主义者和保守主义者似乎在道德直觉的范围上有所不同。在自由主义者的心目中，只有伤害和公平才是明显的道德主题，违反传统或权威的行为根本不涉及道德。相比之下，保守派似乎有更广泛的道德感，他们的道德评判对象不仅针对伤害和公平，还针对可能有损忠诚（例如，人们不爱国）、权威

　　　　　　　心智社会：我们的认识决定了我们的世界

（不尊重老一辈）和神圣（焚烧旗帜）的行为。这可以解释为什么现代自由派和保守派之间的辩论通常难以解决，因为双方都不太理解对方立场背后的道德动机。[75]

除了道德理解外，双方对政治和社会的看法存在更深刻的差异。在一系列看起来与政治派别没有直接关系的实验测试中，保守主义者和自由主义者有非常不同的行为表现。保守主义者对突如其来的或出人意料的刺激反应更大，他们似乎对潜在的威胁更敏感，他们的注意力更容易被消极词汇吸引。当观察到另一个人在看某个方向时，自由主义者也会将注意力转向同一方向，而保守主义者则没有这么容易受影响。这些差异不仅仅存在于美国社会背景下，实验研究在其他现代国家也得出了类似的结果。[76]

我们能对这些实验结果做出解释吗？也许只从政治学的视角出发将很难做到，特别是如果我们还坚持将现代保守主义与进步主义对立起来。协商式民主是一种非常现代的观念，它在世界上大部分地区都是一种新的社会实践。此外，只有在某些国家以及某些时期，政治辩论会表现为保守派与进步派之间对立的形式。在许多地方，产生政治派别对立的主要原因不是因为人们对再分配或国家干预经济有什么不同看法，而是因为族群间的较量。将遗传特征和人格与现代政治选择联系起来注定让人疑惑，因为它们处于完全不同的时间尺度。无论个体之间存在什么样的遗传差异以及遗传差异又会造成怎样的性格差异，这些差异的历史都非常久远，可能已经存在了数万年或者更长的时间，它们形成于小规模社会的背景下。因此，也许我们应该从古老的民间社会学直觉入手，看看我们现代政治生活的特征是否可以由此得到合理解释。

将国家视为道德化的主体

国家应在何种程度上提供、组织或管理各种形式的社会服务？这是不同政治派别最常见的分歧之一。例如，美国建国之初，开国元勋们曾规定，联邦政府应该向民众提供邮政服务，但不提供失业保险。如今许多美国人会认为将二者地位对调过来是更为明智的做法。的确，大多数人都认同国家应该负责执行某些基础职能，如国防、保护公民不受他人伤害、建立公正透明的司法体系、以法律途径保证商业契约的有效性等等。但现代国家所做的远不止于此，所以就会产生这样的争论：到底国家承担的哪些"额外任务"是正当、合理、可取的，而哪些额外工作又毫无必要，甚至会有损公共利益？显然，我们在这里无意对该问题做出裁决。我们应该考虑的是，我们进化形成的能力和偏好如何"塑造"了这些争论，当人们讨论国家的适当职能时，我们实际上接受了哪些默认预设。

一个重要的心理因素是，许多人将国家视为抵御市场过程兴衰变迁的一种保险形式。为了预防最糟糕的后果，对某种保险项目进行投资似乎是合理的，而国家正是被人们视为保险的提供者。这解释了为什么在许多国家，特别是在西欧，许多人认为由国家承担的社会福利项目是任何社会都不可或缺的安全屏障，其重要性相当于维护国家安全或保护公民人身与财产不受侵犯。

然而，这仍然不能解释人们为什么要把国家视为对抗不确定性的"减震器"。毕竟，自发组织的社区也可以为防范各种不确定性提供保障，就像18—19世纪新兴工业化国家中出现的自愿协会一样。工业革命造成的后果之一是，许多人离开了他们出生、成长的村庄，脱离了亲友互助网，于是他们不得不选择互相帮助——成立协会，为彼此提供原本上流社会专享的各种服务，如医疗、教育以及残疾或失业保险。到 19 世纪初，仅在英格兰就有数百个这样的互助会。[77] 它们大都是由几百或几千人自发组成的协会，成员轮流担任管理和协调职务，许多互助会都会雇用一名长期合作的医生，还有一些协会通过组织课程及出版读物来提高协会成员的教育水平，比如著名的"共济讲社"（Oddfellows，成员都是不属于任何特定主流行业或职业的"怪人"，原本没有自己的互助会）。[78] 国家当局会以怀疑的眼光看待这些组织，担心它们有掀起革命、颠覆政权的潜在风险。事实上，国家之所以提供保险和医疗服务，一个重要动机就是遏制这些底层协会的发展。[79] 因此，现代福利社会可能反映了一种政治状况，即国家官僚机构要设法确保垄断。

把国家看作风险减震器的做法符合我们的民间社会学直觉。人们试图理解国家在公共事务中所扮演的角色时，通常会将国家视为一个独立的行为主体，这与我们民间社会学中"群体主体化"的预设保持一致。就像群体或社会类别常常被错误表述为具有人格特征一样，人们也会这样看待国家。这种描述方式当然是有误导性的，因为国家没有思维，没有意图，也没有记忆。真实情况是：个体之间存在着大量的互动，其复杂性大大超出了我们的认知能力（实际上也超出了大多数科学模型的能力）。因此，人类心智被置于一种尴尬境地——对于我们此刻正在做的事，如政府对收入的再分配、税务部门征收税款或警察逮捕犯人等等，我们并不理解导向这些行为的过程（现代国家中复杂的决策过程）。而人类心智要解释产生于复杂互动中的行为，最简单的方法就是将所有这些复杂性归结为一个独立意志，即国家意志。

我们倾向于将国家视为独立行为主体，这种描述方式很粗略，往往是错误的，因为现代官僚体系包括成千上万的独立主体，每个人都有自己的目标、意图以及行为激励机制，它们可能与特定政策的方向相一致，也可能不一致。事实上，政治经济学中的公共选择理论关注的正是国家运作问题，之所以该问题可以构成一个完整的研究领域，正是因为国家行政体系包括许多不同的职能机构，而每个机构都包括许多个体，每个个体都面临着不同的行为激励因素——这些激励因素可能与政府赋予他们的职责或权力相一致，也可能不一致。[80]

将国家视为道德化主体的直觉信念也可以解释现代政治的另一个特征，即政策选择通常是由道德直觉所驱动的，尤其是人们会特别考虑政策提案背后的动机。政治人物通常将政策当作解决特定问题的方法，例如，提供更好的学校、覆盖面更广的医疗保险、更高的工资、更多的就业机会等等。关于政策的辩论也围绕着其"意图"和"目标"展开，例如，人们争论我们是否应该把教育或医疗保健放在比工资或福利更重要的位置上。经济学家经常哀叹人们过于关注政策的意图而忽视了其可能造成的结果，在现代经济中，这种思维方式具有很大的破坏性，因为不同的政策选择常常会带来与其"初衷"完全不一致的后果。那么，为什么人们习惯执着于政策项目的意图并对其进行道德化描述呢？[81]

这可能源于将国家主体化的信念，以及我们对经济交易的直觉。正如我在前一章中所论述的，对人类来说，在评估潜在交易时，除了考虑当前的出价，收集关于意图的信息也是有意义的。这是因为，在还没有形成市场经济大市场前，相对于一次性交换，重复交换能够为交易者带来更稳定的长期利益，因此构成更有利的交易。这种环境下，

心智社会：我们的认识决定了我们的世界

对交易者而言更重要的是确定和选择一个善意的合作伙伴，而不是选择当下看起来最划算的交换。潜在合作伙伴的意图——只要我们能察觉或推断出来——通常能为未来的利益提供可靠指引。这解释了为什么我们会自发地对此类信息产生浓厚兴趣，即使在当下的市场交易环境中，这些信息可能不像在祖先环境中一样与个人利益有密切关系。

所以在当下的大众社会，许多公民会关注政策背后的意图及其蕴含的道德动机，这是因为他们把国家看作一个行为主体，即有目标和信念的个体。由于这种直觉性预设的作用，人们会在理解国家提供的服务以及它强加给公民的义务时，很自然地将其视为一个合作伙伴，进而代入交易心理。大众社会的许多意识形态都能体现出这一心理表征形式。社会民主党人将国家描述为最仁慈的利益分配者，而税收与国家承担的职责正是一场公平交易。一些保守派和大多数自由至上论者则将国家视为剥削者，它所掌握的海量资源以及暴力垄断显然预示着一定会发生不公平交易和其他灾难性后果。这两种视角都基于我们经进化形成的民间社会学思维，但其实都在一定程度上误导了我们对国家实际运作机制的理解。

进化而来的心智之间的协商

在小小的"特人共和国"，政治运转基本上是透明的。当人们讨论该如何分配公共牧场或如何修建水坝、维护灌溉渠时，他们知道每个社群成员的意图和利益以及不同选择对社群成员的影响。[82] 这种透明模式是大众社会难以企及的。政治协商的理想是，一旦我们建立恰当的沟通和决策体系，就可以在一定程度上重拾透明性，但这符合人类的政治心理吗?

从某种意义上说,对协商的重视与我们的能力是一致的。我们进化而来的推理能力使商议成为可能,这解释了历史学家和政治科学家的长期观察结论:相对于专制和技术专家治国体制,自由与公开协商通常会带来更好的政治决策。正如我之前提到的,通常触发推理过程的背景是争论,坦率地说,我们之所以会运用推理能力,似乎不是为了更准确地了解世界,而是为了说服别人接受我们的信念和偏好。这就是为什么这么多的推理过程会出现自利偏差,但令人惊讶的是,自利偏差却让讨论成为做决策的最佳途径,相比于自身推理错误,我们对他人推理错误的免疫性要高得多。[83] 因此,我们进化出的"认知警戒"倾向——对欺骗和谎言保持敏感——是协商民主的基础。然而,高效的协商不仅需要我们能提出支持或反对某一政策的理由,还需要我们能意识到自身的偏好,并对社会进程的运行方式有一个大致准确的了解,但我们很少能满足这两个严格的要求

我们要怎么做呢?显然,对政治心理的研究本身并不能转化为政策建议,但它可以帮助我们尽量避开那些关于社会运作的根深蒂固的观念,即我们的民间社会学直觉。我们许多经由进化形成的能力和倾向都会对政策选择造成影响,如结成联盟的动机、组建家庭的倾向、对奇怪信念的偏好、向后代和亲属投资的欲望、广泛合作的能力等等,对这些领域的了解可以让我们形成看待政治辩论的不同视角。

认知和交流创造传统

人类通过关注其他个体的行为获得了海量信息，我们会去了解别人做了什么或者说了什么，在这方面没有任何动物可以与我们相比。我们很难统计到底有多少信息在社会上传播，但总量一定非常惊人，其过程也基本透明。我们会使用"海量"、"堆积如山"或"大陆规模"这样的词来形容人际互动中产生的信息。这些比喻都很恰当，但也都具有误导性——无论规模多么小的社群，在任何时刻人与人之间都会传递大量信息，信息就是我们的环境，是我们的生态位；同时由于我们是复杂的动物，我们会不断地改变这个生态位，有时会以某种方式从我们周围的环境中获取更多的信息。[1]

我们认为人类文化，或者说不同的人类文化，正寄存于信息的汪洋大海中。必须指出的是，这种表达并不准确，甚至具有极大的误导性，对这些术语的使用经常导致经典人类学理论的混乱。因为表述方式本身总是暗含了关于信息和人类心理的定义，可它们恰恰理解有误，后面我会详细论述。幸运的是，我们要提出关于人类社会信息传递的有意义问题，并不需要从概念定义开始，就像你不需要明确的物质定义就可以提出有意义的物理学问题，或者不需要明确的生命定义就可以提出有意义的生物学问题一样。所以我们先看看几个有关信息传播的问题。

在所有的人类群体中，人们似乎"共享"一些心理表征。之所以我会加引号，是因为人们当然不会像我们分享一顿大餐那样分享心理表征。但不同心智中的表征似乎有一些相似的特征（共享的模糊性体现了"文化"等概念造成的困惑）。我们举一个前面章节中出现过的例子，生活在母系社会的人都会秉持一种相似的血缘观念，他们将孩子看作舅舅血统谱系的成员而不是父亲血统谱系的成员，例如非洲加纳的阿散蒂人。或者在崇信萨满教的地区，如加蓬的方族社群，人们普遍相信萨满有一种普通人不具备的特殊天赋。

于是问题来了，为什么人们的心理表征会有相似性？这就是我们遇到的另一个由文化或文化概念造成的困惑。因为我们给某物起了名字后，我们会倾向于认为它是实际存在的东西，这已经够糟了。但更糟糕的是，我们可能会把这个术语本身当作解释，阿散蒂人之所以会沿着母系血脉组织家族，是因为这是他们的文化传统——我们通常就是这么说的。可这显然算不上真正的解释，说某种规范之所以存在是因为它是阿散蒂文化的一部分，等于说是因为阿散蒂人对这种规范具有相同的心理表征，这会陷入循环解释。

为什么彼此交流的人会有相似的心理表征？这指向了一个真正的问题。在人类心智于日常行为过程中产生的众多心理表征中，只有极小一部分与其他个体的表征相似。我们会不断地构建和更新我们对物理环境的表征，这些表征是独特的，因为我们每个人对周围环境的感知和观察视角本身就是独特的。同样，我们对周围社会环境的表征也是独一无二的，因为我们每个人都是自身社会关系网络的中心，其他人不可能占据这一特殊位置。同样明显的是，信息交流不会自动地创建相似的心理表征，这也不是信息交流的目标。当你提出一个请求时，你并不打算让信息接收者也产生同样的请求，你希望他产生的是满足你需求的动机。即使我们使用陈述性表达，也不会在他人心智中创造出与我们相似的心理表征。就像假如你说烤穿山甲很美味，听众不一定会因为这句话就觉得它很美味，他们只会觉得你似乎认为它很美味。所有这些好像都显而易见，但遗憾的是，我们有必要先提及信息交流的这些特征，因为像"文化"这样的概念制造了层层迷雾，当我们置身其中时，常常忘记一些关于交流的基本事实。

另一个问题是：为什么在许多不同人类群体的心理表征中会有一些重复的特征？想想我们之前提到过的，在许多信仰萨满教的地区，不管是亚洲、美洲还是撒哈拉以南的非洲，人们都相信萨满、法师或者其他治疗师拥有一些特殊能力、品质或额外器官。为什么不同地方的人都会发展出这样一种观念呢？或者考虑另一个例子，你属于你母亲和她兄弟的血统谱系，但不属于你父亲的血统谱系，这种血统观在太平洋的特罗布里恩岛岛民、西非的塞努福人、北美的霍皮人、印度的纳亚尔人和其他许多人群中都很常见。显然，对于其他规范和观念，我们也几乎总是能在不同社会中找到对应者。例如，在世界上的许多地方，你会发现这样的观点：社会群体的区分源于某些自然、本质的差异，就像族群类别对应不同的人类物种，或者不同种姓者的先天生理特征是不一致的。再例如，很多地方的人认为死去的人尽管生理上已经死亡了，但他们的灵魂依然存在，并且可以通过某种方式与生者互动。还有许多来自不同地方的人相信，大部分不幸事件都是恶意和巫术，而不是随机偶然事件导致的。

至少在表面上，这些都不是人类的普遍心理表征。你可以找到没有"额外器官"的治疗师——非洲许多部落的草药师就是这样，现代医生更是如此；你可以发现并不强调血统谱系的社会，就像很多游牧社群或现代大众社会；社会群体分类可以不依据某些"本质区别"；死亡观念不一定涉及灵魂；关于不幸的理论也可以不涉及行动者。即使它们不具有普遍性，这些表征在不同人类群体中也会频繁地重复出现。为什么会这样呢？如何解释文化重合性？

那么，让我们暂时抛开令人困惑的文化概念，先对社会科学提出两个问题：第一，人们如何通过信息交流达成心理表征趋同？第二，为什么许多互不相关的社会中的人会具有某些一致的心理表征？提前透露一下，这两个问题其实有共同的答案。我们可以通过考虑人类心智从信息交流中推测表征的方式，来予以严谨解答。

传　统

让我从社群内的相似性开始。在一个群体中，由于过去的信息交流，有一小部分心理表征在不同的人的心智中是大致相似的。我们的心理表征在汪洋中漂流，但也存在一些共享的"岛屿"，这些就是所谓的"传统"。传统是在特定社会群体中具有一定稳定性的一系列心理表征和相关行为。[2] 传统可能会很持久，但也可能不会。有些传统持续了几个世纪，但涉及的人很少，例如日本歌舞伎戏服的制作艺术。短期传统包括所有那些来得快但去得更快的时尚，它们在文化中昙花一现。传统的持续时间和参与人数是坐标系的不同维度，二者没有什么相关性。传统可能只在少数人之中建立，也可能吸引数百万信徒。作家娜塔丽亚·金兹伯格（Natalia Ginzburg）在她的《家庭絮语》（*The Family Lexicon*）一书中举了一个关于小范围传统的典型例子，她在书中列出了自己父母和兄弟姐妹使用的一些奇怪单词与语法。她的父亲将一系列自己发明的（或从远亲那里听来的）术语与德语和意大利语混合，构成了这个家庭特有的语言传统。[3] 类似的小规模传统在许多家庭中都存在，尽管往往只是少数家庭专有词汇或习语。光谱的另一端是一些被成千上万的人保留的传统。早在现代传播技术出现前，就有数以百万计的人不断继承和发扬各种传统，包括像灰姑娘、特洛伊木马这样的民间故事，像《绿袖子》这样的民歌，以及清代中国的辫子等发型，更不用说广泛传播的宗教信仰了。所以，当我们说这些表征在一个社会群体中大致稳定时，我们应该用最灵活的方式来理解这一点。任何通过一些交流事件联系在一起的人都可以说是创造了一种传统——只要这些事件带来了共享表征。这是对"传统"这一概念较为广义的理解方式，但它应该足以让我们看到，我们关于信息和传播的假设中存在多少误区。

特别是，我们可能会错过文化传播的一些关键过程，因为我们的民间社会学以及许多与其预设一致的社会科学理论都默认分布广泛的心理表征能够自然保留下去。为什么许多威尼斯人和科萨人的习惯及观念与上一代威尼斯人和科萨人的习惯及观念非常相似？社会科学家在很长一段时间内都认为这样的问题不需要解释，只有变化才需要解释。从这个角度看，人们会理所当然地假定灰姑娘和孙悟空的故事能够一代一代地流传下去——稳定的传承不需要任何特殊原因，就好像文化领域也存在与物理运动惯性定律相对应的规则。

但传承的稳定性正是令人费解之处。在日常生活中，我们大部分的对话内容都会被人遗忘，交谈者"记忆中"我们的话语大都经过了彻底的编辑，当他们把这些话语传达给其他人时，传达内容并不取决于（或不仅仅取决于）我们的真实对话，而是取决于他们的动机和无数其他因素。因此，人类的信息传递会陷入失真的泥沼。一些学者曾对该问题表达出疑惑，代表者如 20 世纪初的加布里埃尔·塔尔德（Gabriel Tarde）。塔尔德试图解释大规模文化效应——例如一种时尚或一种政治意识形态的传播——是如何由个体之间的大量互动产生的，特别是个体行为被他人行为塑造的过程中模仿和再创造所占的比重。[4] 对于社会科学家来说，难题在于个人互动如何带来大规模社会影响。可惜，这些想法在当时并没有引起太多社会科学家的重视，很少有人意识到，在传播失真效应面前，心理表征的稳定性才是真正需要解释的现象。

作为选择的传播

传统的社会科学家没有对文化信息传播问题开展恰当研究，至少在 20 世纪 70 年代以前没有。当生物学家和人类学家开始将文化传播视为一种群体现象时，情况发生了变化。启发来自进化生物学，它展示了物种进化这样典型的"大规模现象"是如何通过个体基因复制的小变化的积累而得到解释的。由于"文化"只是一个代称，它实际指的是由许多个体共同持有的大规模信息，而信息处理的过程只发生在个体的大脑中，因此，可以将文化与生物进化过程相类比。

在这方面最重要的发展是罗伯特·博伊德和皮特·里彻森出版的《文化与进化过程》一书，书中第一次提出了用来描述和解释文化过程的清晰理论工具。[5] 尽管在那之前已经有一些研究提到，文化由传播可能性不同的各个单元构成，但它们都不像博伊德和里彻森给出的模型那样系统，也不像他们的模型那样适用。[6]

该模型的出发点是，文化材料以不同信息包的形式在个体之间进行传递，信息包也被称为模因（meme），这一概念最初是由理查德·道金斯提出的，它后来成为许多描述文化材料的尝试的出发点。[7] 从这种选择论视角看，文化进化的趋势——例如一项传统是延续还是走向衰落，或一些思想能够在更广阔的社群传播还是只局限于少数人——源自不同模因是否被成功选择。这种假设将基于基因突变和选择性保留的遗传进化模式应用到了文化材料上。[8]

该模型描述了可能影响传播的因素，也就是推动文化材料向特定方向发展的动力。频率偏见是与遗传学中的依频选择类似的原理，根据这一原理，频繁出现的模因比罕见模因更有可能在传播中保留下来。换句话说，个体能够觉察到两种模因之间的频率差异时，很可能会将频率更高的模因传递下去，这也被称为从众传播。从众心态对于物种的生存可以发挥重要意义，因为对于个体来说，大量关键信息都是从其他个体那里获得的，而不是来自直接经验。实际上，相信更常见的模因，例如用大多数人习惯的方式炖肉，相当于采纳了基于几代人试错经验的最优方案。影响传播的另一个因素是声望偏见，我们倾向于接受成功人士的模因（他们的思想、活动以及行为和沟通方式）。即使在技术水平非常低的群体中，一些与生存有关的技能，如打猎、捕鱼或制作工具等也存在效率差异，这就让那些更成功个体所搭载的模因（技能经验）更容易得到传播。最后，该模型还涵盖了内容偏见，原因是人类心智本身就更倾向于接受某些信息或心理表征，这就解释了为什么人们很容易记住儿歌《黄鼠狼跑了》，但很难记住阿尔班·贝尔格（Alban Berg）的《抒情组曲》，为什么人们很容易复述《灰姑娘》的故事情节，但很难叙述清楚詹姆斯·乔伊斯的《尤利西斯》。[9]

相比于传统社会科学模型，这种利用种群遗传学的数学模型来描述文化传播的双重遗传理论使人类学家和考古学家能够提出更精准的传播假设。当然，该模型在应用中也存在一些问题。例如，模型预测的声望和频率偏见效应只在某些时候发生。人们可能模仿上层阶级的礼节，但他们也常常接受下层阶级的口音或词汇。另外，基于简单频率偏见而预测的从众效应，往往并不会真的发生。

更困难的问题涉及传播过程。该模型假设模仿是信息传递的主要途径，即通过复制一些观察到的行为来产生心理表征。[10]事实上，无论是道金斯最早提出的观点还是后来发展出的"模因论"，大多数基于模因概念的文化模型都认同这一假设。[11]乍看之下，模仿似乎是一个非常简单的过程。当人们听到《黄鼠狼跑了》这首儿歌时，就会在脑海中形成一系列关于这首歌音调和节奏的表征，而这些心理表征又进而使得他们可以复制旋律，产生吹口哨或哼唱这首歌的曲调的行为。但即使是这个简单的例子也表明，模仿远比看上去要复杂得多。

首先，很明显，模仿并不能解释为什么有些曲调比其他曲调更容易被复制，为什么《黄鼠狼跑了》是比《抒情组曲》中第一小提琴的旋律更容易获取的模因，而后者其实并不复杂。这正是博伊德和里彻森发现有必要在他们的模型中加入"内容偏见"的原因。但该偏见也只是不具实质意义的占位符，博伊德和里彻森的理论只是指出必然存

心智社会：我们的认识决定了我们的世界

在"内容偏见",但没有说明它们到底是由什么构成的(因为这不是双重遗传理论的重点)。

其次,即使是在传播一段平凡而简单的曲调时,我们也能看到文化传播另一个经常为人所忽视但恰巧非常重要的特征,那就是人们的心理表征有时会比模仿对象更完善。即使你第一次听到的《黄鼠狼跑了》这首歌,是一个人在走调的钢琴上弹奏的或一个乐盲哼唱的,你仍然有可能在心理上"绘制"出正确的音调,如果你具备足够的音乐素养,你甚至能创作出旋律更准确的版本。因此,传播过程并不仅仅是模仿,而是会忽略模仿对象的某些属性,同时受到其他因素的引导。

这两个关于模仿的问题其实相互关联。之所以某些行为会成为传统而有些不会,是因为创造传统的过程并不是只有模仿,还包括对输入信息的不断重建和修正,而这些都牵涉到双重遗传理论所预测的"内容偏见",我们在前六章所分析的大部分人类倾向和偏好都位列其中。人们更有可能将超自然力量想象为某种行为主体(如上帝、爱神、雷神)而不是其他形象;当谣言事关潜在威胁时,会更容易传播;我们描述复杂经济时,会套用来自关于公平的直觉的模板;当人们不将群体视作偶然,而是从本质论角度看待群体,即认为群体成员的行为出自群体"本性"时,群体刻板印象会更容易传播。更完善、具体的传播模型必须考虑到这些因素,简而言之,我们需要了解更多的心理学知识。

一个例子:社会本质论

人们是根据自然差异来构建族群和许多其他社会身份的,也就是说,人们认为群体之间存在着某种真实、内在的差异,因此 A 群体的成员不是也不可能是 B 群体的成员。一个人从出生就属于某个特定群体，这是由遗传和血缘决定的。[12] 例如，人类学家弗朗西斯科·吉尔–怀特（Francisco Gil-White）对蒙古游牧民族进行访谈时发现，牧民非常清楚蒙古人和哈萨克人是不同类别的人，他们属于不同群体。对蒙古人来说，使一个人成为哈萨克人的原因不仅仅在于他会说哈萨克语，会享用哈萨克食物或喜欢哈萨克风俗，因为有些人即使不做上述任何事，他们仍然是哈萨克人。如果你的父母是哈萨克人，那么你肯定是哈萨克人，并且在你的余生中，无论你的行为习惯发生什么改变，你都将一直是哈萨克人。仿佛有一种可以称为"哈萨克性"的特殊物质使你的行为举止像其他哈萨克人，尽管这种"特性"并不明确。[13]

像这种将社会群体视为自然性的心理表征方式在世界各地都存在。许多部落社会的成员会将血统谱系看作一种特殊物质的传递，它们常常被隐喻地描述为"骨头""血液"或其他元素，这些物质寄存于个体的短暂生命，但它们本身是永恒的。[14] 古印度的种姓观就是一个典型的例子，每个人都属于特定群体，如婆罗门、刹帝利、吠舍和首陀罗，而每一类群体都与特定的权力或职业直接挂钩，如宗教祭司、教育者、官员、商人和工匠。人们认为不同群体之间存在根本性差异，所以他们通常不能共享食物，不能住在一起，更不用说发生性关系了。这些群体有严格的等级排序（在许多地方现在仍然如此），对许多人来说，与低种姓成员接触会令他们心生厌恶。传统意识形态把职业和地位清楚地联系在一起，人们认为制革匠人或殡仪员因为接触过尸体所以非常"肮脏"，但这种联系并不是他们低下社会地位的原因。毕竟，那些不再从事制革或丧葬工作，甚至从未从事过这些工作的

心智社会：我们的认识决定了我们的世界

低种姓成员也会被认为非常肮脏、让人反感。事实上在现代条件下，与种姓直接相关的传统职业已经基本消失了，但种姓本身及种姓等级观仍然存在。[15]

这种将群体划分归结为自然差异的观念也常常被用作群体排斥或群体歧视的理由。被排挤的对象可能是特定文化群体中的少数族裔，如日本的阿伊努人，印度的山地部落人；也可能是特定职业群体，如非洲和亚洲许多社会中的殡葬从业者、铁匠或陶工。在这种形式的社会分层环境中，人们往往有一种观念：那些受歧视群体的成员与社会其他成员具有天生差异。而种族主义最鲜明地体现了人们对群体间天然差异的信念，许多种族主义者笃信犹太人、黑人或白人之间存在不可消除的内在"血统"差异。[16]

普遍来说，我们说一个人对社会类别抱持本质论观点，指的是这个人有如下假定：1. 一个群体中的所有成员都具有一些该群体独有的无须定义的特质；2. 该特质源于生物遗传，而不是源于偶然的历史事件或后天经验；3. 特质是群体成员遵循特定行为方式的原因。

为什么群体间存在自然的本质性差异这个观点如此普遍且如此有说服力？也许这是因为我们的心智不知何故错误地将人类群体当作了物种。[17]事实上，人类在面对自然界时，会表现出异常坚定的本质主义直觉，我们会根据物种所具有的"因果本质"来构建物种分类。也就是说，人们相信每个物种都有某些尚未定义的"本性"，正是这些本性使物种表现出属于该物种的典型特征和行为。例如，长颈鹿有一种与生俱来的特性，"长颈鹿特性"使长颈鹿成为现在的样子。这种观念出现于儿童发育早期，它隐含在我们日常的生物知识中。我们能从可观察的各种动物和植物中获得大量信息，因为我们有一种知道如何从实例推断出物种类别的直觉。即使是幼儿,在观察了一个动物的行为后也知道如何将所掌握的信息扩展到该物种的所有成员。我们的生物本质论根深蒂固,而且肯定具有适应意义。[18]

因此,我们之所以用理解物种分类的方式来理解社会群体分类,是因为这种思维方式在人类认知中早已形成,而我们对族群的某些认识则打开了这一思维方式的开关。根据吉尔–怀特的说法,人类之所以将族群(以及其他社会类别)视为物种,是因为族群身份具有继承性(从父母那里继承),而且(至少在某些地区)族群之间不会或很少通婚,物种区分也符合这两个条件。[19] 从这一观点来看,每当某些线索与本质论推理引擎的输入条件相匹配,人们就会自发过度拓展本质论的应用范围。我们的心智只是把族群分类误解成了生物种类。[20] 这能简便地解释关于群体的种种重复出现的文化表征。

然而,这种解释并不完全令人满意,它意味着仅仅由于我们捕捉到了一些线索,比如婚姻主要发生在族群内或族群身份具有继承性,我们的直觉生物系统就错误地将社会群体视为物种,这就像我们的视觉系统有时会被二维图形欺骗,"看到"深度和体积,而实际上二维平面并不存在深度和体积。事实并非如此,族群内婚制是一种关于与外人通婚的社会规范,并不体现与外人发生性关系的实际情况。在所有实行族群内婚制的社会中,人们非常清楚时常会有人违反这一制度并怀孕生子。你不是哈萨克人,也可以和哈萨克人生育后代。事实上在人类进化的大部分历史中,绑架和强奸都是部落战争最常见的构成要素,这表明,即使你口口声声说其他族群的人都是下等人或蟑螂,但至少在涉及繁殖活动时,你的心智系统会把他们当作和你一样的人。在那些严格禁止与外种姓人士通婚的地方,人们也非常清楚,跨越种姓界限的性行为完全可能发生，也可能产生后代。其实，人们恰恰是因为完全了解这一点，所以才会颁布和执行针对种族间通婚的严格禁令。

那么，关于群体，为什么人们会抱持一些看上去很有说服力但并不一致，还有些概念没有得到定义的信念呢？显然，这种情况不限于社会本质论领域，该领域只是文化传播领域发生的其他情况的一个例证。要理解这一点，我们还需要更多的心理学知识。

关于其他群体的直觉和反思

在这里，有必要记住，对群体的本质论理解并不是直觉性的，也就是说，当面对来自其他群体的人时，我们很容易自发产生的表征并不是本质论的。考虑一下当我们遇到不同群体的人时，可能会产生的自动推断和猜测。我们会猜测他们的意图（他们友好吗？他们想要交易吗？他们想要布置陷阱吗？）、他们的能力（他们有很多人吗？他们看起来强大吗？）、他们的吸引力以及他们的语言或口音等。所有这些推论或猜想都表明我们假定打交道的对象是与自己类似的人类。我们可以通过观察他们的手臂来评估他们的力量，通过观察他们的表情来揣测他们的情绪，因为我们也会用这些线索来评估自己群体中的其他人。所以直觉性的心理表征——由自动的和无意识的心智系统所搭载——暗示着"他们"和"我们"具有相同的性质，这些直觉与"不同的族群就像不同的物种"的假设之间看起来存在明显的差异。

在此，我必须借助丹·斯珀伯所做的论述，来更详细地解释直觉或直觉理解（及其潜在认知机制）与反思性信息和信念之间的区别。直觉或直觉理解是个体在与外部世界互动时自动产生的一些会引导个体期望与行为的信息，尽管个体的意识无法探测到自身形成该信息的途径和过程，但他们能意识到信息的内容。[21] 考虑以下几个例子：

（a）当婴儿看到两个固体物品即将相撞时，他预计物体会发生反弹，而不是融合在一起；[22]

（b）一个人解剖鳄鱼并观察其内脏，如果问他另一只鳄鱼的内脏构造是什么样子，他会认为和这只鳄鱼差不多，但如果问他蛇的内脏构造是什么样子，他就不那么自信了；[23]

（c）个体看到屏幕上一闪而过的少数群体男性图片，之后他会倾向于把后面图片上呈现的工具误认为武器，但如果看到屏幕上闪现的是本族群男性的面孔，他会倾向于犯相反错误，即把武器误认为工具。[24]

在这几项活动中，直观表征都是突然冒出来的，可以说，这是接收到相关刺激后快速自动的处理结果。

相比之下，反思性信息是指扩展、解释、合理化直觉信息或传递直觉信息的信息。例如，之前列举过的几个例子，可以有以下的后续反思过程：

（a）被问及物体运动轨迹时，人们会用"动力"、"力"和"弹跳"来解释它们；

（b）我们了解到，每一种动物都有某种特质，这使它成为一个物种中的一员，这种特质只能通过遗传而无法通过后天获得；

（c）人们会说某一族群的人懒惰、好斗或不负责任等等，他们生来如此——这是他们的天性。

这两种心理表征之间的差异应该有助于我们理解当人们从他人那里获取信息时，最可能发挥作用的认知过程，通过这种方式，我们建立了大致相似的表征，即所谓的"文化"概念或规范。

我们现在可以来讨论关于社会群体的本质论了。与不同群体的成员相遇必然会引发特定的直觉表征，正如我在第一章讨论群际冲突时所详细描述的那样。例如，在遇到各种波尔多维亚人并了解了他们的语言、食物、穿着以及其他习俗后，我们可能会有这样的直觉：

（1）波尔多维亚人和我们不一样。

（2）波尔多维亚人彼此都很像。

（3）波尔多维亚人有共同的目标。

（4）我不能信任这个人！她是波尔多维亚人。

这进而（可能）会引发自发的反思性解释，比如：

（5）肯定有什么东西让波尔多维亚人如此相似。

（6）在某种程度上，刚出生的波尔多维亚人就已经是波尔多维亚人了。

当个体面对似乎基于社会类别的行为等差异时，就可能产生这种反思性的想法。但是，很明显，该个体生活在社会中，他会从其他人那里获得有关社会类别的信息，这些信息可能包含如下陈述：

（7）一日为波尔多维亚人，终生为波尔多维亚人！

（8）血浓于水。

（9）不同的族群就像不同的物种。

在某种程度上，这些陈述的含义非常接近一个人的直觉（例如1—4条）和自发反思（例如5—6条），因此，它们可能受到关注，被存储进个体的信念库中，进而在某些情况下（以大致类似的形式）被传播给他人，这就构成了传播链，继而形成我们所称的"传统"。

在这样的情况下，一些特定表征很可能成为传统的一部分，因为与之相关的陈述（例如"血浓于水"）与许多个人直觉和反思表征的内容之间存在着一致性。当然"一致性"是一种模糊的说法，具体到群体本质论，两者之间的联系是人们接收到（并经常重复接收和传播）的陈述为他们原有的直觉提供了一个因果环境。也就是说，像"血浓于水"这样的反思性思想听起来像是对原有直觉的解释。其他的反思性表述，比如"一日为波尔多维亚人，终生为波尔多维亚人！"，似乎只是拓展了直觉假设的范围，但没有增加进一步的解释。因此，反思表征可能与我们的直觉具有多种关系（解释或拓展）。

重点在于，反思性思想——无论是在个人头脑中自发激活的，还是从他人那里获得的——都不一定是连贯、一致或令人满意的解释，在关于族群或种姓的本质论陈述中可以清楚看到这一点。对于不愿意与外群体产生人际互动的人来说，将不同群体视为不同物种的观念可能符合他们的直觉。但这一观念并没有解释为什么族群差异等同于物种差异，我之前提到过的其他群体本质论假设也同样如此。在世界上许多具有严重仇外心态的地区或族群中，人们可能将其他群体描述为非人类或不算真正的人类，可该表述会与他们关于外群体的其他直觉假设相冲突（例如，外群体成员有什么样的信仰，他们的性吸引力，等等）——这些直觉清楚地表明他们其实把外群体成员当作人类看待。

哪怕不提供任何解释，或给出糟糕的解释，或给出与我们的直觉假设相冲突的解释，反思性表征依然可以存在。这可以发生，而个体也没有失去理性或陷入困惑，因为，正如斯珀伯所指出的，大多数反思性信念都是元表征，即关于表征的表征。[25] 例如，"不同的群体就像不同的物种"这句话并没有对所谓的"不同"给出任何明确说明，它可能在心理上被表征为"当从某个角度来看时，'不同的群体就像不同的物种'是真的"（但它没有限定到底从哪个角度来看）。

现在，我们对群体本质论的传播过程给出了一份冗长的描述，这表明，文化传播过程远非我们想象的"人们只是吸收当地文化"那么简单。特别是它还表明，将传播归结于模仿是一个糟糕的解释。模仿是对观察到的行为的表面特征进行复制，但群体本质论观念的传播过程却不是这么一回事。人们可以听到其他人说"波尔多维亚人是不同的"或"血浓于水"，他们有时会一字不差地重复这些词，这是一种模仿。但事实上，人们的群体本质论信念远不止于此。它是指人们假定每个族群都具有一种无法定义的特质，这一特质在族群所有成员身上都存在，而且只存在于他们身上。它还假定了内在特质可以引发外在行为，但因果关系不能反过来，也就是说，外部环境对内在特质没有影响。但在许多秉持群体本质论的社会中，人们不会对群体进行这种理论化甚至是形而上学式的描述。因此，这些想法不是源自对他人的模仿，而是源自基于他人的某些表述或行为而产生的一系列复杂推理（其中许多推理仍然是无意识的）。在这种框架下，那些观念的相似性很容易解释，这是我们（特别是）在想到生物物种时产生的本质论直觉所引发的结果。我们将直觉生物系统中的一部分（不是全部）假设和推理规则投射到了对群体的理解中，产生了对群体概念较为一致的反思性表征。因为其他人和我们有同样的生物本质论直觉，所以他们对群体的心理表征也会与我们非常相似。很明显，并不是模仿在发挥主要作用。

从这个例子中我们可以得到的另一条启示是：个体心智不是简单地从他人提供的信息中选择信息，而是会积极地对信息内容进行建构。我之前提到过，人们经常可以从跑调的演奏或演唱中推断出正确旋律。

这绝非特例，推测和解释才是信息传播过程的中心，我们必须用更具普遍性的概念加以描述。

沟通需要推理

人类沟通包括对意图的重构。也就是说，当我们交流时，我们并不是把自己心智中的心理表征上传到别人的头脑中。我们所做的就是产生一些可以观察到的行为，这些行为与大量其他信息相结合，让听者对我们想要传达的内容产生某种表征。这种观点与语用学（研究对话中语言使用的学科）研究证据相一致，而与一种较为简单、具有误导性却又长期占据一席之地的理论——沟通代码模型——相冲突。根据代码模型，如果我们有一个想要表达的想法，例如房间里有一条大鳄鱼，我们就使用语言代码中的一系列符号，形成"房间里有一条大鳄鱼！"这个句子。在听到一连串声音符号后，听者的心智中就储存进了一个新的信念，即房间里有一条大鳄鱼。

语言学家从 20 世纪 60 年代开始注意到这幅图景存在很多问题。其中最明显的问题在于人类交流中话语内容和话语含义之间没有那种紧密的对应关系。如果我问"她注意自己的健康吗？"，然后你回答："嗯，她每天早上在山路上走 5 公里。"你传达的信息大意是，她确实很注意自己的健康。但是，如果我得出的结论是"嗯，她每天早上在山路上走 5 公里"这一陈述本身，那显然很荒谬。事实上，如果放在不同的语境下，这句话会传达出不同的意思，如果我问的是"她年龄那么小，离学校那么远，上学很艰难吧？"，那么同样的回答就会有不同的含义。于是一些语言学家开始修改代码理论以解释这一效应。正如哲学家保罗·格赖斯（Paul Grice）所指出的那样，沟通之所以有效，好像是因为说话者和听者已经就传达信息的最佳方式达成了一些默契。[26] 例如在实际的对话中，简单地陈述一个真实的事实也能产生误导性。当被问及是否有孩子时，李尔王可能会说："我有两个女儿，里根和高纳李尔。"这句话的字面内容是真实的，但大多数人都会认为它不够坦率，没有提到三女儿违背了格赖斯所强调的对话原则。

语用学最终允许我们完全摆脱编码 – 解码模式。这一观点是由格赖斯提出的，并得到了其他人的发展，特别是迪尔德丽·威尔逊和丹·斯珀伯。[27] 语用学专家认为，与其修补或完善代码理论，我们不如从一种完全不同的视角来考虑交流——交流达成的基础是听者对说话者意图的感知。这种交流的"明示 – 推理"模型（ostensive-inferential model）假定，发送者（口头交流中的说话者）产生旨在引导接收者认知过程的外部行为（这是明示部分），以解释他想要交流的内容（这是推断部分）。例如，问："她注意自己的健康吗"答："她每天散步5公里。"在该对话中，"每天散步"虽然不是直接答案，但可以被视为指向答案的线索。这就是威尔逊和斯珀伯所说的关联推测——信息发送者会假定接收者默认接受他所表达的话语与当前话题有关。

这关系到文化传播，关系到那些构成传播链，有时会形成传统的事件。因此，这里有两个要点。第一，传统是通过推理建立起来的，心智超越给出的信息，创造出一句短语。第二，推理需要背景知识。二者在日常对话中有非常明显的体现。首先，一个人对某些话语含义的理解通常不是对这些话语的直接翻译。例如，如果两个人——吉尔和杰克——在交谈，吉尔说了一段话后，如果我们想知道杰克此时的心理表征，仅仅了解吉尔的话语内容还不够，我们还需要了解杰克自发"添加"进吉尔话语中的材料。而这些添加的材料，或者说推理过程，则需要杰克调动之前掌握的信息，特别是储存在记忆中的知识。举例说，"嗯，她每天早上在山路上走 5 公里"这句话，在不同的语境下，可能引发"她确实很注意自己的健康"或"她的生活真不容易，更何况她还是个孩子"的推理。但不管是哪种推理，都需要激活一些额外的信息，比如"努力锻炼对身体好"或"这样对孩子来说太难了"。所有的推理都需要调动储存的信息。

因此，如果交流涉及多重推理过程，而这些推理又需要事先具备的知识，那么由信息传播构成的传统是如何保持稳定的呢？又会怎样发生改变呢？

认知空间中的吸引子

信息传播具有内在的失真效应。由于在交流中推理可以向任意方向发展，你不可能把自己对交流行为的某些解释强加给他人，在传播链的每个点上，都可能产生不同的推理，进而产生不同的心理表征。

在实际对话时，情况往往如此。然而，一旦几千次对话汇聚在一起（几千次是对小规模社会信息传播次数的适度估计），也会有反复出现的推理模式，这就是进化人类学家所说的认知吸引子（cognitive attractor）。[28] 它们是统计意义上的吸引子，要大致了解这是什么意思，设想一下把一种液体倒在一个有一定高低落差的表面上。液体会从高处流到低处，在这个过程中形成的小水坑——也就是液体被"困住"的地方——被称为吸引盆（basin of attraction）。

现在考虑文化问题。当人们抱持某种观念时，它就存在于抽象空间中的某个位置。当个体之间发生交流时，他们会构建出一定程度上相似或不同的心理表征，这一过程如果不受任何限制，所产生的心理表征会占据概念空间的不同位置，而且占据各个位置的概率是相等的。但是，文化传播过程似乎就像将液体倒在了凹凸不平的表面上，有些位置会更容易盛满液体。

前六章已经提供了很多文化吸引子的例子。人们通常把神或灵的形象描述为具有超自然力量的人，而不是具有超自然力量的植物；经常听说有会倾听人说话的雕像，而会渐渐长大的雕像则很少听闻；人们通常认为社会类别是群体，其所有成员都具有某种无法明确定义、必须通过生物遗传来继承的特质，而很少认为社会群体只是个体的偶然集合；人们通常将灾祸归结为神秘的邪恶力量，而很少将之解释为单纯的随机事件；人们通常认为婚姻应该具有公开性，会涉及除了新郎和新娘之外的其他人，而很少认为婚姻只是新郎与新娘之间私下签订的契约。因此，尽管文化传播领域具有多元化特征，但我们总是可以观察到一些观念或规范比其他观念或规范更容易出现在人类文化中。

在物理世界中，由于引力的作用，液体会聚集在空间中的特定位置。在文化传播过程中，由于我们的直觉系统会使某些观念比其他观念更容易被获取、接受和传播，因此，一些反复出现的心理表征也会占据概念空间中的特定位置。

对于任何特定传统来说，其实都是具有普遍性的吸引子与当地吸引子相结合，进而创造出一些更容易被传播和接受的心理表征。例如，人类心智中可能存在一种"将不幸解释为源自行为主体的主观意图"的倾向。在某个地方，人们也可能有一种传统，将死者灵魂描述为四处游荡、充满怨恨的鬼魂。这二者的结合可能会强化人们的倾向，使他们更相信不幸是行为主体（亡魂）有意制造的。普遍吸引子存在于不同文化中，因为人类心智本身就有许多相似之处，而当地吸引子的产生则是因为某些观念在一个群体中的反复传播增强了群体成员对该观念的心智表征。直截了当地说，正如奥利维尔·莫林（Olivier Morin）所指出的，所有传统都是由这两类吸引子构成的。[29]

在本章的开头，我提到了两个关于文化传播的普遍性问题：为什么一个社群中的所有成员（有时）碰巧在重要领域会形成大致相似的心理表征？为什么在不同地区会有一些反复出现的心理表征？概念空间中吸引子的存在解释了为什么这两个问题其实是同一个问题。例如，正如我前文以波尔多维亚人为例说明的那样，本质论直觉解释了为什么人们可以从各种关于社会类别的陈述中推断出"共同本质"这一抽象概念。在一个群体中，人们对物种及其固有特质有着相同的直觉期望，这使得他们面对所处环境中的特定群体时，也都倾向于本质论解释。而不同地方的人类群体其实也都具有这种倾向，由于本质论在人类头脑中如此具有普遍性又如此根深蒂固，我们不应该惊讶于它会被延伸到对社会群体的认知，以及存在于如此多的社会中。传统内部的相似表征以及这些表征在不同人类社会的重复出现，都是由相同的过程引起的。

文化传播的认知轨迹

吸引子的出现是因为交流需要推理以及既有知识的参与。但是，正如我在前几章中多次提到的，心理表征的知识由许多领域特定的信息组成，它们有不同的输入格式和推理规则。这表明在不同领域吸引子可能遵循不同的出现过程。换句话说，文化传播取决于哪些推理系统被激活，而涉及不同领域的推理系统有不同的运作原理，因此，各个领域的文化传播会表现出显著差异。

我们通常将群体内有一定相似性的行为和表征称为文化材料，当考虑不同领域的文化材料时，我们就会发现领域之间的差别有多么显著，有必要在解释文化传播时将其考虑在内。

例如，考虑这个问题：如何在交谈中保持恰当的目光注视方向和身体姿势？如果你和非洲人保持目光接触，他们中的大多数人都会感到尴尬，在他们看来，这可能是敌意的信号，但如果你和欧洲人说话时不这么做，他们中大多数人都会感到紧张不安。这种规范有时是明确的（例如，"不要指指点点！""不要盯着别人看！"），有时则表现为含蓄的期望。同样，在交谈中保持多远距离最为合适？美国人视为非常"友善"的距离，对西班牙人来说则可能太不"密切"了，甚至显得过于冷漠。尽管现代人类学的创始人马塞尔·莫斯（Marcel Mauss）等权威人士将这些差异视为文化传播领域的难题，但对其开展系统探究的人类学研究却很少。[30] 我们所知道的是，在特定群体中，人们确实会形成一些"标准参数"——他们似乎同意或至少默认，最恰当、最让人感到舒适的做法是什么样子——但没有人意识到他们曾经获取过这种"分寸感"。只有在与来自其他地方的人交流时，我们才会偶尔察觉到，我们在某些领域具有某些明确或含蓄的行为标准。[31]

作为一个对比例子，我们可以想想了解故事的过程。无论是在我们幼小时期还是稍大之后，当我们接触故事时，整个过程是明确的，也就是说，我们能清晰地意识到故事中的人物、情节、含义，以及所有这一切被"装配"到一起后会组成什么样的故事。当然，在习得和重述故事的过程中，有些方面是内隐的，比如，我们可能意识不到自己如何遗忘或扭曲了某些故事细节，但是习得故事这一过程本身我们是可以意识到的。很明显，这种掌握群体共同知识的方式完全不同于我们习得"分寸感"的方式。

我们关于自然世界的知识是另一个这样的领域，它另有一套进化而来的倾向及对传统的相关约束。不同社会中人们对于物种认知的范围可能存在很大差异，大多数现代社会的成员不会了解太多动植物知识，相比之下，在传统的小规模社会中，人们反而会掌握丰富的植物学和动物学知识。尽管存在这些差异，人类学家所说的民族生物学（ethnobiology）在世界各地都是基于相似原则构建的。[32] 人们都使用分类法框架来组织生物分类，对生物的等级排序也都是相似的。[33] 正如我前面提到的，人类通常从本质论的角度来理解生物种类，也就是说，假设每个种或属都有一种典型的内在特质，这种特质经由遗传获得，会使生物体产生特定的外部特征和行为。[34]

可见，在不同信息领域，我们会有很多不同的交流途径，进而也会有很多不同的文化传播途径。即使是在特定的行为领域内，我们从上一代那里习得的某些共同表征也可能是通过有系统性差异的途径传播的。语言习得就是一个典型的例子，儿童会运用不同的系统来学习他们母语中的音韵、词汇和语法。其中一个系统会从嘈杂环境中提取连贯的发音，它早在儿童出生前就开始工作了。[35] 词汇学习系统则遵循试探学习路径，它基于先前的知识和系统化假设——例如大多数词对应着特定概念——来习得新词。[36] 其他遵循试探学习路径的系统则使儿童能够从语音流中推断出句法结构。[37] 不同的

　　心智社会：我们的认识决定了我们的世界

学习系统和途径解释了为什么语言的各个要素会以不同速率以及在不同条件下发生变化。例如，词汇的变化可能很快，尤其是在那些因为拥有大规模人口而可以不断制造出海量交流机会的社会中；音韵也会发生变化，但速率要慢得多，其变化往往源自语言接触或通过不同发音来体现的阶级差异。[38]

我们可以举出很多例子。所有这些例子都表明，没有计算文化吸引子产生机制的标准公式，也不存在使文化材料传播的普遍过程。影响不同领域、不同传播轨迹的是并行的过程。除非我们对其中涉及的特定心理系统有较好的理解，否则就无法描述文化传播过程。

这种对文化传播的解释与许多基于模因论的文化传播理论形成了对比，后者认为，有一种通用机制可以说明为什么不同的心智中会出现许多相似表征。考虑到人类心智获取文化材料的方式，我们并不能通过提出一套适用于许多不同领域的原则来揭示文化习得过程。实际上，不同领域的传播轨迹有很大差异——最明显的例子是技术的传播。

棘轮：工具制造和技术

显然，在地球形形色色的生命形态中，只有人类一系发展出了独一无二的技术。一些类人猿和鸟能够将树枝和石子当作工具加以有效利用，但这类"惊人"的例子更凸显了人类在技术方面的独特性。技术也是对我们生态位影响最深远的人类特征，正是凭借技术，人类才能够改变环境。技术表明人类的文化传播具有累积性，我们可以将新的材料添加到上一代传递下来的信息中，而不是取代它们。在许多情况下，增添新材料可以使我们更有效地利用环境。技术的存在提出了一个问题：人类是如何在大脑没有改变的情况下创造出越来越复杂、越来越完善的行为的？

技术是不断变化的，这意味着人类心智必须能够从非常不同的环境中提取恰当信息。博伊德和里彻森用制造皮艇的例子说明了这个问题。制作皮艇并不是一件简单的事（顺便说一句，大多数"原始"技术都是如此。制作火石，甚至正确使用投矛，都需要相当多的知识和实践），个人必须通过观察他人并与他们互动来获得大量详细的技术知识。正如博伊德和里彻森所指出的，皮艇制造方法当然不会编码在我们基因中，[39] 正如我在本书开头所强调的，大多数人类行为其实都没有直接编码在基因中。所以问题的重点不在于特定行为是否依赖大量的外部信息（因为它们当然要依赖外部信息），而是：到底是什么样的进化而来的能力使得个体的大脑能够获得这些信息？

就像语言和音乐一样，技术的习得也涉及高度专门的进化而来的能力。事实上，这些能力在认知发展早期就已经出现了，无论是儿童（基于可获得的外部信息）学习处理物体的方式，还是他们对不同物体功能的心理表征，都说明了这一点。即使是小孩子对功能也有很复杂的理解，他们会根据物品的预期功能（人们制造这一物品的动机）而不是它们的实际用途来对物品进行分类，这发生在不同技术水平的社会中。[40] 儿童还会自发根据工具的预期功能来解释工具的结构特征。[41] 但最关键的机制在于儿童会观察和学习成年示范者使用工具的方式。人们常说儿童会"过度模仿"技术动作。在实验环境中，儿童看到示范者对一样新器具做出一系列行为并出现特定结果后，他们在实践阶段倾向于复制示范者的所有行为，包括一些与目标和结果没有明显因果关系的行为。这种将行为的所有细节与行为结果联系起来的倾向，正是儿童与黑猩猩的截然不同之处，尽管后者也有使用某些工具的能力。[42] "过度模仿" 一词具有误导性，因为孩子们实际上并没有记录和复制一系列手势。例如，如果成年人已经做过 "无关的" 动作，他们就不会重复。[43] 尽管这一现象已经得到了很好的证实，但发展心理学家之间并没有就解释达成一致。人们可以把过度模仿看作一种有效的学习策略，儿童宁可在操作中加入低成本的动作，也要避免达不到想要的结果。还有一种解释是，过度模仿说明儿童倾向于以规范化方式来建构行为，即行为的 "适当" 方式。[44]

这些专门能力只会影响人们对如何制造工具以及如何使用工具等技术信息的获取，而不会参与普遍性的信息获取过程。它们解释了信息传播如何使人们能够基于大量观察、推断、实践以及与示范者的互动而最终掌握皮艇制造技术。由于上述认知能力的作用，在技术传播中肯定存在特定的认知吸引子，这些观念组合比其他观念更有可能被 "纳入" 技术传统，尽管到目前为止还没有研究系统地探讨技术认知对整体技术变革的影响。

对我们进化而来的技术倾向的思考也可以帮助我们解决技术变化的关键问题，即技术的积累和进步过程。特别是，我们应该着力探讨我们的技术倾向是如何导向棘轮效应的，即在这一过程中，技术可以长久持续发展下去，而不会消失；其他技术则建立在之前技术的基础上，而不是取代它们。一种特定的技术一旦出现，似乎就会一直存在下去，在某种程度上武器制造、农业、金属冶炼及其他生产活动均是如此。

人们往往倾向于把高效技术的出现和积累看作人类本身具有的一种属性，例如，推测智人在经历了几千年的技术停滞后突然的技术加速源于某种特殊的模仿机制或者某种全新的思维方式。但我们应该记住，技术发展不是或者说不单单是因为有更聪明的人，还因为聪明的人以正确方式联系在一起，并得到了正确的激励，技术是一种群体现象。在这方面，考古学和历史学可以从三个因素的角度，解释为什么累积技术在人类历史比较晚近的时期才出现。

第一个因素是劳动分工，这是创造技术的必要条件。技术的总和远远超出了单个大脑的极限。人类在几十万年前就已经创造出了性别之间的最小劳动分工。即使在只具有一些简易技术的社会中，人们也会根据各自擅长的技能做出一些任务分工，进而从比较优势中获得一定利益。然而，从人类学记录可得知，人口上限决定了劳动分工的上限。只有当大量个体参与时，专业分工才会凸显出巨大优势（而"大量"具体指多少人，还是个有待解决的实证问题）。

第二个因素是贸易，它与第一个因素有直接关系，因为一个社群可以通过与周围社群进行贸易来打破人口限制。这一点可以这样理解：贸易意味着个体可以与掌握不同信息的个体相识，进而带来马特·里德利所说的"思想繁育"，也就是说个体能够将来自不同传播链的思想成分结合起来。[45] 换言之，贸易增加了传播链的数量和多样性，传播链不断扩大，维持传统的同时也改变了传统。[46]

第三个因素是广泛的读写能力，读写能力与大型文明中技术变革的加速有直接关系，因为它成倍增加了可传播的技术信息的数量。此外，读写能力还使设计图、说明书以及计划表等事物得以出现，继而将技术娴熟的工匠转变为早期的工程师。[47]

总而言之，人类要实现技术累积和技术加速进步，并不需要大脑产生革命性变化，但确实需要一些可以让不同思想相互交流的新条件。与工具制造相关的认知倾向确实非常特殊，它们在人类进化中出现是因为工具提供了适应性优势，而它们又被引入了对复杂技术的理解。

为什么人们将文化与天性对立起来？

在本书主体部分的每一章开头，我都提出了一个关于人类社会的科学研究的具体问题。而每一章的主要内容，与其说是这些问题的明确答案，不如说是解决问题的思路——它们建立在当前各个科学研究领域所提供的理论和证据的基础之上。我从来都没有提及"天性"和"教养"之间的界限，也没有提到"天性"与"文化"的对立。我相信这些章节提供的信息足以表明，我们可以在不受这些混乱的对立概念影响的情况下，进行大量的科学研究。

但这些毫无意义的区分仍被普遍使用，尽管科学家们尽了最大努力，但它们在关于人类行为的研究报告中仍频频闪现，例如，人们常说特定的行为是"固有的"、"生物的"或"天生的"，与之形成对立的则是"文化的"或"习得的"。约翰·图比和莱达·科斯米德斯曾指出，在传统的社会科学标准模型中，天性与文化的对立是重要的原则，与之有关的主题包括普遍性相对于可变性、生理性相对于精神性、必然性相对于可塑性等等。[48] 令人遗憾的是，这样的区分无甚裨益，它甚至破坏了那些（在其他方面都很充分的）关于人类行为、基因、进化和文化差异的讨论。可为什么会有那么多人秉持这种区分？

一种推测性解释是，天性与文化的对立可能是我前面所描述的文化吸引子之一。就像"不幸是由邪恶的神秘力量引起的"或者"每个社会群体都具有特定本质"等观念一样，天性与文化的对立可能源于我们的一些直觉思维和反思性思想。因此，它会在不同时间、不同地点以不同的伪装反复出现，而其基本组织原则是始终相似的。

证明该推测的第一个论据是，这一对立会在许多天差地别的社会中扎根，例如，古希腊人探讨过自然（physis）和习俗（nomos）的区别以及如何界定它们，他们曾就人类的哪些行为特征属于"自然"而哪些属于"习俗"展开过激烈辩论。[49]这些都是文化学者系统学术思考的体现，但在一些没有"职业"学者的小规模社会中，我们也可以看到天性与文化对立的观点。例如，在大多数非洲社会中，都存在着村落世界与森林世界之间的明显对立。前者是被规范培育、掌控的世界，后者是狂野、变化莫测、不可控制的世界。由于这些社会没有专门的知识分子来对此梳理总结，这一对立观没有转化为明确而系统的人类行为理论，但它依然作为一种隐形原则主导着当地人的社会生活观念。亚洲或美洲的大多数部落社会也是如此。显然，人们不应忽视这些对立观的差异。正如人类学家菲利普·德斯科拉（Philippe Descola）所分析的那样，人们对天性和文化之间差异的阐述可能最终会引出截然不同的思想，比如泛灵论——人们想象动物或灵魂可能有思想和意图，或者图腾论——强调某些人类群体和某些动物之间存在连续性。[50]

尽管人们在思考这类问题时所遵循的反思和思辨路径是不同的，但这些问题本身可能基于高度相似的直觉。我在这里提出的解释目前还没有特别明确的实证证据，但这一解释所基于的出发点是没有争议的。世界各地的人们都有相似的心智系统，它们会引发对社会和自然世界大致相似的直觉预期。例如，没有证据表明世界上有哪个地区的人会将有生命物体和无生命物体相混淆，会对非亲属之间的合作感到迷惑，会觉得杀死帮助过自己的人没有不道德之处，或者认为其他人的行为不受意图和信念的支配。正如我在前几章中提到的，还有许多其他类似的直觉系统指导着我们的推理及知识获取过程。

可能正是这些系统中的某些组成部分，会使人们信服天性－文化对立的观念。首先，在我们对行为的反思中，某种形式的身心二元论几乎是难以避免的。它不是源于我们采纳了某种解读自然的哲学理论，因为大多数人类社会中其实没有这类理论。相反，二元论是我们直觉推理系统在特定领域运作的直接结果。我们的直觉系统会用一些无形的、非物质性的概念来描述和解释行为，尤其是他人的行为，例如信念、想法、意图和目标。从很小的时候，我们就将它们解释为非物质存在，但我们同时假定它们能对物质产生影响，比如让我们的身体移动。[51] 我们对身体的直觉诉诸关于物理实体的专门推理系统，而我们对行为的直觉则诉诸非物质实体。我们进化出来的直觉装备并没有在这两个系统之间搭建能充当因果链的桥梁，所以，如果你问一个正常人诸如"你的意图是如何移动手臂的？"或"你的意图是如何使你手臂以特定方式移动的？"之类的问题，他会感到非常迷惑。因此，对于人类心智来说，将精神现象与物理现象相分离的观念非常具有说服力。这就是为什么在多种形态的人类社会中都存在身心二元论观念。[52]

还有另外一类直觉会使人们信服天性－文化对立观念。在所有人类社会中，人们都会发展出一种想法，认为其他群体遵循着与"我们"不同的规范。实际上，将本群体视为正常而将其他群体视为异常的区分方式，正是自发的族群中心主义的重要基础，这种现象在全世界都存在。此外，正如我在前一章中提到的，儿童可以没有障碍地接受不同群体有不同社会规范这一现象，并认同社会规范是一种客观事实。因此，人们可能很容易获得一种关于"文化"的概念，即不同人类社会之间的任何差异都是文化差异。但与此同时，我们的直觉系统中还有一些指向所有人的普遍预期，不管他们生活在什么社会中、拥有什么规范，例如，我们会假定人们更喜欢快乐而不是痛苦，更喜欢公平而不是剥削，更喜欢物质丰富而不是匮乏，它们构成了我们对"天性"的认识。这就使得天性和文化之间的对立虽然没有真正的所指，但看起来像是实质性的，因为它符合我们的直觉预期。

无论这种推测性解释是否正确，有一点是肯定的：天性 – 文化对立的观念之所以在文化上成功，不是因为它解释力强，而是因为它能让人类行为讲得通。正如我们在前几章中所看到的，我们的心智会利用周围环境信息来组织生活策略（从童年开始就是如此），例如应该进行长期投资还是获取即时满足。我们心智中的一些系统会构建群体规律，假定某一社会类别的成员具有某种内在品质。我们心智中的另一些系统使我们相信一些"不存在"的主体能够与我们发生互动，如神、亡灵和鬼魂。此外，我们还能对大众市场经济形成一定程度上融贯的表征，因为我们具有产生于小规模社会的社会交易和公正模板。那些被心智系统认同并且会主导人类行为的信息中，哪些来自天性，哪些属于文化？没有人关心，这一点儿也不重要，事实上，没有人能分清楚，因为这种区分本身就不符合事实。

哲学家丹尼特曾警告科学家，不要认为人类有一个叫"文化"的统一信息领域，并且这个领域与自然事物是相互分离的，这是"最容易犯的错误"（Very Tempting Errors）之一。同时丹尼特还强调，通识教育能够让我们了解这些错误以及它们为什么容易犯下，这样，我们可以避免在探索知识时重复走入一条条死胡同。[53] 不幸的是，具体到纠正文化 – 天性对立这一观念，过去的伟大著作不会起到多大作用，因为大多数作者本身也被误导性直觉蒙蔽了双眼。而直到现在，生物学和心理学的进步才让我们揭开了这一错误背后的真相。

哲学片段

科学进步的条件之一是抛弃哲学家所说的"表象"，即那些看起来浅显易懂又不证自明的图景。[54] 在物理世界中，这意味着我们要放弃对欧氏空间中固体物体的看法，而代之以量子物理概念，尽管后者更不符合我们的直觉思维。在生物世界中，我们必须放弃不同物种具有本质区别的观念，代之以种群和基因型变化频率的思考视角。

就人类社会和文化生活而言，我们需要做出类似的努力，远离我们社会生活的表象。前几章中提到的许多模型和发现都表明，这一过程正在顺利进行，对于人类的某些行为领域，我们已经掌握了一些适当的科学解释。但这个过程需要付出努力，许多社会科学家并不认为研究结果有充分的说服力，而且可能很难向普通读者阐述清楚。为什么会这样呢？

通往社会科学真相的道路上有许多障碍。首先，正如我之前多次提及的，我们对社会和文化传播的思考方式会在很大程度上受我们进化而来的倾向的影响，例如上文提到的天性 – 自然对立这一自发产生而富有感染力的观念。其次，我们根深蒂固的民间社会学思维会被带入对人类社会的探讨，甚至许多社会科学家也是如此，作为进化而来的策略系统，民间社会学思维可能让我们的生活更便利，但会阻碍我们对社会的理解。

尽管存在这些障碍，但如前几章所述，许多领域的研究项目表明，我们能做到用科学方式来理解人类社会，即使我们当前获取的可能只是一些碎片化的理解。这样的进步源于不同学科的发展，特别是认知心理学、神经科学、进化生物学和人类学。这一变化并不是因为不同领域的科学家们采用了一种新的哲学指导思想或研究纲领。事实上，在过去的几个世纪里，带有号召性质的哲学宣言对社会科学并没有起到多大帮助，反而造成了重重阻碍。例如，在20世纪早期，涂尔干和博厄斯以及其他有影响力的学者就共同"制定"了新兴社会科学的宗旨，他们主张，社会现象与生物学家和心理学家的研究对象几乎没有任何关系。这种隔离主义的姿态一直持续到20世纪末，因此，社会科学家一直没有意识到，他们其实能够从生物学和认知科学的发展中获得大量有价值的启示。

因此，理解人类社会的科学途径并不以一种新哲学为基础，而是基于一套简单的态度和良好的习惯，事实上，对其他研究领域的实证科学家来说，这些态度和习惯是相当自然的。其中，正确态度之一是有意采取折中观点，忽略学科边界和传统，这样，进化发现可以渗透进历史研究，经济学模型能够以神经认知过程为基础，跨文化比较可以借助生态学和经济学的研究。另一种正确习惯是适度接受还原论，在很长一段时间里，社会科学家们对"还原"这个概念有种奇怪的恐惧，他们一听到要用生理学、进化论、认知科学或生态学来解释社会现象，就会避之唯恐不及。在对文化的描述中只要提及心理或进化的事实，仿佛往清水里注入墨水，哪怕一滴，也会污染社会科学这潭清水。但是，社会科学家拒绝这种形式的还原，就是在拒绝大多数实证科学家的普遍做法。地质学家不会忽视物理学的发现和模型，他们会不断地加以利用。生态学家对生物学的研究发现以及进化生物学家对分子遗传学的研究发现都采取同样的态度。直到最近，社会科学家才意识到，实证学科都在进步，而进步可能在很大程度上是得益于对还原论的系统性采纳，这有望实现不同领域、不同学科的纵向整合。[55]

这种整合如今正在发生。新学科将沿着哲学家、历史学家和道德学家最初追寻的道路，将"社会"视为自然选择进化的独特结果，这一取向前景光明，充满希望。

尾 注

引 言 透过自然之镜看人类社会

1. Hinde, 1987; Rosenberg, 1980; E. O. Wilson, 1998.
2. Sanderson, 2014.
3. Seabright, 2012, pp. 15–61.
4. Foley, 1987.
5. Dawson, King, Bentley, and Ball, 2001; Gwinner, 1996.
6. Gallistel and King, 2011, pp. 2–25.
7. Sola and Tongiorgi, 1996.
8. Butterworth, 2001; Onishi and Baillargeon, 2005; Surian, Caldi, and Sperber, 2007; Woodward, 2003.
9. Harari, Gao, Kanwisher, Tenenbaum, and Ullman, 2016; Hooker et al., 2003; Pelphrey, Morris, and McCarthy, 2005.
10. Baron-Cohen, 1991, 1995.
11. Miklósi, Polgárdi, Topál, and Csányi, 1998; Povinelli and Eddy, 1996.
12. Sellars, 1963 [1991].
13. Cheraffedine et al., 2015.
14. B. L. Davis and MacNeilage, 1995; Werker and Tees, 1999.
15. Estes and Lew-Williams, 2015.
16. Pinker, 1984.
17. Hamlin, Wynn, and Bloom, 2007.
18. Blair et al., 1995.
19. Blair, 2007; Viding and Larsson, 2010.
20. Deardorff et al., 2010; Ellis et al., 2003; Ellis, Schlomer, Tilley, and Butler, 2012; Nettle, Coall, and Dickins, 2011; Quinlan, 2003.

21. Quinlan, Quinlan, and Flinn, 2003; Flinn, Ward, and Noone, 2005, p. 567; Jayakody and Kalil, 2002.

22. Edin and Kefalas, 2011.

23. Ellis et al., 2012; Mendle et al., 2009; Rowe, 2002; Waldron et al., 2007.

24. Del Giudice, 2009a.

25. H. C. Barrett, 2014, pp. 316–319; Boyer and Barrett, 2015; Sperber, 2002.

26. H. C. Barrett, 2014, pp. 26–27.

27. Gallistel and King, 2011, pp. 218–241.

28. Cosmides and Tooby, 1987; Tooby and Cosmides, 1995, 2005.

29. Maeterlinck, 1930, p. 52.

30. Leslie, Friedman, and German, 2004.

31. Dennett, 1987.

32. Rozin, Millman, and Nemeroff, 1986; Rozin and Royzman, 2001.

33. Carroll, Grenier, and Weatherbee, 2013.

34. Curtiss, Fromkin, Krashen, Rigler, and Rigler, 1974.

35. Kaufmann and Clément, 2007.

36. McCauley, 2011.

第一章　群体冲突的根源是什么？（为什么"部落主义"不是冲动而是精密计算的结果）

1. A. D. Smith, 1987.

2. E. Gellner, 1983.

3. Anderson, 1983; R. M. Smith, 2003; Wertsch, 2002.

4. Hobsbawm and Ranger, 1983.

5. Gat, 2013, pp. 67–131; A. D. Smith, 1987.

6. Gat, 2013.

7. Rotberg, 1999.

8. Brubaker, 2004.

9. Sorabji, 2006.

10. Brubaker, 2004, p. 7; Brubaker, Loveman, and Stamatov, 2004.

11. Brubaker, 2004, p. 167.

12. Ridley, 1996.

13. F. F. Chen and Kenrick, 2002; Gray, Mendes, and Denny-Brown, 2008; Krebs and Denton, 1997.

14. Kinzler, Shutts, Dejesus, and Spelke, 2009; Lev-Ari and Keysar, 2010; Nesdale and Rooney, 1996.

15. Boyer, Firat, and Van Leeuwen, 2015; De Dreu, Greer, Handgraaf, Shalvi, and Van Kleef, 2012; De Dreu, Greer, Van Kleef, Shalvi, and Handgraaf, 2011; Mendes, Blascovich, Lickel, and Hunter, 2002.

16. Norwich, 1989.
17. Armstrong, 1998.
18. Billig and Tajfel, 1973; Paladino and Castelli, 2008; Tajfel, 1970; Tajfel, Billig, and Bundy, 1971.
19. Rabbie, Schot, and Visser, 1989.
20. Rabbie et al., 1989.
21. Karp, Jin, Yamagishi, and Shinotsuka, 1993.
22. Kiyonari, Tanida, and Yamagishi, 2000; Yamagishi and Mifune, 2009.
23. Kurzban and Neuberg, 2005; Neuberg, Kenrick, and Schaller, 2010.
24. A. Y. Lee et al., 2010.
25. Fox, 2011, pp. 83–113; Pietraszewski, 2013.
26. Kurzban and Neuberg, 2005; Pietraszewski, 2013; Tooby and Cosmides, 2010.
27. Pietraszewski, 2013; Tooby and Cosmides, 2010.
28. Baron, 2001.
29. Kurzban, Tooby, and Cosmides, 2001; Pietraszewski, Cosmides, and Tooby, 2014.
30. Pietraszewski et al., 2014; Pietraszewski, Curry, Petersen, Cosmides, and Tooby, 2015.
31. Delton, Nemirow, Robertson, Cimino, and Cosmides, 2013.
32. Cimino and Delton, 2010; Delton and Cimino, 2010.
33. Dovidio, Gaertner, and Kawakami, 2003; Pettigrew and Tropp, 2008.
34. Bullock, 2013.
35. Hornsey, 2008.
36. Sidanius and Veniegas, 2000.
37. Sidanius and Pratto, 1999, pp. 52ff.
38. Payne, Lambert, and Jacoby, 2002; Sidanius and Veniegas, 2000.
39. Cosmides, Tooby, and Kurzban, 2003; Kurzban, Tooby, et al., 2001; Pietra szewski et al., 2014.
40. McGarty, Yzerbyt, and Spears, 2002.
41. Bradbury and Vehrencamp, 2000; Maynard Smith and Harper, 2003; Seyfarth and Cheney, 2003.
42. Scott-Phillips, 2008.
43. Mitchell, 1986; Searcy and Nowicki, 2010, pp. 3–6.
44. Jordan, 1979, pp. 75ff.
45. Gambetta, 2011.
46. Kuran, 1998.
47. Horowitz, 2001.
48. Horowitz, 2001, pp. 71–123.
49. Gat, 2006; Kalyvas, 2006.
50. English, 2003.
51. Taylor, 1999.

尾　注

52. Dutton, 2007.

53. H. C. Barrett, 2005; Nell, 2006.

54. De Sales, 2003.

55. Luft, 2015.

56. Kalyvas, 2006.

57. Lakoff and Johnson, 1980.

58. Griskevicius et al., 2009.

59. Hobbes, 1651.

60. Rousseau, 1762.

61. Hrdy, 2009 pp. 27ff.

62. Chagnon, 1988; Daly and Wilson, 1988; M. Wilson and Daly, 1997.

63. LeBlanc and Register, 2003.

64. Gat, 2006; Horowitz, 2001.

65. LeBlanc and Register, 2003; Mueller, 2004.

66. Gat, 2006.

67. Wrangham and Peterson, 1997.

68. Gat, 2006 pp. 97ff.; Herz, 2003.

69. McDonald, Navarrete, and van Vugt, 2012.

70. Tooby and Cosmides, 1988, 2010.

71. McGarty et al., 2002.

72. Jussim, Crawford, and Rubinstein, 2015; Jussim, Harber, Crawford, Cain, and Cohen, 2005.

73. Gigerenzer, 2002; Gigerenzer and Hoffrage, 1995; Gigerenzer and Murray, 1987.

74. Bowen, 2006.

75. Putnam, 2000, 2007.

76. Dinesen and Sønderskov, 2012.

77. Williams and Mohammed, 2009.

78. Major, Mendes, and Dovidio, 2013.

79. Blascovich, Mendes, Hunter, Lickel, and Kowai-Bell, 2001; Page-Gould, Mendoza-Denton, and Tropp, 2008.

80. Boyer et al., 2015.

81. Alvarez and Levy, 2012; Bécares et al., 2012; Bosqui, Hoy, and Shannon, 2014; Das-Munshi et al., 2012; Das-Munshi, Becares, Dewey, Stansfeld, and Prince, 2010.

第二章　信息是用来干什么的？（健全的头脑、古怪的信仰和群众的疯狂）

1. La Fontaine, 1998.

2. Bonhomme, 2012; Mather, 2005.

3. Douglas and Evans-Pritchard, 1970.

4. P. S. Boyer and Nissenbaum, 1974; Demos, 1982; Thomas, 1997.

5. Tooby and DeVore, 1987.

6. N. Carey, 2015.

7. Kant, 1781.

8. Mackay, 1841.

9. Blondel and Lévy-Bruhl, 1926.

10. S. Carey, 2009; Gallistel and Gelman, 2000; L. Hirschfeld and Gelman, 1994; Spelke and Kinzler, 2007.

11. Egyed, Király, and Gergely, 2013; Futó, Téglás, Csibra, and Gergely, 2010; Gergely, Egyed, and Király, 2007.

12. Kelemen, 2004; Kelemen and DiYanni, 2005.

13. Boyer and Barrett, 2005.

14. Asch, 1956.

15. Hyman, Husband, and Billings, 1995; Loftus, 1997.

16. Mercier, 2017.

17. Loftus, 1993, 2005.

18. Mercier, 2017.

19. Sperber et al., 2010.

20. Harris and Lane, 2014; Mascaro and Sperber, 2009.

21. Mercier and Sperber, 2011, 2017.

22. S. A. Thomas, 2007.

23. Bogart, Wagner, Galvan, and Banks, 2010; Klonoff and Landrine, 1999.

24. Allport and Postman, 1947.

25. Difonzo and Bordia, 2007; Whitson and Galinsky, 2008.

26. Baumeister, Bratslavsky, Finkenauer, and Vohs, 2001; Pratto and John, 1991.

27. Öhman, Flykt, and Esteves, 2001; Öhman and Mineka, 2001.

28. Boyer and Lienard, 2006; Neuberg, Kenrick, and Schaller, 2011; Woody and Szechtman, 2011.

29. Boyer and Bergstrom, 2011; Boyer and Lienard, 2006; Eilam, Izhar, and Mort, 2011; Öhman and Mineka, 2001; Rachman, 1977; Szechtman and Woody, 2004.

30. Blanchard, Griebel, and Blanchard, 2003; Woody and Szechtman, 2011.

31. Boyd and Richerson, 1985, pp. 213ff.

32. Fessler, Pisor, and Navarrete, 2014; Hilbig, 2009.

33. Boyer and Parren, 2015.

34. Brunvand, 1981; Eriksson and Coultas, 2014; Stubbersfield, Tehrani, and Flynn, 2014.

35. Lewandowsky, Ecker, Seifert, Schwarz, and Cook, 2012; Offit, 2011.

36. Festinger, Riecken, and Schachter, 1956.

37. Festinger, 1957.

38. Tedeschi, Schlenker, and Bonoma, 1971.

39. DeScioli and Kurzban, 2009, 2012; Tooby and Cosmides, 2010.

40. Baumard, André, and Sperber, 2013.

41. DeScioli and Kurzban, 2012, pp. 480–484; Tooby and Cosmides, 2010.
42. Tooby and Cosmides, 2010.
43. Douglas and Evans-Pritchard, 1970.
44. Hoffer, 1951.
45. English, 2003; Porta, 2008; A. G. Smith, 2008.
46. Cicero, 1923.
47. P. Boyer, 1990, pp. 61–78.
48. Leeson and Coyne, 2012.
49. Bernhardt and Allee, 1994; Huang, 1996; Katz, 2009.
50. Hutchins, 1980.
51. Merton, 1996.
52. Carruthers, Stich, and Siegal, 2002.
53. Douglas and Evans-Pritchard, 1970; Favret-Saada, 1980.
54. Bordia and Difonzo, 2004; Solove, 2007.
55. Bohner, Dykema-Engblade, Tindale, and Meisenhelder, 2008; Ross, Greene, and House, 1977; Wetzel and Walton, 1985.

第三章 为什么有宗教？（以及为什么它们出现得这么晚？）

1. Harris, 1991; Roth, 2007.
2. Saler, Ziegler, and Moore, 1997.
3. Kant, 1790.
4. Ward, 1994, 1995.
5. J. L. Barrett, 2000; J. L. Barrett and Keil, 1996; P. Boyer, 1994.
6. P. Boyer and Barrett, 2005.
7. L. Hirschfeld and Gelman, 1994; Spelke, 2000.
8. J. L. Barrett, 1998; J. L. Barrett and Keil, 1996; J. L. Barrett and Nyhof, 2001; P. Boyer and Ramble, 2001; Gregory and Greenway, 2017.
9. Lloyd, 2007.
10. P. Boyer, 2000b.
11. M. Bloch and Parry, 1982.
12. Mallart Guimerà, 1981, 2003.
13. Stepanoff, 2014, pp. 113–151.
14. Needham, 1972.
15. Goody, 1986.
16. Kramer, 1961; Mann, 1955.
17. Whitehouse, 2000.
18. Demarest, 2004; Freidel, Schele, Parker, and Jay, 1993; Kramer, 1961; Sharer and Traxler, 2006.

19. Baumard and Boyer, 2013.

20. Beard, 1996; Cumont, 1910; Martin, 1987.

21. McCauley and Lawson, 2002; Whitehouse, 2000, 2004.

22. Whitehouse, 1995.

23. Evans-Pritchard, 1937, pp. 69ff.

24. D. N. Gellner, 1992.

25. J. L. Barrett, 1998, 2001; J. L. Barrett and Keil, 1996; J. L. Barrett, Richert, and Driesenga, 2001; Slone, 2004.

26. Jaspers, 1953.

27. Arnason, Eisenstadt, and Wittrock, 2005.

28. Eskildsen, 1998; Finn, 2009; Gombrich, 2006; Slingerland, 2007; Stark, 2003.

29. Musolino, 2015.

30. Gombrich, 2009; Stark, 2003.

31. Baumard and Boyer, 2013; Morris, 2006, 2013.

32. Grafen, 1990; Zahavi and Zahavi, 1997.

33. E. Bloch, 1985 [1921]; Scribner, 1990.

34. Eliade, 1959; Otto, 1920.

35. James, 1902.

36. Taves, 2009.

37. Luhrmann, 2012.

38. Luhrmann, 2012, pp. 132–156.

39. C. F. Davis, 1989.

40. P. Boyer, 2001, pp. 307–309; Sharf, 1998, 2000.

41. Whitehouse, 1992.

42. Irons, 2001.

43. Alcorta and Sosis, 2005; Bulbulia, 2004; Irons, 2001.

44. Bering, 2006; Norenzayan and Shariff, 2008; Shariff and Norenzayan, 2011.

45. P. Boyer, 2000a.

46. Stocking, 1984.

47. McCauley and Lawson, 1984.

48. M. Bloch, 2008.

49. Saler et al., 1997.

50. Kosmin, 2011; McCaffree, 2017.

51. Hanegraaff, 1998; Pike, 2012.

52. R. D. Putnam, 2010.

53. Gombrich and Obeyesekere, 1988.

54. Stewart, 2014.

55. Tambiah, 1992.

56. Bowen, 2007, 2010.

57. Bowen, 2010; Laurence and Vaïsse, 2006.

58. Bowen, 2012.

第四章　什么是自然家庭？（从性到亲属关系再到支配）

1. Malinowski, 1929.

2. Fox, 1967, p. 40.

3. Needham, 1971.

4. Jones, 2003.

5. Fortes, 1950, pp. 261ff.

6. Goody, 1990.

7. G. Childs, 2003; Goldstein, 1981.

8. Levine and Silk, 1997.

9. Goldstein, 1978; E. A. Smith, 1998.

10. Byrne and Whiten, 1988; Dunbar, 1993, 2003.

11. Wrangham, Jones, Laden, Pilbeam, and Conklin-Brittain, 1999.

12. Aiello and Wheeler, 1995.

13. Hrdy, 2009.

14. Hrdy, 1981, pp. 146ff.; Van Schaik and Van Hooff, 1983.

15. Campbell and Ellis, 2005; Fletcher, Simpson, Campbell, and Overall, 2015; Jankowiak and Fischer, 1992.

16. Abbott, 2011; Walker, Hill, Flinn, and Ellsworth, 2011.

17. Geary, 2005; Marlowe, 2000.

18. Fletcher et al., 2015; Geary, 2005; Gordon, Zagoory-Sharon, Leckman, and Feldman, 2010.

19. Washburn and Lancaster, 1968.

20. Hawkes and Bliege Bird, 2002; S. B. Hrdy, 2009, pp. 146ff.

21. Gurven and Hill, 2009.

22. Chapais, 2009; Gurven, 2004; Gurven and Hill, 2009.

23. Hrdy, 2009, pp. 151ff.; Mesnick, 1997.

24. Hrdy, 1977.

25. Arnold and Owens, 2002.

26. Anderson, Kaplan, Lam, et al., 1999; Anderson, Kaplan, and Lancaster, 1999.

27. Feinberg, Jones, Little, Burt, and Perrett, 2005; Licht, 1976; Puts, 2005; Ryan and Guerra, 2014.

28. Amundsen and Forsgren, 2001; Fink, Grammer, and Matts, 2006.

29. Symons, 1979, 1992.

30. Buss, 2000, 2003; Low, 2000; Seabright, 2012.

31. Langlois et al., 2000; Rhodes, Proffi tt, Grady, and Sumich, 1998.

32. Badahdah and Tiemann, 2005; Chang, Wang, Shackelford, and Buss, 2011; Kamble,

Shackelford, Pham, and Buss, 2014; Li, Bailey, Kenrick, and Linsenmeier, 2002.

33. Buss and Shackelford, 2008; Li et al., 2002.
34. Buss, 2003, pp. 75ff.
35. Cronin, 1991.
36. Daly and Wilson, 2001.
37. Buss and Schmitt, 1993; Kaplan and Gangestad, 2005.
38. Buss, 1989; Langlois et al., 2000; Schmitt, 2003; Sprecher, Sullivan, and Hatfield, 1994.
39. Buss and D. Schmitt, 1993; Miller and Todd, 1998.
40. Symons, 1992.
41. Fink and Penton-Voak, 2002; Perrett et al., 1999.
42. Goodenough and Heitman, 2014; Tooby, 1982.
43. D. Lieberman, Tooby, and Cosmides, 2007; Westermarck, 1921.
44. Wolf, 1995.
45. Kaplan and Gangestad, 2005; Roff, 2007; Stearns, 1992.
46. Griskevicius, Tybur, Delton, and Robertson, 2011; Hawkes, 2006; Kaplan and Gangestad, 2005.
47. Hill and Kaplan, 1999; Kaplan, Hill, Lancaster, and Hurtado, 2000.
48. Nettle, 2010; Nettle, Colléony, and Cockerill, 2011; Nettle et al., 2007.
49. Ellis, Figueredo, Brumbach, and Schlomer, 2009.
50. Belsky, Steinberg, and Draper, 1991; Del Giudice, 2009b; Rosenblum and Paully, 1984; Stearns, Allal, and Mace, 2008.
51. Del Giudice, Gangestad, and Kaplan, 2016; Ellis et al., 2009.
52. Elias et al., 2016; Le Roy Ladurie, 1975.
53. De Souza and Toombs, 2010.
54. Chapais, 2009, p. 161.
55. Becker, 1973, 1974.
56. Becker, 1981; E. A. Posner, 2000.
57. P. Boyer and Petersen, 2012.
58. Hannagan, 2008; Liesen, 2008; Rubin, 2002, p. 114.
59. R. B. Lee, 1979.
60. Gat, 2006, pp. 18ff.; LeBlanc and Register, 2003.
61. Alesina, 2013.
62. Smuts, 1995.
63. van Vugt, Cremer, and Janssen, 2007.
64. Baker et al., 2016.
65. Baumeister and Sommer, 1997; Gabriel and Gardner, 1999.
66. Geary, 1998, 2003.
67. Seabright, 2012, pp. 127ff.
68. van Vugt et al., 2007.

尾 注

69. Human Rights Watch, 2008.
70. Alberts, Altmann, and Wilson, 1996; Komdeur, 2001.
71. Setchell, Charpentier, and Wickings, 2005.
72. Buss and Shackelford, 1997.
73. Gangestad, Garver-Apgar, Cousins, and Thornhill, 2014; Goetz and Romero, 2011; Haselton and Gangestad, 2006.
74. Goetz and Romero, 2011; Miner, Shackelford, and Starratt, 2009; M. Wilson and Daly, 1992, 1998.
75. M. Wilson and Daly, 1992, 1998.
76. Sokol, 2011.
77. Afkhami, 1995; Freedom House, 2014; Ghanim, 2009.
78. Pew Research Center, 2013.
79. El-Solh and Mabro, 1994; Mernissi, 1987; Peters, 1978; Pew Research Center, 2013.
80. Betzig, 1986.
81. Al-Ghanim, 2009; Freedom House, 2014; Khan, 2006.
82. Sell, 2011; Sell, Tooby, and Cosmides, 2009.

第五章　社会公正如何实现？（合作的心智如何创造公平和交易，以及它们之间明显的冲突）

1. Rousseau, 1984 [1755].
2. Hrdy, 2009.
3. Boyd and Richerson, 2006.
4. A. Smith, 1767.
5. Hamilton, 1963; Maynard Smith, 1964, 1982; E. O. Wilson, 1975.
6. Plott, 1974; V. L. Smith, 1976.
7. Boyd and Richerson, 1990; Boyd and Richerson, 2002; Boyd and Richerson, 2006.
8. Camerer, 2003; Fehr, Schmidt, Kolm, and Ythier, 2006; Gueth and van Damme, 1998; Levitt and J. List, 2007.
9. Ernst Fehr et al., 2006; Kurzban, McCabe, Smith, and Wilson, 2001.
10. Henrich, Fehr, et al., 2001.
11. Fehr and Gächter, 2002.
12. Boyd, Gintis, Bowles, and Richerson, 2003; de Quervain et al., 2004; Fowler, Johnson, and Smirnov, 2005.
13. Boyd and Richerson, 1992; Boyd and Richerson, 2006.
14. Boyd and Richerson, 1992; Boyd and Richerson, 2006; Turchin, 2007, p. 130.
15. Dubreuil, 2010.
16. Levitt and List, 2007; List, 2007.
17. Declerck, Kiyonari, and Boone, 2009; van Dijk and Wilke, 1997.

18. Kurzban, Descioli, and O'Brien, 2007.
19. Krasnow, Delton, Cosmides, and Tooby, 2016.
20. Burton-Chellew and West, 2013.
21. Gurven and Winking, 2008.
22. Baumard and Lienard, 2011; Price, 2005; Wiessner, 2005.
23. Bshary, 2002; Bshary and Grutter, 2005.
24. Adam, 2010; Bshary, 2002; Bshary and Grutter, 2005.
25. Ferriere, Bronstein, Rinaldi, Law, and Gauduchon, 2002.
26. André and Baumard, 2011.
27. Binmore, 2005, pp. 63–66.
28. Krasnow, Cosmides, Pedersen, and Tooby, 2012; Milinski, Semmann, and Krambeck, 2002; Noë and Hammerstein, 1994; Noë, van Schaik, and Van Hooff, 1991; Piazza and Bering, 2008.
29. Henrich et al., 2001.
30. Bshary and Bergmüller, 2008; Hagen and Hammerstein, 2006; Karp et al., 1993; Kiyonari et al., 2000.
31. Hagen and Hammerstein, 2006; Krasnow, Delton, Tooby, and Cosmides, 2013.
32. Delton, Krasnow, Cosmides, and Tooby, 2011.
33. Barclay, 2016.
34. R. D. Putnam, 2002.
35. Krasnow et al., 2012.
36. Baumard, Mascaro, and Chevallier, 2012; Chevallier et al., 2015; Lienard, Chevallier, Mascaro, Kiura, and Baumard, 2013.
37. André and Baumard, 2011; Baumard et al., 2013.
38. Gurven, 2004.
39. Sperber and Baumard, 2012.
40. Baumard et al., 2013; Baumard and Sheskin, 2015; Delton and Robertson, 2012, p. 52; Krasnow et al., 2016; Tomasello, 2009, pp. 52ff.
41. Bliege Bird and Bird, 1997; Gurven, 2004; Jaeggi and Van Schaik, 2011; H. Kaplan and Gurven, 2005.
42. Gurven, 2004.
43. Gurven, 2004; Gurven, Hill, Kaplan, Hurtado, and Lyles, 2000.
44. Dillian, 2010.
45. Renfrew, 1969.
46. Earle, 2002.
47. M. K. Chen, Lakshminarayanan, and Santos, 2006; Glimcher, 2009; Padoa Schioppa and Assad, 2006; Santos and Platt, 2014.
48. M. K. Chen et al., 2006; Santos and Platt, 2014.
49. Brown, 1991; Heine, 1997.

50. Friedman, 2010; Friedman and Neary, 2008.
51. Noles and Keil, 2011.
52. P. Boyer, 2015.
53. Cosmides, 1989; Cosmides and Tooby, 1992, 2005.
54. Sugiyama, 1996.
55. Delton, Cosmides, Guemo, Robertson, and Tooby, 2012.
56. Guzman and Munger, 2014.
57. Hann and Hart, 2011; Humphrey and Hugh-Jones, 1992.
58. Hann and Hart, 2011.
59. McCabe and Smith, 2001.
60. Polanyi, 2001 [1957].
61. Tomasello, 2009.
62. S. D. Levitt and J. A. List, 2007.
63. Ostrom, 1990, 2005.
64. Munger, 2010; Ostrom, 2005.
65. A. Smith, 1776; Xenophon, 1960, 8.2.5.
66. Ricardo, 1817.
67. R. A. Posner, 1980, 2001.
68. Hitchner, 2005; Hopkins, 1980; Scheidel and Friesen, 2009; Ward-Perkins, 2005.
69. Fafchamps, 2016.
70. Greif, 1993.
71. Read, Reed, Ebeling, and Friedman, 2009.
72. Saad, 2012.
73. Caplan, 2006; KFF, 1996; Wood, 2002; Worstall, 2014.
74. Caplan, 2001, 2008.
75. Caplan, 2008.
76. Rubin, 2013.
77. Kipnis, 1997; Yan, 1996.
78. Tomasello, 2008, 2009.
79. Delton et al., 2011; Krasnow et al., 2013.
80. Guzman and Munger, 2014.
81. Nozick, 1974.
82. Rawls, 1971.
83. Sowell, 2007, pp. 187–222.
84. Roemer, 1996; Sen, 2009.
85. G. Clark, 2008; McCloskey, 2006; Ridley, 2010.
86. Ferreira et al., 2015; Landes, 1998; Morris, 2013.
87. Acemoglu, Johnson, and Robinson, 2002; Acemoglu and Robinson, 2012; Lal, 2010; McCloskey, 2006; Mokyr, 1992; Ridley, 2010.

心智社会：我们的认识决定了我们的世界

第六章　人类的心智能理解社会吗？（协作、民间社会学和自然政治）

1. Hirschfeld, 1994, 2013.
2. Ramble, 2008.
3. Ramble, 2008, p. 284.
4. Ramble, 2008, pp. 261–310.
5. Fried, 1967; Maryanski and Turner, 1992; Service, 1965.
6. Kelly, 1995.
7. Trigger, 2003.
8. Barreiro and Quintana-Murci, 2010; Deschamps et al., 2016; Pickrell et al., 2009.
9. Leonardi, Gerbault, Thomas, and Burger, 2012.
10. Seabright, 2010.
11. Anton, Potts, and Aiello, 2014; Dubreuil, 2010.
12. Kübler, Owenga, Reynolds, Rucina, and King, 2015.
13. Rousseau, 1984 [1755].
14. Ibn Khaldūn, 1958.
15. Chong, 1991, pp. 32ff.; Hardin, 1982; Medina, 2007; Olson, 1965, pp. 32–34.
16. Medina, 2007, p. 24.
17. Chong, 1991, p. 103; Hardin, 1995, pp. 50ff.; Medina, 2007, pp. 51ff.; Schelling, 1978, p. 101.
18. P. Boyer, 2008.
19. Somit and Peterson, 1997.
20. Rubin, 2002.
21. van Vugt, 2006.
22. King, Johnson, and van Vugt, 2009; van Vugt, 2006.
23. Nietzsche, 1882, § 13; 1980 [1901].
24. Betzig, 1986; Macfarlan, Walker, Flinn, and Chagnon, 2014.
25. Buss, 1989; Kamble et al., 2014; Rubin, 2002, pp. 114ff.
26. Boehm, 1999.
27. Clastres, 1989.
28. Graeber, 2007, pp. 303ff.
29. Kropotkin, 1902.
30. Herz, 2003; McDermott, 2004; Tetlock and Goldgeier, 2000.
31. See, e.g., Goodin, 1996; Sears, Huddy, and Jervis, 2003.
32. Sulikowski, 1993.
33. Bowden, 1979; Keesing,1984.
34. Kirch, 2010, pp. 38ff.
35. Keesing, 1984.
36. Valeri, 1985, pp. 140ff.

37. Evans-Pritchard, 1962; Michelle Gilbert, 2008; Quigley, 2005.
38. Jowett, 2014; Kettell, 2013; Zivi, 2014.
39. Mallart Guimerà, 2003.
40. Jolly and Thomas, 1992; Keesing, 1993.
41. Pettit, 2003; Tuomela, 2013.
42. Gilbert, 1989; Sheehy, 2012.
43. Schelling, 1971.
44. E. Gellner, 1969.
45. Munger, 2015.
46. Nereid, 2011.
47. Kaiser, Jonides, and Alexander, 1986.
48. Baillargeon, Kotovsky, and Needham, 1995; Spelke, 1990.
49. Povinelli, 2003.
50. Talmy, 1988.
51. Talmy, 1988, 2000.
52. Lakoff and Johnson, 1980, p. 15.
53. Brown, 1991.
54. Bicchieri, 2006, pp. 183ff.
55. Ash, 2014.
56. Kuran, 1995, pp. 261–275.
57. Piaget, 1932.
58. Turiel, 1983.
59. Gabennesch, 1990.
60. Göckeritz, Schmidt, and Tomasello, 2014; Rakoczy and Schmidt, 2013; Rakoczy, Warneken, and Tomasello, 2008.
61. Lewis, 1969.
62. Bicchieri, 2006, pp. 11–28.
63. Horne, 2001.
64. Appiah, 2011.
65. Gates, 2001.
66. Xiaoxiaosheng, 1993.
67. Appiah, 2011; Gates, 2001.
68. Lakoff, 1987; Lakoff and Johnson, 1980.
69. Feigenson, 2011.
70. Pettit, 2003.
71. Bicchieri, 2006.
72. M. D. Lieberman, Schreiber, and Ochsner, 2003; Marcus, 2013; McDermott, 2011.
73. Sowell, 2007.
74. Haidt, 2013; Haidt and Joseph, 2004.

心智社会：我们的认识决定了我们的世界

75. Haidt, 2013; Graham, Haidt, and Nosek, 2009; Haidt and Graham, 2007.
76. Hibbing, Smith, and Alford, 2013, pp. 121ff.; Oxley et al., 2008.
77. Hechter, 1987, pp. 115ff.
78. Gosden, 1961; Wilkinson, 1891.
79. Hechter, 1987.
80. Buchanan and Tullock, 2004 [1962].
81. Caplan, 2008; Sowell, 2011.
82. Ramble, 2008.
83. Mercier and Sperber, 2011.

结　论　认知和交流创造传统

1. Tooby and DeVore, 1987.
2. Morin, 2016.
3. Ginzburg, 1963, 2017.
4. Tarde, 1903.
5. Boyd and Richerson, 1985.
6. Cavalli-Sforza and Feldman, 1981; Lumsden and Wilson, 1981.
7. Dawkins, 1976, pp. 189ff.
8. Boyd and Richerson, 1985.
9. Richerson and Boyd, 2005, pp. 69ff.
10. Boyd and Richerson, 1985, p. 8.
11. Aunger, 2000; Sperber, 2000b.
12. P. Boyer, 1990; Rothbart and Taylor, 1990.
13. Gil-White, 2001.
14. M. Bloch, 1993; Daniel, 1984.
15. Dumont, 1970; Quigley, 1993.
16. Rothschild, 2001.
17. P. Boyer, 1990; Rothbart and Taylor, 1990.
18. Gelman, 1985, 2003.
19. Gil-White, 2001.
20. Gil-White, 2001.
21. Sperber, 1997.
22. Baillargeon et al., 1995; Spelke, 1990.
23. Gelman, Coley, and Gottfried, 1994.
24. Payne, 2001.
25. Sperber, 1997, 2000a.
26. Grice, 1991 [1967].
27. Sperber and Wilson, 1986, 1995.

28. Claidière, Scott-Phillips, and Sperber, 2014; Claidière and Sperber, 2007; Sperber and Claidière, 2006.

29. Morin, 2016, p. 130.

30. Mauss, 1973 [1937].

31. Sussman and Rosenfeld, 1982.

32. Atran and Medin, 1999.

33. Atran, 1990, 1995.

34. Gelman et al., 1994.

35. Kuhl et al., 2006; Moon, Lagercrantz, and Kuhl, 2013.

36. E. V. Clark, 1993; Markson and Bloom, 1997; Xu and Tenenbaum, 2007.

37. Pinker, 1989.

38. Hombert and Ohala, 1982; Labov, 1964.

39. Boyd and Richerson, 2005, pp. 159ff.

40. Asher and Nelson, 2008; H. C. Barrett, Laurence, and Margolis, 2008; Bloom, 1996.

41. Kelemen, Seston, and Georges, 2012.

42. Nagell, Olguin, and Tomasello, 1993; Whiten, Custance, Gomez, Teixidor, and Bard, 1996.

43. Kenward, Karlsson, and Persson, 2011.

44. Keupp, Behne, Zachow, Kasbohm, and Rakoczy, 2015.

45. Ridley, 2010.

46. Morin, 2016, pp. 125ff.

47. Goody, 1977, 1986.

48. Tooby and Cosmides, 1992.

49. Lloyd, 2007.

50. Descola, 2009, 2013.

51. German and Leslie, 2000; Leslie, 1987, 1994; Wellmann and Estes, 1986.

52. Astuti, 2001; M. Bloch, 1998; Bloom, 2007; Sarkissian et al., 2010.

53. Dennett, 2014, pp. 19–28.

54. Sellars, 1963 [1991].

55. Slingerland, 2008; Slingerland and Collard, 2012; E. O. Wilson, 1999.

参考文献

Abbott, E. (2011). *A History of Marriage: From Same-Sex Unions to Private Vows and Common Law: The Surprising Diversity of a Tradition* (1st U.S. ed.). New York: Seven Stories Press.

Acemoglu, D., Johnson, S., and Robinson, J. A. (2002). *The Rise of Europe: Atlantic Trade, Institutional Change and Economic Growth.* Cambridge, Mass.: National Bureau of Economic Research.

Acemoglu, D., and Robinson, J. (2012). *Why Nations Fail: The Origins of Power, Prosperity, and Poverty* (1st ed.). New York: Crown Business.

Adam, T. C. (2010). "Competition Encourages Cooperation: Client Fish Receive Higher-Quality Service When Cleaner Fish Compete." *Animal Behaviour, 79* (6), 1183–89. doi: 10.1016/ j.anbehav.2010.02.023.

Afkhami, M. (1995). *Faith and Freedom: Women's Human Rights in the Muslim World.* London: I. B. Tauris.

Aiello, L. C., and Wheeler, P. (1995). "The Expensive-Tissue Hypothesis: The Brain and the Digestive System in Human and Primate Evolution." *Current Anthropology, 36* (2), 199–221. doi: 10.1086/204350.

Alberts, S. C., Altmann, J., and Wilson, M. L. (1996). "Mate Guarding Constrains Foraging Activity of Male Baboons." *Animal Behaviour, 51* (6), 1269–77. doi: http://dx.doi. org/10.1006/anbe.1996.0131.

Alcorta, C. S., and Sosis, R. (2005). "Ritual, Emotion, and Sacred Symbols: The Evolution of Religion as an Adaptive Complex." *Human Nature, 16* (4), 323–59. doi: 10.1007/s12110-005-1014-3.

Alesina, A. (2013). "On the Origins of Gender Roles: Women and the Plough." *Quarterly Journal of Economics, 128* (2), 469–530. doi: 10.1093/qje/qjt005.

Al-Ghanim, K. A. (2009). "Violence against Women in Qatari Society." *Journal of Middle East*

Women's Studies, 5 (1), 80–93.

Allport, G. W., and Postman, L. J. (1947). *The Psychology of Rumor*. New York: H. Holt.

Alvarez, K. J., and Levy, B. R. (2012). "Health Advantages of Ethnic Density for African American and Mexican American Elderly Individuals." *American Journal of Public Health, 102* (12), 2240–42.

Amundsen, T., and Forsgren, E. (2001). "Male Mate Choice Selects for Female Coloration in a Fish." *Proceedings of the National Academy of Sciences, 98* (23), 13155–60. doi: 10.1073/pnas.211439298.

Anderson, B. R. (1983). *Imagined Communities: Reflections on the Origin and Spread of Nationalism*. London: Verso.

Anderson, K. G., Kaplan, H. S., Lam, D., & Lancaster, J. (1999). "Paternal Care by Genetic Fathers and Stepfathers II: Reports by Xhosa High School Students." *Evolution and Human Behavior*, 20 (6), 433–51.

Anderson, K. G., Kaplan, H. S., and Lancaster, J. (1999). "Paternal Care by Genetic Fathers and Stepfathers I: Reports from Albuquerque Men." *Evolution and Human Behavior,* 20 (6), 405–31.

André, J.-B., and Baumard, N. (2011). "The Evolution of Fairness in a Biological Market." *Evolution, 65* (5), 1447–56. doi: 10.1111/j.1558–5646.2011.01232.x.

Anton, S. C., Potts, R., and Aiello, L. C. (2014). "Human Evolution: Evolution of Early Homo: An Integrated Biological Perspective." *Science, 345* (6192), 1236828. doi: 10.1126/science.1236828.

Appiah, K. A. (2011). *The Honor Code: How Moral Revolutions Happen*. New York: W. W. Norton.

Armstrong, G. (1998). *Football Hooligans: Knowing the Score*. New York: Berg.

Arnason, J., Eisenstadt, S., and Wittrock, B. (2005). *Axial Civilizations and World History*. Leiden: Brill Academic.

Arnold, K. E., and Owens, I. P. F. (2002). "Extra-Pair Paternity and Egg Dumping in Birds: Life History, Parental Care and the Risk of Retaliation." *Proceedings of the Royal Society B, 269,* 1263–69.

Asch, S. E. (1956). "Studies of Independence and Conformity: A Minority of One Against a Unanimous Majority." *Psychological Monographs, 70* (9), 1–70.

Ash, T. G. (2014). *The Magic Lantern: The Revolution of '89 Witnessed in Warsaw, Budapest, Berlin and Prague*. London: Atlantic Books.

Asher, Y. M., and Nelson, D. G. K. (2008). "Was It Designed to Do That? Children's Focus on Intended Function in Their Conceptualization of Artifacts." *Cognition, 106* (1), 474–83. doi: 10.1016/j.cognition.2007.01.007

Astuti, R. (2001). "Are We All Natural Dualists? A Cognitive Developmental Approach." *Journal of the Royal Anthropological Institute, 7* (3), 429–47.

Atran, S. A. (1990). *Cognitive Foundations of Natural History: Towards an Anthropology of*

Science. Cambridge: Cambridge University Press.

―――. (1995). "Classifying Nature across Cultures." In E. E. Smith, D. N. Osherson, et al. (eds.), *Thinking: An Invitation to Cognitive Science,* vol. 3 (2nd ed.), pp. 131–74. Cambridge, Mass.: MIT Press.

Atran, S. A., and Medin, D. L. (eds.). (1999). *Folkbiology.* Cambridge, Mass.: MIT Press.

Aunger, R. (ed.). (2000). *Darwinizing Culture: The Status of Memetics as a Science.* Oxford: Oxford University Press.

Badahdah, A. M., and Tiemann, K. A. (2005). "Mate Selection Criteria among Muslims Living in America." *Evolution and Human Behavior, 26* (5), 432–40. doi: 10.1016/j.evolhumbehav.2004.12.005.

Baillargeon, R., Kotovsky, L., and Needham, A. (1995). "The Acquisition of Physical Knowledge in Infancy." In D. Sperber, D. Premack, and A. James Premack (eds.), *Causal Cognition: A Multidisciplinary Debate,* pp. 79–115. Oxford: Clarendon Press.

Baker, J. M., Liu, N., Cui, X., Vrticka, P., Saggar, M., Hosseini, S. M. H., and Reiss, A. L. (2016). "Sex Differences in Neural and Behavioral Signatures of Cooperation Revealed by Fnirs Hyperscanning." *Scientific Reports, 6,* 26492. doi: 10.1038/srep26492.

Barclay, P. (2016). "Partner Choice versus Punishment in Human Prisoner's Dilemmas." *Evolution and Human Behavior, 37,* 263–71. doi: 10.1016/j.evolhumbehav.2015.12.004

Baron, J. (2001). "Confusion of Group Interest and Self-Interest in Parochial Cooperation on Behalf of a Group." *Journal of Conflict Resolution, 45* (3), 283–96.

Baron-Cohen, S. (1991). "Precursors to a Theory of Mind: Understanding Attention in Others." In A. Whiten (ed.), *Natural Theories of Mind,* pp. 233–51. Oxford: Blackwell.

―――. (1995). *Mindblindness: An Essay on Autism and Theory of Mind.* Cambridge, Mass.: MIT Press.

Barreiro, L. B., and Quintana-Murci, L. (2010). "From Evolutionary Genetics to Human Immunology: How Selection Shapes Host Defence Genes." *Nat. Rev. Genet, 11* (1), 17–30. doi: http://www.nature.com/nrg/journal/v11/n1/suppinfo/nrg2698_S1.html.

Barrett, H. C. (2005). "Adaptations to Predators and Prey." In D. M. Buss (ed.), *The Handbook of Evolutionary Psychology,* pp. 200–223. Hoboken, N.J.: John Wiley and Sons.

―――. (2014). *The Shape of Thought: How Mental Adaptations Evolve.* Oxford: Oxford University Press.

Barrett, H. C., Laurence, S., and Margolis, E. (2008). "Artifacts and Original Intent: A Cross-Cultural Perspective on the Design Stance." *Journal of Cognition and Culture, 8* (1–2), 1–22. doi: 10.1163/156770908x289189.

Barrett, J. L. (1998). "Cognitive Constraints on Hindu Concepts of the Divine." *Journal for the Scientific Study of Religion, 37,* 608–19.

―――. (2000). "Exploring the Natural Foundations of Religion." *Trends in Cognitive Sciences, 4* (1), 29–34.

―――. (2001). "How Ordinary Cognition Informs Petitionary Prayer." *Journal of Cognition and Culture, 1* (3), 259–69.

Barrett, J. L., and Keil, F. C. (1996). "Conceptualizing a Nonnatural Entity: Anthropomorphism in God Concepts." *Cognitive Psychology, 31* (3), 219–47.

Barrett, J. L., and Nyhof, M. (2001). "Spreading Non-Natural Concepts: The Role of Intuitive Conceptual Structures in Memory and Transmission of Cultural Materials." *Journal of Cognition and Culture, 1* (1), 69–100.

Barrett, J. L., Richert, R. A., and Driesenga, A. (2001). "God's Beliefs versus Mother's: The Development of Nonhuman Agent Concepts." *Child Development, 72* (1), 50–65.

Baumard, N., André, J.-B., and Sperber, D. (2013). "A Mutualistic Approach to Morality: The Evolution of Fairness by Partner-Choice." *Behavioral and Brain Sciences, 36* (1), 59–78.

Baumard, N., and Boyer, P. (2013). "Explaining Moral Religions." *Trends in Cognitive Sciences, 17* (6), 272–80.

Baumard, N., and Lienard, P. (2011). "Second or Third Party Punishment? When Self-Interest Hides behind Apparent Functional Interventions." *Proceedings of the National Academy of Sciences of the United States of America, 108,* 39.

Baumard, N., Mascaro, O., and Chevallier, C. (2012). "Preschoolers Are Able to Take Merit into Account When Distributing Goods." *Developmental Psychology, 48* (2), 492–98. doi: 10.1037/a0026598.

Baumard, N., and Sheskin, M. (2015). "Partner Choice and the Evolution of a Contractualist Morality." In J. Decety, T. Wheatley, J. Decety, and T. Wheatley (eds.), *The Moral Brain: A Multidisciplinary Perspective,* pp. 35–48. Cambridge, Mass.: MIT Press.

Baumeister, R. F., Bratslavsky, E., Finkenauer, C., and Vohs, K. D. (2001). "Bad Is Stronger Than Good." *Review of General Psychology, 5* (4), 323–70. doi: 10.1037/1089-2680.5.4.323.

Baumeister, R. F., and Sommer, K. L. (1997). "What Do Men Want? Gender Differences and Two Spheres of Belongingness: Comment on Cross and Madson." *Psychological Bulletin, 122* (1), 38–44.

Beard, M. (1996). "The Roman and the Foreign: The Cult of the 'Great Mother' in Imperial Rome." In N. Thomas and C. Humphrey (eds.), *Shamanism, History and the State,* pp. 164–88. Ann Arbor: University of Michigan Press.

Bécares, L., Shaw, R., Nazroo, J., Stafford, M., Albor, C., Atkin, K., . . . Pickett, K. (2012). "Ethnic Density Effects on Physical Morbidity, Mortality, and Health Behaviors: A Systematic Review of the Literature." *American Journal of Public Health, 102* (12), e33–e66

Becker, G. S. (1973). "A Theory of Marriage: Part I." *Journal of Political Economy, 81* (4), 813–46.

———. (1974). "A Theory of Marriage." In T. W. Schultz (ed.), *Economics of the Family: Marriage, Children, and Human Capital,* pp. 299–351. Chicago: University of Chicago Press.

———. (1981). *A Treatise on the Family.* Cambridge, Mass.: Harvard University Press.

Belsky, J., Steinberg, L., and Draper, P. (1991). "Childhood Experience, Interpersonal

Development, and Reproductive Strategy: An Evolutionary Theory of Socialization." *Child Development, 62* (4), 647–70. doi: 10.2307/1131166.

Bering, J. M. (2006). "The Folk-Psychology of Souls." *Behavioral and Brain Sciences, 29* (5), 453–62.

Bernhardt, K., Huang, P. C., and Allee, M. A. (1994). *Civil Law in Qing and Republican China.* Stanford, Calif.: Stanford University Press.

Betzig, L. (1986). *Despotism and Differential Reproduction: A Darwinian View of History.* New York: Aldine.

Bicchieri, C. (2006). *The Grammar of Society: The Nature and Dynamics of Social Norms.* Cambridge: Cambridge University Press.

Billig, M., and Tajfel, H. (1973). "Social Categorization and Similarity in Intergroup Behavior." *European Journal of Social Psychology, 3,* 27–52.

Binmore, K. (2005). *Natural Justice.* New York: Oxford University Press.

Blair, R. J. R. (2007). "The Amygdala and Ventromedial Prefrontal Cortex in Morality and Psychopathy." *Trends in Cognitive Sciences, 11* (9), 387–92.

Blair, R. J. R., Sellars, C., Strickland, I., Clark, F., Williams, A., Smith, M., and Jones, L. (1995). "Emotion Attributions in the Psychopath." *Personality and Individual Differences, 19* (4), 431–37.

Blanchard, D. C., Griebel, G., and Blanchard, R. J. (2003). "Conditioning and Residual Emotionality Effects of Predator Stimuli: Some Reflections on Stress and Emotion." *Progress in Neuro-Psychopharmacology and Biological Psychiatry, 27* (8), 1177–85.

Blascovich, J., Mendes, W. B., Hunter, S. B., Lickel, B., and Kowai-Bell, N. (2001). "Perceiver Threat in Social Interactions with Stigmatized Others." *Journal of Personality and Social Psychology, 80* (2), 253–67.

Bliege Bird, R. L., and Bird, D. W. (1997). "Delayed Reciprocity and Tolerated Theft: The Behavioral Ecology of Food-Sharing Strategies." *Current Anthropology, 38* (1), 49–78.

Bloch, E. (1985 [1921]). *Thomas Münzer als Theologe der Revolution.* Berlin: Suhrkamp.

Bloch, M. (1993). "Domain-Specificity, Living Kinds and Symbolism." In P. Boyer (ed.), *Cognitive Aspects of Religious Symbolism,* pp. 111–20. Cambridge: Cambridge University Press.

————. (1998). *How We Think They Think: Anthropological Approaches to Cognition, Memory and Literacy.* Boulder, Colo.: Westview Press.

————. (2008). "Why Religion Is Nothing Special but Is Central." *Philosophical Transactions of the Royal Society of London, Series B, Biological Sciences, 363* (1499), 2055.

Bloch, M., and Parry, J. (1982). "Introduction: Death and the Regeneration of Life." In M. Bloch and J. Parry (eds.), *Death and the Regeneration of Life,* pp. 187–210. Cambridge: Cambridge University Press.

Blondel, C., and Lévy-Bruhl, L. (1926). *La mentalité primitive.* Paris: Stock. Bloom, P. (1996). "Intention, History and Artifact Concepts." *Cognition, 60,* 1–29.

———. (2007). "Religion Is Natural." *Developmental Science, 10* (1), 147–51. doi: 10.1111/j.1467-7687.2007.00577.x.

Boehm, C. (1999). *Hierarchy in the Forest: The Evolution of Egalitarian Behavior.* Cambridge, Mass.: Harvard University Press.

Bogart, L. M., Wagner, G., Galvan, F. H., and Banks, D. (2010). "Conspiracy Beliefs about HIV Are Related to Antiretroviral Treatment Nonadherence among African American Men with HIV." *JAIDS: Journal of Acquired Immune Deficiency Syndromes, 53* (5), 648–55.

Bohner, G., Dykema-Engblade, A., Tindale, R. S., and Meisenhelder, H. (2008). "Framing of Majority and Minority Source Information in Persuasion: When and How 'Consensus Implies Correctness.'" *Social Psychology, 39* (2), 108–16. doi: 10.1027/1864-9335.39.2.108.

Bonhomme, J. (2012). "The Dangers of Anonymity: Witchcraft, Rumor, and Modernity in Africa." *HAU: Journal of Ethnographic Theory, 2* (2), 205–33.

Bordia, P., and Difonzo, N. (2004). "Problem Solving in Social Interactions on the Internet: Rumor as Social Cognition." *Social Psychology Quarterly, 67* (1), 33–49. doi: 10.1177/019027250406700105.

Bosqui, T. J., Hoy, K., and Shannon, C. (2014). "A Systematic Review and Meta-Analysis of the Ethnic Density Effect in Psychotic Disorders." *Social Psychiatry and Psychiatric Epidemiology, 49* (4), 519–29.

Bowden, R. (1979). "Tapu and Mana: Ritual Authority and Political Power in Traditional Maori Society." *Journal of Pacific History, 14,* 50–61. doi: 10.1080/00223347908572364.

Bowen, J. R. (2006). *Why the French Don't Like Headscarves: Islam, the State, and Public Space.* Princeton: Princeton University Press.

———. (2007). *Why the French Don't Like Headscarves: Islam, the State, and Public Space.* Princeton: Princeton University Press.

———. (2010). *Can Islam Be French? Pluralism and Pragmatism in a Secularist State.* Princeton: Princeton University Press.

———. (2012). *Blaming Islam.* Cambridge, Mass.: MIT Press.

Boyd, R., Gintis, H., Bowles, S., and Richerson, P. (2003). "The Evolution of Altruistic Punishment." *Proceedings of the National Academy of Sciences of the USA, 100* (6), 3531–35.

Boyd, R., and Richerson, P. J. (1985). *Culture and the Evolutionary Process.* Chicago: University of Chicago Press.

———. (1990). "Culture and Cooperation." In J. J. Mansbridge et al. (eds.), *Beyond Self-Interest,* pp. 111–32. Chicago: University of Chicago Press.

———. (1992). "Punishment Allows the Evolution of Cooperation (or Anything Else) in Sizable Groups." *Ethology and Sociobiology, 13,* 171–95.

———. (2002). "Group Beneficial Norms Can Spread Rapidly in a Structured Population." *Journal of Theoretical Biology, 215* (3), 287–96.

———. (2005). *The Origin and Evolution of Cultures.* Oxford: Oxford University Press.

心智社会：我们的认识决定了我们的世界

—————. (2006). "Solving the Puzzle of Human Cooperation." In S. C. Levinson and P. Jaisson (eds.), *Evolution and Culture*, pp. 105–32. Cambridge, Mass.: MIT Press.

Boyer, P. (1990). *Tradition as Truth and Communication: A Cognitive Description of Traditional Discourse.* Cambridge: Cambridge University Press.

—————. (1994). "Cognitive Constraints on Cultural Representations: Natural Ontologies and Religious Ideas." In L. A. Hirschfeld and S. Gelman (eds.), *Mapping the Mind: Domain-Specificity in Culture and Cognition*, pp. 391–411. New York: Cambridge University Press.

—————. (2000a). "Functional Origins of Religious Concepts: Conceptual and Strategic Selection in Evolved Minds." Malinowski Lecture 1999. *Journal of the Royal Anthropological Institute, 6,* 195–214.

—————. (2000b). "Natural Epistemology or Evolved Metaphysics? Developmental Evidence for Early-Developed, Intuitive, Category-Specific, Incomplete, and Stubborn Metaphysical Presumptions." *Philosophical Psychology, 13* (3), 277–97.

—————. (2001). *Religion Explained: Evolutionary Origins of Religious Thought.* New York: Basic Books.

—————. (2008). "Evolutionary Economics of Mental Time Travel?" *Trends in Cognitive Sciences, 12* (6), 219–24.

—————. (2015). "How Natural Selection Shapes Conceptual Structure: Human In tuitions and Concepts of Ownership." In E. Margolis and S. Laurence (eds.), *The Conceptual Mind: New Directions in the Study of Concepts,* pp. 185–200. Cambridge, Mass.: MIT Press.

Boyer, P., and Barrett, H. C. (2005). "Domain Specificity and Intuitive Ontology." In D. M. Buss (ed.), *The Handbook of Evolutionary Psychology,* pp. 96–118. Hoboken, N.J.: John Wiley and Sons.

—————. (2015). "Domain Specificity and Intuitive Ontologies." In D. M. Buss (ed.), *The Handbook of Evolutionary Psychology* (2nd ed.), pp. 161–80. Hoboken, N.J.: John Wiley and Sons.

Boyer, P., and Bergstrom, B. (2011). "Threat-Detection in Child Development: An Evolutionary Perspective." *Neuroscience and Biobehavioral Reviews, 35* (4), 1034–41.

Boyer, P., Firat, R., and Van Leeuwen, F. (2015). "Safety, Threat, and Stress in Intergroup Relations: A Coalitional Index Model." *Perspectives on Psychological Science, 10* (4), 434–50.

Boyer, P., and Lienard, P. (2006). "Why Ritualized Behavior? Precaution Systems and Action Parsing in Developmental, Pathological and Cultural Rituals." *Behavioral and Brain Sciences, 29* (6), 595–613.

Boyer, P., and Parren, N. (2015). "Threat-Related Information Suggests Competence: A Possible Factor in the Spread of Rumors." *PLoS One, 10* (6), e0128421. doi: 10.1371/journal. pone.0128421.

Boyer, P., and Petersen, M. B. (2012). "The Naturalness of (Many) Social Institutions: Evolved Cognition as Their Foundation." *Journal of Institutional Economics, 8* (1), 1–25. doi:

10.1017/S1744137411000300.

Boyer, P., and Ramble, C. (2001). "Cognitive Templates for Religious Concepts: Cross-Cultural Evidence for Recall of Counter-Intuitive Representations." *Cognitive Science, 25,* 535–64.

Boyer, P. S., and Nissenbaum, S. (1974). *Salem Possessed: The Social Origins of Witchcraft.* Cambridge: Mass.: Harvard University Press.

Bradbury, J. W., and Vehrencamp, S. L. (2000). "Economic Models of Animal Communication." *Animal Behaviour, 59* (2), 259–68.

Brown, D. E. (1991). *Human Universals.* New York: McGraw Hill.

Brubaker, R. (2004). *Ethnicity without Groups.* Cambridge, Mass.: Harvard University Press.

Brubaker, R., Loveman, M., and Stamatov, P. (2004). "Ethnicity as Cognition." *Theory and Society, 33* (1), 34.

Bruce, G. (2010). *The Firm: The Inside Story of the Stasi.* Oxford: Oxford University Press.

Brunvand, J. H. (1981). *The Vanishing Hitchhiker: American Urban Legends and Their Meanings.* New York: W. W. Norton.

Bshary, R. (2002). "Building Up Relationships in Asymmetric Co-Operation Games between the Cleaner Wrasse Labroides Dimidiatus and Client Reef Fish." *Behavioral Ecology and Sociobiology, 52* (5), 365–71. doi: 10.1007/s00265–002–0527–6.

Bshary, R., and Bergmüller, R. (2008). "Distinguishing Four Fundamental Approaches to the Evolution of Helping." *Journal of Evolutionary Biology, 21* (2), 405–20. doi: 10.1111/ j.1420–9101.2007.01482.x.

Bshary, R., and Grutter, A. S. (2005). "Punishment and Partner Switching Cause Cooperative Behaviour in a Cleaning Mutualism." *Biology Letters, 1* (4), 396–99. doi: 10.1098/ rsbl.2005.0344.

Buchanan, J. M., and Tullock, G. (2004 [1962]). *The Calculus of Consent: Logical Foundations of Constitutional Democracy.* Indianapolis: Liberty Fund.

Bulbulia, J. (2004). "Religious Costs as Adaptations That Signal Altruistic Intention." *Evolution and Cognition*, 10(1), 19–42.

Bullock, D. (2013). "The Contact Hypothesis and Racial Diversity in the United States Military." Ph.D. dissertation, Texas Woman's University [dissertation number: AAI3550788]. Available from EBSCOhost psyh database.

Burton-Chellew, M. N., and West, S. A. (2013). "Prosocial Preferences Do Not Explain Human Cooperation in Public-Goods Games." *Proceedings of the National Academy of Sciences, 110* (1), 216–21. doi: www.pnas.org/cgi/doi/10.1073/pnas.1210960110

Buss, D. M. (1989). "Sex Differences in Human Mate Preferences: Evolutionary Hypotheses Tested in 37 Cultures." *Behavioral and Brain Sciences, 12,* 1–49.

———. (2000). *The Dangerous Passion: Why Jealousy Is as Necessary as Love and Sex.* New York: Free Press.

———. (2003). *The Evolution of Desire: Strategies of Human Mating.* New York: Basic Books.

心智社会：我们的认识决定了我们的世界

Buss, D. M., and Schmitt, D. (1993). "Sexual Strategies Theory: An Evolutionary Perspective on Human Mating." *Psychological Review, 100,* 204–32.

Buss, D. M., and Shackelford, T. K. (1997). "From Vigilance to Violence: Mate Retention Tactics in Married Couples." *Journal of Personality and Social Psychology, 72* (2), 346–61. doi: 10.1037/0022–3514.72.2.346.

——. (2008). "Attractive Women Want It All: Good Genes, Economic Investment, Parenting Proclivities, and Emotional Commitment." *Evolutionary Psychology, 6* (1), 134–46. doi: 10.1177/147470490800600116.

Butterworth, G. (2001). "Joint Visual Attention in Infancy." In G. Bremner and A. Fogel (eds.), *Blackwell Handbook of Infant Development,* pp. 213–40. Malden, Mass.: Blackwell.

Byrne, R., and Whiten, A. (1988). *Machiavellian Intelligence: Social Expertise and the Evolution of Intellect in Monkeys, Apes, and Humans.* Oxford: Clarendon Press.

Camerer, C. (2003). *Behavioral Game Theory: Experiments in Strategic Interaction.* Princeton: Princeton University Press.

Campbell, L., and Ellis, B. J. (2005). "Commitment, Love, and Mate Retention." In D. M. Buss (ed.), *The Handbook of Evolutionary Psychology,* pp. 419–42. Hoboken, N.J.: John Wiley and Sons.

Caplan, B. (2001). "What Makes People Think Like Economists? Evidence on Economic Cognition from the 'Survey of Americans and Economists on the Economy.' " *Journal of Law and Economics, 44* (2), 395–426.

——. (2006). "How Do Voters Form Positive Economic Beliefs? Evidence from the Survey of Americans and Economists on the Economy." *Public Choice, 128* (3–4), 367–81. doi: 10.1007/s11127-006-9026-z.

——. (2008). *The Myth of the Rational Voter: Why Democracies Choose Bad Policies* (new edition, with a new preface by the author). Princeton: Princeton University Press.

Carey, N. (2015). *Junk DNA: A Journey through the Dark Matter of the Genome.* London: Icon Books.

Carey, S. (2009). *The Origin of Concepts.* New York: Oxford University Press.

Carroll, S. B., Grenier, J. K., and Weatherbee, S. D. (2013). *From DNA to Diversity: Molecular Genetics and the Evolution of Animal Design.* New York: Wiley.

Carruthers, P., Stich, S., and Siegal, M. (eds.). (2002). *The Cognitive Basis of Science.* Cambridge: Cambridge University Press.

Cavalli-Sforza, L. L., and Feldman, M. W. (1981). *Cultural Transmission and Evolution: A Quantitative Approach.* Princeton: Princeton University Press.

Chagnon, N. A. (1988). "Life Histories, Blood Revenge, and Warfare in a Tribal Population." *Science, 239* (4843), 985–88.

Chang, L., Wang, Y., Shackelford, T. K., and Buss, D. M. (2011). "Chinese Mate Preferences: Cultural Evolution and Continuity across a Quarter of a Century." *Personality and Individual Differences, 50* (5), 678–83. doi: /10.1016/j.paid.2010.12.016.

Chapais, B. (2009). *Primeval Kinship: How Pair-Bonding Gave Birth to Human Society.* Cambridge, Mass.: Harvard University Press.

Chen, F. F., and Kenrick, D. T. (2002). "Repulsion or Attraction? Group Membership and Assumed Attitude Similarity." *Journal of Personality and Social Psychology, 83* (1), 111–25.

Chen, M. K., Lakshminarayanan, V., and Santos, Laurie R. (2006). "How Basic Are Behavioral Biases? Evidence from Capuchin Monkey Trading Behavior." *Journal of Political Economy, 114* (3), 517–37. doi: 10.1086/503550.

Chevallier, C., Xu, J., Adachi, K., van der Henst, J.-B., and Baumard, N. (2015). "Preschoolers' Understanding of Merit in Two Asian Societies." *PLoS One, 10* (5), e0114717. doi: 10.1371/journal.pone.0114717.

Cheraffedine, R., Mercier, H., Clément, F., Kaufmann, L., Berchtold, A., Reboul, A., and Van der Henst, J.-B. (2015). "How Preschoolers Use Cues of Dominance to Make Sense of Their Social Environment." *Journal of Cognition and Development, 16* (4), 587–607. doi: 10.1080/15248372.2014.926269.

Childs, D. (1996). *The Stasi: The East German Intelligence and Security Service.* New York: New York University Press.

Childs, G. (2003). "Polyandry and Population Growth in a Historical Tibetan So ciety." *History of the Family, 8,* 423–44.

Chong, D. (1991). *Collective Action and the Civil Rights Movement.* Chicago: University of Chicago Press.

Cicero, M. T. (1923). *De senectute, De amicitia, De divinatione.* Edited by W. A. Falconer. Loeb Classical Library 154. Cambridge, Mass.: Heinemann.

Cimino, A., and Delton, A. W. (2010). "On the Perception of Newcomers: Toward an Evolved Psychology of Intergenerational Coalitions." *Human Nature, 21* (2), 186–202. doi: 10.1007/s12110-010-9088-y.

Claidière, N., Scott-Phillips, T. C., and Sperber, D. (2014). "How Darwinian Is Cultural Evolution?" *Philosophical Transactions of the Royal Society of London B: Biological Sciences, 369* (1642), 20130368. doi: 10.1098/rstb.2013.0368.

Claidière, N., and Sperber, D. (2007). "The Role of Attraction in Cultural Evolution." *Journal of Cognition and Culture, 7* (1–2), 89–111.

Clark, E. V. (1993). *The Lexicon in Acquisition.* Cambridge: Cambridge University Press.

Clark, G. (2008). *A Farewell to Alms: A Brief Economic History of the World.* Princeton: Princeton University Press.

Clastres, P. (1989). *Society against the State: Essays in Political Anthropology.* New York: Zone Books.

Cosmides, L. (1989). "The Logic of Social Exchange: Has Natural Selection Shaped How Humans Reason? Studies with the Wason Selection Task." *Cognition, 31* (3), 187–276.

Cosmides, L., and Tooby, J. (1987). "From Evolution to Behavior: Evolutionary Psychology as the Missing Link." In J. Dupré (ed.), *The Latest on the Best: Essays on Evolution and*

Optimality, pp. 297–323. Cambridge, Mass.: MIT Press.

—————. (1992). "Cognitive Adaptations for Social Exchange." In J. H. Barkow, L. Cosmides, and J. Tooby (eds.), *The Adapted Mind: Evolutionary Psychology and the Generation of Culture,* pp. 163–228. New York: Oxford University Press.

—————(eds.). (2005). *Neurocognitive Adaptations Designed for Social Exchange.* Hoboken, N.J.: John Wiley and Sons.

Cosmides, L., Tooby, J., and Kurzban, R. (2003). "Perceptions of Race." *Trends in Cognitive Sciences, 7* (4), 173–79.

Cronin, H. (1991). *The Ant and the Peacock: Altruism and Sexual Selection from Darwin to Today.* Cambridge: Cambridge University Press.

Cumont, F. V. M. (1910). *The Mysteries of Mithra* (2nd ed.). Chicago: Open Court. Curtiss, S., Fromkin, V., Krashen, S., Rigler, D., and Rigler, M. (1974). "The Linguistic Development of Genie." *Language, 50* (3), 528–54. doi: 10.2307/412222

Daly, M., and Wilson, M. (1988). *Homicide.* New York: Aldine. . (2001). "Risk-Taking, Intrasexual Competition, and Homicide." In J. A. French and A. C. Kamil (eds.), *Evolutionary Psychology and Motivation,* pp. 1–36. Lincoln: University of Nebraska Press.

Daniel, E. V. (1984). *Fluid Signs: Being a Person the Tamil Way.* Berkeley: University of California Press.

Das-Munshi, J., Bécares, L., Boydell, J. E., Dewey, M. E., Morgan, C., Stansfeld, S. A., and Prince, M. J. (2012). "Ethnic Density as a Buffer for Psychotic Experiences: Findings from a National Survey (EMPIRIC)." *British Journal of Psychiatry, 201* (4), 282–90.

Das-Munshi, J., Becares, L., Dewey, M. E., Stansfeld, S. A., and Prince, M. J. (2010). "Understanding the Effect of Ethnic Density on Mental Health: Multi-Level Investigation of Survey Data from England." *BMJ: British Medical Journal, 341* (7778), 1–9.

Davis, B. L., and MacNeilage, P. F. (1995). "The Articulatory Basis of Babbling." *Journal of Speech and Hearing Research, 38* (6), 1199–1211. doi: 10.1044/jshr.3806.1199

Davis, C. F. (1989). *The Evidential Force of Religious Experience.* Oxford: Clarendon Press.

Dawkins, R. (1976). *The Selfish Gene.* Oxford: Oxford University Press.

Dawson, A., King, V. M., Bentley, G. E., and Ball, G. F. (2001). "Photoperiodic Control of Seasonality in Birds." *Journal of Biological Rhythms, 16* (4), 365–80.

De Dreu, C. K. W., Greer, L. L., Handgraaf, M. J. J., Shalvi, S., and Van Kleef, G. A. (2012). "Oxytocin Modulates Selection of Allies in Intergroup Conflict." *Proceedings of the Royal Society B: Biological Sciences, 279* (1731), 1150–54.

De Dreu, C. K. W., Greer, L. L., Van Kleef, G. A., Shalvi, S., and Handgraaf, M. J. J. (2011). "Oxytocin Promotes Human Ethnocentrism." *Proceedings of the National Academy of Sciences, 108* (4), 1262–66.

de Quervain, D., Fischbacher, U., Treyer, V., Schellhammer, M., Schnyder, U., Buck, A., and Fehr, E. (2004). "The Neural Basis of Altruistic Punishment." *Science, 305,* 1254–58.

De Sales, A. (2003). "The Kham Magar Country: Between Ethnic Claims and Maoism." In D.

N. Gellner (ed.), *Resistance and the State: Nepalese Experiences,* pp. 326–57. Oxford: Berghahn Books.

De Souza, M. J., and Toombs, R. J. (2010). "Amenorrhea Associated with the Female Athlete Triad: Etiology, Diagnosis, and Treatment." In F. N. Santoro and G. Neal-Perry (eds.), *Amenorrhea: A Case-Based, Clinical Guide,* pp. 101–25. Totowa, N.J.: Humana Press.

Deardorff, J., Ekwaru, J. P., Kushi, L. H., Ellis, B. J., Greenspan, L. C., Mirabedi, A., . . . Hiatt, R. A. (2010). "Father Absence, Body Mass Index, and Pubertal Timing in Girls: Differential Effects by Family Income and Ethnicity." *Journal of Adolescent Health, 48* (5), 441–47. doi: 10.1016/j.jadohealth.2010.07.032.

Declerck, C. H., Kiyonari, T., and Boone, C. (2009). "Why Do Responders Reject Unequal Offers in the Ultimatum Game? An Experimental Study on the Role of Perceiving Interdependence." *Journal of Economic Psychology, 30* (3), 335–43. doi: 10.1016/j.joep.2009.03.002.

Del Giudice, M. (2009a). "Human Reproductive Strategies: An Emerging Synthesis?" *Behavioral and Brain Sciences, 32* (1), 45–67. doi: 10.1017/S0140525X09000272.

—————. (2009b). "Sex, Attachment, and the Development of Reproductive Strategies." *Behavioral and Brain Sciences, 32* (1), 1–21. doi: 10.1017/S0140525X09000016.

Del Giudice, M., Gangestad, S. W., and Kaplan, H. S. (2016). "Life History Theory and Evolutionary Psychology." In D. Buss (ed.), *The Handbook of Evolutionary Psychology,* vol. 1, pp. 88–114. New York: John Wiley and Sons.

Delton, A. W., and Cimino, A. (2010). "Exploring the Evolved Concept of NEW-COMER: Experimental Tests of a Cognitive Model." *Evolutionary Psychology, 8* (2), 317–35.

Delton, A. W., Cosmides, L., Guemo, M., Robertson, T. E., and Tooby, J. (2012). "The Psychosemantics of Free Riding: Dissecting the Architecture of a Moral Concept." *Journal of Personality and Social Psychology, 102* (6), 1252–70. doi: 10.1037/a0027026, 10.1037/a0027026.supp (Supplemental).

Delton, A. W., Krasnow, M. M., Cosmides, L., and Tooby, J. (2011). "Evolution of Direct Reciprocity under Uncertainty Can Explain Human Generosity in One-Shot Encounters." *PNAS Proceedings of the National Academy of Sciences of the United States of America, 108* (32), 13335–40. doi: 10.1073/pnas.1102131108.

Delton, A. W., Nemirow, J., Robertson, T. E., Cimino, A., and Cosmides, L. (2013). "Merely Opting Out of a Public Good Is Moralized: An Error Management Approach to Cooperation." *Journal of Personality and Social Psychology, 105* (4), 621–38. doi: 10.1037/a0033495.

Delton, A. W., and Robertson, T. E. (2012). "The Social Cognition of Social Foraging: Partner Selection by Underlying Valuation." *Evolution and Human Behavior, 33* (6), 715–25. doi: 10.1016/j.evolhumbehav.2012.05.007.

Demarest, A. A. (2004). *Ancient Maya: The Rise and Fall of a Rainforest Civilization.* Cambridge: Cambridge University Press.

心智社会：我们的认识决定了我们的世界

Demos, J. (1982). *Entertaining Satan: Witchcraft and the Culture of Early New England.* New York: Oxford University Press.

Dennett, D. C. (1987). *The Intentional Stance.* Cambridge, Mass.: MIT Press.

————. (2014). *Intuition Pumps and Other Tools for Thinking.* New York: W. W. Norton.

Deschamps, M., Laval, G., Fagny, M., Itan, Y., Abel, L., Casanova, J.-L., . . . Quintana Murci, L. (2016). "Genomic Signatures of Selective Pressures and Introgression from Archaic Hominins at Human Innate Immunity Genes." *American Journal of Human Genetics, 98* (1), 5–21. doi: 10.1016/j.ajhg.2015.11.014.

DeScioli, P., and Kurzban, R. (2009). "Mysteries of Morality." *Cognition, 112* (2), 281–99. doi: 10.1016/j.cognition.2009.05.008.

————. (2012). "A Solution to the Mysteries of Morality." *Psychological Bulletin, 139* (2), 477–96. doi: 10.1037/a0029065.

Descola, P. (2009). "Human Natures." *Social Anthropology, 17,* 145–57.

————. (2013). *Beyond Nature and Culture.* Chicago: University of Chicago Press.

Difonzo, N., and Bordia, P. (2007). *Rumor Psychology: Social and Organizational Approaches.* Washington, D.C.: American Psychological Association.

Dillian, C. D. W. C. L. (2010). "Trade and Exchange: Archaeological Studies from History and Prehistory" (document [dct]). New York: Springer.

Dinesen, P. T., and Sønderskov, K. M. (2012). "Trust in a Time of Increasing Diversity: On the Relationship between Ethnic Heterogeneity and Social Trust in Denmark from 1979 until Today." *Scandinavian Political Studies, 35* (4), 273–94. doi: 10.1111/j.1467-9477.2012.00289.x.

Douglas, M., and Evans-Pritchard, E. E. (eds.). (1970). *Witchcraft Confessions and Accusations.* London: Tavistock.

Dovidio, J. F., Gaertner, S. L., and Kawakami, K. (2003). "Intergroup Contact: The Past, Present, and the Future." *Group Processes and Intergroup Relations, 6* (1), 5–20.

Dubreuil, B. (2010). *Human Evolution and the Origins of Hierarchies: The State of Nature.* New York: Cambridge University Press.

Dumont, L. (1970). *Homo Hierarchicus: An Essay on the Caste System.* Chicago: University of Chicago Press.

Dunbar, R. I. M. (1993). "Co-evolution of Neocortex Size, Group Size and Language in Humans." *Behavioral and Brain Sciences, 16* (4), 681–735.

————. (2003). "Evolution of the Social Brain." *Science, 302* (5648), 1160–61.

Dutton, D. G. (2007). *The Psychology of Genocide, Massacres, and Extreme Violence: Why "Normal" People Come to Commit Atrocities.* Westport, Conn.: Praeger Security International.

Earle, T. (2002). "Commodity Flows and the Evolution of Complex Societies." In J. Ensminger (ed.), *Theory in Economic Anthropology,* pp. 81–104. New York: Altamira Press.

Edin, K., and Kefalas, M. (2011). *Promises I Can Keep: Why Poor Women Put Motherhood before Marriage* (with a new preface). Berkeley: University of California Press.

Egyed, K., Király, I., and Gergely, G. (2013). "Communicating Shared Knowledge in Infancy." *Psychological Science, 24* (7), 1348–53.

Eilam, D., Izhar, R., and Mort, J. (2011). "Threat Detection: Behavioral Practices in Animals and Humans." *Neuroscience and Biobehavioral Reviews, 35* (4), 999–1006.

El-Solh, C. F., and Mabro, J. (eds.). (1994). *Muslim Women's Choices: Religious Belief and Social Reality.* Oxford: Berg.

Eliade, M. (1959). *The Sacred and the Profane: The Nature of Religion.* New York: Harcourt Brace Jovanovich.

Elias, S. G., van Noord, P. A. H., Peeters, P. H. M., den Tonkelaar, I., Kaaks, R., and Grobbee, D. E. (2016). "Menstruation during and after Caloric Restriction: The 1944–1945 Dutch Famine." *Fertility and Sterility, 88* (4), 1101–7. doi: 10.1016/j.fertnstert.2006.12.043.

Ellis, B. J., Bates, J. E., Dodge, K. A., Fergusson, D. M., Horwood, L. J., Pettit, G. S., and Woodward, L. (2003). "Does Father Absence Place Daughters at Special Risk for Early Sexual Activity and Teenage Pregnancy?" *Child Development, 74* (3), 801–21.

Ellis, B. J., Figueredo, A. J., Brumbach, B. H., and Schlomer, G. L. (2009). "Fundamental Dimensions of Environmental Risk: The Impact of Harsh versus Unpredictable Environments on the Evolution and Development of Life His tory Strategies." *Human Nature, 20* (2), 204–68. doi: 10.1007/s12110-009-9063-7.

Ellis, B. J., Schlomer, G. L., Tilley, E. H., and Butler, E. A. (2012). "Impact of Fathers on Risky Sexual Behavior in Daughters: A Genetically and Environmentally Controlled Sibling Study." *Development and Psychopathology, 24* (1), 317–32. doi: 10.1017/S095457941100085X.

English, R. (2003). *Armed Struggle: The History of the IRA.* Oxford: Oxford University Press.

Eriksson, K., and Coultas, J. C. (2014). "Corpses, Maggots, Poodles and Rats: Emotional Selection Operating in Three Phases of Cultural Transmission of Urban Legends." *Journal of Cognition and Culture, 14* (1–2), 1–26.

Eskildsen, S. (1998). *Asceticism in Early Taoist Religion.* Stony Brook, N.Y.: SUNY Press.

Estes, K. G., and Lew-Williams, C. (2015). "Listening through Voices: Infant Statistical Word Segmentation across Multiple Speakers." *Developmental Psychology, 51* (11), 1517–28. doi: 10.1037/a0039725.

Evans-Pritchard, E. E. (1937). *Witchcraft, Oracles and Magic among the Azande.* Oxford: Clarendon Press.

————. (1962). "The Divine Kingship of the Shilluk of the Nilotic Sudan." In E. E. Evans-Pritchard (ed.), *Social Anthropology and Other Essays,* pp. 192–212. Glencoe, Ill.: Free Press.

Fafchamps, M. (2016). *Market Institutions in Sub-Saharan Africa: Theory and Evidence.* Cambridge, Mass.: MIT Press.

Favret-Saada, J. (1980). *Deadly Words: Witchcraft in the Bocage.* Cambridge: Cambridge

University Press.

Fehr, E., and Gächter, S. (2002). "Altruistic Punishment in Humans." *Nature, 415,* 137–40.

Fehr, E., Schmidt, K. M., Kolm, S.-C., and Ythier, J. M. (2006). "The Economics of Fairness, Reciprocity and Altruism—Experimental Evidence and New Theories." In S.-C. Kolm and J. M. Ythier (eds.), *Handbook of the Economics of Giving, Altruism and Reciprocity,* vol. 1: *Foundations,* pp. 615–91. New York: Elsevier Science.

Feigenson, L. (2011). "Objects, Sets, and Ensembles." In S. Dehaene and E. Brannon (eds.), *Attention and Performance* (14), pp. 13–22. Oxford: Oxford University Press.

Feinberg, D. R., Jones, B., Little, A., Burt, D., and Perrett, D. (2005). "Manipulation of Fundamental and Formant Frequencies Influence Attractiveness of Human Male Voices." *Animal Behavior, 69,* 561–68.

Ferreira, F., Chen, S., Dabalen, A. L., Dikhanov, Y. M., Hamadeh, N., Jolliffe, D. M., . . . Yoshida, N. (2015). "A Global Count of the Extreme Poor in 2012: Data Issues, Methodology and Initial Results." World Bank Policy Working Paper, vol. 7432. Washington, D.C.: World Bank.

Ferriere, R., Bronstein, J. L., Rinaldi, S., Law, R., and Gauduchon, M. (2002). "Cheating and the Evolutionary Stability of Mutualisms." *Proceedings of the Royal Society of London B: Biological Sciences, 269* (1493), 773–80. doi: 10.1098/rspb.2001.1900.

Fessler, D. M. T., Pisor, A., and Navarrete, C. D. (2014). "Negatively-Biased Credulity and the Cultural Evolution of Beliefs." *PLoS One, 9* (4), e95167.

Festinger, L. (1957). *A Theory of Cognitive Dissonance.* Stanford, Calif.: Stanford University Press.

Festinger, L., Riecken, H. W., and Schachter, S. (1956). *When Prophecy Fails.* Minneapolis: University of Minnesota Press.

Fink, B., Grammer, K., and Matts, P. (2006). "Visible Color Distribution Plays a Role in the Perception of Age, Attractiveness and Health in Female Faces." *Evolution and Human Behavior, 27,* 433–42.

Fink, B., and Penton-Voak, I. (2002). "Evolutionary Psychology of Facial Attractiveness." *Current Directions in Psychological Science, 11* (5), 154–58. doi: 10.1111/1467-8721.00190.

Finn, R. D. (2009). *Asceticism in the Graeco-Roman World.* Cambridge: Cambridge University Press.

Fletcher, G. J. O., Simpson, J. A., Campbell, L., and Overall, N. C. (2015). "Pair Bonding, Romantic Love, and Evolution: The Curious Case of Homo sapiens." *Perspectives on Psychological Science,10* (1), 20–36. doi: 10.1177/1745691614561683.

Flinn, M. V., Ward, C. V., and Noone, R. J. (2005). "Hormones and the Human Family." In D. M. Buss (ed.), *The Handbook of Evolutionary Psychology,* pp. 552–80. Hoboken, N.J.: John Wiley and Sons.

Foley, R. (1987). *Another Unique Species: Patterns in Human Evolutionary Ecology.* London: Longman Scientific and Technical.

Fortes, M. (1950). "Kinship and Marriage among the Ashanti." In A. R. Radcliffe Brown and

D. Forde (eds.), *African Systems of Kinship and Marriage,* pp. 252–84. London: Oxford University Press.

Fowler, J. H., Johnson, T., and Smirnov, O. (2005). "Egalitarian Motive and Altruistic Punishment." *Nature, 433,* e1–e2.

Fox, R. (1967). *Kinship and Marriage: An Anthropological Perspective.* Cambridge: Cambridge University Press.

————. (2011). *The Tribal Imagination: Civilization and the Savage Mind.* Cambridge, Mass.: Harvard University Press.

Freedom House. (2014). *Freedom in the World 2014: The Annual Survey of Political Rights and Civil Liberties.* Lanham, Md.: Rowman and Littlefield.

Freidel, D. A., Schele, L., Parker, J., and Jay, I. K. R. C. (1993). *Maya Cosmos: Three Thousand Years on the Shaman's Path.* New York: William Morrow.

Fried, M. H. (1967). *The Evolution of Political Society: An Essay in Political Anthropology.* New York: Random House.

Friedman, O. (2010). "Necessary for Possession: How People Reason about the Acquisition of Ownership." *Personality and Social Psychology Bulletin, 36* (9), 1161–69. doi: 10.1177/0146167210378513.

Friedman, O., and Neary, K. R. (2008). "Determining Who Owns What: Do Children Infer Ownership from First Possession?" *Cognition, 107* (3), 829–49. doi: 10.1016/j.cognition.2007.12.002.

Futó, J., Téglás, E., Csibra, G., and Gergely, G. (2010). "Communicative Function Demonstration Induces Kind-Based Artifact Representation in Preverbal Infants." *Cognition, 117* (1), 1–8. doi: 10.1016/j.cognition.2010.06.003.

Gabennesch, H. (1990). "The Perception of Social Conventionality by Children and Adults." *Child Development, 61* (6), 2047–59. doi: 10.2307/1130858.

Gabriel, S., and Gardner, W. L. (1999). "Are There 'His' and 'Hers' Types of Interdependence? The Implications of Gender Differences in Collective versus Relational Interdependence for Affect, Behavior, and Cognition." *Journal of Personality and Social Psychology, 77* (3), 642–55.

Gallistel, C. R., and Gelman, R. (2000). "Non-verbal Numerical Cognition: From Reals to Integers." *Trends in Cognitive Sciences, 4,* 59–65.

Gallistel, C. R., and King, A. P. (2011). *Memory and the Computational Brain: Why Cognitive Science Will Transform Neuroscience.* New York: Wiley.

Gambetta, D. (2011). *Codes of the Underworld: How Criminals Communicate.* Princeton: Princeton University Press.

Gangestad, S. W., Garver-Apgar, C. E., Cousins, A. J., and Thornhill, R. (2014). "Intersexual Conflict across Women's Ovulatory Cycle." *Evolution and Human Behavior, 35* (4), 302–8. doi: 10.1016/j.evolhumbehav.2014.02.012.

Gat, A. (2006). *War in Human Civilization.* New York: Oxford University Press.

————. (2013). *Nations: The Long History and Deep Roots of Political Ethnicity and Nationalism.* Cambridge: Cambridge University Press.

Gates, H. (2001). "Footloose in Fujian: Economic Correlates of Footbinding." *Comparative Studies in Society and History, 43* (1), 130–48. doi: 10.2307/2696625

Geary, D. C. (1998). *Male, Female: The Evolution of Human Sex Differences.* Washington, D.C.: American Psychological Association.

————. (2003). "Evolution and Development of Boys' Social Behavior." *Developmental Review, 23,* 444–70.

————. (2005). "Evolution of Paternal Investment." In D. M. Buss (ed.), *The Handbook of Evolutionary Psychology,* pp. 483–505. Hoboken, N.J.: John Wiley and Sons.

Gellner, D. N. (1992). *Monk, Householder, and Tantric Priest: Newar Buddhism and Its Hierarchy of Ritual.* Cambridge: Cambridge University Press.

Gellner, E. (1969). *Saints of the Atlas.* London: Weidenfeld and Nicolson.

————.(1983). *Nations and Nationalism.* Oxford: Blackwell.

Gelman, S. A. (1985). *Children's Inductive Inferences from Natural Kind and Artifact Categories.* Stanford, Calif.: Stanford University Press.

————. (2003). *The Essential Child: Origins of Essentialism in Everyday Thought.* New York: Oxford University Press.

Gelman, S. A., Coley, J. D., and Gottfried, G. M. (1994). "Essentialist Beliefs in Children: The Acquisition of Concepts and Theories." In L. A. Hirschfeld and S. A. Gelman (eds.), *Mapping the Mind: Domain Specificity in Cognition and Culture,* pp. 341–65. New York: Cambridge University Press.

Gergely, G., Egyed, K., and Király, I. (2007). "On Pedagogy." *Developmental Science, 10* (1), 139–46.

German, T. P., and Leslie, A. M. (2000). "Attending to and Learning about Mental States." In P. Mitchell, K. J. Riggs, et al. (eds.), *Children's Reasoning and the Mind,* pp. 229–52. Hove, U.K.: Psychology Press/Taylor and Francis.

Ghanim, D. (2009). *Gender and Violence in the Middle East.* London: Praeger.

Gigerenzer, G. (2002). *Adaptive Thinking: Rationality in the Real World.* New York: Oxford University Press.

Gigerenzer, G., and Hoffrage, U. (1995). "How to Improve Bayesian Reasoning without Instruction: Frequency Formats." *Psychological Review, 102,* 684–704.

Gigerenzer, G., and Murray, D. J. (1987). *Cognition as Intuitive Statistics.* Hillsdale, N.J.: L. Erlbaum.

Gil-White, F. (2001). "Are Ethnic Groups Biological 'Species' to the Human Brain? Essentialism in Our Cognition of Some Social Categories." *Current Anthropology, 42* (4), 515–54. doi: 10.1086/321802.

Gilbert, M. (1989). *On Social Facts.* London: Routledge.

————. (2008). "The Sacralized Body of the Akwapim King." In N. Brisch (ed.), *Religion and*

Power: Divine Kingship in the Ancient World and Beyond, pp. 171–90. Chicago: Oriental Institute of the University of Chicago.

Ginzburg, N. (1963). *Lessico famigliare.* Turin: Einaudi.

————. (2017). *Family Lexicon.* Trans. J. McPhee. New York: New York Review Books.

Glimcher, P. W. (2009). "Neuroeconomics and the Study of Valuation." In M. S. Gazzaniga, E. Bizzi, L. M. Chalupa, S. T. Grafton, T. F. Heatherton, C. Koch, J. E. LeDoux, S. J. Luck, G. R. Mangan, J. A. Movshon, H. Neville, E. A. Phelps, P. Rakic, D. L. Schacter, M. Sur, B. A. Wandell, M. S. Gazzaniga, E. Bizzi, L. M. Chalupa, S. T. Grafton, T. F. Heatherton, C. Koch, J. E. LeDoux, S. J. Luck, G. R. Mangan, J. A. Movshon, H. Neville, E. A. Phelps, P. Rakic, D. L. Schacter, M. Sur, and B. A. Wandell (eds.), *The Cognitive Neurosciences* (4th ed.), pp. 1085–92. Cambridge, Mass.: MIT Press.

Göckeritz, S., Schmidt, M. F. H., and Tomasello, M. (2014). "Young Children's Creation and Transmission of Social Norms." *Cognitive Development, 30,* 81–95. doi: 10.1016/j.cogdev.2014.01.003.

Goetz, A. T., and Romero, G. A. (2011). "Family Violence: How Paternity Uncertainty Raises the Stakes." In C. Salmon, T. K. Shackleford, C. Salmon, and T. K. Shackleford (eds.), *The Oxford Handbook of Evolutionary Family Psychology,* pp. 169–80. New York: Oxford University Press.

Goldstein, M. C. (1978). "Pahari and Tibetan Polyandry Revisited." *Ethnology, 17,* 325–37.

————. (1981). "New Perspectives on Tibetan Fertility and Population Decline." *American Ethnologist, 8* (4), 721–38.

Gombrich, R. F. (2006). *Theravada Buddhism: A Social History from Ancient Benares to Modern Colombo.* London: Routledge.

————. (2009). *What the Buddha Thought.* London: Equinox.

Gombrich, R. F., and Obeyesekere, G. (1988). *Buddhism Transformed: Religious Change in Sri Lanka.* Princeton: Princeton University Press.

Goodenough, U., and Heitman, J. (2014). "Origins of Eukaryotic Sexual Reproduction." *Cold Spring Harbor Perspectives in Biology, 6* (3). doi: 10.1101/cshperspect.a016154.

Goodin, R. E. K. H.-D. (1996). *A New Handbook of Political Science.* Oxford: Oxford University Press.

Goody, J. (1977). *The Domestication of the Savage Mind.* Cambridge: Cambridge University Press.

————. (1986). *The Logic of Writing and the Organization of Society.* Cambridge: Cambridge University Press.

————. (1990). *The Oriental, the Ancient and the Primitive: Systems of Marriage and the Family in the Pre-Industrial Societies of Eurasia.* Cambridge: Cambridge University Press.

Gordon, I., Zagoory-Sharon, O., Leckman, J. F., and Feldman, R. (2010). "Prolactin, Oxytocin, and the Development of Paternal Behavior across the First Six Months of Fatherhood." *Hormones and Behavior, 58* (3), 513–18. doi: 10.1016/j.yhbeh.2010.04.007.

Gosden, P. (1961). *The Friendly Societies in England, 1815–1875.* Manchester: Manchester University Press.

Graeber, D. (2007). *Possibilities: Essays on Hierarchy, Rebellion and Desire.* Chico, Calif.: AK Press.

Grafen, A. (1990). "Biological Signals as Handicaps." *Journal of Theoretical Biology, 144* (4), 517–46.

Graham, J., Haidt, J., and Nosek, B. A. (2009). "Liberals and Conservatives Rely on Different Sets of Moral Foundations." *Journal of Personality and Social Psychology, 96* (5), 1029–46.

Gray, H. M., Mendes, W. B., and Denny-Brown, C. (2008). "An In-Group Advantage in Detecting Intergroup Anxiety." *Psychological Science, 19* (12), 1233–37. doi: 10.1111/j.1467-9280.2008.02230.x.

Gregory, J. P., and Greenway, T. S. (2017). "The Mnemonic of Intuitive Ontology Violation Is Not the Distinctiveness Effect: Evidence from a Broad Age Spectrum of Persons in the UK and China during a Free-Recall Task." *Journal of Cognition and Culture, 17* (1–2), 169–97.

Greif, A. (1993). "Contract Enforceability and Economic Institutions in Early Trade: The Maghribi Traders' Coalition." *American Economic Review, 83* (3), 525–48.

Grice, H. P. (1991 [1967]). "Logic and Conversation" [1967, 1987]. In H. P. Grice (ed.), *Studies in the Way of Words,* pp. 1–143. Cambridge, Mass.: Harvard University Press.

Griskevicius, V., Tybur, J. M., Delton, A. W., and Robertson, T. E. (2011). "The Influence of Mortality and Socioeconomic Status on Risk and Delayed Rewards: A Life History Theory Approach." *Journal of Personality and Social Psychology, 100* (6), 1015–26. doi: 10.1037/a0022403.

Griskevicius, V., Tybur, J. M., Gangestad, S. W., Shapiro, J. R., Kenrick, D. T., and Perea, E. F. (2009). "Aggress to Impress: Hostility as an Evolved Context Dependent Strategy." *Journal of Personality and Social Psychology, 96* (5), 980–94.

Gueth, W., and van Damme, E. (1998). "Information, Strategic Behavior, and Fairness in Ultimatum Bargaining: An Experimental Study." *Journal of Mathematical Psychology, 42* (2–3), 227–47.

Gurven, M. (2004). "To Give and to Give Not: The Behavioral Ecology of Human Food Transfers." *Behavioral and Brain Sciences, 27* (4), 543–60.

Gurven, M., and Hill, K. (2009). "Why Do Men Hunt? A Reevaluation of 'Man the Hunter' and the Sexual Division of Labor." *Current Anthropology, 50* (1), 51–62.

Gurven, M., Hill, K., Kaplan, H. S., Hurtado, A., and Lyles, R. (2000). "Food Transfers among Hiwi Foragers of Venezuela: Tests of Reciprocity." *Human Ecology, 28* (2), 171–218.

Gurven, M., and Winking, J. (2008). "Collective Action in Action: Prosocial Behavior in and out of the Laboratory." *American Anthropologist, 110,* 179–90.

Guzman, R. A., and Munger, M. C. (2014). "Euvoluntariness and Just Market Exchange: Moral Dilemmas from Locke's Venditio." *Public Choice, 158* (1–2), 39–49. doi: http://link. springer.com/journal/volumesAndIssues/11127.

Gwinner, E. (1996). "Circadian and Circannual Programmes in Avian Migration." *Journal of Experimental Biology, 199* (1), 39–48.

Hagen, E. H., and Hammerstein, P. (2006). "Game Theory and Human Evolution: A Critique of Some Recent Interpretations of Experimental Games." *Theoretical Population Biology* (3), 339–48.

Haidt, J. (2013). *The Righteous Mind: Why Good People Are Divided by Politics and Religion.* New York: Vintage Books.

Haidt, J., and Graham, J. (2007). "Planet of the Durkheimians, Where Community, Authority, and Sacredness Are Foundations of Morality." In *Social and Psychological Bases of Ideology and System Justification,* pp. 371–401. Oxford: Oxford University Press.

Haidt, J., and Joseph, C. (2004). "Intuitive Ethics: How Innately Prepared Intuitions Generate Culturally Variable Virtues." *Daedalus, 133* (4), 55–66.

Hamilton, W. D. (1963). "The Evolution of Altruistic Behavior." *American Naturalist, 97* (896), 354–56.

Hamlin, J. K., Wynn, K., and Bloom, P. (2007). "Social Evaluation by Preverbal Infants." *Nature, 450* (7169), 557–59.

Hanegraaff, W. J. (1998). *New Age Religion and Western Culture: Esotericism in the Mirror of Secular Thought.* Albany: State University of New York Press.

Hann, C. M., and Hart, K. (2011). *Economic Anthropology: History, Ethnography, Critique.* Cambridge: Polity Press.

Hannagan, R. J. (2008). "Gendered Political Behavior: A Darwinian Feminist Approach." *Sex Roles, 59* (7–8), 465–75. doi: 10.1007/s11199-008-9417-3.

Harari, D., Gao, T., Kanwisher, N., Tenenbaum, J., and Ullman, S. (2016). "Measuring and Modeling the Perception of Natural and Unconstrained Gaze in Humans and Machines." arXiv preprint arXiv:1611.09819.

Hardin, R. (1982). *Collective Action.* Baltimore: Johns Hopkins University Press.

———. (1995). *One for All: The Logic of Group Conflict.* Princeton: Princeton University Press.

Harris, P. L. (1991). "The Work of the Imagination." In A. Whiten (ed.), *Natural Theories of Mind: Evolution, Development and Simulation of Everyday Mindreading,* pp. 283–304. Oxford: Blackwell.

Harris, P. L., and Lane, J. D. (2014). "Infants Understand How Testimony Works." *Topoi, 33* (2), 443–58. doi: 10.1007/s11245-013-9180-0.

Haselton, M. G., and Gangestad, S. W. (2006). "Conditional Expression of Women's Desires and Men's Mate Guarding across the Ovulatory Cycle." *Hormones and Behavior, 49* (4), 509–18. doi: 10.1016/j.yhbeh.2005.10.006.

Havel, V. (1985). "The Power of the Powerless." In J. Keane (ed.), *The Power of the Powerless: Citizens against the State in Central-Eastern Europe,* pp. 27–28. Armonk, N.Y.: Sharpe.

Hawkes, K. (2006). "Slow Life Histories and Human Evolution." In K. Hawkes and R. R. Paine

心智社会：我们的认识决定了我们的世界

(eds.), *The Evolution of Human Life History,* pp. 45–94. Santa Fe: School of American Research.

Hawkes, K., and Bliege Bird, R. (2002). "Showing Off, Handicap Signaling, and the Evolution of Men's Work." *Evolutionary Anthropology, 11,* 58–67.

Hechter, M. (1987). *Principles of Group Solidarity.* Berkeley: University of California Press.

Heine, B. (1997). *Possession: Cognitive Sources, Forces, and Grammaticalization.* Cambridge: Cambridge University Press.

Henrich, J., Fehr, E., et al. (2001). "In Search of Homo Economicus: Behavioral Experiments in 15 Small-Scale Societies." *American Economic Review, 91* (2), 73–78.

Herz, J. H. (2003). "The Security Dilemma in International Relations: Background and Present Problems." *International Relations 17,* (4), 411–16. doi: 10.1177/0047117803174001.

Hibbing, J. R., Smith, K. B., and Alford, J. R. (2013). *Predisposed: Liberals, Conservatives, and the Biology of Political Difference.* London: Taylor and Francis.

Hilbig, B. E. (2009). "Sad, Thus True: Negativity Bias in Judgments of Truth." *Journal of Experimental Social Psychology, 45* (4), 983–86.

Hill, K., and Kaplan, H. S. (1999). "Life History Traits in Humans: Theory and Empirical Studies." *Annual Review of Anthropology, 28* (1), 397–430.

Hinde, R. A. (1987). *Individuals, Relationships and Culture: Links between Ethology and the Social Sciences.* Cambridge: Cambridge University Press.

Hirschfeld, L. A. (1994). "The Acquisition of Social Categories." In L. A. Hirschfeld and S. A. Gelman (eds.), *Mapping the Mind: Domain-Specificity in Culture and Cognition.* New York: Cambridge University Press.

—————. (2013). "The Myth of Mentalizing and the Primacy of Folk Sociology." In M. R. Banaji and S. A. Gelman (eds.), *Navigating the Social World: What Infants, Children, and Other Species Can Teach Us,* pp. 101–6. New York: Oxford University Press.

Hirschfeld, L. A., and Gelman, S. A. (1994). *Mapping the Mind: Domain Specificity in Cognition and Culture.* Cambridge: Cambridge University Press.

Hitchner, R. B. (2005). " 'The Advantages of Wealth and Luxury' : The Case for Economic Growth in the Roman Empire." In I. Morris and J. Manning (eds.), *The Ancient Economy: Evidence and Models,* pp. 207–22. Stanford, Calif.: Stanford University Press.

Hobbes, T. (1651). *Leviathan, or, The matter, forme, and power of a common wealth ecclesiasticall and civill.* London: Printed for Andrew Ckooke [i.e., Crooke], at the Green Dragon in St. Pauls Churchyard.

Hobsbawm, E. J., and Ranger, T. O. (1983). *The Invention of Tradition.* Cambridge: Cambridge University Press.

Hoffer, E. (1951). *The True Believer: Thoughts on the Nature of Mass Movements.* New York: Harper and Row.

Hombert, J.-M., and Ohala, J. J. (1982). "Historical Development of Tone Patterns." In J. P. Maher, A. R. Bomhard, and E. F. K. Koerner (eds.), *Papers from the 3rd International*

Conference on Historical Linguistics, pp. 75–84. Amsterdam: Benjamins.

Hooker, C. I., Paller, K. A., Gitelman, D. R., Parrish, T. B., Mesulam, M. M., and Reber, P. J. (2003). "Brain Networks for Analyzing Eye Gaze." *Cognitive Brain Research, 17* (2), 406–18.

Hopkins, K. (1980). "Taxes and Trade in the Roman Empire (200 b.c.–a.d. 400)." *Journal of Roman Studies, 70,* 101–25.

Horne, C. (2001). "Sociologial Perspectives on the Emergence of Social Norms." In M. Hechter and K.-D. Opp (eds.), *Social Norms,* pp. 3–33. New York: Russell Sage Foundation.

Hornsey, M. J. (2008). "Social Identity Theory and Self-Categorization Theory: A Historical Review." *Social and Personality Psychology Compass, 2* (1), 204–22. doi: apers2:// publication/doi/10.1111/j.1751-9004.2007.00066.x.

Horowitz, D. L. (2001). *The Deadly Ethnic Riot.* Los Angeles: University of California Press.

Hrdy, S. (2009). *Mothers and Others: The Evolutionary Origins of Mutual Understanding.* Cambridge, Mass.: Belknap Press of Harvard University Press.

Hrdy, S. B. (1977). "Infanticide as a Primate Reproductive Strategy." *American Scientist, 65* (1), 40–49.

————. (1981). *The Woman That Never Evolved.* Cambridge, Mass.: Harvard University Press.

————. (2009). *Mothers and Others: The Evolutionary Origins of Mutual Understanding.* Cambridge, Mass.: Belknap Press of Harvard University Press.

Huang, P. C. (1996). *Civil Justice in China, Representation and Practice in the Qing.* Stanford, Calif.: Stanford University Press.

Human Rights Watch. (2008). *Perpetual Minors: Human Rights Abuses Stemming from Male Guardianship and Sex Segregation in Saudi Arabia.* New York: Human Rights Watch.

Humphrey, C., and Hugh-Jones, S. (1992). *Barter, Exchange and Value: An Anthropological Approach.* Cambridge: Cambridge University Press.

Hutchins, E. (1980). *Culture and Inference: A Trobriand Case Study.* Cambridge, Mass.: Harvard University Press.

Hyman, I. E., Jr., Husband, T. H., and Billings, F. J. (1995). "False Memories of Childhood Experiences." *Applied Cognitive Psychology, 9* (3), 181–97.

Ibn Khaldūn, M. (1958). *The Muqaddimah: An Introduction to History.* Trans. and ed. F. Rosenthal and N. J. Dawood. 3 vols. Princeton: Princeton University Press.

Irons, W. (2001). "Religion as a Hard-to-Fake Sign of Commitment." In R. Nesse (ed.), *Evolution and the Capacity for Commitment,* pp. 292–309. New York: Russell Sage Foundation.

Jaeggi, A. V., and Van Schaik, C. P. (2011). "The Evolution of Food Sharing in Primates." *Behavioral Ecology and Sociobiology, 65* (11), 2125–40. doi: 10.1007/s00265-011-1221-3.

James, W. (1902). *The Varieties of Religious Experience: A Study in Human Nature: Being the Gifford Lectures on Natural Religion Delivered at Edinburgh in 1901–1902.* New York: Modern Library.

Jankowiak, W. R., and Fischer, E. (1992). "A Cross-Cultural Perspective on Romantic Love." *Ethnology* (31), 149–55.

Jaspers, K. (1953). *The Origin and Goal of History.* (*Vom Ursprung und Ziel der Geschichte, [1949].*) Trans. Michael Bullock. New Haven: Yale University Press.

Jayakody, R., and Kalil, A. (2002). "Social Fathering in Low-Income, African American Families with Preschool Children." *Journal of Marriage and Family, 64* (2), 504–16.

Jolly, M., and Thomas, N. (1992). "Introduction" [to special issue: *The Politics of Tradition in the Pacific*]. *Oceania, 62* (4), 241–48.

Jones, D. (2003). "The Generative Psychology of Kinship: Part 1: Cognitive Universals and Evolutionary Psychology." *Evolution and Human Behavior, 24* (5), 303–19.

Jordan, D. P. (1979). *The King's Trial: The French Revolution vs. Louis XVI.* Berkeley: University of California Press.

Jowett, A. (2014). " 'But if you legalise same-sex marriage...': Arguments against Marriage Equality in the British Press." *Feminism and Psychology, 24* (1), 37–55. doi: 10.1177/0959353513510655.

Jussim, L., Crawford, J. T., and Rubinstein, R. S. (2015). "Stereotype (In)accuracy in Perceptions of Groups and Individuals." *Current Directions in Psychological Science, 24* (6), 490–97. doi: 10.1177/0963721415605257.

Jussim, L., Harber, K. D., Crawford, J. T., Cain, T. R., and Cohen, F. (2005). "Social Reality Makes the Social Mind: Self-Fulfilling Prophecy, Stereotypes, Bias, and Accuracy." *Interaction Studies: Social Behaviour and Communication in Biological and Artificial Systems, 6* (1), 85–102. doi: 10.1075/is.6.1.07jus.

Kaiser, M. K., Jonides, J., and Alexander, J. (1986). "Intuitive Reasoning about Abstract and Familiar Physics Problems." *Memory and Cognition, 14,* 308–12.

Kalyvas, S. N. (2006). *The Logic of Violence in Civil War.* Cambridge: Cambridge University Press.

Kamble, S., Shackelford, T. K., Pham, M., and Buss, D. M. (2014). "Indian Mate Preferences: Continuity, Sex Differences, and Cultural Change across a Quarter of a Century." *Personality and Individual Differences, 70,* 150–55. doi: http://dx.doi.org/10.1016/j.paid.2014.06.024.

Kant, I. (1781). *Critik der reinen Vernunft.* Riga: Johann Friedrich Hartknoch.

————. (1790). *Kritik der Urteilskraft.* Berlin: Libau.

Kaplan, H. S., and Gangestad, S. W. (2005). "Life History Theory and Evolution ary Psychology." In D. M. Buss (ed.), *The Handbook of Evolutionary Psychology.* Hoboken, N.J.: John Wiley and Sons.

Kaplan, H. S., and Gurven, M. (2005). "The Natural History of Human Food Sharing and Cooperation: A Review and a New Multi-Individual Approach to the Negotiation of Norms." In H. Gintis, S. Bowles, R. Boyd, and E. Fehr (eds.), *Moral Sentiments and Material Interests: The Foundations of Cooperation in Economic Life,* pp. 75–113. Cambridge, Mass.: MIT Press.

Kaplan, H. S., Hill, K., Lancaster, J., and Hurtado, A. (2000). "A Theory of Human Life History Evolution: Diet, Intelligence, and Longevity." *Evolutionary Anthropology, 9,* 156–85.

Karp, D., Jin, N., Yamagishi, T., and Shinotsuka, H. (1993). "Raising the Minimum in the Minimal Group Paradigm." *Japanese Journal of Experimental Social Psychology, 32* (3), 231–40.

Katz, P. R. (2009). *Divine Justice: Religion and the Development of Chinese Legal Culture.* Cambridge: Cambridge University Press.

Kaufmann, L., and Clément, F. (2007). "How Culture Comes to Mind: From Social Affordances to Cultural Analogies." *Intellectica, 46* (2–3), 221–50.

Keesing, R. (1984). "Rethinking 'Mana.'" *Journal of Anthropological Research, 40* (1), 137–56.

Keesing, R. M. (1993). "Kastom Re-examined." *Anthropological Forum, 6* (4), 587–96.

Kelemen, D. (2004). "Are Children 'Intuitive Theists'? Reasoning about Purpose and Design in Nature." *Psychological Science, 15* (5), 295–301.

Kelemen, D., and DiYanni, C. (2005). "Intuitions about Origins: Purpose and Intelligent Design in Children's Reasoning about Nature." *Journal of Cognition and Development, 6* (1), 3–31.

Kelemen, D., Seston, R., and Georges, L. S. (2012). "The Designing Mind: Children's Reasoning about Intended Function and Artifact Structure." *Journal of Cognition and Development, 13* (4), 439–53. doi: 10.1080/15248372.2011.608200.

Kelly, R. L. (1995). *The Foraging Spectrum: Diversity in Hunter-Gatherer Lifeways.* Washington, D.C.: Smithsonian Institution Press.

Kenward, B., Karlsson, M., and Persson, J. (2011). "Over-Imitation Is Better Ex plained by Norm Learning Than by Distorted Causal Learning." *Proceedings of the Royal Society of London B: Biological Sciences, 278* (1709), 1239–46.

Kettell, S. (2013). "I Do, Thou Shalt Not: Religious Opposition to Same-Sex Marriage in Britain." *Political Quarterly, 84* (2), 247–55. doi: 10.1111/j.1467–923X.2013.12009.x

Keupp, S., Behne, T., Zachow, J., Kasbohm, A., and Rakoczy, H. (2015). "Over Imitation Is Not Automatic: Context Sensitivity in Children's Over-Imitation and Action Interpretation of Causally Irrelevant Actions." *Journal of Experimental Child Psychology, 130*, 163–75.

KFF. (1996). "Survey of Americans and Economists on the Economy: The Washington Post/ Kaiser Family Foundation/Harvard University Survey Project." Washington, D.C.: Kaiser Family Foundation.

Khan, T. S. (2006). *Beyond Honour: A Historical Materialist Explanation of Honour-Related Violence.* Oxford: Oxford University Press.

King, A. J., Johnson, D. D., and van Vugt, M. (2009). "The Origins and Evolution of Leadership." *Current Biology, 19,* R911–R916. doi: 10.1016/j.cub.2009.07.027.

Kinzler, K. D., Shutts, K., Dejesus, J., and Spelke, E. S. (2009). "Accent Trumps Race in Guiding Children's Social Preferences." *Social Cognition, 27* (4), 623–34. doi: 10.1521/ soco.2009.27.4.623.

Kipnis, A. B. (1997). *Producing Guanxi: Sentiment, Self, and Subculture in a North China Village.* Durham, N.C.: Duke University Press.

Kirch, P. V. (2010). *How Chiefs Became Kings: Divine Kingship and the Rise of Archaic States in Ancient Hawai'i.* Berkeley: University of California Press.

心智社会：我们的认识决定了我们的世界

Kiyonari, T., Tanida, S., and Yamagishi, T. (2000). "Social Exchange and Reciprocity: Confusion or a Heuristic?" *Evolution and Human Behavior, 21* (6), 411–27. doi: 10.1016/s1090-5138(00)00055-6.

Klonoff, E. A., and Landrine, H. (1999). "Do Blacks Believe That HIV/AIDS Is a Government Conspiracy against Them?" *Preventive Medicine, 28* (5), 451–57. doi: http://dx.doi.org/10.1006/pmed.1999.0463.

Komdeur, J. (2001). "Mate Guarding in the Seychelles Warbler Is Energetically Costly and Adjusted to Paternity Risk." *Proceedings of the Royal Society of London B: Biological Sciences, 268* (1481), 2103–11.

Kosmin, B. (2011). *One Nation under God: Religion in Contemporary America.* New York: Three Rivers Press.

Kramer, S. N. (1961). *Mythologies of the Ancient World* (1st ed.). Garden City, N.Y.: Doubleday.

Krasnow, M. M., Cosmides, L., Pedersen, E. J., and Tooby, J. (2012). "What Are Punishment and Reputation For?" *PLoS One, 7* (9), e45662.

Krasnow, M. M., Delton, A. W., Cosmides, L., and Tooby, J. (2016). "Looking under the Hood of Third-Party Punishment Reveals Design for Personal Benefit." *Psychological Science, 27* (3), 405–18.

Krasnow, M. M., Delton, A. W., Tooby, J., and Cosmides, L. (2013). "Meeting Now Suggests We Will Meet Again: Implications for Debates on the Evolution of Cooperation." *Nature Scientific Reports, 3,* 1747. doi: 10.1038/srep01747.

Krebs, D., and Denton, K. (1997). "Social Illusions and Self-Deception: The Evolution of Biases in Person Perception." In J. A. Simpson, D. T. Kenrick, et al. (eds.), *Evolutionary Social Psychology,* pp. 21–48. Mahwah, N.J.: Lawrence Erlbaum.

Kropotkin, P. A. (1902). *Mutual Aid, a Factor of Evolution.* New York: McClure Phillips.

Kübler, S., Owenga, P., Reynolds, S. C., Rucina, S. M., and King, G. C. P. (2015). "Animal Movements in the Kenya Rift and Evidence for the Earliest Ambush Hunting by Hominins." *Scientific Reports, 5,* 14011. doi: 10.1038/srep14011.

Kuhl, P. K., Stevens, E., Hayashi, A., Deguchi, T., Kiritani, S., and Iverson, P. (2006). "Infants Show a Facilitation Effect for Native Language Phonetic Perception between 6 and 12 Months." *Developmental Science, 9* (2), F13–F21. doi: 10.1111/j.1467-7687.2006.00468.x.

Kuran, T. (1995). *Private Truths, Public Lies: The Social Consequences of Preference Falsification.* Cambridge, Mass.: Harvard University Press.

————.(1998). "Ethnic Norms and Their Transformation through Reputational Cascades." *Journal of Legal Studies, 27* (2), 623–59.

Kurzban, R., Descioli, P., and O'Brien, E. (2007). "Audience Effects on Moralistic Punishment." *Evolution and Human Behavior, 28* (2), 10.

Kurzban, R., McCabe, K., Smith, V. L., and Wilson, B. J. (2001). "Incremental Commitment and Reciprocity in a Real-Time Public Goods Game." *Personality and Social Psychology Bulletin, 27* (12), 1662–73.

Kurzban, R., and Neuberg, S. (2005). "Managing Ingroup and Outgroup Relation ships." In D. M. Buss (ed.), *The Handbook of Evolutionary Psychology,* pp. 653–75. Hoboken, N.J.: John Wiley and Sons.

Kurzban, R., Tooby, J., and Cosmides, L. (2001). "Can Race Be Erased? Coalitional Computation and Social Categorization." *Proceedings of the National Academy of Sciences of the United States of America, 98* (26), 15387–92.

La Fontaine, J. S. (1998). *Speak of the Devil: Tales of Satanic Abuse in Contemporary England.* Cambridge: Cambridge University Press.

Labov, W. (1964). "Phonological Correlates of Social Stratification." *American Anthropologist, 66* (6, pt. 2), 164–76. doi: 10.1525/aa.1964.66.suppl_3.02a00120.

Lakoff, G. (1987). *Women, Fire and Dangerous Things.* Chicago: University of Chicago Press.

Lakoff, G., and Johnson, M. (1980). *Metaphors We Live By.* Chicago: University of Chicago Press.

Lal, D. (2010). *Reviving the Invisible Hand: The Case for Classical Liberalism in the Twenty-First Century.* Princeton: Princeton University Press.

Landes, D. S. (1998). *The Wealth and Poverty of Nations: Why Some Are So Rich and Some So Poor* (1st ed.). New York: W. W. Norton.

Langlois, J. H., Kalakanis, L., Rubenstein, A. J., Larson, A., Hallam, M., and Smoot, M. (2000). "Maxims or Myths of Beauty? A Meta-Analytic and Theoretical Review." *Psychological Bulletin, 126* (3), 390–423. doi: 10.1037/0033-2909.126.3.390.

Laurence, J., and Vaïsse, J. (2006). *Integrating Islam: Political and Religious Challenges in Contemporary France.* Washington, D.C.: Brookings Institution Press.

Le Roy Ladurie, E. (1975). "Famine Amenorrhoea (Seventeenth–Twentieth Centuries)." In R. Forster and O. Ranum (eds.), *Biology of Man in History,* pp. 163–78. Baltimore: Johns Hopkins University Press.

LeBlanc, S. A., and Register, K. E. (2003). *Constant Battles: The Myth of the Peaceful, Noble Savage* (1st ed.). New York: St. Martin's Press.

Lee, A. Y., Bond, G. D., Russell, D. C., Tost, J., González, C., and Scarbrough, P. S. (2010). "Team Perceived Trustworthiness in a Complex Military Peacekeeping Simulation." *Military Psychology, 22* (3), 237–61. doi: 10.1080/08995605.2010.492676.

Lee, R. B. (1979). *The !Kung San: Men, Women, and Work in a Foraging Society.* Cambridge: Cambridge University Press.

Leeson, P. T., and Coyne, C. J. (2012). "Sassywood." *Journal of Comparative Economics, 40,* 608–20.

Leonardi, M., Gerbault, P., Thomas, M. G., and Burger, J. (2012). "The Evolution of Lactase Persistence in Europe: A Synthesis of Archaeological and Genetic Evidence." *International Dairy Journal, 22* (2), 88–97. doi: http://dx.doi.org/10.1016/j.idairyj.2011.10.010.

Leslie, A. M. (1987). "Pretense and Representation: The Origins of 'Theory of Mind.' " *Psychological Review, 94,* 412–26.

————. (1994). "ToMM, ToBy, and Agency: Core Architecture and Domain Specificity." In L. A. Hirschfeld and S. A. Gelman (eds.), *Mapping the Mind: Domain Specificity in Cognition and Culture,* pp. 119–48. New York: Cambridge University Press.

Leslie, A. M., Friedman, O., and German, T. P. (2004). "Core Mechanisms in 'Theory of Mind.'" *Trends in Cognitive Sciences, 8* (12), 529–33.

Lev-Ari, S., and Keysar, B. (2010). "Why Don't We Believe Non-Native Speakers? The Influence of Accent on Credibility." *Journal of Experimental Social Psychology.* doi: 10.1016/ j.jesp.2010.05.025.

Levine, N. E., and Silk, J. B. (1997). "Why Polyandry Fails: Sources of Instability in Polyandrous Marriages." *Current Anthropology, 38* (3), 375–98. doi: 10.1086/204624.

Levitt, S., and List, J. (2007). "What Do Laboratory Experiments Measuring Social Preferences Reveal about the Real World?" *Journal of Economic Perspectives, 21* (2), 153–74.

Lewandowsky, S., Ecker, U. K. H., Seifert, C. M., Schwarz, N., and Cook, J. (2012). "Misinformation and Its Correction: Continued Influence and Successful Debiasing." *Psychological Science in the Public Interest, 13* (3), 106–31. doi: 10.1177/1529100612451018.

Lewis, D. K. (1969). *Convention: A Philosophical Study.* Cambridge, Mass.: Harvard University Press.

Li, N. P., Bailey, J. M., Kenrick, D. T., and Linsenmeier, J. A. W. (2002). "The Necessities and Luxuries of Mate Preferences: Testing the Tradeoffs." *Journal of Personality and Social Psychology, 82* (6), 947–55. doi: 10.1037/0022-3514.82.6.947.

Licht, L. E. (1976). "Sexual Selection in Toads (Bufo americanus)." *Canadian Journal of Zoology, 54* (8), 1277–84. doi: 10.1139/z76-145.

Lieberman, D., Tooby, J., and Cosmides, L. (2007). "The Architecture of Human Kin Detection." *Nature, 445* (7129), 5.

Lieberman, M. D., Schreiber, D., and Ochsner, K. (2003). "Is Political Cognition Like Riding a Bicycle? How Cognitive Neuroscience Can Inform Research on Political Thinking." *Political Psychology, 24* (4), 681–704.

Lienard, P., Chevallier, C., Mascaro, O., Kiura, P., and Baumard, N. (2013). "Early Understanding of Merit in Turkana Children." *Journal of Cognition and Culture, 13* (1), 57–66.

Liesen, L. T. (2008). "The Evolution of Gendered Political Behavior: Contributions from Feminist Evolutionists." *Sex Roles, 59* (7–8), 476–81. doi: 10.1007/s11199-008-9465-8.

List, J. A. (2007). "On the Interpretation of Giving in Dictator Games." *Journal of Political Economy, 115* (3), 482–93.

Lloyd, G. E. R. (2007). *Cognitive Variations: Reflections on the Unity and Diversity of the Human Mind.* New York: Oxford University Press.

Loftus, E. F. (1993). "The Reality of Repressed Memories." *American Psychologist, 48* (5), 518–37.

————. (1997). "Creating Childhood Memories." *Applied Cognitive Psychology, 11* (special issue), S75–S86.

―――. (2005). "Planting Misinformation in the Human Mind: A 30-Year Investigation of the Malleability of Memory." *Learning and Memory, 12* (4), 361–66.

Low, B. S. (2000). *Why Sex Matters: A Darwinian Look at Human Behavior.* Princeton: Princeton University Press.

Luft, A. (2015). "Toward a Dynamic Theory of Action at the Micro Level of Genocide: Killing, Desistance, and Saving in 1994 Rwanda." *Sociological Theory, 33* (2), 148–72. doi: 10.1177/0735275115587721.

Luhrmann, T. M. (2012). *When God Talks Back: Understanding the American Evangelical Relationship with God* (1st ed.). New York: Alfred A. Knopf.

Lumsden, C. J., and Wilson, E. O. (1981). *Genes, Minds and Culture.* Cambridge, Mass.: Harvard University Press.

Macfarlan, S. J., Walker, R. S., Flinn, M. V., and Chagnon, N. A. (2014). "Lethal Coalitionary Aggression and Long-Term Alliance Formation among Yanomamö Men." *Proceedings of the National Academy of Sciences, 111* (47), 16662–69. doi: 10.1073/pnas.1418639111

Mackay, C. (1841). *Memoirs of Extraordinary Popular Delusions and the Madness of Crowds.* London: Bentley.

Maeterlinck, M. (1930). *The Life of the Ant.* New York: John Day.

Major, B., Mendes, W. B., and Dovidio, J. F. (2013). "Intergroup Relations and Health Disparities: A Social Psychological Perspective." *Health Psychology, 32* (5), 514–24.

Malinowski, B. (1929). *The Sexual Life of Savages in Northwestern Melanesia: An Ethnographic Account of Courtship, Marriage and Family Life among the Natives of Trobriand Islands, British New Guinea.* New York: Harcourt, Brace.

Mallart Guimerà, L. (1981). *Ni dos ni ventre: Religion, magie et sorcellerie Evuzok.* Paris: Société d'ethnographie.

―――. (2003). *La forêt de nos ancêtres.* Tervuren, Belgium: Musée royal de l'Afrique centrale.

Mann, S. E. (1955). *Ancient Near Eastern Texts Relating to the Old Testament.* Princeton: Princeton University Press.

Marcus, G. E. (2013). *Political Psychology: Neuroscience, Genetics and Politics.* New York: Oxford University Press.

Markson, L., and Bloom, P. (1997). "Evidence against a Dedicated System for Word Learning in Children." *Nature, 385* (6619), 813–15. doi: 10.1038/385813a0.

Marlowe, F. (2000). "Paternal Investment and the Human Mating System." *Behavioural Processes, 51* (1–3), 45–61.

Martin, L. H. (1987). *Hellenistic Religions: An Introduction.* Oxford: Oxford University Press.

Maryanski, A., and Turner, J. H. (1992). *The Social Cage: Human Nature and the Evolution of Society.* Stanford, Calif.: Stanford University Press.

Mascaro, O., and Sperber, D. (2009). "The Moral, Epistemic, and Mindreading Components of

Children's Vigilance Towards Deception." *Cognition, 112* (3), 367–80.

Mather, C. (2005). "Accusations of Genital Theft: A Case from Northern Ghana." *Culture, Medicine and Psychiatry, 29* (1), 33–52. doi: 10.1007/s11013-005-4622-9.

Mauss, M. (1973 [1937]). "Techniques of the Body." *Economy and Society, 2,* 70–88.

Maynard Smith, J. (1964). "Group Selection and Kin Selection." *Nature, 201* (4924), 1145–47.

———. (1982). *Evolution and the Theory of Games.* Cambridge: Cambridge University Press.

Maynard Smith, J., and Harper, D. (2003). *Animal Signals* (1st ed.). New York: Oxford University Press.

McCabe, K. A., and Smith, V. L. (2001). "Goodwill Accounting and the Process of Exchange." In G. Gigerenzer and R. Selten (eds.), *Bounded Rationality: The Adaptive Toolbox,* pp. 319–40. Cambridge, Mass.: MIT Press.

McCaffree, K. (2017). *The Secular Landscape: The Decline of Religion in America.* New York: Palgrave Macmillan.

McCauley, R. N. (2011). *Why Religion Is Natural and Science Is Not.* Oxford: Oxford University Press.

McCauley, R. N., and Lawson, E. T. (1984). "Functionalism Reconsidered." *History of Religions, 23,* 372–81.

———. (2002). *Bringing Ritual to Mind: Psychological Foundations of Cultural Forms.* Cambridge: Cambridge University Press.

McCloskey, D. N. (2006). *The Bourgeois Virtues: Ethics for an Age of Commerce.* Chicago: University of Chicago Press.

McDermott, R. (2004). *Political Psychology in International Relations.* Ann Arbor: University of Michigan Press.

———. (2011). "Hormones and Politics." In P. K. Hatemi and R. McDermott (eds.), *Man Is by Nature a Political Animal,* pp. 247–60. Chicago: University of Chicago Press.

McDonald, M., Navarrete, C. D., and van Vugt, M. (2012). "Evolution and the Psychology of Intergroup Conflict: The Male Warrior Hypothesis." *Philosophical Transactions of the Royal Society B, 367,* 670–79. doi: 10.1098/rstb.2011.0301.

McGarty, C., Yzerbyt, V. Y., and Spears, R. (2002). *Stereotypes as Explanations: The Formation of Meaningful Beliefs about Social Groups.* New York: Cambridge University Press.

Medina, L. F. (2007). *A Unified Theory of Collective Action and Social Change.* Ann Arbor: University of Michigan Press.

Mendes, W. B., Blascovich, J., Lickel, B., and Hunter, S. (2002). "Challenge and Threat during Social Interaction with White and Black Men." *Personality and Social Psychology Bulletin,28* (7), 939–52. doi: 10.1177/01467202028007007.

Mendle, J., Harden, K. P., Turkheimer, E., Van Hulle, C. A., D'Onofrio, B. M., Brooks-Gunn, J., . . . Lahey, B. B. (2009). "Associations between Father Absence and Age of First Sexual Intercourse." *Child Development, 80* (5), 1463–80. doi: 10.1111/j.1467-8624.2009.01345.x.

Mercier, H. (2017). "How Gullible Are We? A Review of the Evidence from Psychology and

Social Science." *Review of General Psychology, 21* (2), 103. doi: dx.doi.org/10.1037/gpr0000111.

Mercier, H., and Sperber, D. (2011). "Why Do Humans Reason? Arguments for an Argumentative Theory." *Behavioral and Brain Sciences, 34* (2), 57–74. doi: 10.1017/s0140525x10000968.

————. (2017). *The Enigma of Reason.* Cambridge, Mass.: Harvard University Press.

Mernissi, F. (1987). *Beyond the Veil: Male-Female Dynamics in Modern Muslim Society.* Bloomington: Indiana University Press.

Merton, R. K. (1996). *On Social Structure and Science.* Chicago: University of Chicago Press.

Mesnick, S. L. (1997). "Sexual Alliances: Evidence and Evolutionary Implications." In P. Gowaty (ed.), *Feminism and Evolutionary Biology,* pp. 207–60. Dordrecht: Springer.

Miklósi, A., Polgárdi, R., Topál, J., and Csányi, V. (1998). "Use of Experimenter Given Cues in Dogs." *Animal Cognition, 1,* 113–22.

Milinski, M., Semmann, D., and Krambeck, H. J. (2002). "Reputation Helps Solve the 'Tragedy of the Commons.'" *Nature, 415* (6870), 424–26.

Miller, G. F., and Todd, P. M. (1998). "Mate Choice Turns Cognitive." *Trends in Cognitive Sciences, 2* (5), 190–98. doi: 10.1016/S1364–6613(98)01169–3.

Miner, E. J., Shackelford, T. K., and Starratt, V. G. (2009). "Mate Value of Romantic Partners Predicts Men's Partner-Directed Verbal Insults." *Personality and Individual Differences, 46* (2), 135–39. doi: http://dx.doi.org/10.1016/j.paid.2008.09.015.

Mitchell, R. (1986). "A Framework for Discussing Deception." In R. Mitchell and N. Thompson (eds.), *Deception: Perspectives on Human and Nonhuman Deceit,* pp. 3–40. Albany: SUNY Press.

Mokyr, J. (1992). *The Lever of Riches: Technological Creativity and Economic Progress.* Oxford: Oxford University Press.

Moon, C., Lagercrantz, H., and Kuhl, P. K. (2013). "Language Experienced in Utero Affects Vowel Perception after Birth: A Two-Country Study." *Acta Paediatrica, 102* (2), 156–60. doi: 10.1111/apa.12098.

Morin, O. (2016). *How Traditions Live and Die.* Oxford: Oxford University Press.

Morris, I. (2006). "The Growth of Greek Cities in the First Millennium B C ." In G. Storwey (ed.), *Urbanism in the Preindustrial World: Cross-Cultural Approaches,* pp. 26–51. Tuscaloosa: University of Alabama Press.

————. (2013). *The Measure of Civilization: How Social Development Decides the Fate of Nations.* Princeton: Princeton University Press.

Mueller, J. E. (2004). *The Remnants of War.* Ithaca: Cornell University Press.

Munger, M. C. (2010). "Endless Forms Most Beautiful and Most Wonderful: Elinor Ostrom and the Diversity of Institutions." *Public Choice, 143* (3–4), 263–68. doi: http://link.springer.com/journal/volumesAndIssues/11127.

————. (2015). *Choosing in Groups: Analytical Politics Revisited.* Cambridge: Cambridge University Press.

Musolino, J. (2015). *The Soul Fallacy: What Science Shows We Gain from Letting Go of Our Soul Beliefs*. New York: Prometheus Books.

Nagell, K., Olguin, R. S., and Tomasello, M. (1993). "Processes of Social Learning in the Tool Use of Chimpanzees (Pan troglodytes) and Human Children (Homo sapiens)." *Journal of Comparative Psychology, 107* (2), 174.

Needham, R. (1971). "Remarks on the Analysis of Kinship and Marriage." In R. Needham (ed.), *Rethinking Kinship and Marriage*, pp. 1–33. London: Tavistock.

————. (1972). *Belief, Language, and Experience*. Chicago: University of Chicago Press.

Nell, V. (2006). "Cruelty's Rewards: The Gratification of Perpetrators and Spectators." *Behavioral and Brain Sciences, 29*, 211–57.

Nereid, C. T. (2011). "Kemalism on the Catwalk: The Turkish Hat Law of 1925." *Journal of Social History, 44* (3), 707–28.

Nesdale, D., and Rooney, R. (1996). "Evaluations and Stereotyping of Accented Speakers by Pre-Adolescent Children." *Journal of Language and Social Psychology, 15* (2), 133–54. doi: 10.1177/0261927x960152002

Nettle, D. (2010). "Dying Young and Living Fast: Variation in Life History across English Neighborhoods." *Behavioral Ecology, 21* (2), 387–95.

Nettle, D., Coall, D. A., and Dickins, T. E. (2011). "Early-Life Conditions and Age at First Pregnancy in British Women." *Proceedings: Biological Sciences / The Royal Society, 278* (1712), 1721–27. doi: 10.1098/rspb.2010.1726.

Nettle, D., Colléony, A., and Cockerill, M. (2011). "Variation in Cooperative Behaviour within a Single City." *PLoS One, 6* (10), e26922.

Nettle, D., Grace, J. B., Choisy, M., Cornell, H. V., Guégan, J. F., and Hochberg, M. E. (2007). "Cultural Diversity, Economic Development and Societal Instability." *PLoS One, 2* (9), e929.

Neuberg, S. L., Kenrick, D. T., and Schaller, M. (2010). "Evolutionary Social Psychology." In S. T. Fiske, D. T. Gilbert, and G. Lindzey (eds.), *Handbook of Social Psychology*, vol. 2 (5th ed.), pp. 761–96. Hoboken, N.J.: John Wiley and Sons.

————. (2011). "Human Threat Management Systems: Self-Protection and Disease Avoidance." *Neuroscience and Biobehavioral Reviews, 35* (4), 1042–51. doi: 10.1016/j.neubiorev.2010.08.011.

Nietzsche, F. (1882). *Die fröhliche Wissenschaft*. Lepizig: Fritzsch.

————. (1980 [1901]). *Der Wille zur Macht: Versuch einer Umwertung aller Werte* (12th ed.). Stuttgart: Kröner.

Noë, R., and Hammerstein, P. (1994). "Biological Markets: Supply and Demand Determine the Effect of Partner Choice in Cooperation, Mutualism and Mating." *Behavioral Ecology and Sociobiology, 35* (1), 1–11. doi: 10.1007/bf00167053.

Noë, R., van Schaik, C., and Van Hooff, J. (1991). "The Market Effect: An Explanation for Pay-Off Asymmetries among Collaborating Animals." *Ethology, 87* (1–2), 97–118.

Noles, N. S., and Keil, F. (2011). "Exploring Ownership in a Developmental Context." In H. H. Ross and O. Friedman (eds.), *Origins of Ownership of Property: New Directions for Child and Adolescent Development,* vol. 132, pp. 91–103. New York: Wiley.

Norenzayan, A., and Shariff, A. F. (2008). "The Origin and Evolution of Religious Prosociality." *Science, 322,* 58–61.

Norwich, J. J. (1989). *Byzantium: The Early Centuries.* New York: Knopf.

Nozick, R. (1974). *Anarchy, State, and Utopia.* New York: Basic Books.

Offit, P. A. (2011). *Deadly Choices: How the Anti-Vaccine Movement Threatens Us All.* New York: Basic Books.

Öhman, A., Flykt, A., and Esteves, F. (2001). "Emotion Drives Attention: Detecting the Snake in the Grass." *Journal of Experimental Psychology: General, 130* (3), 466–78.

Öhman, A., and Mineka, S. (2001). "Fears, Phobias, and Preparedness: Toward an Evolved Module of Fear and Fear Learning." *Psychological Review, 108* (3), 483–522.

Olson, M. (1965). *The Logic of Collective Action: Public Goods and the Theory of Groups.* Cambridge, Mass.: Harvard University Press.

Onishi, K. H., and Baillargeon, R. (2005). "Do 15-Month-Old Infants Understand False Beliefs?" *Science, 308* (5719), 255.

Ostrom, E. (1990). *Governing the Commons: The Evolution of Institutions for Collective Action.* Cambridge: Cambridge University Press.

————. (2005). *Understanding Institutional Diversity.* Princeton: Princeton University Press.

Otto, R. (1920). *Das Heilige* (4th ed.). Breslau: Trewendt und Granier.

Oxley, D. R., Smith, K. B., Alford, J. R., Hibbing, M. V., Miller, J. L., Scalora, M., . . . Hibbing, J. R. (2008). "Political Attitudes Vary with Physiological Traits." *Science, 321* (5896), 1667–70.

Padoa-Schioppa, C., and Assad, J. A. (2006). "Neurons in the Orbitofrontal Cortex Encode Economic Value." *Nature, 441* (7090), 223–26. doi: http://www.nature.com/nature/journal/v441/n7090/suppinfo/nature04676_S1.html.

Page-Gould, E., Mendoza-Denton, R., and Tropp, L. R. (2008). "With a Little Help from My Cross-Group Friend: Reducing Anxiety in Intergroup Contexts through Cross-Group Friendship." *Journal of Personality and Social Psychology, 95* (5), 1080–94.

Paladino, M.-P., and Castelli, L. (2008). "On the Immediate Consequences of Intergroup Categorization: Activation of Approach and Avoidance Motor Behavior toward Ingroup and Outgroup Members." *Personality and Social Psychology Bulletin, 34* (6), 755–68. doi: 10.1177/0146167208315155.

Payne, B. K. (2001). "Prejudice and Perception: The Role of Automatic and Controlled Processes in Misperceiving a Weapon." *Journal of Personality and Social Psychology, 81* (2), 181–92. doi: 10.1037/0022-3514.81.2.181.

Payne, B. K., Lambert, A. J., and Jacoby, L. L. (2002). "Best Laid Plans: Effects of Goals on Accessibility Bias and Cognitive Control in Race-Based Misperceptions of Weapons." *Journal of Experimental Social Psychology, 38* (4), 384–96. doi: 10.1016/s0022-

心智社会：我们的认识决定了我们的世界

1031(02)00006-9

Pelphrey, K. A., Morris, J. P., and McCarthy, G. (2005). "Neural Basis of Eye Gaze Processing Deficits in Autism." *Brain: A Journal of Neurology, 128* (5), 1038–48.

Perrett, D. I., Burt, D. M., Penton-Voak, I. S., Lee, K. J., Rowland, D. A., and Ed wards, R. (1999). "Symmetry and Human Facial Attractiveness." *Evolution and Human Behavior, 20* (5), 295–307.

Peters, E. L. (1978). "The Status of Women in Four Middle East Communities." In L. Beck and N. Kiddie (eds.), *Women in the Muslim World,* pp. 311–50. Cambridge, Mass.: Harvard University Press.

Pettigrew, T. F., and Tropp, L. R. (2008). "How Does Intergroup Contact Reduce Prejudice? Meta-Analytic Tests of Three Mediators." *European Journal of Social Psychology, 38* (6), 922–34.

Pettit, P. (2003). "Groups with Minds of Their Own." In F. Schmitt (ed.), *Socializing Metaphysics: The Nature of Social Reality,* pp. 167–93. Lanham, Md.: Rowman and Littlefield.

Pew Research Center. (2013). "The World's Muslims: Religion, Politics and Society." *Pew Research Center's Forum on Religion and Public Life,* pp. 226–37. Washington, D.C.: Pew Research Center.

Piaget, J. (1932). *The Moral Judgment of the Child.* London: Routledge and Kegan Paul.

Piazza, J., and Bering, J. (2008). "Concerns about Reputation Via Gossip Promote Generous Allocations in an Economic Game." *Evolution and Human Behavior, 29* (3), 172–78.

Pickrell, J. K., Coop, G., Novembre, J., Kudaravalli, S., Li, J. Z., Absher, D., . . .Pritchard, J. K. (2009). "Signals of Recent Positive Selection in a Worldwide Sample of Human Populations." *Genome Research, 19* (5), 826–37. doi: 10.1101/gr.087577.108.

Pietraszewski, D. (2013). "What Is Group Psychology? Adaptations for Mapping Shared Intentional Stances." In M. R. Banaji, S. A. Gelman, M. R. Banaji, and S. A. Gelman (eds.), *Navigating the Social World: What Infants, Children, and Other Species Can Teach Us,* pp. 253–57. New York: Oxford University Press.

Pietraszewski, D., Cosmides, L., and Tooby, J. (2014). "The Content of Our Cooperation, Not the Color of Our Skin: An Alliance Detection System Regulates Categorization by Coalition and Race, but Not Sex." *PLoS One, 9* (2), 1–19. doi: 10.1371/journal.pone.0088534.

Pietraszewski, D., Curry, O. S., Petersen, M. B., Cosmides, L., and Tooby, J. (2015). "Constituents of Political Cognition: Race, Party Politics, and the Alliance Detection System." *Cognition,140,*24–39. doi: 10.1016/j.cognition.2015.03.007.

Pike, S. M. (2012). *New Age and Neopagan Religions in America.* New York: Columbia University Press.

Pinker, S. (1984). *Language Learnability and Language Development.* Cambridge, Mass.: Harvard University Press.

———. (1989). *Learnability and Cognition: The Acquisition of Argument Structure.* Cambridge, Mass.: MIT Press.

Plott, C. R. (1974). "On Game Solutions and Revealed Preference Theory." *Social Science*

Working Papers, California Institute of Technology. (Vol. 35). Pasadena: California Institute of Technology.

Polanyi, K. (2001[1957]). "The Economy as Instituted Process." In M. Granovetter and R. Swedberg (eds.), *The Sociology of Economic Life.* Boulder, Colo.: Westview Press.

Porta, D. (2008). "Research on Social Movements and Political Violence." *Qualitative Sociology, 31* (3), 221–30.

Posner, E. A. (2000). *Law and Social Norms.* Cambridge, Mass.: Harvard University Press.

Posner, R. A. (1980). "A Theory of Primitive Society, with Special Reference to Law." *Journal of Law and Economics, 23* (1), 1–53.

———. (2001). "A Theory of Primitive Society, with Special Reference to Law." In F. Parisi (ed.), *The Collected Essays of Richard A. Posner,* vol. 2: *The Economics of Private Law,* pp. 3–55. Northampton, Mass.: Elgar.

Povinelli, D. J. (2003). "Folk Physics for Apes: The Chimpanzee's Theory of How the World Works." *Human Development, 46,* 161–68.

Povinelli, D. J., and Eddy, T. J. (1996). "Chimpanzees: Joint Visual Attention." *Psychological Science, 7* (3), 129–35.

Pratto, F., and John, O. P. (1991). "Automatic Vigilance: The Attention-Grabbing Power of Negative Social Information." *Journal of Personality and Social Psychology, 61* (3), 380–91.

Price, M. E. (2005). "Punitive Sentiment among the Shuar and in Industrialized Societies: Cross-Cultural Similarities." *Evolution and Human Behavior, 26* (3), 279–87. doi: 10.1016/j.evolhumbehav.2004.08.009.

Putnam, R. D. (2000). *Bowling Alone: The Collapse and Revival of American Community.* New York: Simon and Schuster.

———. (2007). "E Pluribus Unum: Diversity and Community in the Twenty-First Century." The 2006 Johan Skytte Prize Lecture. *Scandinavian Political Studies, 30* (2), 137–74.

———(ed.). (2002). *Democracies in Flux: The Evolution of Social Capital in Contemporary Society.* New York: Oxford University Press.

———. (2010). *American Grace: How Religion Divides and Unites Us.* New York: Simon and Schuster.

Puts, D. A. (2005). "Mating Context and Menstrual Phase Affect Women's Preference for Male Voice Pitch." *Evolution and Human Behavior, 31,* 157–75.

Quigley, D. (1993). *The Interpretation of Caste.* Oxford: Clarendon Press.

———. (2005). *The Character of Kingship* (U.K. ed.). Oxford: Berg.

Quinlan, R. J. (2003). "Father Absence, Parental Care, and Female Reproductive Development." *Evolution and Human Behavior, 24* (6), 376–90.

Quinlan, R. J., Quinlan, M. B., and Flinn, M. V. (2003). "Parental Investment and Age at Weaning in a Caribbean Village." *Evolution and Human Behavior, 24* (1), 1–16.

Rabbie, J., Schot, J., and Visser, L. (1989). "Social Identity Theory: A Conceptual Critique from the Perspective of a Behavioural Interaction Model." *European Journal of Social*

Psychology, 19, 171–202.

Rachman, S. (1977). "The Conditioning Theory of Fear-Acquisition: A Critical Examination." *Behaviour Research and Therapy, 15* (5), 375–87. doi: 10.1016/0005-7967(77)90041-9.

Rakoczy, H., and Schmidt, M. F. H. (2013). "The Early Ontogeny of Social Norms." *Child Development Perspectives, 7* (1), 17–21. doi: 10.1111/cdep.12010.

Rakoczy, H., Warneken, F., and Tomasello, M. (2008). "The Sources of Normativity: Young Children's Awareness of the Normative Structure of Games." *Developmental Psychology, 44* (3), 875–81. doi: 10.1037/0012-1649.44.3.87510.1037/0012-1649.44.3.875.supp (Supplemental).

Ramble, C. (2008). *The Navel of the Demoness: Tibetan Buddhism and Civil Religion in Highland Nepal.* Oxford: Oxford University Press.

Rawls, J. (1971). *A Theory of Justice.* Cambridge, Mass.: Belknap Press of Harvard University Press.

Read, L. E., Reed, L. W., Ebeling, R. M., and Friedman, M. (2009). *I, Pencil.* Atlanta: Foundation for Economic Education.

Renfrew, C. (1969). "Trade and Culture Process in European Prehistory." *Current Anthropology, 10* (2–3), 151–69.

Rhodes, G., Proffitt, F., Grady, J. M., and Sumich, A. (1998). "Facial Symmetry and the Perception of Beauty." *Psychonomic Bulletin and Review, 5* (4), 659–69.

Ricardo, D. (1817). *On the Principles of Political Economy, and Taxation.* London: John Murray at John M'Creery's Printers.

Richerson, P. J., and Boyd, R. (2005). *Not by Genes Alone: How Culture Trans formed Human Evolution.* Chicago: University of Chicago Press.

Ridley, M. (1996). *The Origins of Virtue: Human Instincts and the Evolution of Cooperation.* New York: Penguin Books.

————. (2010). *The Rational Optimist: How Prosperity Evolves* (1st U.S. ed.). New York: Harper.

Roemer, J. E. (1996). *Theories of Distributive Justice.* Cambridge, Mass.: Harvard University Press.

Roff, D. A. (2007). "Contributions of Genomics to Life-History Theory." *Nature Reviews Genetics, 8* (2), 116–25.

Rosenberg, A. (1980). *Sociobiology and the Preemption of Social Science.* Baltimore: Johns Hopkins University Press.

Rosenblum, L. A., and Paully, G. S. (1984). "The Effects of Varying Environmental Demands on Maternal and Infant Behavior." *Child Development, 55* (1), 305. doi: 10.1111/1467-8624. ep7405592.

Ross, L., Greene, D., and House, P. (1977). "The False Consensus Effect: An Egocentric Bias in Social Perception and Attribution Processes." *Journal of Experimental Social Psychology, 13* (3), 279–301.

Rotberg, R. (1999). "Social Capital and Political Culture in Africa, America, Australasia, and Europe." *Journal of Interdisciplinary History, 29* (3), 339–56.

Roth, I. (2007). *Imaginative Minds*. Oxford: New York.

Rothbart, M., and Taylor, M. (1990). "Category Labels and Social Reality: Do We View Social Categories as Natural Kinds?" In K. F. G. Semin (ed.), *Language and Social Cognition*, pp. 11–36. London: Sage.

Rothschild, L. S. (2001). *Psychological Essentialism: Social Categories, and the Impact of Prejudice*. New York: New School for Social Research.

Rousseau, J.-J. (1984 [1755]). *A Discourse on Inequality*. Trans. M. Cranston. Harmondsworth, U.K.: Penguin.

————. (1762). *Du contrat social*. Chicoutimi, Québec: Les classiques en sciences sociales.

Rowe, D. C. (2002). "On Genetic Variation in Menarche and Age at First Sexual Intercourse: A Critique of the Belsky-Draper Hypothesis." *Evolution and Human Behavior, 23* (5), 365–72. doi: 10.1016/S1090–5138(02)00102–2.

Rozin, P., Millman, L., and Nemeroff, C. (1986). "Operation of the Laws of Sympathetic Magic in Disgust and Other Domains." *Journal of Personality and Social Psychology, 50* (4), 703–12.

Rozin, P., and Royzman, E. B. (2001). "Negativity Bias, Negativity Dominance, and Contagion." *Personality and Social Psychology Review, 5* (4), 296–320. doi: 10.1207/S15327957PSPR0504_2.

Rubin, P. H. (2002). *Darwinian Politics: The Evolutionary Origin of Freedom*. New Brunswick, N.J.: Rutgers University Press.

————. (2013). *Emporiophobia (Fear of Markets): Cooperation or Competition?* New York: Technology Policy Institute.

Ryan, M. J., and Guerra, M. A. (2014). "The Mechanism of Sound Production in Túngara Frogs and Its Role in Sexual Selection and Speciation." *Current Opinion in Neurobiology, 28*, 54–59. doi: http://dx.doi.org/10.1016/j. conb.2014.06.008.

Saad, G. (2012). *The Evolutionary Bases of Consumption*. Mahwah, N.J.: Lawrence Erlbaum.

Saler, B., Ziegler, C. A., and Moore, C. B. (1997). *UFO Crash at Roswell: The Genesis of a Modern Myth*. Washington, D.C.: Smithsonian Institution.

Sanderson, S. K. (2014). *Human Nature and the Evolution of Society*. Boulder, Colo.: Westview Press.

Santos, L. R., and Platt, M. L. (2014). "Evolutionary Anthropological Insights into Neuroeconomics: What Non-Human Primates Can Tell Us about Human Decision-Making Strategies." In E. Fehr and P. W. Glimcher (eds.), *Neuroeconomics* (2nd ed.), pp. 109–22. San Diego: Academic Press.

Sarkissian, H., Chatterjee, A., De Brigard, F., Knobe, J., Nichols, S., and Sirker, S. (2010). "Is Belief in Free Will a Cultural Universal?" *Mind and Language, 25* (3), 346–58. doi: 10.1111/j.1468-0017.2010.01393.x.

Scheidel, W., and Friesen, S. J. (2009). "The Size of the Economy and the Distribution of Income in the Roman Empire." *Journal of Roman Studies, 99,* 61–91.

Schelling, T. C. (1971). "Dynamic Models of Segregation." *Journal of Mathematical Sociology, 1,* 143–86.

————. (1978). *Micromotives and Macrobehavior* (1st ed.). New York: W. W. Norton.

Schmitt, D. P. (2003). "Universal Sex Differences in the Desire for Sexual Variety: Tests from 52 Nations, 6 Continents, and 13 Islands." *Journal of Personality and Social Psychology, 85* (1), 85–104. doi: 10.1037/0022-3514.85.1.85

Scott-Phillips, T. C. (2008). "Defining Biological Communication." *Journal of Evolutionary Biology, 21* (2), 387–95. doi: 10.1111/j.1420-9101.2007.01497.x.

Scribner, R. (1990). "Politics and the Institutionalisation of Reform in Germany." In G. Elton (ed.), *The New Cambridge Modern History,* vol. 2: *The Reformation,* pp. 172–97. Cambridge: Cambridge University Press.

Seabright, P. (2010). *The Company of Strangers: A Natural History of Economic Life.* Princeton: Princeton University Press.

————. (2012). *The War of the Sexes: How Conflict and Cooperation Have Shaped Men and Women from Prehistory to the Present.* Princeton: Princeton University Press.

Searcy, W. A., and Nowicki, S. (2010). *The Evolution of Animal Communication: Reliability and Deception in Signaling Systems.* Princeton: Princeton University Press.

Sears, D. O., Huddy, L., and Jervis, R. (2003). *Oxford Handbook of Political Psychology.* New York: Oxford University Press.

Sell, A. (2011). "The Recalibrational Theory and Violent Anger." *Aggression and Violent Behavior, 16* (5), 381–89. doi: 10.1016/j.avb.2011.04.013.

Sell, A., Tooby, J., and Cosmides, L. (2009). "Formidability and the Logic of Human Anger." *PNAS Proceedings of the National Academy of Sciences of the United States of America, 106* (35), 15073–78. doi: 10.1073/pnas.0904312106.

Sellars, W. (1963 [1991]). *Science, Perception and Reality.* London: Routledge and Kegan Paul and Humanities Press.

Sen, A. K. (2009). *The Idea of Social Justice.* Cambridge, Mass.: Belknap Press of Harvard University Press.

Service, E. R. (1965). *Primitive Social Organization: An Evolutionary Perspective.* New York: Random House.

Setchell, J. M., Charpentier, M., and Wickings, E. J. (2005). "Mate Guarding and Paternity in Mandrills: Factors Influencing Alpha Male Monopoly." *Animal Behaviour, 70* (5), 1105–20. doi: http://dx.doi.org/10.1016/j.anbehav.2005.02.021

Seyfarth, R. M., and Cheney, D. L. (2003). "Signalers and Receivers in Animal Communication." *Annual Review of Psychology, 54,* 145–73.

Sharer, R. J., and Traxler, L. P. (2006). *The Ancient Maya.* Stanford, Calif.: Stanford University Press.

Sharf, R. H. (1998). "Experience." In M. C. Taylor (ed.), *Critical Terms in Religious Studies,* pp.

94–116. Chicago: University of Chicago Press.

————. (2000). "The Rhetoric of Experience and the Study of Religion." *Journal of Consciousness Studies, 7* (11–12), 267–87.

Shariff, A. F., and Norenzayan, A. (2011). "Mean Gods Make Good People: Different Views of God Predict Cheating Behavior." *International Journal for the Psychology of Religion, 21* (2), 85–96. doi: 10.1080/10508619.2011.556990.

Sheehy, P. (2012). *The Reality of Social Groups.* London: Routledge.

Sidanius, J., and Pratto, F. (1999). *Social Dominance: An Intergroup Theory of Social Oppression and Hierarchy.* Cambridge: Cambridge University Press.

Sidanius, J., and Veniegas, R. C. (2000). "Gender and Race Discrimination: The Interactive Nature of Disadvantage." In S. Oskamp et al. (eds.), *Reducing Prejudice and Discrimination,* pp. 47–69. Mahwah, N.J.: Lawrence Erlbaum.

Slingerland, E. G. (2007). *Effortless Action: Wu-Wei as Conceptual Metaphor and Spiritual Ideal in Early China.* New York: Oxford University Press.

————. (2008). *What Science Offers the Humanities: Integrating Body and Culture.* New York: Cambridge University Press.

Slingerland, E. G., and Collard, M. (2012). *Creating Consilience: Integrating the Sciences and the Humanities.* New York: Oxford University Press.

Slone, D. J. (2004). *Theological Incorrectness: Why Religious People Believe What They Shouldn't.* Oxford: Oxford University Press.

Smith, A. (1767). *The theory of moral sentiments. To which is added a dissertation on the origin of languages* (3d ed.). London: Printed for A. Millar, A. Kincaid and J. Bell in Edinburgh; and sold by T. Cadell. . (1776). *An inquiry into the nature and causes of the wealth of nations.* London: Printed for W Strahan and T Cadell, in the Strand, London.

Smith, A. D. (1987). *The Ethnic Origins of Nations.* Oxford: Basil Blackwell.

Smith, A. G. (2008). "The Implicit Motives of Terrorist Groups: How the Needs for Affiliation and Power Translate into Death and Destruction." *Political Psychology, 29* (1), 55–75.

Smith, E. A. (1998). "Is Tibetan Polyandry Adaptive? Methodological and Metatheoretical Analyses." *Human Nature, 9* (3), 225–61.

Smith, R. M. (2003). *Stories of Peoplehood: The Politics and Morals of Political Membership.* Cambridge: Cambridge University Press.

Smith, V. L. (1976). "Experimental Economics: Induced Value Theory." *American Economic Review, 66* (2), 274–79.

Smuts, B. B. (1995). "The Evolutionary Origins of Patriarchy." *Human Nature, 6* (1), 1–32.

Sokol, S. (2011). "Beit Shemesh Goes to the Streets." *Jerusalem Post,* Features Section, December 24, 2011, p. 7.

Sola, C., and Tongiorgi, P. (1996). "The Effect of Salinity on the Chemotaxis of Glass Eels, Anguilla, to Organic Earthy and Green Odorants." *Environmental Biology of Fishes, 47* (2), 213–18. doi: 10.1007/BF00005045.

Solove, D. J. (2007). *The Future of Reputation: Gossip, Rumor, and Privacy on the Internet.* New Haven: Yale University Press.

Somit, A., and Peterson, S. A. (1997). *Darwinism, Dominance, and Democracy: The Biological Bases of Authoritarianism.* Westport, Conn.: Praeger.

Sorabji, C. (2006). "Managing Memories in Post-War Sarajevo: Individuals, Bad Memories, and New Wars." *Journal of the Royal Anthropological Institute, 12* (1), 1–18. doi: 10.1111/j.1467-9655.2006.00278.x

Sowell, T. (2007). *A Conflict of Visions: Ideological Origins of Political Struggles.* New York: Basic Books.

————. (2011). *Economic Facts and Fallacies* (2nd ed.). New York: Basic Books.

Spelke, E. S. (1990). "Principles of Object Perception." *Cognitive Science, 14,* 29–56.

————. (2000). "Core Knowledge." *American Psychologist, 55* (11), 1233–43.

Spelke, E. S., and Kinzler, K. D. (2007). "Core Knowledge." *Developmental Science, 10* (1), 89–96.

Sperber, D. (1997). "Intuitive and Reflective Beliefs." *Mind and Language, 12* (1), 17.

————. (2000a). "Metarepresentation in an Evolutionary Perspective." In D. Sperber (ed.), *Metarepresentations: A Multidisciplinary Perspective,* pp. 3–16. Oxford: Oxford University Press.

————. (2000b). "An Objection to the Memetic Approach to Culture." In R. Aunger (ed.), *Darwinizing Culture: The Status of Memetics as a Science,* pp. 163–73. Oxford: Oxford University Press.

————. (2002). "In Defense of Massive Modularity." In E. Dupoux (ed.), *Language, Brain and Cognitive Development: Essays in Honor of Jacques Mehler,* pp. 47–57. Cambridge, Mass.: MIT Press.

Sperber, D., and Baumard, N. (2012). "Moral Reputation: An Evolutionary and Cognitive Perspective." *Mind and Language, 27* (5), 495–518. doi: 10.1111/mila.12000.

Sperber, D., and Claidière, N. (2006). "Why Modeling Cultural Evolution Is Still Such a Challenge." *Biological Theory, 1* (1), 20–22.

Sperber, D., Clément, F., Heintz, C., Mascaro, O., Mercier, H., Origgi, G., and Wilson, D. (2010). "Epistemic Vigilance." *Mind and Language, 25* (4), 359–93. doi: 10.1111/j.1468-0017.2010.01394.x.

Sperber, D., and Wilson, D. (1986). *Relevance: Communication and Cognition.* New York: Academic Press.

————. (1995). *Relevance: Communication and Cognition* (2nd ed.). Oxford: Blackwell.

Sprecher, S., Sullivan, Q., and Hatfield, E. (1994). "Mate Selection Preferences: Gender Differences Examined in a National Sample." *Journal of Personality and Social Psychology, 66* (6), 1074–80. doi: 10.1037/0022-3514.66.6.1074.

Stark, R. (2003). "Upper Class Asceticism: Social Origins of Ascetic Movements and Medieval Saints." *Review of Religious Research, 41,* 5–19.

Stearns, S. C. (1992). *The Evolution of Life Histories.* Oxford: Oxford University Press.

Stearns, S. C., Allal, N., and Mace, R. (2008). "Life History Theory and Human Development." In C. Crawford, D. Krebs, C. Crawford, and D. Krebs (eds.), *Foundations of Evolutionary Psychology,* pp. 47–69. New York: Taylor and Francis / Lawrence Erlbaum.

Stepanoff, C. (2014). *Chamanisme, rituel et cognition chez les Touvas de Sibérie du Sud.* Paris: Éditions de la Maison des Sciences de l'Homme.

Stewart, J. J. (2014). "Muslim-Buddhist Conflict in Contemporary Sri Lanka." *South Asia Research, 34* (3), 241–60.

Stocking, G. W. (1984). *Functionalism Historicized: Essays on British Social Anthropology.* Madison: University of Wisconsin Press.

Stubbersfield, J. M., Tehrani, J. J., and Flynn, E. G. (2014). "Serial Killers, Spiders and Cybersex: Social and Survival Information Bias in the Transmission of Urban Legends." *British Journal of Psychology, 106* (2), 288–307. doi: 10.1111/bjop.12073

Sugiyama, L. (1996). "In Search of the Adapted Mind: Cross-Cultural Evidence for Human Cognitive Adaptations among the Shiwiar of Ecuador and the Yora of Peru." Ph.D. dissertation, University of California, Santa Barbara.

Sulikowski, U. (1993). "Eating the Flesh, Eating the Soul: Reflections on Politics, Sorcery and Vodun in Contemporary Benin." In J.-P. Chrétien (ed.), *L'invention religieuse en Afrique: Histoire et religion en Afrique noire,* pp. 387–402. Paris: Karthala.

Surian, L., Caldi, S., and Sperber, D. (2007). "Attribution of Beliefs by 13-Month-Old Infants." *Psychological Science, 18* (7), 580–86.

Sussman, N. M., and Rosenfeld, H. M. (1982). "Influence of Culture, Language, and Sex on Conversational Distance." *Journal of Personality and Social Psychology, 42* (1), 66–74. doi: 10.1037/0022-3514.42.1.66.

Symons, D. (1979). *The Evolution of Human Sexuality.* New York: Oxford University Press.

————.(1992). "On the Use and Misuse of Darwinism in the Study of Human Behavior." In J. H. Barkow, L. Cosmides, and J. Tooby (eds.), *The Adapted Mind: Evolutionary Psychology and the Generation of Culture,* pp. 137–59. New York: Oxford University Press.

Szechtman, H., and Woody, E. (2004). "Obsessive-Compulsive Disorder as a Disturbance of Security Motivation." *Psychological Review, 111* (1), 111–27.

Tajfel, H. (1970). "Experiments in Inter-Group Discrimination." *Scientific American, 223,* 96–102.

Tajfel, H., Billig, M., and Bundy, R. (1971). "Social Categorization and Intergroup Behaviour." *European Journal of Social Psychology, 1,* 149–78.

Talmy, L. (1988). "Force Dynamics in Language and Cognition." *Cognitive Science, 12* (1), 49–100. doi: http://dx.doi.org/10.1016/0364-0213(88)90008-0.

————. (2000). *Toward a Cognitive Semantics.* Cambridge, Mass.: MIT Press.

Tambiah, S. J. (1992). *Buddhism Betrayed? Religion, Politics, and Violence in Sri Lanka.* Chicago: University of Chicago Press.

Tarde, G. (1903). *The Laws of Imitation.* New York: Henry Holt.

Taves, A. (2009). *Religious Experience Reconsidered: A Building-Block Approach to the Study of Religion and Other Special Things.* Princeton: Princeton University Press.

Taylor, C. C. (1999). *Sacrifice as Terror: The Rwandan Genocide of 1994.* Oxford: New York.

Tedeschi, J. T., Schlenker, B. R., and Bonoma, T. V. (1971). "Cognitive Dissonance: Private Ratiocination or Public Spectacle?" *American Psychologist, 26* (8), 685–95. doi: 10.1037/h0032110.

Tetlock, P. E., and Goldgeier, J. M. (2000). "Human Nature and World Politics: Cognition, Identity, and Influence." *International Journal of Psychology, 35* (2), 87–96. doi: 10.1080/002075900399376.

Thomas, K. (1997). *Religion and the Decline of Magic: Studies in Popular Beliefs in Sixteenth and Seventeenth Century England.* New York: Oxford University Press.

Thomas, S. A. (2007). "Lies, Damn Lies, and Rumors: An Analysis of Collective Efficacy, Rumors, and Fear in the Wake of Katrina." *Sociological Spectrum, 27* (6), 679–703. doi: 10.1080/02732170701534200.

Tomasello, M. (2008). *Origins of Human Communication.* Cambridge, Mass.: Bradford Books and MIT Press.

—————. (2009). *Why We Cooperate.* Cambridge, Mass.: MIT Press.

Tooby, J. (1982). "Pathogens, Polymorphism, and the Evolution of Sex." *Journal of Theoretical Biology, 97* (4), 557–76. doi: http://dx.doi.org/10.1016/0022-5193(82)90358-7.

Tooby, J., and Cosmides, L. (1988). "The Evolution of War and Its Cognitive Foundations." In J. Tooby and L. Cosmides (eds.), *Evolutionary Psychology: Foundational Papers.* Cambridge, Mass.: MIT Press.

—————. (1992). "The Psychological Foundations of Culture." In J. H. Barkow, L. Cosmides, et al. (eds.), *The Adapted Mind: Evolutionary Psychology and the Generation of Culture,* pp. 19–136. New York: Oxford University Press.

—————. (1995). "Mapping the Evolved Functional Organization of Mind and Brain." In M. S. Gazzaniga et al. (eds.), *The Cognitive Neurosciences,* pp. 1185–97. Cambridge, Mass.: MIT Press.

—————. (2010). "Groups in Mind: The Coalitional Roots of War and Morality." In H. Høgh-Olesen (ed.), *Human Morality and Sociality: Evolutionary and Comparative Perspectives,* pp. 191–234. New York: Palgrave MacMillan.

—————.(eds.). (2005). *Conceptual Foundations of Evolutionary Psychology.* Hoboken, N.J.: John Wiley and Sons.

Tooby, J., and DeVore, I. (1987). "The Reconstruction of Hominid Behavioral Evolution through Strategic Modeling." In W. Kinzey (ed.), *Primate Models of Hominid Behavior,* pp. 183–237. New York: SUNY Press.

Trigger, B. G. (2003). *Understanding Early Civilizations: A Comparative Study.* Cambridge: Cambridge University Press.

Tuomela, R. (2013). *Social Ontology: Collective Intentionality and Group Agents.* New York:

Oxford University Press.

Turchin, P. (2007). *War and Peace and War: The Rise and Fall of Empires.* London: Penguin.

Turiel, E. (1983). *The Development of Social Knowledge: Morality and Convention.* Cambridge: Cambridge University Press.

Valeri, V. (1985). *Kingship and Sacrifice: Ritual and Society in Ancient Hawaii.* Chicago: University of Chicago Press.

van Dijk, E., and Wilke, H. (1997). "Is It Mine or Is It Ours? Framing Property Rights and Decision Making in Social Dilemmas." *Organizational Behavior and Human Decision Processes, 71* (2), 195–209. doi: 10.1006/obhd.1997.2718.

Van Schaik, C. P., and Van Hooff, J. A. (1983). "On the Ultimate Causes of Primate Social Systems." *Behaviour, 85* (1–2), 91–117.

van Vugt, M. (2006). "Evolutionary Origins of Leadership and Followership." *Personality and Social Psychology Review, 10* (4), 354–71. doi: 10.1207/s15327957pspr1004_5.

van Vugt, M., Cremer, D. D., and Janssen, D. P. (2007). "Gender Differences in Cooperation and Competition: The Male-Warrior Hypothesis." *Psychological Science, 18* (1), 19–23. doi: 10.1111/j.1467-9280.2007.01842.x.

Viding, E., and Larsson, H. (2010). "Genetics of Child and Adolescent Psychopathy." In R. T. Salekin, D. R. Lynam, R. T. Salekin, and D. R. Lynam (eds.), *Handbook of Child and Adolescent Psychopathy,* pp. 113–34. New York: Guilford Press.

Waldron, M., Heath, A. C., Turkheimer, E., Emery, R., Bucholz, K. K., Madden, P. A. F., and Martin, N. G. (2007). "Age at First Sexual Intercourse and Teenage Pregnancy in Australian Female Twins." *Twin Research and Human Genetics, 10* (3), 440–49. doi: 10.1375/twin.10.3.440.

Walker, R. S., Hill, K. R., Flinn, M. V., and Ellsworth, R. M. (2011). "Evolutionary History of Hunter-Gatherer Marriage Practices." *PLoS One, 6* (4), e19066. doi: 10.1371/journal.pone.0019066.

Ward, T. B. (1994). "Structured Imagination: The Role of Category Structure in Exemplar Generation." *Cognitive Psychology, 27* (1), 1–40.

————. (1995). "What's Old about New Ideas?" In S. M. Smith, T. B. Ward, et al. (eds.), *The Creative Cognition Approach,* pp. 157–78. Cambridge, Mass.: MIT Press.

Ward-Perkins, B. (2005). *The Fall of Rome: And the End of Civilization.* Oxford: Oxford University Press.

Washburn, S., and Lancaster, C. (1968). "The Evolution of Hunting." In R. Lee and I. DeVore (eds.), *Man the Hunter,* pp. 293–303. Chicago: Aldine Press.

Wellmann, H., and Estes, D. (1986). "Early Understandings of Mental Entities: A Re-examination of Childhood Realism." *Child Development, 57,* 910–23.

Werker, J. F., and Tees, R. C. (1999). "Influences on Infant Speech Processing: Toward a New Synthesis." *Annual Review of Psychology, 50* (1), 509–35. doi: 10.1146/annurev.psych.50.1.509.

Wertsch, J. V. (2002). *Voices of Collective Remembering.* New York: Cambridge University Press.

Westermarck, E. (1921). *The History of Human Marriage,* vol. 5. London: Macmillan.

Wetzel, C. G., and Walton, M. D. (1985). "Developing Biased Social Judgments: The False-Consensus Effect." *Journal of Personality and Social Psychology, 49* (5), 1352–59.

Whitehouse, H. (1992). "Memorable Religions: Transmission, Codification and Change in Divergent Melanesian contexts." *Man, 27,* 777–97.

————. (1995). *Inside the Cult: Religious Innovation and Transmission in Papua New Guinea.* Oxford: Oxford University Press.

————. (2000). *Arguments and Icons: Divergent Modes of Religiosity.* Oxford: Oxford University Press.

————. (2004). *Modes of Religiosity.* Walnut Creek, Calif.: Altamira Press.

Whiten, A., Custance, D. M., Gomez, J.-C., Teixidor, P., and Bard, K. A. (1996). "Imitative Learning of Artificial Fruit Processing in Children (Homo sapiens) and Chimpanzees (Pan troglodytes)." *Journal of Comparative Psychology, 110* (1), 3.

Whitson, J. A., and Galinsky, A. D. (2008). "Lacking Control Increases Illusory Pattern Perception." *Science, 322* (5898), 115.

Wiessner, P. (2005). "Norm Enforcement among the Ju/'hoansi Bushmen: A Case of Strong Reciprocity?" *Human Nature, 16* (2), 115–45.

Wilkinson, J. F. (1891). *The Friendly Society Movement: Its Origin, Rise, and Growth: Its Social, Moral, and Educational Influences.* London: Longmans, Green.

Williams, D. R., and Mohammed, S. A. (2009). "Discrimination and Racial Disparities in Health: Evidence and Needed Research." *Journal of Behavioral Medicine, 32,* 20–47.

Wilson, E. O. (1975). *Sociobiology: The New Synthesis.* Cambridge, Mass.: Belknap Press of Harvard University Press.

————. (1998). *Consilience: The Unity of Knowledge.* London: Little, Brown.

————. (1999). *Consilience: The Unity of Knowledge.* New York: Vintage.

Wilson, M., and Daly, M. (1992). "The Man Who Mistook His Wife for a Chattel." In J. H. Barkow and L. Cosmides (eds.), *The Adapted Mind: Evolutionary Psychology and the Generation of Culture,* pp. 289–322. London: Oxford University Press.

————. (1997). "Life Expectancy, Economic Inequality, Homicide, and Reproductive Timing in Chicago Neighbourhoods." *British Medical Journal, 314* (7089), 1271.

————. (1998). "Lethal and Nonlethal Violence against Wives and the Evolutionary Psychology of Male Sexual Proprietariness." In R. E. Dobash and R. P. Dobash (eds.), *Rethinking Violence against Women,* pp. 199–230. Thousand Oaks, Calif.: Sage.

Wolf, A. P. (1995). *Sexual Attraction and Childhood Association: A Chinese Brief for Edward Westermarck.* Stanford, Calif.: Stanford University Press.

Wood, G. E. (2002). *Fifty Economic Fallacies Exposed.* London: Institute of Economic Affairs.

Woodward, A. L. (2003). "Infants' Developing Understanding of the Link between Looker and Object." *Developmental Science, 6* (3), 297–311.

Woody, E., and Szechtman, H. (2011). "Adaptation to Potential Threat: The Evolution, Neurobiology, and Psychopathology." *Neuroscience and Biobehavioral Reviews, 35* (4), 1019–33.

Worstall, T. (2014). *20 Economics Fallacies.* N.p.: Searching Finance.

Wrangham, R. W., Jones, J. H., Laden, G., Pilbeam, D., and Conklin-Brittain, N. (1999). "The Raw and the Stolen: Cooking and the Ecology of Human Origins." *Current Anthropology, 40* (5), 567–94. doi: 10.1086/300083.

Wrangham, R. W., and Peterson, D. (1997). *Demonic Males: Apes and the Origins of Violence.* London: Bloomsbury.

Xenophon. (1960). *Cyropaedia.* Cambridge, Mass.: Harvard University Press.

Xiaoxiaosheng, L.-L. (1993). *The Plum in the Golden Vase.* Trans. D. T. Roy. Princeton: Princeton University Press.

Xu, F., and Tenenbaum, J. B. (2007). "Word Learning as Bayesian Inference." *Psychological Review, 114* (2), 245.

Yamagishi, T., and Mifune, N. (2009). "Social Exchange and Solidarity: In-Group Love or Out-Group Hate?" *Evolution and Human Behavior, 30* (4), 229–37.

Yan, Y. (1996). *The Flow of Gifts: Reciprocity and Social Networks in a Chinese Village.* Stanford, Calif.: Stanford University Press.

Zahavi, A., and Zahavi, A. (1997). *The Handicap Principle: A Missing Piece of Darwin's Puzzle.* New York: Oxford University Press.

Zivi, K. (2014). "Performing the Nation: Contesting Same-Sex Marriage Rights in the United States." *Journal of Human Rights, 13* (3), 290–306. doi: 10.1080/14754835.2014.919216.

心智社会：我们的认识决定了我们的世界

致　谢

本书成书过程极为漫长，其间许多人都为我提供过帮助。在约翰·S. 古根海姆基金会（John S. Guggenheim Foundation）的资助下，我得以在学术休假年中勾勒出大致框架。在接下来的几年里，我从很多学者的成果中获得了启发，书中的陈述及注释可能并没有全部予以提及。除此之外，我必须对做出重要贡献的几个人表示特别感谢。我要承认，在丹·斯珀伯、莱达·科斯米德斯和约翰·图比面前，我承担了巨大的"知识债务"，这是我多年来与他们的友谊和交流所导致的"收支失衡"。我的许多想法要归功于同皮埃尔·利纳德（Pierre Lienard）的交谈，以及同尼古拉·博马尔（Nicolas Baumard）就一些研究项目展开的讨论。最后，我非常感谢我的朋友们，他们耐心地阅读了本书的草稿，指出了书中存在的缺陷，提出了修改补救建议——因此，我要特别感谢尼古拉·博马尔、科拉莉·舍瓦利耶（Coralie Chevallier）、莱达·科斯米德斯、皮埃尔·利纳德、罗伯特·麦考利（Robert McCauley）、雨果·梅西耶、奥利维尔·莫林、迈克尔·邦·彼得森（Michael Bang Petersen）和詹姆斯·沃茨（James Wertsch）。